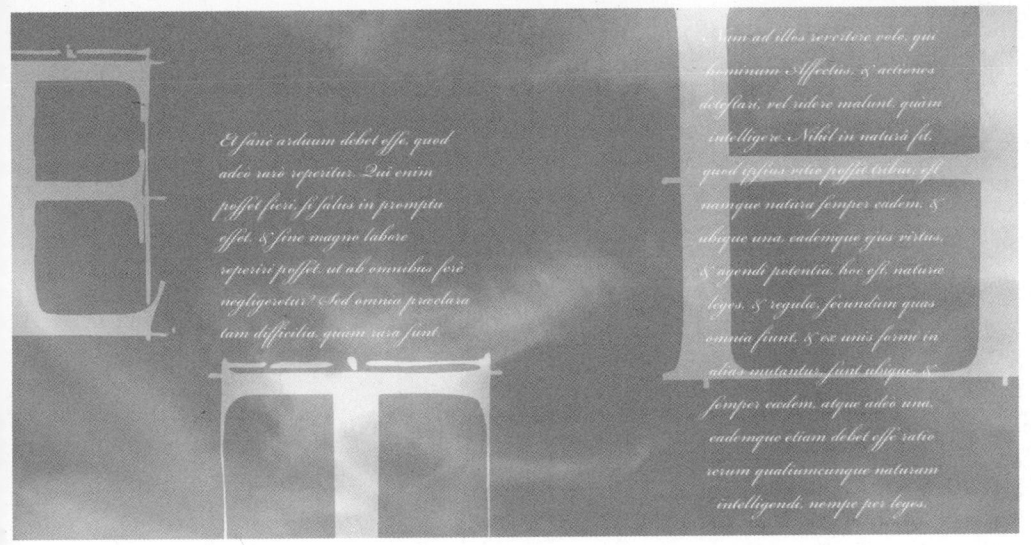

에티카를 읽는다

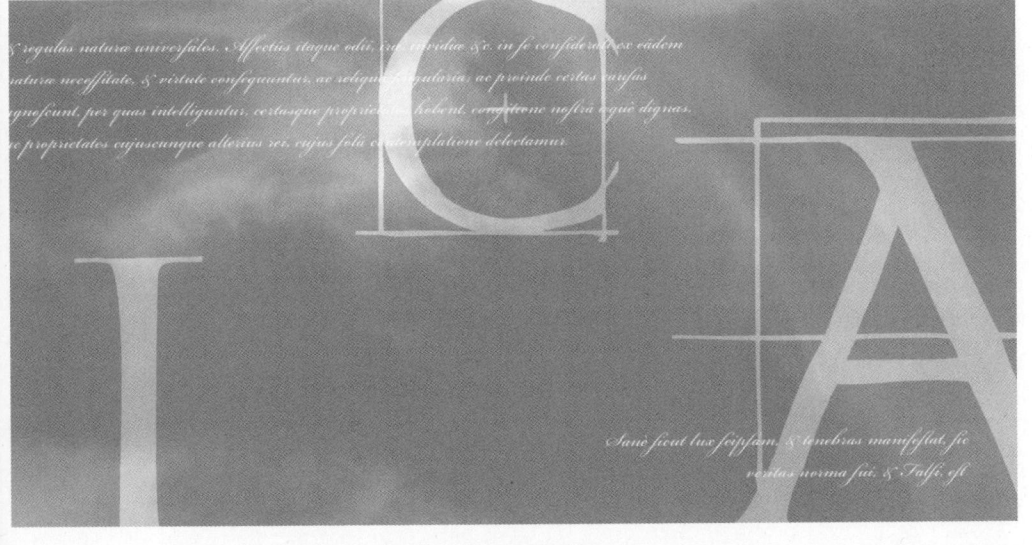

Spinoza's Ethics : An Introduction (by Steven Nadler)
Copyright © 2006 Steven Nadler, All rights reserved.
Korean translation copyright © 2013 Greenbee Publishing Co.
Korean translation rights arranged with Cambridge University Press through Shinwon Agency.

에티카를 읽는다

발행일 초판1쇄 2013년 10월 15일 초판4쇄 2019년 12월 9일
지은이 스티븐 내들러 | **옮긴이** 이혁주
펴낸이 유재건 | **펴낸곳** (주)그린비출판사 | **주소** 서울시 마포구 와우산로 180, 4층
주간 임유진 | **편집·마케팅** 방원경, 신효섭, 이지훈, 홍민기 | **디자인** 전혜경
경영관리 유하나 | **물류·유통** 유재영, 이다윗
전화 02-702-2717 | **팩스** 02-703-0272 | **이메일** editor@greenbee.co.kr | **신고번호** 제2017-000094호

ISBN 978-89-7682-410-3 93160

이 도서의 국립중앙도서관 출판예정도서목록(CIP)은 서지정보유통지원시스템 홈페이지(http://seoji.nl.go.kr)와
국가자료공동목록시스템(http://www.nl.go.kr/kolisnet)에서 이용하실 수 있습니다.(CIP제어번호: CIP2013019645)

이 책의 한국어판 저작권은 신원에이전시를 통해 Cambridge University Press와 독점 계약한 (주)그린비출판사가 소유합니다.
저작권법에 의하여 한국 내에서 보호를 받는 저작물이므로 무단전재와 무단복제를 금합니다.
책값은 뒤표지에 있습니다. 잘못 만들어진 책은 구입처에서 바꿔 드립니다.

철학이 있는 삶 **그린비출판사** www.greenbee.co.kr

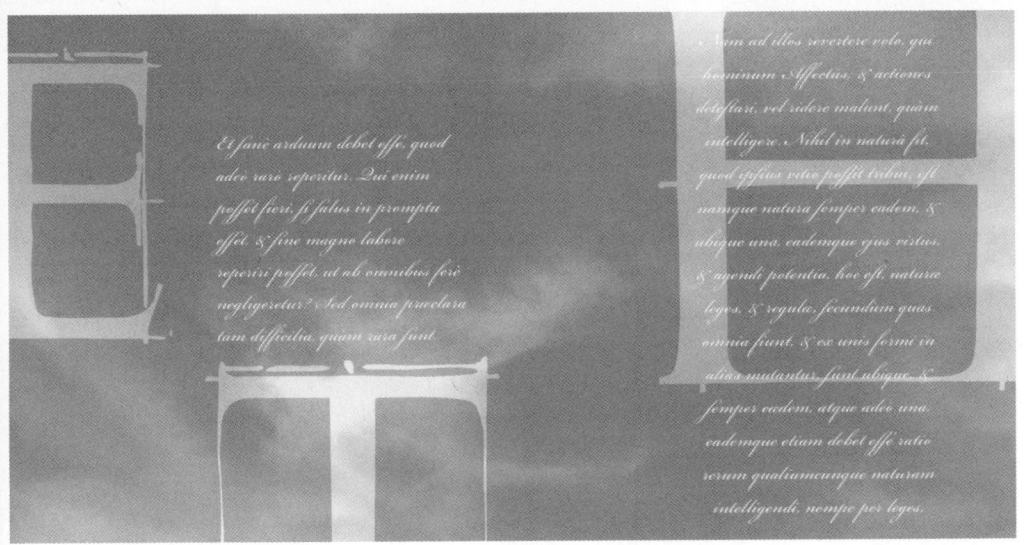

에티카를 읽는다

스티븐 내들러 지음 | 이혁주 옮김

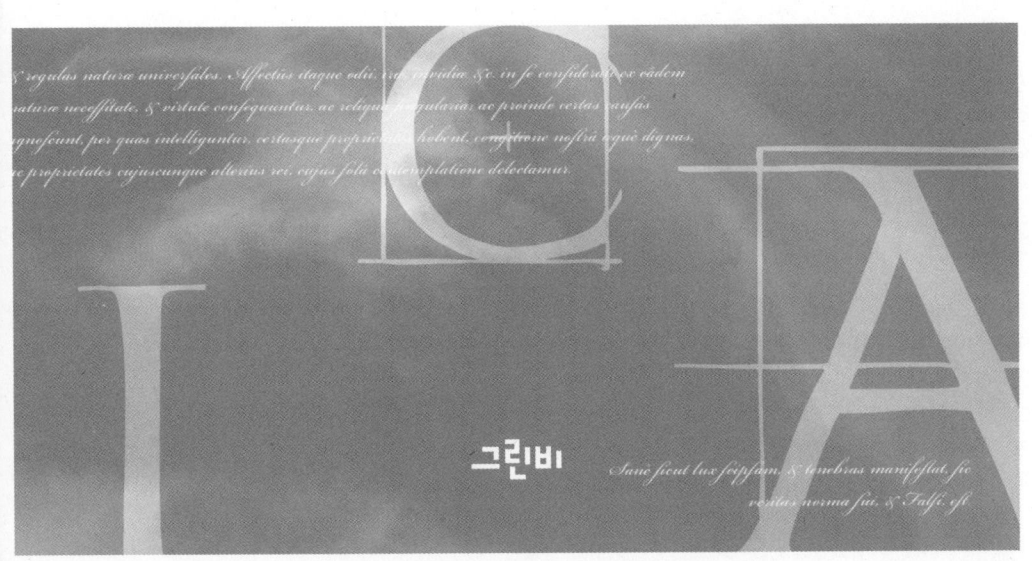

그린비

사랑이 깃든 기억으로,
아버지 고故 아크 내들러께

한국어판 서문

스피노자의 『에티카』에 관한 이 책이 한국어로 번역되어 매우 기쁘게 생각합니다. 특별히 이 야심 찬 기획을 위해 수고해 준 옮긴이의 노고에 감사드립니다. 스피노자의 주저 『에티카』의 철학적 가르침은 모든 시대와 사회에 매우 중요한 것이라 믿습니다. 엄밀히 말하자면 『에티카』는 특정 시간과 공간에 뿌리 내린 '서양'철학에 속한 저작이지만, 그 형이상학적·신학적·심리학적·도덕적 가르침은 보편적이고 초국가적입니다. 어려운 책이긴 합니다. 이는 이 책을 집어 들고서 그 꺼림칙한 형식을 살펴본 모든 이들에게 분명할 것입니다. 그러나 스피노자를 읽고 또 읽어 그의 철학적이고 종교적인 메시지를 이해한 보상은 뜻깊은 것이며 필요했던 노력을 상쇄하고도 남습니다. 그것은 삶을 변화시키는 것이며 실제로 삶은 변화될 것입니다. 스피노자라면 그렇게 말했을 것입니다.

2013년 2월 위스콘신 매디슨에서
스티븐 내들러

서문

철학은 종종 경이로움과 함께 시작된다고 이야기되곤 한다. 서양철학 전통의 최초 사상가들인 탈레스와 그의 초기 그리스인 동료들에게 철학은 세계에 대한 경이로움이었다. 그 경이로움으로 그들은 자신을 둘러싼 것들의 기원과 본성에 대해 질문했고, 신들과 신비로운 힘에 호소하여 현상을 신화적이고 시적으로 설명하는 대신 경험에서 이끌어 낸 자연스러운 설명을 제시했다. 하지만 특정 시점에서 경이로움은 자기 내부로 향했고, 철학은 아주 사적인 것이 되었다. 쟁점이 철학의 역사적 발전이든 아니면 개별 철학자들의 지적 발전이든 간에 이것은 사실이다. 가시적이기도 하고 감춰 있기도 한, 하늘과 땅에 관한, 자연 안에 있는 대상과 힘에 관한 물음은, 자아와 우리가 살아가는 삶에 관한 물음으로 바뀌었다. 철학의 방향을 자연의 원인과 궁극적 구성 요소에 대한 탐구에서 어떻게 선해질 수 있고 행복해질 수 있는지에 대한 탐구로 바꾼 이는, 우리가 들어 알고 있는 소크라테스였다.

그는 다른 논자들이 아주 선호했던 주제인 '우주의 본성'에 대해 논하지 않고, 소피스트들의 소위 '우주'와 우주의 운행 방식, 그리고 하늘의 현상을 지배하는 법칙에 대한 사변을 피했다. 사실 그는 그러한 문제로 정신을 괴롭히는 것은 순전히 어리석은 짓이라고 주장하곤 했다. …… 대신 그의 대화 내용은 항상 인간에 관한 것이었다.[1]

소크라테스에게 가장 중요한 문제는 과학이나 형이상학이 아닌 윤리에 관한 문제였다. 중요한 것은 자연을 이해하는 것이 아니라 최선의 삶의 방식을 아는 것이었다. 그에게 철학은 세계에 대한 지식 탐구 이상의, 진정한 행복과 인간의 번영에 대한 탐색이었다.

인간은, 어쩌면 세속적 노력으로 크게 성공한 사람일지라도, 어떤 실망감이 좀처럼 사라지지 않고 만족감이 없는 상황에 비추어 추구하던 목표의 가치에 대해 계속해서 의문을 가질지도 모른다. 처음에는 좋고 가치 있는 목표 — 아마도 부 또는 권력이나 명예 같은 — 로 보였던 것이 실제로는 하나의 공허한 느낌을 남기고 만다. 그것을 소유할 수 있을지 불확실하기 때문이거나, 아니면 그것들이 주는 이득이 오래가지 못하거나 불만족스럽기 때문이다. 충분히 반성적이고 자기비판적인 사람 — 소크라테스가 말한 '성찰적인 삶'에 열심인 사람 — 의 경우, 이러한 깨달음으로 우선순위가 재배열되고 삶의 방향이 재조정될 수 있다.

젊고 지적으로 재능 있는 유대계 네덜란드 상인을 17세기 중반에 과거와 급격히 단절하게 하고 자신의 소명을 철학으로 바꾸도록 이끈 것은, 바로 이 세계의 덧없는 것들과 자신의 삶에 주입된 가치에 대한 이러한 각성이었다. 우리가 일상적으로 추구하는 것의 **공허함**vanitas을 깊이 느낄 수 있는 감각을 타고난 스피노자는, 그때까지 자신을 사로잡았던 물질 추구

---

1) Xenophon, *Memorabilia*, I.1.11~16 〔크세노폰, 『소크라테스 회상』, 최혁순 옮김, 범우사, 1998, 14~15쪽. 번역은 수정〕.

에 전념하는 삶을 버리고, 진리 ─ 단순히 자연에 대한 과학적 진리뿐만 아니라, 보다 중요한 인간 삶에 진정으로 좋은 것과 참된 행복의 수단에 대한 이해 ─ 탐구에 전념하기로 결심한다. 심사숙고하는 노동의 결실로, 그는 지금껏 가장 위대하고 과감한 철학 저작을 작성하기에 이른다.

스피노자의 『에티카』*Ethica*는 철학의 거의 모든 주요 영역인 형이상학, 지식론, 심리철학, 철학적 심리학, 도덕철학, 정치철학, 종교철학을 다룬 광범위한 논고이다. 『에티카』의 다섯 개의 부에서 다뤄지지 않는 중요한 철학적 문제는 거의 없는 것처럼 보인다. 『에티카』에서 스피노자는 신의 실존과 본성, 인간의 정신과 신체의 관계, 자유와 결정론, 진리, 목적론, 자연법, 정념, 덕과 행복, 정치적 의무의 기초, 선/좋음과 악/나쁨[2]의 지위, 인격적 동일성, 영원성, 불멸성, 그리고 ─ 마치 그것으로 충분치 않다는 듯 ─ 삶의 의미에 대해 논한다. 순전히 주제의 범위 및 체계적인 서술 방식만 놓고 본다면, 철학사에서 『에티카』에 필적할 만한 저작은 오직 플라톤의 『국가』밖에 없다고 감히 주장하고 싶다.

또한 『에티카』는 아주 원대한 포부와 다면적인 주제를 가진 작품이다. 뿐만 아니라 『에티카』는 무모하다 싶을 정도로 과감하다. 스피노자는 오랫동안 사상가들이 옹호해 왔고 또한 비전문가들이 당연하게 생각했던 몇 가지 가장 근본적인 철학적 가정 ─ 신, 인간, 그리고 우주에 관한 ─ 을 공격하고, 그것에 기반을 둔 도덕적이고 신학적인 신념을 그야말로 체계적으로 가차 없이 비판한다.

『에티카』는 엄청나게 어려운 책이기도 하다. 스피노자가 다루는 문제

---

2) [옮긴이] 선/좋음(good)과 악/나쁨(evil)의 번역어에 관해서는 7장 345쪽의 옮긴이 주 31번을 참조하라.

는 되풀이되는 철학적 문제이고, 따라서 기초적인 철학 공부를 한 사람에게는 친숙한 것이지만, 『에티카』는 처음 접하는 경우 아주 꺼림칙해 보일지도 모른다. (그리고 대부분의 위대한 철학 작품처럼, 『에티카』도 읽어 나갈수록 더 어려워진다는 사실을 전하게 되어 유감이다.) 현대의 독자들에게 『에티카』의 서술 방식은 이해하기 어려워 보일 것이고 용어는 낯설 것이며, 주제는 극히 복잡하고 심지어 불가해한 것처럼 보일 것이다. 이 책에서 내 목표는 일부 그러한 불분명함과 불가해함을 일소하고 『에티카』의 철학, 곧 그 테제, 논변, 방법, 더 나아가 광범위한 철학적 과제를 이해하기 쉽게 소개하는 것이다.

먼저, 여기 이 책의 간략한 개요가 있다.

『에티카』에서 스피노자의 궁극적 목표는 우리의 안녕을 방해하는 장애물들 — 우리에게 항상 이익이 되는 것은 아닌 방식으로 자연적으로 반응하기 쉬운 그러한 장애물들 — 로 가득 찬 결정론적 세계에서 인간이 행복에 이르는 길을 증명하는 것이다. 그러한 윤리적 물음에 답하기에 앞서, 세계 자체의 본성뿐만 아니라 인간으로서의 우리 자신의 본성과, 그 세계 내에 있는 인식자와 행위자로서의 우리 지위를 밝힐 필요가 있기는 하지만 말이다. 그래서 『에티카』는 도덕철학의 영역(4, 5부)으로 들어가기 전에, 형이상학(1부), 철학적 인간학과 인간 인식에 대한 이론(2부), 그리고 철학적 심리학(3부)부터 시작한다.

1부 「신에 관하여」는 우주가 단일하고 무한하며 영원하고 필연적으로 실존하는 실체라고 주장한다. 이 실체는 '신 또는 자연'이다. 존재하는 다른 모든 것은 자연의 일부이다. 자연 안에 있는 만물 — 즉 모든 것 — 은 자연에 의해 항상 필연적으로 규정된다. 자연법칙에서 벗어날 수 있는 것은 아무것도 없다. 그리고 자연의 운행 방식에 예외는 없다. 존재하는 것은 무엇이든 자연의 필연적인 보편적 원리들로부터 완전히 필연적으로 따라 나온다. 따라서 자연 자체의 목적이나 자연 내부의 목적이랄 것은 없다.[3] 어떤 궁극적 이유가 있어서, 또는 어떤 목표나 중대한 계획을 달성하는 데 도움이 되기 때문에 일어나는 일은 아무것도 없다. 자연 안에서 일어나는 모든 것이 그러한데, 이는 오직 그것이 자연의 통상적인 인과 질서에 의해 생겨나기 때문이다. 그리고 신은 보편적이고 현행적인 자연의 인과 원리 —— 이 모든 것인 실체 —— 와 동일하기 때문에, 편협한 종교의 특징인 신인동형론적anthropomorphic 신 개념에 속한 모든 것은 미신적 허구에 지나지 않는다는 결론이 따라 나온다.

2부 「정신의 본성과 기원에 관하여」에서 스피노자는 인간의 본성과 자연 내 인간의 지위 문제로 관심을 돌린다. 자연에는 무한하게 많은 속성이나 본질이 있는데, 그 각각은 실재의 보편적 본성과 비슷한 것을 구성한다. 우리는 이 속성들 중 단 두 속성만 인식한다. 사유Thought(또는 사유하는 본질thinking essence)와 연장Extension(물질적 본질material essence)이 그것이다. 자연의 변화 과정이 하나인 것은 자연이 하나의 실체, 곧 통일체이기 때문이다. 그렇지만 자연의 변화 과정은 각 속성의 펼침을 다른 모든 속성과 평행하게 조정하면서 각 속성 아래에서 이루어진다. 모든 개별 실재나 사건은, 단지 상이한 속성 아래에서 자신을 현시하는 자연의 '양태'일 뿐이다. 그러니까 하나이자 동일한 실재나 사건은, 사유 속성으로(심적이거

---

[3] 〔옮긴이〕여기서 '자연 자체의 목적'(purposes for Nature)이 자연 전체가 지향하는 목적을 말하는 것이라면, '자연 내부의 목적'(purposes within Nature)은 자연 안에 있는 개별 실재들의 목적을 말하는 것이다. 요컨대 스피노자는 자연 혹은 세계가 어떤 목적을 향하여 나아간다는 관념이나 개체들이 어떤 목적을 이루기 위해(예컨대 사과나무는 사과를 맺기 위해, 인간은 신의 영광을 위해) 존재한다는 식의 일체의 목적론적 사고를 거부한다.

나 정신적인 실재나 사건으로), 연장 속성으로(물질적 실재나 사건으로), 그리고 기타 다른 속성들을 통해 자신을 현시한다. 따라서 인간 정신과 인간 신체는, 각각 사유 속성과 연장 속성 아래에서 자신을 현시하는, 자연 안에 있는 하나이자 동일한 것이다. 인간 내 정신과 신체의 연합 및 각 상태들 간의 상호관계는 자연의 궁극적인 형이상학적 동일성과 상관적이다. 그러므로 인간은 다른 모든 실재와 마찬가지로 자연의 일부이며, 자연의 모든 것을 지배하는 동일한 인과적 규정에 지배된다.

그런데 많은 독자들이 『에티카』 1, 2부를 전혀 넘어서지 못하고 — 초기 근대철학에 관한 학부 과정을 수강하는 학생들에게 형이상학과 인식론에 관련된 정리들만 읽도록 하는 일은 드문 일이 아니다. 데카르트와 라이프니츠를 포함한 잘 정돈된 일괄 교육 프로그램('대륙 합리론')에 도움이 되기 때문이다 —, 그래서 『에티카』에 왜 그런 제목이 붙었는지 궁금해한다. 그러나 이 초반부는 역사적으로나 철학적으로나 중요하기도 하지만, 뒤이은 정리들에서 따라 나오는 도덕적 결론의 기초를 놓기도 한다.

3부 「정서의 기원과 본성에 관하여」는 인간이 자신을 둘러싼 세계에 의해 변용되는 다양한 방식을 증명하고, 아울러 이러한 외부의 힘에도 불구하고 인간의(그리고 모든 존재의) 본질을 규정하는 실존 안에 존속하려는 노력striving[4]에 대해 톺아본다. 정신적 측면에서 인간의 삶은 다양한 수동과 능동으로 이루어져 있다. 전자가 대상이 인과적으로 우리에게 영향을 주는 방식에 대한 정서적 반응이라면, 후자는 우리 자신의 내적 자원에서 비롯되는 것이다. 능동과 수동 모두, 우리가 그 안에서 살아가는 인과 연쇄

---

[4] 〔옮긴이〕 '노력'을 비롯하여 스피노자의 코나투스(conatus) 번역어에 대한 설명은 7장 324쪽의 옮긴이 주 13번을 참조하라.

에 의해 우리의 역량이 증대되거나 감소되는 방식들을 나타낸다. 정념에 대한 스피노자의 목록에서 드러나는 인간 삶에 대한 묘사는 고통받는 삶으로 그려진다. 거기에서 인간은 자신의 통제를 넘어선 실재들과 힘들에 의해 감정적으로 시달리고 휘둘린다.

4부 「인간 예속 또는 정서의 힘에 관하여」에서 스피노자는 정념에 지배되는 삶에 대해 계속 톺아볼 뿐만 아니라 그 치료법을 덕virtue에서, 즉 인식과 이해에서 찾는다. 인간은 결코 정념으로부터 완전히 자유로울 수 없다. 그는 필연적으로 자연의 일부이고 외부 작용의 지배를 받기 때문이다. 하지만 그가 능동적이고 이성에 의해 인도되는 한, 정념의 혼란에서 어느 정도 자율성과 자유를 획득할 수 있다. 자유로운 개인이라는 이상은 덕 있는 사람의 삶이 추구해야 할 모범과, 선한/좋은 것을 추구하고 악한/나쁜 것을 피하기 위한 지침을 제공한다. 이렇게 하여 수동적 정서의 힘은 감소된다.

5부 제목은 「지성의 힘 또는 인간 자유에 관하여」이다. 스피노자는 여기에서 최고의 인식 유형이 주는 궁극적 유익에 관심을 돌린다. 이 최고의 인식은 자연과 그 운행 방식을 철저하게 파악하는 것이며, 모든 것의 본질이 자연의 가장 보편적 요소에서 어떻게 따라 나오는지, 또는 신과 자연은 하나이자 동일한 것이므로 모든 것의 본질이 어떻게 신과 관련되는지에 대한 지적 직관이다. 스피노자는 『에티카』의 이 마지막 부에서 불멸성이라는 주제를 다루고, 어떻게 덕의 참된 보상이 내세의 상급賞給에 있지 않고 지성이 현세에 우리에게 주는 행복, 안녕, 지복에 있는지를 증명한다.

물론 이야기해야 할 것은 이것보다 훨씬 더 많다. 『에티카』의 발상을 해제하고 그것을 이 책을 이루는 정리, 증명, 따름정리, 주석, 부록의 형식상 구조에서 끌어내는 일은 더디고 세심한 많은 작업을 필요로 할 것이다.

또한 이를 위해서는 스피노자의 다양한 지적 자원에 주목할 필요가 있겠다. 과거 사상가들에 대한 명쾌한 참고문헌이 부족했음에도, 『에티카』는 엄청난 학식을 보여 주며, 상당한 철학 전통이 『에티카』의 책장冊張에 수렴된다. 고대, 중세, 르네상스 시대, 그리고 근대의 다른 ─ 이교도, 기독교도, 유대인 ─ 저자들에 대한 스피노자의 지식은 모든 점에서 아주 명확했다. 그에게 가장 중요한 철학 교사는 의문의 여지없이 데카르트였다. 하지만 플라톤, 아리스토텔레스, 고대(그리고 근대) 스토아학파 모두 『에티카』의 지적 배경에 속한다. 당대의 정치사상가들 ─ 특히 영국인 토머스 홉스 ─ 에 대한 독서는 물론이거니와, 네덜란드와 프랑스 이론가들, 그리고 (베이컨, 갈릴레이, 보일 같은 이들을 포함하는) 당시의 새로운 과학 발전이 그에게 깊은 인상을 남겼다는 것 또한 명확하다. 아울러 『에티카』의 중심 요소 중 많은 부분은 스피노자의 중세 유대교 사상 연구, 특히 마이모니데스와 게르소니데스에 대한 연구에서 비롯된 것이기도 하다.

하지만 이 중 어떤 것도 『에티카』의 순전한 고유성을 인정하지 못하도록 만들지는 못할 것이다. 『에티카』는 철학사에 등장한 독특한 작품이다. 또한 내가 이 책 전체를 통해 보여 주고 싶은 것이기도 한데, 『에티카』는 350여 년 전에 그랬던 것처럼 오늘날에도 유의미하다.

* * *

나는 이 책을 주로 처음 『에티카』를 접하고, 『에티카』의 정리, 증명, 주석, 그리고 다른 요소들의 위협적인 미로들 때문에 안내를 바라는 독자를 위해 썼다. 이 책이 스피노자 철학 전체를 설명하고 있지는 않다. 그의 정치철학, 그리고 성경의 기원 및 해석에 대한 설명, 또한 (정도는 덜하지만) 그의 종교 이론은 그 중요성에 비추어 볼 때 이 책에서 상세하고 적절하게 다루지 못했다. 나는 이 문제들이 『에티카』 문맥의 일부인 경우에만, 그리고

『에티카』의 형이상학적·인식론적·심리학적·도덕적 관념 이해와 관련 있는 경우에만 설명했다. 스피노자의 가장 초기 저작부터 원숙기의 논문에 이르기까지, 그의 지성이 어떻게 발전하고 변화했는지에 대한 문제도 다루지 못했다. 그러나 내 목표는 『에티카』의 학설들 사이로 독자들을 천천히 걷게 하는 것이며, 그것을 이해할 수 있는 방법을 보여 주는 것이다. 이 목표를 위해, 나는 스피노자 자신이 여러 주제를 다루는 순서와 방식에 많은 주의를 기울였다. 스피노자의 생각을 시원하게 요약하고 다른 말로 바꾸어 쉽게 표현하는 대신, 독자들을 데리고 스피노자의 테제와 논증을 체계적으로 정리한 여행길에 오르고 싶었다. 그래서 독자들이 신에 대한 형이상학으로부터 인간 행복에 관한 결론으로 나아가는 스피노자 자신의 과정을 추적할 수 있도록, 그의 정리 자체를 본보기로 삼아 따랐으며 면밀히 텍스트를 분절하였다.

  이 책은 초심자를 목표로 한 것이지만, 되풀이되는 듯 보이는 논쟁의 주제와 문제점들을 다루고 있는 만큼, 스피노자에 익숙한 학자들을 포함하여 초심자보다는 잘 아는 상급 수준의 학생들에게도 도움이 되고 흥미롭기를 바란다. 2차 문헌에 대한 논의에 많은 분량을 할애하지는 못했다. 그러나 스피노자를 잘 아는 독자들은 자주 본문에서 그리고 특히 각주에서 유달리 난해하고 논쟁적인 해석 및 평가 문제가 다뤄진 부분을 쉽게 알아볼 수 있을 것이다. 중요하고 복잡한 많은 해석상의 문제와 철학적 문제에 대한 연구도 해야 할 만큼(그리고 필요한 만큼) 깊게 하지 못했다. 그러한 연구가 내 주요 독자들에게는 큰 도움이 되지 않을 것이다. 아니 사실 그것은 눈앞의 당면 목표 — 서양철학의 가장 중요한 저작 중 하나인 『에티카』에서 스피노자가 말하는 것에 대한 기초적 이해 — 에 방해가 될 것이다.

감사의 글

이 책을 집필하는 동안 친절하게 도움을 베풀어 주신 많은 분들께 감사드린다. 마이클 델라 로카Michael Della Rocca, 돈 개릿Don Garrett, 래리 샤피로Larry Shapiro와 의견을 교환한 것이 유익했다. 그들은 기꺼이 나와 함께 여러 가지 복잡한 쟁점들을 검토해 주었다. 그리고 이 책의 출간 심사를 위해 원고 전체를 읽어 주고 유익한 논평과 제안을 해준 익명의 심사위원과 이츠하크 멜라미드Yitzhak Melamed에게 신세를 졌다. 시카고대학교 — 2005년 봄, 나는 이 학교의 방문교수였다 — 에 개설되었던 나의 스피노자 세미나 일원들에게 특별히 사의를 표하고 싶다. 훌륭한 학급이었고, 우리의 대화는 대단히 생산적이고 고무적이었다. 마지막으로 이 책을 쓰도록 제안해 주신 힐러리 개스킨Hilary Gaskin과 이 책의 출판에 공들여 주신 케임브리지대학교 출판부 직원들께도 감사드린다.

　이 책을 아버지 아크 내들러Arch Nadler의 영전에 바친다. 아버지는 이 책이 거의 완성될 무렵 돌아가셨다. 사랑하는 아버지를 가진 아들은 행운이 있다 하겠다. 허나 존경하는 아버지를 가진 아들은 진정으로 축복받은 것이다.

차례

한국어판 서문 5
서문 6
감사의 글 15

1장 / **스피노자의 생애와 저작** 19
  암스테르담의 유대인 상인 20 | 헤렘 26 | 레인스뷔르흐의 철학자 36 | 윤리학에서 정치학으로 42 | 헤이그에서 평화와 동요 52 | 생의 마지막 무렵 62

2장 / **기하학적 방법** 71
  방법에 대한 탐구 72 | 철학적 진리와 기하학적 설명 78 | 요소들 85

3장 / **신에 관하여: 실체** 99
  실체, 속성, 양태 102 | 1부 정리5 "동일한 본성 또는 속성을 가진 둘 또는 그 이상의 실체들은 있을 수 없다" 111 | 실체는 필연적으로 실존하고 영원하며 무한하다 117 | "신 이외에는 어떠한 실체도 있을 수 없고 인식될 수도 없다" 127 | 신과 실재들 132 | 신 또는 자연 143

4장 / **신에 관하여: 필연성과 결정론** 149
  인과적 필연성 152 | 무한 양태 156 | 유한 양태 171 | 결정론과 필연론 180 | 신의 자유 186 | 기적 190 | 범신론자인가, 무신론자인가? 192

5장 / **인간** 209
　　평행론 212 | 정신과 신체 225 | 일원론 241 | 이원론과 그것의 불만족스러움 246

6장 / **인식과 의지** 259
　　관념 262 | 진리와 적합성 270 | 인식의 방식 288 | 자유와 의지 307

7장 / **정념** 315
　　기하학적 심리학 317 | 능동과 수동 321 | '코나투스' 324 | 정서 333 | 정념 336 | 이기주의 345 | 능동 348

8장 / **덕과 '자유로운 인간'** 353
　　선/좋음과 악/나쁨 357 | 정서 대 정서 366 | 덕 373 | '자유로운 인간' 380 | 윤리학 393 | 사회와 국가 402

9장 / **영원성과 지복** 409
　　정념 완화 412 | 신에 대한 사랑 422 | 정신의 영원성 427 | 지복 446

참고문헌 450 | 스피노자 저작 국역본 소개 459
옮긴이 후기 461
찾아보기 474

| 일러두기 |

1 이 책은 Steven Nadler, *Spinoza's Ethics: An Introduction*, Cambridge University Press, 2006을 완역한 것이다.
2 본문의 주석은 모두 각주로 처리했다. 옮긴이 주는 앞에 〔옮긴이〕라고 달아 구분했다.
3 본문 및 각주에 쓰인 괄호와 대괄호([ ])는 원서의 것이고, 직각으로 굽지 않은 대괄호(〔 〕)는 독자의 이해를 위해 옮긴이가 추가한 것이며, 꺾쇠괄호(〈 〉)는 스피노자 유고 네덜란드어 번역본 *Nagelate Schriften*에 추가된 내용이다(이에 관해서는 278쪽의 옮긴이 주 10번을 참고하라).
4 스피노자의 『에티카』를 인용한 경우 책 이름은 따로 쓰지 않고 전례에 따라 'O부 정리 O' 같은 식으로 표기했으며, 스피노자가 지인들과 주고받은 편지 내용은 'O번째 편지'라고 표기했다.
5 단행본, 정기간행물 등은 겹낫표(『 』)로, 논문 등은 낫표(「 」)로 표기했다.
6 외국 인명과 지명 등은 2002년에 국립국어원에서 펴낸 외래어표기법 준수를 원칙으로 했다.

1장
스피노자의 생애와 저작

1장
스피노자의 생애와 저작[1]

암스테르담의 유대인 상인

벤투 드 스피노자Bento de Spinoza[2]는 1632년 11월 24일 암스테르담에서 포르투갈계 유대인 공동체의 명망 있는 상인 가문에서 태어났다. 포르투갈에서 네덜란드로 이주한 이민자인 미카엘 드 스피노자Michael de Spinoza와 아내 한나 데보라 세니오르Hannah Deborah Senior의 5남매 중 하나였고, 형제들 중에서는 둘째였다.[3]

---

[1] 이 장의 내용은 보다 광범위한 전기인 Steven Nadler, *Spinoza: A Life*, Cambridge: Cambridge University Press, 1999에서 발췌한 것이다. (내들러 자신이 밝힌 것처럼 이 장은 위 전기를 요약한 것이 아니라 '발췌'한 것이다. 위 전기는 2011년 국내에 번역 출간되었다. 스티븐 내들러, 『스피노자: 철학을 도발한 철학자』, 김호경 옮김, 텍스트, 2011 참조.)

[2] (옮긴이) 스피노자의 이름은 히브리어로 'שפינוזה הרב'(우리말로 음역하자면 '바루크 스피노자' 나 '바룩 스피노자' 정도가 된다)인데, 네덜란드어로는 'Baruch Spinoza'(바뤼흐 스피노자), 포르투갈어로는 'Bento de Espinoza'(벤투 드 이스피노자)나 'Bento d'Espinoza'(벤투 데스피노자)라고 쓰며, 혼용하여 'Baruch de Espinoza'나 'Baruch d'Espinoza'라고 표기하기도 한다. 파문(헤렘) 이후에는 'Benedictus de Spinoza'(베네딕투스 데 스피노자, 라틴어)라 개명하여 사용했다. Baruch, Bento, Benedictus/Bendict는 모두 '축복받은'이란 뜻이다. 외래어표기법이 확정되지 않은 히브리어를 제외하고 나머지 음역은 모두 국립국어원의 외래어표기법에 의거한 것이다.

신기독교도들New Christians —— 15세기 말 스페인과 포르투갈에서 기독교로 강제 개종당한 유대인의 후손들 —— 은 저지대 국가[4]에 살았는데, 이곳은 거의 16세기 내내 여전히 스페인 지배하에 있었다. 그들 중 많은 이들이 안트베르펜에 거주했고, 종교재판소의 중심부에서 비교적 안전한 거리만큼 떨어진 그곳에서 생업에 종사할 수 있었다. 1570년대에 당시 네덜란드 연합주라 불렸던 북부 7개 주[5]에서 무장 반란이 발발하고, 무역의 주요 중심지로 암스테르담이 부상함에 따라 결과적으로 안트베르펜이 쇠퇴하자, 많은 가구가 암스텔 강에 있는 보다 자유롭고 국제적인 도시인 암스테르담으로 이주했다. 대체로 관용적인 환경이었고 종교 통합보다는 경제 번영에 대한 더 관심이 많았던 암스테르담에서 포르투갈계 신기독교도, 즉 '콘베르소'converso〔스페인어로 '개종자'convert〕들은 조상들의 종교로 돌아갈 수 있었고 유대교적 삶을 재건할 수 있었다.

　　1610년대 중반까지, 이베리아 유대인 즉 세파르디Sephardic 유대인의 세 회중에게 암스테르담은 고향이었다. 암스테르담 통치자가 유대교의 공적 예배를 공식적으로 승인한 것은 몇 해 후였지만, 유대인들은 사실상의 승인하에 예배의 자유를 누렸으며, 상대적으로 평화롭게 그들의 전통과 조우할 수 있었고 이를 따를 수 있었다. 이들을 추방하라고 요구하는 네덜

---

[3] 현재로서는 스피노자의 형 이삭이 한나의 아들인지 아니면 1627년 사망한 미카엘의 첫번째 부인 라헬의 아이인지 불분명하다. 스피노자의 여동생인 레베카가 한나의 아이인지 미카엘의 세번째 부인 에스테르(미카엘은 1638년에 한나가 죽은 후 에스테르와 결혼했다)의 딸인지도 마찬가지이다. 가브리엘(아브라함)이라는 형제와 미리암이라는 누이도 있었는데, 이들은 확실히 미카엘과 한나의 아이이며, 따라서 스피노자와 양친이 모두 같은 형제자매이다. 내 느낌으로는(하지만 정말 그저 느낌일 뿐이다) 5남매 모두 미카엘과 한나의 자식이 아닐까 싶다.
[4] 〔옮긴이〕 북해 연안에 위치한 오늘날의 네덜란드, 벨기에, 룩셈부르크 등지의 국가들을 말한다.
[5] 〔옮긴이〕 헬데르랑트, 홀란트, 제일란트, 위트레흐트, 오버레이셀, 프리슬란트, 호로닝언의 7개 주를 말한다.

란드 사회의 보수 진영은 항상 있었지만, 네덜란드 사회의 계몽된 구성원들은 물론 관대한 암스테르담 통치자도, 스페인이 한 세기 전 인구 일부를 쫓아냄으로써 저질렀던 동일한 실수를 하고 싶어 하지 않았다. 이들의 경제적 생산성은 네덜란드 황금시대의 번영에 상당히 기여했던 것이다.

스피노자 가문은 암스테르담 세파르디의 부유층에 속하지는 않았지만, 부족함이 없을 정도로 꽤 잘살았다. 부유한 네덜란드인들의 재산에 비춰 보면 세파르디 부유층의 부도 작아 보였지만 말이다. 세파르디들은 하우트흐라흐트에 살았는데, 암스테르담에 있는 이곳은 유대인이 흔히 거주하던 구역의 대로변 중 하나이다. (이 구역은 예술가나 예술작품 중개인들이 선호했던 곳으로 '블로이엔뷔르흐'라 불렸고, 스피노자의 집은 렘브란트가 1639년부터 1658년까지 살았던 집과 한 블록 떨어져 있었다.) 스피노자의 아버지 미카엘의 사업은 주로 스페인과 포르투갈 식민지로부터 말린 과일과 견과를 수입하는 일이었다. 그의 회계장부나 동료로부터 받았던 존경 등으로 판단해 보건대, 그는 한동안 꽤 성공한 상인이었던 것 같다.

스피노자의 가족은 야곱의 집Beth Ya'acov 회중에 속했는데, 이는 암스테르담 최초의 회중이었다. 미카엘은 회당과 지역 공동체에서 센호레스 퀸즈Senhores Quinze — 세 회중의 대표로 구성된 연합 기구로 공통의 관심사를 처리하는 문제를 맡았다 — 의 일원으로 복무한 것을 포함하여 다양한 지도력을 발휘했다. 1639년, 원래 세 개였던 회중 — 야곱의 집, 평화의 마을Neve Shalom, 이스라엘의 집Beth Israel — 이 탈무드 토라Talmud Torah라 불리는 하나로 합쳐졌을 때, 이 통치 기구는 마아마드ma'amad로 대체되었다. 마아마드는 전권을 가진 평신도 관리위원회로 공동체의 종교적이거나 세속적인 문제를 관리했다. 미카엘은 1649년 일정 기간 동안 마아마드의 일원이었고, 또한 차례가 되어 탈무드 토라의 교육위원회에서도 일했다.

스피노자의 어머니 한나 데보라는 미카엘의 두번째 부인이었다. 미카엘의 첫번째 부인인 라헬은 1627년에 죽었다. 한나는 건강이 아주 좋았을 때가 한 번도 없었다. 한나는 1638년에 죽었다. 그때 스피노자는 겨우 5살이었다. 아이가 다섯이나 되는 집에 도움이 필요하다는 것은 의심의 여지가 없는 것이었고, 그래서 미카엘은 1641년 마흔 살의 에스테르 페르난드Esther Fernand와 결혼했다. 에스테르는 미카엘과 겨우 12년 결혼 생활을 했고, 1653년 10월 죽었다. 미카엘도 다섯 달 후 에스테르의 뒤를 좇았다. 스피노자가 자란 집안은 응당 겪어야 할 슬픔보다 더 많은 것을 겪었던 것으로 보인다.

스피노자는 어렸을 때 틀림없이 지적으로 재능이 있는 학생이었을 것이고, 하우트흐라흐트에 있는 유대 공동체학교를 다니면서 학년이 올라갈 때마다 선생님들에게 강한 인상을 남겼을 것이다. 아마도 스피노자는 므나세 벤 이스라엘Menasseh ben Israel, 이삭 아보압 다 폰세카Issac Aboab da Fonseca, 사울 레비 모르테라Saul Levi Mortera를 포함하여 탈무드 토라의 모든 뛰어난 랍비들과 한 번쯤은 공부했을 것이다. 므나세 벤 이스라엘은 범종교적ecumenical이고 범세계주의자적인 랍비였다. 그는 아마도 유럽에서 가장 유명한 유대인이었을 터인데, 스피노자가 그 학교에 다녔을 때 저학년을 가르치는 중이었다. 이삭 아보압 다 폰세카는 신비주의에 경도된 인물이었고, 사울 레비 모르테라는 그 회중의 수석 랍비였다. 사울 레비 모르테라는 이성 철학을 선호하는 경향이 있었는데, 카발라kabbalah[6]의 적절성에 관한 문제로 아보압 랍비와 충돌했다.

---

[6] 〔옮긴이〕 구약 정경화 작업(1세기경) 후 형성된 것으로 추정되고 이후 비전되어 오다 중세에 번성했던 유대교 신비주의를 일컫는 말이다. 히브리어로 전통, 구전, 전승이라는 뜻이다.

스피노자는 탁월한 학생이었을 것이다. 그러나 오랫동안 전해 내려온 이야기와는 달리, 랍비가 되려고 공부하지는 않았다. 실제로 스피노자는 탈무드에 대한 심층 연구가 포함된 상위 교육과정으로 진학하지 않았다. 1649년, 아버지의 가업 운영을 돕던 형 이삭이 죽자 스피노자는 형의 자리를 대신하고자 정규 교육과정을 중단했다. 아버지 미카엘이 1654년에 죽고 난 후, 스피노자는 동생 가브리엘과 함께 벤투 이 가브리엘 드 스피노자Bento y Gabriel de Spinoza 회사를 경영하는 전업 상인이 되었다. 그는 아주 기민한 사업가는 아니었던 것 같다. 그러나 회사는 아버지가 남겨 놓은 부채를 떠안은 채 스피노자의 경영 아래 떠듬거리며 나아갔다.

그런데 스피노자는 상업을 하며 사는 삶을 그다지 좋아하지 않았다. 경제적 성공은 포르투갈계 유대인 공동체 내에서 높은 사회적 지위를 획득하고 존경받는 길이었지만, 스피노자에게는 거의 매력 없는 일이었다. 동생 가브리엘과 가업을 맡아 운영하는 동안, 스피노자는 이미 이 세속적 일에 괴로웠고, 그래서 점점 더 자신의 에너지를 지적 관심을 충족시키는 일에 쏟았다. 몇 해 후 스피노자는 철학하는 삶으로 전향한 일을 돌이켜 보면서, (자신을 포함한) 대부분의 사람들이 좇는 일이 공허하다는 것을 점점 의식하고 있다고 썼다. 그들은 필사적으로 추구하는 소유의 진정한 가치에 대해 거의 생각하지 않는다는 것이다.

일상생활에서 흔히 일어나는 모든 일이 공허하고 헛되다는 것을 경험을 통해 배우고 난 후, 내 두려움의 원인이나 대상이었던 모든 것들이 그것들로 인해 [내] 마음이 동요되는 경우를 제외하고는 그 자체로 선하거나/좋거나 악한/나쁜 어떤 것도 가지고 있지 않다는 것을 이해하고 난 후, 나는 마침내 참된 선/참으로 좋은 것일지도 모르는 어떤 것, 즉 그 자체가 명확하게 드러날 수 있는 어떤 것, 다른 것을 배제할 만큼 홀로 정신에 영향을 줄 수 있을 어떤 것이 존재하는지, 그리고 일단 발견하고 획득하고 나면 지속적으로 가장 큰 기쁨을 영원히 줄 수 있을 어떤 것이 존재하는지 찾아내 보기로 결심했다.

스피노자는 이전 일을 그만두고 이 새로운 기획에 착수하는 것과 관련된 위험을 모르지 않았다.

나는 "마침내 결심했다"라고 말한다. —— 당시에는 불확실한 것을 위해 확실한 것을 기꺼이 버리는 일이 일견 무분별해 보였기 때문이다. 물론 나는 명예와 부가 선사하는 이익을 알고 있었다. 그리고 만약 새롭고 다른 일에 진지하게 나 자신을 바치고자 한다면, 그러한 이익을 좇는 일을 삼가야 하리라는 것도 알고 있었다. 또한 만일 지복이 혹 그러한 이익에 있다면, 나는 지복 없이 지낼 수밖에 없다는 것도 알았다. 하지만 만약 지복이 그러한 이익에 없다면, 그리고 내 정력을 단지 그러한 이익을 얻는 데 쏟았다면, 나는 마찬가지로 지복 없이 지내야 했을 것이다.[7]

1650년대 초반에, 스피노자는 자신의 미래를 말린 과일을 수입하는 일이 아닌, 인식과 참된 행복에 대한 추구인 철학에 두기로 결심했다.

---

[7] Carl Gebhardt ed., *Spinoza Opera*, 5 vols., Heidelberg: Carl Winters Verlag, 1972[1925], vol.2, p.5; Edwin Curley trans., *The Collected Works of Spinoza*, Princeton: Princeton University Press, 1984, p.7 (베네딕투스 데 스피노자, 『에티카』, 황태연 옮김, 피앤비, 2011, 9~10쪽. 번역은 수정. 이 번역서에는 『지성교정론』 번역도 포함되어 있다. 이하 이 국역서에 포함된 『지성교정론』 페이지를 언급할 때는 편의상 『지성교정론』이라 표기함).

헤렘

돈벌이에 급급한 삶에 환멸을 느낄 무렵에, 스피노자는 라틴어와 옛 고전들, 특히 희곡을 공부하기 시작했다. 라틴어는 유럽에서 여전히 대부분의 학문적·지적 담론에 사용되던 공용어lingua franca였다. 철학 공부를 위해, 특히 대학 강의에 참석할 생각이었다면, 그리고 언젠가 자신의 철학 저작을 그 언어로 작성하려면, 라틴어를 알아야 했을 것이다. 그는 이 과목들을 지도받기 위해 유대인 공동체 바깥으로 나가야 했다. 그리고 전 예수회 수사이자 정치적으로 급진적인 인물이었던 프란키스쿠스 판 덴 엔던Franciscus Van den Enden의 지도 아래 필요로 했던 것을 얻을 수 있음을 알게 되었다. 그의 집은 세속적 인문주의자, 주요 민주주의자와 자유사상가들을 위한 일종의 살롱 역할을 했던 것으로 보인다. (판 덴 엔던은 훗날 왕 루이 14세 및 군주제에 저항한 공화주의자의 음모에 가담했다는 죄목으로 프랑스에서 처형되었다.) 스피노자에게 데카르트 철학을 처음 소개한 인물 또한 필시 판 덴 엔던이었을 것이다. 스피노자는 자신의 라틴어 선생 판 덴 엔던의 집에서 철학·문학·정치사상에 관한 세속적 교육을 받긴 했지만, 아마도 랍비 모르테라가 운영하던 케테르 토라Keter Torah('율법의 왕관')라는 예쉬바yeshiva, 즉 학교에서 유대교 교육도 계속 받았을 것이다.

    스피노자는 공부하느라 사업에 집중하지 못했고, 이교도와 개신교도의 학문 세계를 점점 더 깊이 파고듦으로써 유대교 신앙이 심각하게 약화되는 경험을 했던 것은 분명하지만, 1650년대 초반 동안에는 면치레를 하고 있었고 계속 탈무드 토라에 소속된 훌륭한 신분을 가진 일원으로 남아 있었다. 그는 자신에게 부과된 의무를 이행했으며 공동체에서 부과하는 세금과 회중들에게 기대되었던 자선 기금에 기부하기도 했다.

그 후, 1656년 7월 27일(유대력 5416년 5월 6일), 하우트흐라흐트의 회당에 운집한 사람들에게 아래의 선언이 언약궤 앞에서 히브리어로 낭독되었다.

바뤼흐 드 스피노자의 사악한 견해와 행동을 오랫동안 알고 있었던 마아마드[회중의 평신도 관리위원회]의 원로들Senhores은 여러 가지 수단과 약속을 통해 그를 악한 길로부터 돌이키고자 노력하였다. 그러나 원로들은 스피노자의 나쁜 행실을 고치게끔 만드는 데 실패했고, 오히려 그가 행하고 가르쳤다는 아주 끔찍한 이단 학설과 그의 가공할 행동에 대한 점점 더 심각한 정보를 하루가 멀다 하고 받았으며, 그 영향에 대해 앞서 말한 이스피노자Espinoza 앞에서 증언하고 증거가 되었던 신뢰할 만한 많은 증인들을 가지고 있기 때문에, 이 문제가 사실임을 확신하게 되었다. 명예로운 하캄chakhamim['현자' 또는 랍비]들 앞에서 이 모든 것을 조사한 후, 그들의 동의를 얻어, 원로들은 앞서 말한 이스피노자를 파문하고 이스라엘 백성들로부터 쫓아내기로 결정하였다. 천사의 법령에 의해, 그리고 신성한 사람들의 명령에 의해, 하느님 ── 찬송하리로다 ── 의 승인과 거룩한 전체 공동체의 승인을 받아, 그리고 613개의 계율이 적힌 이 거룩한 두루마리 앞에서, 우리는 바뤼흐 드 이스피노자를 파문하고, 추방하고, 욕하고, 저주하노라. 여호수아가 여리고 사람들을 저주했던 그 축출 선언으로, 엘리사가 소년들을 저주했던 그 저주로, 율법서에 쓰여 있는 모든 징계로 그를 저주하노라. 그에게 낮에 저주가 있을지어다. 그에게 밤에 저주가 있을지어다. 그가 누워 있을 때 저주가 있을지어다. 그가 일어나 있을 때 저주가 있을지어다. 그가 나갈 때 저주가 있을지어다. 그가 들어올 때 저주가 있을지어다. 주께서 그를 용서치 않을 것이고, 정반대로 주의 진노와 질투가 그 사람을 향해 뿜어져 나올지니라. 이 책에 적힌 모든 저주가 그에게 있을지니라. 주께서 하늘 아래로부터 그의 이름을 지워 버릴지니라. 주께서 이 율법서에 적힌 계약의 모든 저주에 따라, 이스라엘의 모든 지파들 밖으로, 그를 악한 것으로 갈라놓을지니라. 그러나 주 너희 하느님과 굳게 결합한 너희 한 사람 한 사람은 오늘 살아 있노라.

이 문서는 다음과 같은 경고로 끝난다. "누구도 그와 교류해서는 안 되며, 글로 교류하는 것조차 안 된다. 그에게 어떠한 친절도 베풀 수 없고, 한 지붕 아래 머물 수 없으며, 4큐빗〔약 1.8미터〕 이내에 있을 수 없다. 그리고 그가 작성하거나 쓴 논문을 읽을 수 없다."[8]

이 선고문은 암스테르담의 포르투갈계 유대인 공동체 일원에게 그때까지 선포된 헤렘(즉 종교적 매장ostracism) 문서 중 가장 가혹한 것이었다.[9] 그해 마아마드의 자리에 오른 파르나스parnassim〔장로〕들은 스피노자 헤렘 의식에 사용될 적당한 말을 찾고자[10] 그들의 책을 철저히 파헤쳤다. 마아마드가 공포한 여타 파문과 달리, 스피노자의 헤렘은 결코 철회되지 않았다.

아주 빈약한 문헌 증거에 기초하여 350년이 지난 사건을 이해해 보고

---

8) 히브리어 텍스트는 현재 남아 있지 않지만, 포르투갈어 번역본은 암스테르담 시 지방기록보관소에 있는 재(在)암스테르담 포르투갈계 유대인 공동체 기록보관소의 『법령집』(Livro dos Acordos de Naçao e Ascamot)에서 찾아볼 수 있다(334, no.19, fol.408).
9) 〔옮긴이〕 이를 잘 보여 주는 것이 이삭 드 페랄타(Isaac de Peraltas)에 대한 헤렘 문서이다. 격정적이고 저주로 가득 찬 스피노자에 대한 헤렘 문서와 달리, 페랄타에 대한 헤렘 문서는 '무미건조한 어조'로 파문을 선고한다. 자세한 것은 내들러, 『스피노자: 철학을 도발한 철학자』, 255~256쪽 참고.
10) 스피노자 헤렘에 사용되었던 문서는 랍비 사울 레비 모르테라가 거의 40여 년 전에 베네치아에서 암스테르담으로 다시 가져왔던 것이다. 그 표면적인 이유는 1619년에 일어난 회중 내부의 논쟁이 평화적으로 해결되지 못할 경우를 대비해서였다.

자 시도하는 우리에게, 그것은 거의 미스테리에 가깝다. 우리는 스피노자가 왜 그런 극단적 편견을 가진 처벌을 받았는지 정확히 모른다. 그 처벌이 스피노자 자신이 속한 공동체 — 그를 양육하고 교육시켰으며 그의 가문을 아주 존중하던 회중 — 로부터 비롯되었다는 것은 그저 수수께끼를 더할 뿐이다. 헤렘 그 자체도, 그 시기의 어떠한 문서도, 그가 했다고 가정되는 "사악한 견해와 행동"más opinioins e obras이 무엇인지, 또는 그가 행하였고 가르쳤다고 추정되는 "아주 끔찍한 이단 학설"horrendas heregias 또는 "가공할 행동"ynormes obras이 무엇인지 정확하게 말해 주지 않는다. 스피노자는 아직 아무것도 출판하지 않은 상태였고, 심지어 (우리가 아는 한) 어떤 논문도 작성하지 않았다. 스피노자의 현존하는 편지에는 이 시기 자신의 삶에 대한 언급이 전혀 없다. 결국 그는 서신 교환을 했던 이들(또는 우리들)에게 왜 공동체로부터 추방당했는지에 관한 어떠한 단서도 알려주지 않는 것이다.[11] 우리가 확실히 알고 있는 것은 단지 스피노자가 1656년에 그 공동체의 지도자들로부터 그 시기의 여타 헤렘과는 다른 헤렘을 선고받았다는 것뿐이다.

그 사건이 있고 난 몇 해 후 그 사건에 대해 썼으며 스피노자와 직접 대화했다고 주장하는 최초의 스피노자 전기 작가 장 막시밀리앙 뤼카Jean-Maximilian Lucas는 스피노자가 "신성모독이 아닌, 모세와 율법에 대한 존경심 결여"라는 명목으로 유죄 선고를 받았다고 말한다.[12] 아마도 스피노자

---

11) 스피노자의 친구들은 스피노자가 죽은 직후 출판을 목적으로 그의 저작과 편지를 편집했는데, 철학적인(전기적이거나 개인적인 것이 아니라는 의미에서) 내용이 주가 아닌 편지들은 모두 없애 버렸던 것 같다.

12) Jacob Freudenthal, *Die Lebensgeschichte Spinoza's in Quellenschriften, Urkunden und Nichtamtlichen Nachrichten*, Leipzig: Verlag Von Veit, 1899, p.10.

는 유대교 안식일과 관련된 규제나 카슈루트kashrut라는 식사 규정 또는 유대 율법인 할라카halakhah의 다른 어떤 측면을 위반했을 것이다. 다른 한편으로, 그의 '죄'는 세속적인 성질의 것이었으며, 스피노자가 상속 채무 이행을 피하기 위해 유대 공동체의 관리 책임자들에게 달려가 네덜란드 당국에 호소했기 때문에 "법적·재정적 이해관계가 얽힌 문제로 공동체로부터 제거되어야 했다"는 주장도 있었다.[13]

그러나 이 설명들 중 어떤 것도 스피노자 헤렘에서 보이는 유례없는 원한을 설명하기에는 충분하지 않아 보인다. 대신 스피노자 건으로 잔인하다는 오명을 얻게 된 헤렘 이면에 스피노자가 저지른 진짜 위법행위라 보이는 것은 종교나 법과 관련된 행위가 아닌, 오히려 헤렘 선고장에 "más opinioins"와 "horrendas heregias"라고 적혀 있는 것처럼, "사악한 견해"와 "아주 끔찍한 이단 학설", 즉 사상이었다.

당시에 나온 비교적 믿을 만한 세 개의 자료가 우리에게 이를 말해 준다. 뤼카가 헤렘에 이르는 사건들을 연대순으로 설명한 것에는, 스피노자의 견해에 관해 회중들 간에 회자되던 많은 이야기가 있었다. 사람들, 특히 랍비들은 지적 능력이 뛰어나다고 알려진 그 젊은이가 생각하던 것이 무엇인지 궁금해했다. 뤼카가 이 문제에 대해 말한 것처럼 — 이 특별한 일화는 다른 어떤 자료에 의해서도 사실로 확인되지 않았다 — "그와 간절히 교제하고 싶어 했던 이들 중에는 스피노자의 가장 친한 친구라고 공언하는 두 명의 젊은이가 있었는데, 그들은 스피노자의 진짜 생각이 무엇인지 말해 달라고 간청했다. 그들은 스피노자에게 그의 견해가 어떤 것이든

---

13) Odette Vlessing, "The Jewish Community in Transition: From Acceptance to Emancipation", *Studia Rosenthaliana* 30, 1996, pp.205~210을 보라.

간에, 자기들은 의문을 해소하는 것 외에 다른 목적이 없기 때문에, 자기들 때문에 두려워해야 할 것은 아무것도 없다고 약속했다."[14] 스피노자의 입을 열게 만들려고, 그들은 사람들이 모세 5경과 예언서를 면밀히 읽는다면, 영혼은 불멸하지 않고 신은 물질적이라는 결론에 이르게 될 것 같다고 넌지시 말했다. "이 문제를 어떻게 보세요?"라고 그들이 스피노자에게 물었다. "신이 신체를 가지고 있나요? 영혼은 불멸하나요?" 약간 주저하다가, 스피노자는 미끼를 물었다.

경전에서 〔신이〕 비물질적이라거나 비신체적인 존재라고 말하는 구절을 전혀 찾을 수 없기 때문에, 신이 신체를 가지고 있다는 것을 믿는 데 문제가 될 만한 건 아무것도 없다고 말했던 것을 인정합니다. 예언자께서 말씀하시듯 신은 위대하고, 연장이 없는, 그래서 신체가 없는 위대함을 파악하기란 불가능하기 때문에 더욱더 그렇게 보아야 합니다. 영혼에 대해 말하자면, 경전은 영혼이 실재적이고 영속적인 실체가 아니라 단지 환영에 불과하다고 말하고 있음이 확실합니다. 이 환영은 천사라 불리는데, 신이 자신의 의지를 선포하기 위해 그들을 사용하기 때문입니다. 그리고 영혼은, 단지 그 질료가 아주 미세하고 거의 투명하기 때문에, 천사와 온갖 유의 영혼들과 마찬가지로 비가시적인 종류입니다. 그래서 영혼은, 사람들이 거울 속에서나 꿈에서나 밤에 환영을 보는 것처럼, 단지 보일 수만 있을 뿐입니다.

---

14) Freudenthal, *Die Lebensgeschichte Spinoza's in Quellenschriften, Urkunden und Nichtamtlichen Nachrichten*, p.5.

전하는 바에 따르면, 스피노자는 인간 영혼에 대해 다음과 같이 대답했다. "경전이 인간 영혼에 대해 말할 때는 언제나, '영혼'이라는 단어는 단지 생명, 즉 무엇이든 살아 있는 것을 표현하기 위해 사용됩니다. 영혼의 불멸성을 지지하는 구절을 찾는 것은 쓸모없는 일일 것입니다. 반대되는 견해에 대해서는 수백 곳에서 보실 수 있으며, 그것을 입증하는 것만큼 쉬운 일은 없지요."

스피노자는 ― 그럴 만한 이유가 있어서 ― '친구들'의 호기심 그 이면의 동기를 신뢰하지 않았고, 그래서 기회를 잡자 곧 대화를 중단했다. 스피노자와 대화하던 그 친구들은, 처음에는 스피노자가 자기들을 희롱하는 것이거나 가증스러운 생각을 표현해서 단지 자기들에게 충격을 주려는 것이려니 생각했다. 그러나 스피노자가 진지한 것을 보고, 스피노자 이야기를 사람들에게 말하고 다니기 시작했다. "사람들은 속아서 이 젊은이가 회당의 기둥 중 하나가 될 것이라고 믿었다고 그들은 말했다. 그는 모세의 율법에 대한 증오와 경멸만을 가지고 있으므로, 아마도 성전 파괴자가 될 것이라고 생각하는 게 더 맞을 것 같다." 뤼카는 스피노자가 판관 앞에 소환되었을 때 그들 모두 스피노자에게 불리한 증언을 했다고 말한다. 스피노자가 다음과 같이 말했다고 주장하면서 말이다. 그는 "유대인들을 '무지 속에서 태어나고 양육된 미신적인 족속'이라고 비웃었습니다. '이들은 신이 어떤 존재인지도 모르면서, 다른 민족들을 얕보며 뻔뻔스럽게도 스스로를 선민이라고 말하기 때문'이라는 것입니다."[15]

두번째로, 토마스Tomas Solano y Robles 수사의 보고가 있다. 토마스 수

---

15) Freudenthal, *Die Lebensgeschichte Spinoza's in Quellenschriften, Urkunden und Nichtamtlichen Nachrichten*, p.7.

사는 아우구스티누스회 수도사로, 1659년 마드리드에 있었다. 1658년 말 암스테르담을 거쳐 마드리드로 항해한 직후였다. 스페인 종교재판관들은 이전에 신기독교도들이었던 사람들 사이에 무슨 일이 일어나고 있는지에 관심이 있었다. 신기독교도들은 당시 북유럽에 살았는데, 그들 대부분은 한때 스페인 영토에 살았고, 여전히 이베리아에 두고 온 콘베르소 친척이 있었다. 스페인 종교재판관들은 토마스 수사와 네덜란드에 갔던 다른 여행객인 미겔 페레스 드 말트라니야Miguel Pérez de Maltranilla 대령을 면담했는데, 말트라니야 대령은 토마스 수사와 같은 날 같은 집에 머물렀던 사람이었다. 토마스 수사와 말트라니야 대령은 암스테르담에서 스피노자와 위안 드 프라도Juan de Prado라고 불리는 인물을 만났다고 주장했는데, 프라도는 스피노자가 추방된 직후 유대인 공동체로부터 추방된 사람이었다. 스피노자와 프라도, 이 두 배교자는 토마스 수사에게 자기들은 유대교 율법을 엄수하는 사람들이었으나 "마음이 바뀌었"고, 신·영혼·율법에 관한 자신들의 견해 때문에 회당에서 추방당했다고 말했다. 회중들이 보기에 그들의 주장은 "무신론에 가까운" 것이었다.[16] 토마스의 증언에 따르면, 그들은 영혼은 불멸하지 않고, 율법은 "참이 아니며", 신은 '철학적' 의미에서만 존재한다고 말했다 한다.[17] 말트라니야도 스피노자와 프라도가 "율법

---

16) Israël Salvator Révah, *Spinoza et Juan de Prado*, Paris: Mouton & Co, 1959, pp.32~33.
17) 토마스 수사의 증언이 들어 있는 텍스트의 내용은 다음과 같다. "그(토마스 수사)는 프라도라는 의사 선생을 알고 있었다. 그의 이름이 위안이었는데, 토마스 수사는 그의 유대명을 알고 있지는 않았다. 프라도 박사는 알칼라에서 공부한 사람이었다. 토마스 수사는 또한 드 이스피노자 아무개라는 사람도 알고 있었는데, 그는 그가 홀란트 주의 어떤 마을 출신일 거라고 생각했다. 레이든에서 공부했으며 훌륭한 철학자였기 때문이다(레이든대학이 홀란트 주에 있다). 프라도와 스피노자 두 사람은 모세의 율법을 믿었던 사람들이었는데, 회당은 그들의 주장이 무신론에 가깝기 때문에 그들을 추방했고 고립시켰다. 프라도와 드 이스피노자는 그 증인(토마스 수사)에게 자기들은 할례를 받았으며 유대인의 율법을 준수했으나 마음이 바뀌

은······ 거짓이다"라고 말했다는 것을 확인해 준다.[18]

유대인 공동체의 시인이자 역사가였던 다비드 프랑코 멘데스David Franco Mendes가 이 문제에 대한 우리의 마지막 증인이다. 비록 그는 여러 해가 지난 후에 스피노자의 헤렘에 대해 쓰긴 했지만, 그의 책이 지역사회에 대한 기록과 기억의 보고에 해당된다는 사실은 의심의 여지가 없다. 그 사건에 대한 간략한 보고에서, 그는 스피노자가 안식일과 축일 관련 법률을 어겼을 뿐만 아니라, '무신론적' 생각들로 꽉 차 있었고, 그래서 처벌받았다고 주장한다.[19]

"신은 철학적으로만 실존한다", "율법은 참이 아니다", "영혼은 불멸하지 않는다". 이 명제들은 다소 모호하고 뭐라 규정하기 어려운 명제들이다. 특히 처음 두 명제가 그러하다. 위의 세 명제가 의도하는 것이 무엇인지 알 길이 없는 것은 대체로 '무신론'이라는 악명 높을 정도로 애매한 그 혐의가 의미하는 것이 무엇인지 알 길이 없는 것과 마찬가지이다. 그러나 스피노자의 경우, 우리는 그가 의미했을 법한 것이 무엇인지 아는 데 도움이

없는데, 왜냐하면 앞서 말한 율법은 참이 아니며 영혼은 신체와 함께 사라지고 신은 철학적으로만 존재한다고 보였기 때문이라고 말했다. 그들이 회당에서 추방된 이유는 이러한 생각 때문이었다. 회당에서 받곤 했던 자선기금이 끊어지고 다른 유대인들과 교류할 수 없게 된 일은 유감스러워했지만, 그들은 기꺼이 무신론자가 되었다. 왜냐하면 신은 단지 철학적으로만 실존하고······ 영혼은 그 신체와 함께 사라지니, 결국 신앙은 필요치 않다고 생각했기 때문이다"(Révah, *Spinoza et Juan de Prado*, p.32). [이 인용문에는 프라도와 스피노자 모두 유대인들로부터 자선기금을 받은 것으로 되어 있지만, 내들러에 의하면 스피노자는 기금을 받지 않았다고 한다. 내들러, 『스피노자: 철학을 도발한 철학자』, 298~300쪽 참고.]

18) 말트라니야의 증언이 들어 있는 원텍스트는 Révah, *Spinoza et Juan de Prado*, p.67에 실려 있다.
19) David Franco Mendes, *Memorias do estabelecimento e progresso dos Judeos Portuguezes e Espanhoes nesta famosa citade de Amsterdam*, Studia Rosenthaliana 9, 1975, pp.60~61.

될 상당한 근거를 갖고 있다. 그 세 명제는 적어도 그가 1656년 헤렘 이후 5년 이내에 자신의 저작들(『지성교정론』, 『신, 인간, 그리고 인간의 행복에 관한 소론』 등)에서 발전시키고 논증을 시작한 바로 그 견해일 공산이 크기 때문이다. 확실히, 우리가 그 저작들에서 찾을 수 있는 견해들이 정확하게 스피노자가 유대인 공동체에서 육성으로 vive voce 말한 것인지 우리는 확신할 수 없다. 그러나 뤼카의 기록과 토마스 수사의 증언은, 스피노자의 원숙기 철학 저작에서 발견되는 형이상학적·도덕적·종교적 학설이 이미 그의 마음속에 있었고, 1650년대 중반에는 반드시 배아 형태로만 있었던 것은 아님을 보여 준다.

    뤼카에 따르면, 스피노자는 공동체로부터 축출된 일을 대범하게 받아들였다고 한다. 그는 스피노자가 다음과 같이 말했다고 전한다. "내 비록 스캔들을 두려워해서 하지 않은 것은 아니나 자발적으로는 하지 않았을 일을 하도록 그들이 강요한 것은 아닌 만큼…… 저는 기꺼이 제게 열린 길로 들어갑니다."[20] 이러한 점들로 볼 때, 그는 종교적으로 그다지 순종적인 사람은 아니었음이 분명하며, 유대교의 특정 교리는 물론 편협한 종교 일반의 가치에 대해서도 심각하게 의심하고 있었음에 틀림없다. 유대교가 그에게 가업을 이어 나가고 생계를 꾸려 나갈 기회를 제공했다는 것과 또한 자신이 유대인 공동체의 훌륭한 신분을 가진 일원이라는 것은 그에게 거의 문제가 되지 않았던 것으로 보인다.

---

20) Freudenthal, *Die Lebensgeschichte Spinoza's in Quellenschriften, Urkunden und Nichtamtlichen Nachrichten*, p.8.

레인스뷔르흐의 철학자

스피노자의 삶에 관한 다른 신화들 — 현존하는 생애에 관한 정보가 부족하다는 점을 고려해 볼 때, 이 신화들은 많은 편이다 — 과 달리 파문 이후 랍비들의 재촉에도 암스테르담의 정무관들magistrates[21]은 스피노자를 추방하지 않았다. 비록 우리가 스피노자의 정확한 주소를 알지 못하고 그가 더 이상 블로이엔뷔르흐에 거주하지 않았다는 것은 거의 확실하지만, 현재 남아 있는 서신 교환이 시작된 1656년부터 1661년까지 그 도시나 그 도시 근교에 계속 살았던 것 같긴 하다. 스피노자는 또한, 이 시기 동안 한때 레이든대학에서 철학(아마도 데카르트류의 철학이었을 것이다)을 공부하면서 보냈던 것으로 보고된다. 비록 스피노자라는 이름이 레이든대학의 입학 허가 학생 명부에 보이진 않지만 말이다.

　널리 인정되는 견해가 또 하나 있다. 스피노자는 고독을 즐기는 사람이었고 단지 자기 일만 하면서 홀로 있고 싶어 했던 고립된 인물이라는 것이다. 그것은 전혀 사실이 아니다. 스피노자는 연구를 하기 위한 자기 시간과 자립을 아주 높이 평가했지만, 아주 친한 몇몇 친구들이 있었고, 광범위한 추종자들, 지인들, 그리고 편지를 교환하던 사람들이 있었다. 가장 친하고 가장 오래 지속된 스피노자의 인간관계 대부분이 파문 직전이나 직후에 시작되었다. 예술에 아주 관심이 많은 자유로운 인문주의자였던 의학박사 로데베이크 메이어르Lodewijk Meyer, 스피노자가 암스테르담 상품거래소에서 만났을지도 모르는 동료 상인 야러흐 옐러스Jarig Jellesz와 피터르 발링Pieter Balling, 식료품 잡화상 시몬 요스턴 더프리스Simon Joosten de

---

21) 〔옮긴이〕 정무관은 사법권과 행정권을 모두 가진 고위 관직이었다.

Vries, 급진적 사상가인 아드리안 쿠르바흐Adriaen Koerbagh, 스피노자의 저작을 포함하여 정치적으로 그리고 종교적으로 선동적인 많은 저작을 출판한 용감한 출판인 얀 리우어르스Jan Rieuwertsz, 내과의사이자 철학자인 요한네스 바우메이스터르Johannes Bouwmeester 등이 아마도 가장 헌신적인 스피노자의 친구들이었을 것이다. 철학을 좋아한다는 것 외에 이 사람들에게 공통적이었던 것은 정치적 권위와 교회의 권위에 의혹을 가졌다는 것, 그리고 종교에 대해 이단적으로 접근했다는 것이었다. 이들 대부분이 암스테르담의 자유방임적 환경에서 번성했던 반체제적인 개혁파 —— 메노파Mennonites, 콜레지언파Collegiants, 재세례파, 퀘이커 —— 의 일원이었고, 나머지 소수들만 아마도 어떤 종교적 신념도 갖지 않았을 것이다. 그들은 스피노자가 풍부한 식견을 가지고 각 종파의 예배(그리고 특히 주요 기독교 교파)가 갖는 가치에 대해, 그리고 자신들의 지적 세계관에 영향을 주었던 신·자연·인간·정치에 관한 진리에 대해, 그들이 느꼈던 의문을 드러낼 수 있는 특별한 재능을 부여받은 인물이라는 것을 알게 되었다.

1650년대 말, 스피노자, 메이어르, 옐러스 및 몇몇 사람들이 정기적으로 데카르트 철학과 다른 철학적 주제를 토론하기 위해 모였던 암스테르담 독서 모임의 핵심을 이루었다. 나중에, 스피노자가 암스테르담을 떠나고 난 후, 스피노자의 견해가 집필 중인 그의 저작에서 천천히 모습을 드러내기 시작하자, 이 모임의 초점은 바뀌어 스피노자의 견해를 연구하기 시작했다. 그들은 스피노자가 보내와 최근에 논의했던 수고의 어려운 부분에 대해 스피노자에게 질문을 보내곤 했고, 스피노자는 유용한 설명과 함께 답하곤 했다. 스피노자가 더 이상 암스테르담에 살지 않았을 때인 1663년 더프리스는 스피노자에게 편지를 써, 그들이 『에티카』 필사본을 검토할 때, 다음과 같이 한다고 스피노자에게 알려주었다.

[저희들 중] 한 사람이 다른 사람[들]을 만족시킬 수 없다면, 저희는 그것을 기록해 놓고 선생님께 편지 쓰는 게 좋겠다고 생각했습니다. 가능하다면, 그것이 우리에게 더 명확해질 수 있도록, 그리고 선생님의 지도 아래 미신적인 종교인들과 기독교인들에 대항하여 저희가 진리를 옹호할 수 있도록, 그리고 그들 모두의 공격에 맞설 수 있도록 말입니다. (8번째 편지)[22]

1650년대 말 언젠가, 스피노자는 『지성교정론』*Tractatus de intellectus emendatione*이라는 철학 방법론에 관한 논문을 집필하기 시작했다. 현존하는 첫번째 독자적인 철학 저작인 이 논문은 보다 큰 기획의 예비적 부분으로 인식되었다. 『지성교정론』에서, 스피노자는 인식의 본성과 종류 및 참인 이해를 달성하기 위한 적절한 수단에 관한 몇 가지 근본 문제들 — 이 모든 문제들은 과연 인간에게 '좋은 것'이 무엇인가라는 폭넓은 이해의 문맥 가운데 놓여 있다 — 을 다룬다. 스피노자는 주장하기를, 지성을 교정하고, 지성을 '치료'하고 '정화'하며 "지성이 실재를 이해할 수 있게 만드는" 방법은, 흔히 우리를 오도하곤 하는 부적합한 관념으로부터 명석 판명한 참인 관념을 구분시켜 주는 방법론적이고 신뢰할 만한 방법을 발견하는 것이다. 이렇게 하여 우리는 어떻게 만물이 불변하고 영원한 원리에 의존하는지를 이해할 수 있게 되고, 우리의 궁극적 목표인 "정신이 자연 전체와 맺고 있는 연합"을 포착할 수 있게 된다.

스피노자는 이 주제들 중 많은 부분을 『지성교정론』의 보다 실질적인 나머지 부분 — 당시에 그는 그 부분을 간단히 '우리의 철학'이라고 불렀다 — 에서 더 깊이 다루려고 했을 것이다. 스피노자가 『지성교정론』을 집

---

22) Gebhardt, *Spinoza Opera*, vol.4, p.39; Curley, *The Collected Works of Spinoza*, p.190.

필 중일 때 아직 작성되지 않은 이 '철학'(『에티카』 내용의 상당 부분을 구성할 것이 거의 확실한, 구상 중이었던 핵심 내용)은 정신, 형이상학, 자연학, 도덕, 그리고 기타 다른 주제들을 광범위하고 체계적으로 연구한 것이 될 터였다. 그러나 이런저런 이유로 실제로 진행되었던 일로 보이는 것은 1659년 말이나 1660년 초에 『지성교정론』 집필을 완전히 중단하고, 이번에는 후에 『신, 인간, 그리고 인간의 행복에 관한 소론』*Korte Verhandeling van God, de Mensch en des Zelfs Welstand*[23)]이 될 저작을 다시 시작하기로 결심했다는 것이다. 이 저작 중 방법론에 관한 장은 『지성교정론』의 내용과 상당 부분 겹친다. 『소론』에는 『에티카』에서 더 성숙한 모습으로, 그리고 더 정연하고 명료한 형식으로 다시 등장하게 될 많은 주제들과 관념들이 배아 형태로 포함되어 있다. 단점이 분명하긴 하지만, 『소론』에서 우리는 스피노자가 신과 자연의 형이상학이라고 간주한 것과, 인간 영혼에 대한 적절한 이해, 인식과 자유의 본성, 선과 악의 지위, 그리고 자연에 대한 인간의 관계 및 참된 행복에 이르기 위한 수단을 제시하려는 첫번째 진지한 시도를 볼 수 있다.

스피노자가 『소론』을 시작한 것은 여전히 암스테르담에 살고 있을 때였다. 하지만 1661년 여름 언젠가 그는 레이든 외곽 레인스뷔르흐로 이사했다. 콜레지언파 친구들에 의해 이 작은 도시로 향하게 되었을 것인데, 그곳에는 활발하게 활동 중인 이 '교회 없는 기독교인들'churchless Christians[24)]이 있었기 때문이다. 아마도 스피노자가 레인스뷔르흐를 선택한 이유는

---

23) 이 논문은 스피노자 사후에 친구들이 출간한 스피노자 저작의 라틴어 또는 네덜란드어 선집에 포함되지 않았고, 19세기가 되어서야 네덜란드어 필사본으로 다시 발견되었다.
24) 이 표현은 콜라코프스키의 것이다. Leszek Kolakowski, *Chrétiens sans église*, Paris: NRF/Gallimard, 1969.

그곳이 자신의 과업을 추진하기에 적당한 조용한 곳이었기 때문이기도 하지만, 레이든으로 쉽게 이동하며 레이든대학의 지인들과 계속 교제하고 레이든대학의 새로운 소식을 알 수 있을 만큼 레이든과 충분히 가까웠기 때문일 것이다.[25]

레인스뷔르흐에 하숙하던 집의 안쪽 방에, 스피노자는 렌즈 연마 장비를 갖춰 놓았다. (이 집은 오늘날까지 남아 있는데, 내부는 스피노자의 서재와 렌즈 연마 기계를 포함하여 스피노자가 거주하던 곳에 있던 물건들로 재개장되었다.) 레인스뷔르흐에 정착했을 즈음에 렌즈 연마 기술에 꽤 숙련되어 있었던 것으로 보아, 스피노자는 필시 암스테르담에 있을 때부터 시작해서 계속 이 일을 해왔을 것이다. 1661년 가을, 이미 스피노자는 렌즈뿐만 아니라 망원경과 현미경도 만든다고 알려졌다. 네덜란드의 과학자이자 수학자였던 스피노자의 친구 크리스티안 하위헌스Christian Huygens는 그의 형제에게 보낸 편지에서 "보르뷔르흐의 유대인 스피노자의 현미경은 감탄스러울 정도로 잘 연마되어 있다"라고 평가한다.[26] 처음에 스피노자는 생계를 위해 렌즈와 기구들을 만들기 시작했을 것이다. 그 일은, 친구들이 빌려주거나 준 것을 제외하고는, 당시 그의 주요 수입원이었다. 그러나 그 일은 또한, 자신의 과학적 관심사를 충족시키기 위한 것이기도 했다. 새로운 기계론적 자연과학 전반에 대해 열정을 가지고 있던 스피노자는, 당시 최신 생물학과 화학이 미시현상에 대해 상세하게 설명한 내용들과 계속 새로워지는 천문학의 거시현상 관찰, 또한 그러한 발견을 가능하게 해주는 광학의

---

25) 〔옮긴이〕 레인스뷔르흐는 레이든 중심부에서 5.5킬로미터 정도 떨어진 곳으로, 도보로 한 시간 남짓 거리이다.
26) Christiaan Huygens, *Oeuvres complètes*, 22 vols., The Hague: Martinus Nijhoff, 1893, vol.6, p.181.

수학적 원리들에 매료되었다. 1665년에 스피노자는, 하위헌스로부터 들은 어떤 새로운 도구에 사뭇 흥미로워하면서, 영국왕립학술원의 서신교류 담당 사무관인 친구 헨리 올덴부르크Henry Oldenburg에게 쓴 편지에서 다음과 같은 언급을 남긴다. "그가 이 현미경에 대한, 그리고 또 어떤 이탈리아제 망원경에 대한 아주 놀라운 일들을 저에게 애기해 주었어요. 그 망원경으로 그들은 목성의 위성이 간섭해서 생기는 목성 일식과, 토성의 그림자도 관찰할 수 있었다고 하는데, 그것은 마치 고리 때문에 생긴 것처럼 보인다고 하더군요"(26번째 편지).[27]

스피노자는 암스테르담에 있는 친구들과 계속 연락을 주고받았는데, 그 친구들은 데카르트 철학 전반에 대한 쉬운 개론서를 써달라고 스피노자에게 요구할 참이었다. 그들은 스피노자가 데카르트 철학 전문가라고 생각했다. 그래서 1663년, 레인스뷔르흐에서 헤이그와 그리 멀지 않은 작은 마을인 보르뷔르흐로 거처를 옮긴 직후, 스피노자는 그들을 위해 생전에 자신의 이름으로 출판될 유일한 저작인 『기하학적 방식에 따라 증명된 르네 데카르트의 『철학의 원리』 1, 2부』*Renati Des Cartes* Principiorum Philosophiae *Pars I & II*[28]를 집필했다. 이 저작은 스피노자가 레인스뷔르흐에서 잠시 같이 살았던 청년 요한네스 카세아리위스Johannes Casearius에게 데카르트의 『철학의 원리』에 대해 약간의 개인지도를 해준 것에 기초한 것이었다. 스피노자는 이 개인지도를 위한 강의안의 수고본에서 데카르트의 그 철학 '교과서'[29]가 담고 있는 형이상학, 인식론, 기초 자연학basic physics

---

27) Gebhardt, *Spinoza Opera*, vol.4, p.159; Curley, *The Collected Works of Spinoza*, p.394.
28) 〔옮긴이〕1부와 부록 일부를 번역한 역본이 있다. 베네딕투스 데 스피노자, 『데카르트 철학의 원리』, 양진호 옮김, 책세상, 2010.
29) 〔옮긴이〕데카르트는 이 책이 가톨릭 교육의 공식 '교과서'로 사용되기를 바랐다고 한다.

을 공리, 정의, 증명된 정리들을 포함한 기하학적 방법으로 재구성했다. (이 즈음에 스피노자는 유클리드적 형식이 이러한 철학의 분과들을 제시하는 최선의 방법이라고 결론 내렸다.) 그 교습 내용의 출판본에 스피노자는 「형이상학적 사유」Cogitata Metaphysica라는 부록을 덧붙였다. 이 부록에서 스피노자는 형이상학의 '보다 어려운 문제들'에 대해 설명하는데, 이때 자기 철학의 멘토인 데카르트의 견해를 교정하면서 가끔 자기 생각의 일부를 흘끗 보여 준다. 스피노자는 이 책을 통해 데카르트 철학의 해설자로 유명해졌고, 선도적인 데카르트주의자라는 평판을 ([스피노자가 실제로 데카르트주의자가 아닌가 하는] 오해를 불러일으킬 만큼, 그리고 나중에 데카르트주의자들 입장에서는 아주 억울하게도) 얻게 되었다.

윤리학에서 정치학으로

데카르트 해설서 집필 때문에 스피노자는 당시 그의 주된 일이었던 아주 독창적이고 철학적인 사유를 엄격하게 제시하려는 과제에 잠시 집중하지 못했다. 분명 스피노자는 『소론』에 만족하지 못했고, 그래서 1662년 초 새로운 작품을 시작하고자 미완성 상태의 『소론』 원고 집필을 중단했다. 그래서 아마도 1662년 봄, 자기 철학의 대표작이 될 『에티카』를 집필하려고 펜을 들었을 것이다. 본질적으로는 여전히 '신, 인간 그리고 인간의 행복'에 관한 논문인 『에티카』는 자신의 거대한 형이상학적 기획과 도덕철학적 기획에다 '기하학적 방식'으로 보다 완전하고 명확하며 체계적인 레이아웃을 제공하기 위한 시도였다. 스피노자는 수년 동안, 즉 1663년 보르뷔르흐로 이사 간 이래로 1665년 여름까지 줄곧 지속적으로 이 일에 매달렸다. 스피노자는 이때 3부로 된 저작을 마음속에 품고 있었다. 그리고 1665년 6

월에는 꽤 상당한 분량의 초고를 손에 쥐고 있었던 것으로 보인다. 스피노자는 몇몇 선별된 이들에게 원고를 읽도록 허락할 만큼 자신이 집필한 것에 충분한 자신감을 느꼈다. 그래서 스피노자의 친구들 사이에는 라틴어 필사본과 심지어 (피터르 발링이 번역한) 네덜란드어 필사본도 회람되고 있었다.

아마도 1665년 가을, 스피노자가 보다 시의적인 다른 계획(『신학정치론』 집필)에 주의를 돌리고자 『에티카』를 제쳐둘 당시, 『에티카』 초고가 그가 생각했던 최종 결과물과 얼마나 가까웠는지 우리는 모른다. 그때 스피노자는 아마도 『에티카』 초고를 거의 완성되었으나 다듬을 필요는 있는 상태라고 보았을 것이다. 그러나 스피노자가 자신의 이 형이상학과 도덕에 관한 논문을 마무리하기 위해 다시 돌아오기까지는 족히 수년이 걸렸을 것이다. 그리고 마무리 작업은 아마도 뒤이은 독서와 고찰을 감안하여 상당한 확장과 개정을 포함했을 것이다. 이렇게 지연된 것은 부분적으로는 정치적이고 개인적인 성향에 속하는 사정 때문이었다. 이러한 성향으로 보르뷔르흐와 공화국 전체에서 스피노자의 평화는 방해받기 시작했다.

이때는 신생 네덜란드 공화국의 역사에서 어려운 시기였다. 스페인으로부터 독립하기 위한 오랜 전쟁은 1648년에야 겨우 뮌스터 평화협정으로 마침내 공식적으로 종결되었다. 그러나 곧 1652년부터 1654년까지, 다시 1664년부터 1667년까지 영국과 치른 일련의 전쟁이 뒤를 이었고, 다른 전선의 긴장도 고조되었는데, 특히 프랑스 및 독일 영방領邦국가들German (imperial) states과의 전쟁 상황이 그러했다. 또한 1663~1664년에는 전염성이 강한 역병이 창궐했고, 아마도 무엇보다 가장 불길했던 것은 내부적인 정치적 다툼이 과열되었다는 것인데, 그것은 17세기 내내 끊임없이 네덜란드 공화국을 성가시게 했을 것이다.

17세기 네덜란드 정치 지형의 특징으로는 무엇보다 크게 둘로 나눠진 정치적 입장이 있었다는 것을 제시할 수 있다. 먼저 전국의회States General 또는 공화당이 있었다. 이 진영의 비교적 진보적인 구성원들은 준準독립적 주들의 탈중심적 연방을 선호했다. 이 주들 각각은 다시 준독립적인 시와 마을의 연합체였다. 이 편제에서 진정한 권력은 각각의 지방자치단체를 통치하는 지역 섭정관regents에게 양도되었는데, 이들은 부유한 전문직 종사자 내지 상인 가문의 일원들 같은 이들로, 수십 년간 교대로 암스테르담을 통치했다. 공화주의자들은 정치·문화·종교에 대한 자유방임적 태도를 선호하는 경향이 있었고, 신앙 문제에 있어서도 (무제한적으로 그런 것은 아니었지만) 일반적으로 관용적 태도를 가지고 있었다. 다른 한편에는 오라녀파the Orangists가 있었는데, 그들은 스타트하우더Stadhouder[30)]가 통치하는 보다 중앙집권적 국가를 추구했다. 스타트하우더는 준군주에 해당되는 지위로 보통 많은 주에서 오라녀공Prince of Orange이 차지했다. 오라녀파의 편제에서 스타트하우더는 각 영토의 최고 통치자이자 군대의 최고 사령관이었을 것이다. 강한 스타트하우더 지배 체제를 지지하던 이들은 종교에 대해, 그리고 문화적이거나 사회적인 관습에 대해 좀더 보수적인 경향이 있었다. 그래서 개혁교회Reformed Church의 일원들 사이에, 뿐만 아니라 공

---

30) 〔옮긴이〕 각 주의 법 집행과 군사 문제를 담당하던 합스부르크 황제의 대리인을 말한다. 보통 지방 명문가가 이 자리를 차지했는데, 특히 오라녀가가 동시에 4~5개 주의 스타트하우더직을 겸직했다. '스타트하우더 부재 시기'(1650년에 빌럼 2세가 사망한 후 의회가 권력을 장악하여 1672년까지 7개 주 가운데 5개 주에서 스타트하우더를 임명하지 않았던 시기)에 영국-프랑스 동맹군이 네덜란드를 침공했을 때(1672년) 홀란트와 제일란트 주의 스타트하우더직을 되찾아 전쟁을 승리로 이끈 이가 오라녀가의 빌럼 3세였다. 뒤에 나오겠지만, 이로 인해 네덜란드의 정치체제는 다시 보수화된다. 주경철, 『네덜란드: 튤립의 땅, 모든 자유가 당당한 나라』, 산처럼, 2003, 188쪽, 253~254쪽 및 본서 이 장 51쪽의 옮긴이 주 32번 참고.

화국 전체에도 고도의 통일성을 부과하고자 했다.

이러한 정치적 분열 이면에 있던 감정의 원인은, 그 차이가 해소되기 어려울 정도로 서로 다른, 네덜란드 개혁교회의 두 분파 간에 일어난 교회 내 싸움이 원인이었는데, 이 싸움은 정치적 분열과 상응하는 것이었다. 아르미니우스주의자들Arminians은 레이든대학의 진보적인 신학 교수인 야코뷔스 아르미니우스Jacobus Arminius의 추종자들이었다. 그들은 또한 '항변파'Remonstrants라 불리기도 했는데, 1610년 그들이 했던 항의 때문이었다. 이 항의는 민감한 특정 신학적 문제에 관한 비정통적 견해를 제시한 것으로, 은총과 예정론에 대한 엄격한 칼뱅파 교리의 거부를 포함하는 것이었다. 항변파는 칼뱅파의 교리에 복종하지 않으려고 했기 때문에, 1619년 네덜란드 개혁교회는 도르드레흐트 교회 회의에서 그들을 쫓아냈다. 이 회의의 대표자들은 네덜란드 공화국이 양심의 자유를 보장한다고 약속한 것을 재차 강조했지만, 그럼에도 공적으로 예배를 드리거나 공직을 맡을 수 있는 이는 정통 칼뱅주의자들로 제한한다고 단언했다. 모든 교회들에서 항변파들에 대한 숙청이 있었고, 보수 집단이라고 불리게 된 반反항변파들이 한동안 대부분 주의 종무宗務에서 우위에 있었다. 항변파를 괴롭히는 일은 수년 동안 계속되었고, 1620년 중반에 사태는 다소 잠잠해졌지만, 이후 50년이 넘도록 가끔씩 재연되었다. 17세기 중반에 이르러서야 암스테르담 자체는 항변파에 호의적인 도시라는 평판을 얻게 되었다.

네덜란드 황금시대 동안 사회문제의 역사는 두 정치적-신학적 진영 사이를 왔다 갔다 하는 진자 운동의 연속이었다. 이 진영 중 하나는 전국의 회파로 이들은 자연스럽게 항변파 동조자들 사이에서 협력자들을 찾았다. 다른 하나는 오라녀파로 이들은 보다 정통 칼뱅파에 가까운 이들로부터 지지를 받았다. 1650년대와 1660년대 내내, 진보주의자들이 패권을 쥐고 있었으나 — 주요 주들의 마지막 스타트하우더인 빌럼 2세가 1650년에 죽고, 1672년에 빌럼 3세로 바뀌기 전까지 이 자리는 비어 있었다 — 정치권에는 먹구름이 드리워지고 있었다.

보르뷔르흐에서 스피노자의 평온한 생활을 처음으로 방해하고, 그래서 1665년 가을에 『에티카』를 제쳐두고 신학과 정치학에 관한 책을 집필하도록 만든 원인으로 보이는 것은 지역 교회 설교자의 후임 선정에 관한 논쟁이었다. 보르뷔르흐의 개신교 설교자가 죽었을 때, 후임자 선정을 위해 지명된 위원회는 어떤 후보자를 선택했는데, 그는 비록 항변파 성향을 가진 것은 아니라 할지라도, 적어도 아르미니우스주의자에게 관대한 인물로 생각되었다. 이 일은 보르뷔르흐의 보수주의자들을 노하게 했고, 그들은 후보자의 동료들이 의도적으로 자신들을 도발한다고 비난했다. 스피노자는 진보 진영에 속했던 것으로 보이며, 심지어 그 논란 속에서 일정한 역할을 했던 것 같다. 당시 네덜란드 정치는 앞서 말한 것처럼 그러했기 때문에, 종교적 불일치는 정치적 불만으로 확장되었고, 논쟁은 필요 이상으로 커졌으며, 공동체에 상당히 유해하고 불화를 일으키는 일이 되어 버렸다. 스피노자는 도시 내 많은 중요한 인물들이 자신에 대해 이야기하고 자신을 대하는 방식 — 스피노자는 그들이 자신을 무신론자나 말썽꾼이라 불렀다고 말했다 — 과, 나아가 개신교 성직자들 — 스피노자가 그들을 깊이 존경한 경우는 결코 없었다 — 이 보르뷔르흐는 물론 다른 곳에서도 도시의 제반 업무를 장악하려고 노력했던 방식 등 모든 일에 대해 분개했다.

그래서 스피노자는 실제로 세속적인 것과 종파적인 것, 이성과 종교의 분리를 주장하고 "우리가 생각하는 것을 철학화하고 말할 자유"를 옹호하는 논문을 작성하기 시작했다. 스피노자는 이러한 자유가 설교자들의 과도한 권위와 자기본위에 의해 모든 점에서 억압받고 있다고 믿었다. 사실이 일은 스피노자가 당시 시작했던 새로운 기획이라기보다는 예전 기획으로 돌아간 것처럼 보인다. 왜냐하면 우리는 1650년대 말에 '신학적-정치적 물음'이 이미 스피노자의 주의를 끌고 있었고, 심지어 그때 스피노자가 이제 『신학정치론』이라고 부르는 것에 포함된 자료의 일부 초고를 썼을 것이라고 믿을 수 있는 몇 가지 근거를 가지고 있기 때문이다.

스피노자는 『신학정치론』에서 성경이 문자 그대로 신의 — 또는 더 정확하게 말하자면 신의 대필자 역할을 한 모세의 — 저작은 아니며, 오히려 평범한 인간들에 의해 작성되고 편집되었으며 수 세대에 걸쳐 아주 자연스러운 방식으로 전승된 지극히 역사적인 문헌이라는 것을 보여 주고자 했다. 그러므로 우리가 지금 가지고 있는 성경은 필시 틀린 곳이 상당히 많은 인간의 산물로, 다른 문헌보다 역사적·철학적·신학적 진리를 더 가지고 있다고 주장할 수 없다. '신성한' 성경이 포함하는 것은 우리를 행복과 안녕으로 이끌어 줄 몇 가지 아주 단순하고 도덕적인 진리 — 우리는 신과 동료 인간을 사랑해야 한다는 것 — 이다.

게다가 스피노자는 성경을 해석하는 적합한 방법이 자연을 탐구하는 데 사용되는 방법과 동일한 것이라고 주장한다. 베이컨적 절차에 따라서 우리는 직접 사용할 수 있는 증거 — 즉 텍스트 자체 — 를 검토하고, 구절들을 비교하여 관련 자료를 수집하고, 그것들로부터 정당화된 일반적인 결론들을 도출해 내야 한다. 그는 성경의 진정한 의미를 파악하기 위해서는 성경의 언어, 성경의 저자·편집자·청자들의 특성, 성경의 각 작품들이 놓인 컨텍스트, 성경의 전승 기록 등을 연구해야 한다고 믿었다. 성경 이해의 진정한 시금석은 성경 그 자체와 성경의 역사이지, 이성(즉 철학과 과학)이나 권위가 진리라고 명령하는 바가 아니다.

이런 방식으로 스피노자는 성경의 보편적 권위를 떨어뜨려 결과적으로 성직자 — 성경을 성스러운 대상으로 높이고 성경의 모든 단어 하나하나를 숭배하며, 자신들이 성경을 해석할 수 있는 유일하고도 특별한 재능을 부여받은 이들임을 주장하면서, 자신들의 권력에 대한 요구를 강화하기 위해 성경에 기대는 이들 — 의 지위를 약화시키려고 시도한다. 스피노자 논변의 결론은, 종교는 그 관심사가 신앙과 복종인 영역이며, 철학과 과학은 종교와 완전히 분리된 영역으로 그 목표는 진리와 인식이라는 것이다. 그러므로 종교가 철학을 제한할 권리는 없으며, 하물며 종교가 국가의 세속적 일에 간섭할 권리는 더더욱 없다. 반대로, 속세의 국가 지도자가 시민의 안녕에 종교의 예배가 해롭지 않다는 것을 보증하기 위해 그것을 통제해야 한다. 『신학정치론』은 관용과 세속주의를 위해 지금까지 표명된 것들 중 가장 강력하고 웅변적인 항변을 제출한다.

이러한 일반 원리를 논하는 동안, 스피노자는 박식한 면모를 보여 주면서 유대 종교와 역사에 관한 중요한 많은 문제들을 다루는데, 여기에는 유대 율법의 지위와 정당성(스피노자는 동시대 유대인들에게 유대 율법은 더 이상 법적 구속력이 없다고 주장한다), 유대 민족의 선민사상(선민사상은 단지 장기간에 걸쳐 자연 발생적으로 생겨난 정치적 행운에 근거하는 것이지, 다른 민족에 대한 어떤 종류의 형이상학적이거나 도덕적 우월성에 근거하는 것이 아니다), 모세로부터 제2차 성전 파괴에 이르는 히브리 국가의 미덕, 악덕, 권력 이양에 대한 문제 등을 포함한다. 스피노자는 또한 예언(그는 예언자들이 단지 우연히 아주 생생한 상상력을 가지게 된 재능 있는 이야기꾼이었을 뿐이라고 믿는다)과 기적(만일 '기적'이 자연 과정에 예외적인, 초자연적으로 일어나는 사건을 의미한다면, 스피노자는 그러한 일이 있다는 것을 받아들이지 않는다)의 본성에 대해 살펴본다. 마지막으로 스피노자는 국가의 기원과 정치적 의무의 토대에 대해 고찰한다. 어떤 합법적 정치 형태의 기초에는 협약 — 사회계약 — 이 있는데, 이 계약으로 사람들은 평화와 안전을 위해 연합하고 자기 이익의 난폭한 추구를 포기하기로 동의한다. 정치권력과 성직자의 권한은 계속 구별되어야 하고, 정치적 주권자는 종교의 공적 실행을 규제해야 하는 반면, 종교 지도자들은 어떠한 정치적 문제든 그것에 어떤 역할을 하려고 해서는 안 된다. 이는 고대 히브리 왕국의 몰락에서 알 수 있는 분명한 교훈이다. 이 왕국에서 권력은 근본적으로 왕과 제사장이 나누어 갖고 있었는데, 제사장은 세속적 특권을 강탈했던 것이다. 스피노자가 동시대 네덜란드인들이 아주 조심해야 할 문제라고 느꼈던 것은 바로 이것이었다.

만약 스피노자가 1665년 올덴부르크에게 말했던 것처럼 자신의 그 '성경에 관한 논문'(『신학정치론』)이 "나를 무신론이라고 지속적으로 비난한" 이들을 침묵하게 만들고 모든 종교를 거부한다는 인상을 없앨 것이라고(30번째 편지) 진심으로 생각했다면, 그는 곧 잔인하게 현실을 자각하게 되었을 것이다. 실제로는 자신의 관념이 직면할 반응에 대해 착각하지 않았을 수도 있다. 『신학정치론』은 아주 놀라울 정도로 과감하고 급진적인 저작이다. 1670년에 『신학정치론』이 — 익명으로, 그리고 표지의 출판사와 도시명을 거짓으로 하여 — 출판되었을 때, 이 책은 네덜란드 등지에서 수많은 항의를 야기했다. 신학자, 정치 지도자, 학자, 그리고 평범한 일반 사람들도 『신학정치론』 — 이 책의 저자가 누구인지는 공공연한 비밀이었다 — 을 공격했다. 칼뱅주의자, 항변파, 콜레지언파, 루터파, 가톨릭 모두가 그 책이 전복적이고 위험한 저작이라는 것에 동의했다. 시의회, 지방의회, 그리고 교회 단체들로부터 공식적 비난 및 금서 처분이 내려졌다. 자위트홀란트 교회 회의 대표들은 『신학정치론』을 "세상에 출판된 책들 중 가장 사악하고 불경한 책"이라고 결론 내렸다. 정치적이고 신학적인 논쟁에 관한 한 비위가 약한 인물이 아닌 홉스조차, 스피노자의 대담함에 큰 충격을 받았다. 홉스의 전기 작가에 따르면, 이 영국 철학자는 『신학정치론』이 "나보다 막대기를 멀리 던졌다. 왜냐하면 나는 감히 그렇게까지 대담하게 쓰지 않았기 때문이다"라고 주장했다.[31]

또한 『신학정치론』은 아주 분노에 찬 저작이다. 이 책을 일찌감치 출판하기로 결정한 것은 1669년에 겪었던 개인적 상실에서 비롯된 것이다. 그의 친구 아드리안 쿠르바흐는 현저히 스피노자적인 주제를 담고 있는 일련의 도발적인 책들에서 미신적 의식과 무의미한 의례를 가진 대부분 종교의 불합리함에 대한 공격에 착수했다. 삼위일체론을 강타하면서, 쿠르바흐는 신이 하나의 존재이지 세 개의 존재가 아니라고 주장했다. 하지만 그는 또한 신이 단지 우주의 실체일 뿐이라고 주장했다. 쿠르바흐의 견해에서 신의 진정한 가르침, '참된 종교'는 단지 신에 대한 인식과 복종이고 이웃에 대한 사랑일 뿐이다. 또한 쿠르바흐는 철저한 민주주의자였고, 그래서 속세의 정치권력을 잠식하려는 성직자의 위험성에 대해 경고했다.

쿠르바흐가 얀 더빗Johan de Witt(홀란트 정부의 대재상[32])이자 스타트하

---

31) 다음 문헌이 전언하는 것처럼 말이다. John Aubrey, *Brief Lives*, ed. Andrew Clark, Oxford: Clarendon Press, 1898. 〔인용문의 원문은 "[he had] cut through him a bar's length, for ~"인데, 컬리는 이 문장을 비비언 데 솔라 핀토의 지적(Vivian de Sola Pinto, *Times Literary Supplement*, 1950.9.15, p.581)에 따라 "He had out thrown him a bar's length, for ~"로 읽어야 한다고 말한다. 막대기를 던져 힘을 겨루는 시합에 빗대어 홉스는 스피노자가 자신보다 더 과감했음을 말하려 한 것인데, 편집자 앤드루 클라크가 오브리의 수고에서 'out thrown'을 'cut through'로 잘못 읽었다는 것이다. 전자는 의미가 모호하므로 후자를 따랐다. Edwin Curley, "Introduction to Hobbes' Leviathan", Thomas Hobbes, *Leviathan: With Selected Variants from the Latin Edition of 1668*, ed. Edwin Curley, Hackett Publishing Company, 1994. p.1xviii 및 각주 70번; Edwin Curley, "Spinoza's exchange with Albert Burgh", eds. Yitzhak Y. Melamed and Michael A. Rosenthal, *Spinoza's Theological-Political Treatise: A Critical Guide*, Cambridge University Press, 2010, pp.12~13과 각주 6번 참고.〕

우더 부재 시기에 네덜란드 공화국의 실질적 정치 지도자)의 공화주의 원리를 극력 지지한 것은 사실이지만, 더빗이 보수적인 적들의 역습으로부터 그를 보호하기 위해 할 수 있는 — 또는 정말이지 하고 싶어 했을지도 모를 — 일은 거의 없었다. 쿠르바흐의 실수 중 하나는 책 표지에 자신의 이름을 넣은 것 외에도 『신학정치론』에서 스피노자가 그랬던 것처럼 라틴어라는 학문 언어의 겉치장 뒤에 숨지 않고 네덜란드어로 책을 썼다는 것이다. 쿠르바흐는 체포되었고, 간단한 재판 뒤 징역 10년에 유배 10년이 뒤따르는 형을 선고받았다. 하지만 그는 감금 생활을 오래 버티지 못했다. 그의 건강은 점점 심각해졌고 급속도로 악화되다가 1699년 10월 사망하고 말았다. 형을 선고받은 지 9개월 만이었다.

이 일은 스피노자에게 엄청난 충격이었다. 이는 친한 친구를 잃게 된 일일 뿐만 아니라 자신의 조국이 헌신적으로 지키려 했던 자유와 관용의 최고 원리에 위배되는 일이기도 했다. 정무관들과 쿠르바흐를 기소하라고 그들을 압박했던 종교 지도자들의 손에 쿠르바흐가 그렇게 처단된 것은 교회와 국가 간에 있었던 위험한 결탁의 결과였다. 이 사건으로 스피노자는 『신학정치론』에 마지막 손질을 가하고 출판을 준비하기 위해 필요했던 추동력을 갖게 되었다. 스피노자가 생각하기에, 종교와 국가의 적절한

---

32) [옮긴이] '홀란트 정부의 대재상'은 "the Grand Pensionary of the States of Holland"를 옮긴 말이다. '홀란트 정부'(States of Holland)는 연합주 시기에 정부 역할을 했던 기구를 말하며, 'Pensionary'(네덜란드어로는 pensionaris. pension을 받는다는 의미에서 그렇게 불렸다)는 연합주를 이루는 7개의 주들(헬데르랑트, 홀란트, 제일란트, 위트레흐트, 오버레이셀, 프리슬란트, 흐로닝언) 각각에서 공무를 담당하던 고위 관리를 말한다. 그리고 이들 가운데 가장 강한 홀란트 주의 'Pensionary'를 외국 정부가 지칭하던 명칭이 'Grand Pensionary'(네덜란드어로는 raad(s)pensionaris)였다. 홀란트의 'Grand Pensionary'는 스타트하우더 부재 시기에 네덜란드 공화국 전체의 실질적인 정치 지도자였으며, 정부 수반이었다. Pensionary는 '재상'으로 옮겼고, Grand Pensionary는 '대재상'으로 옮겼다.

관계에 대해 자신의 주장을 제시하는 일은 사적으로나 공적으로나 긴절한 중요성을 가진 문제가 되었다.

헤이그에서 평화와 동요

『신학정치론』 집필이 끝나고 책이 출간되었을 때, 스피노자는 보르뷔르흐에서 헤이그로 이사했다. 그는 보르뷔르흐에서 사는 것에 지쳐 헤이그의 지적이고 문화적인 삶에 더 쉽게 접촉하길 원했을 것이다. 많은 친구들과 지인들이 그 도시에 살았기 때문에, 스피노자는 보르뷔르흐와 헤이그를 왔다 갔다 하는 것보다 헤이그에서 사는 게 훨씬 더 편하리라고 생각했을 것이다. 일단 화가 헨드릭 판 데르 스픽Hendrik van der Spyck의 집에 자리를 잡은 스피노자는 다시 『에티카』 집필과 늘어 가는 서신 교환 작업을 재개했고, 친구가 준비 중이던 『신학정치론』의 네덜란드어 번역 출판이 중단된 것을 포함하여 『신학정치론』에 의해 야기된 폭풍을 조용히 처리했다.

그는 집주인 가족과 친한, 더 정확히 말하자면 막역한 관계였던 것으로 보인다. 집주인 가족은 스피노자에 대해서 루터교 설교자이자 스피노자의 초기 전기 작가 중 한 사람인 요한네스 콜레루스Johannes Colerus에게 해줄 이야기가 많이 있었다. 스피노자는 아마도 자신의 방에서 렌즈 연마와 저술 작업을 하면서, 또는 어쩌면 그냥 책을 읽으면서 대부분의 시간을 보냈을 것이다. "그가 집에 있었을 때, 그는 아무도 귀찮게 하지 않았다. …… 연구에 지쳤을 때, 스피노자는 내려와서, 일어나고 있던 일이 무엇이든, 사소한 문제들일지라도 그것에 대해 동거인들과 이야기를 나누었다." 기분 전환을 위해, 스피노자는 거미를 모아 싸움 붙이거나 파리를 거미줄에 던져 전쟁을 치르게 만드는 것을 좋아했다. 스피노자는 그런 장난을 재미있어 하며 "웃음을 터뜨리곤 했다". 침울하고 비사교적인 전설의 은둔자이기는커녕, 자기 일을 내려놓았을 때 스피노자는 사교적이고 온화한 성정을 가진 인물이었다. 그는 친절했고 사려 깊었으며, 다른 사람과 함께 있는 것을 좋아했고, 다른 사람들도 그와 함께 있는 것을 좋아했던 것으로 보인다. 실제로 그는 바로 그러한 합리적이고 자제심 있는 — 정념이 자신을 압도하도록 내버려 두기보다는 정념을 절제하는 — 삶, 즉 그가 『에티카』에서 건강한 인간의 이상으로 제시했던 삶을 살았던 것으로 보인다.

그의 대화와 삶의 방식은 조용하고 내향적이었다. 그는 감탄스러운 방식으로 자신의 정념을 통제하는 방법을 알았다. 아무도 그가 슬퍼하거나 기뻐하는 모습을 본 적이 없다. 그는 화나 불만족을 통제하거나 견딜 수 있었다. 그가 화가 나 있다거나 불만스럽다는 것은 어떤 기미나 짧은 한마디 말로만 알 수 있었을 뿐이었다. 또는 그는 정념이 자신을 능가할 수도 있다는 두려움을 견디고 무시했다. 더욱이 그는 일상에서 다른 사람과 사귈 때 다정하고 사교적이었다.

판 데르 스픽 집안의 안주인이나 다른 가족들이 아팠을 때,

그는 항상 그들을 위로하고, 그가 그들에게 신이 부여한 운명이라고 말했던 것을 견뎌 내도록 그들을 북돋아 주었다. 그는 그 집안 아이들에게 예의 바르게 행동하고, 집안 어른을 공경하며, 교회 예배에 자주 가라고 권고했다.[33]

17세기 학문 공화국Republic of Letters(17세기 유럽 지식인 사회를 일컫는 표현)의 황제이자 '무신론적 철학'이라고 스피노자를 혹평했던 피에르 벨 Pierre Bayle조차, 스피노자의 인격과 흠잡을 데 없는 생활양식이 가진 덕목에 주목했다. 어떤 사람이 기독교의 진리에 설득되지 않았어도 선하고 정직하게 생활할 수 있다는 사실의 증거로 이 인물을 거론하면서 말이다.[34)]

스피노자가 렌즈 가공으로 번 수입은 항상 친구들의 도움으로 보충되었다. 그러나 관련된 증거는 모두, 우선 스피노자가 개인적으로 필요한 것이 그다지 많지 않았고, 또 그가 검소하게 살았다는 것을 보여 준다. "부는 스피노자를 유혹하지 못했을 뿐만 아니라 가난의 끔찍한 결과도 스피노자는 두려워하지 않았다. …… 스피노자는 자신에게 200플로린을 빌려간 어떤 이가 파산했다는 이야기를 듣고, 화를 내기는커녕 미소를 머금고 다음과 같이 말했다. '이 작은 손실을 메꾸려면 일용품을 줄여야겠군요.' 그러고는 '그게 굳건함의 비용이지요'라고 덧붙였다 한다."[35)] 그의 평소 음식은 간소했고 — 그는 건포도와 버터를 곁들인 우유 귀리죽을 좋아했고, 맥주를 즐겨 마셨다 — 가구들은 소박하고 변변치 않은 것이었다. 그는 꾸밈없고 호들갑스럽지 않은 옷을 입었다(적어도 콜레루스에 따르면 그렇다. 콜레루스는 "그는 옷 입는 데 있어 수수하고 평범했다"라고 언급한다[36)]). 그는 지출이 많지 않았다. 뤼카는, 비록 스피노자가 '순수한 즐거움'을 반대하지는

---

33) Freudenthal, *Die Lebensgeschichte Spinoza's in Quellenschriften, Urkunden und Nichtamtlichen Nachrichten*, pp.57~61을 보라.
34) Pierre Bayle, *Historical and Critical Dictionary*, trans. Richard Popkin, Indianapolis: Bobbs-Merrill, 1965에서 스피노자에 관한 항목을 보라.
35) 뤼카가 쓴 전기에 나오는 이야기이다. Freudenthal, *Die Lebensgeschichte Spinoza's in Quellenschriften, Urkunden und Nichtamtlichen Nachrichten*, p.16도 보라.
36) *Ibid.*, p.59.

않지만, 그러한 것들은 "그에게 거의 영향을 주지 못했다"라고 말한다.[37]

스피노자는 자신의 주요한 형이상학적-도덕적 기획과 신학적-정치적 기획으로 아주 바빴지만, 그럼에도 생애의 마지막 10년 동안에는 덜 철학적인 얼마간의 작업을 하기 위해 틈을 냈다. 스피노자는 현상 이면에 존재하는 광학기하학을 검토하면서 무지개에 관한 소논문을 작성했고, 친구들을 위해 히브리어 문법 개론서인 『히브리어 문법 개요』*Compendium grammatices linguae Hebraeae*도 썼다. 이 저작들의 연대는 불확실하다. 그리고 두 작품 모두 스피노자 사후에야 출판되었다.

하지만 의심의 여지없이, 헤이그에서 보낸 기간들(1670~1677년) 중, 초기 1670년에서 1675년까지 그가 주로 천착한 일은 『에티카』를 손보고 출판을 준비하는 것이었다. 특별히 스피노자는 당시 3, 4, 5부로 편성하지 않았다면 더 포괄적인 3부가 되었을 부분부터 자료를 개정하는 일에 집중했다. 이 부분에는 그의 도덕심리학, 정념에 대한 인간 예속에 대한 설명, '자유로운 인간'의 상 등 많은 내용이 포함되어 있었다. 정치와 사회의 본성에 대해 그리고 종교와 참된 자유에 관해 스피노자가 『에티카』에서 말하려고 했던 것은 1670년 이후 상당히 수정되었다. 적어도 6년을 중단한 후 집어 든 원고의 후반부는 이제 그 기간 동안 스피노자가 읽었던 것 — 여기에는 홉스의 『리바이어던』*Leviathan*이 포함되는데, 이 책은 1660년대 말 네덜란드어와 라틴어로 번역되었다(스피노자는 영어를 읽을 줄 몰랐다) — 뿐만 아니라 더 중요하게는 『신학정치론』에서 자신이 제기한 국가와 시민사회에 대한 이론까지 감안해서 개정되어야 했다. 다른 한편으로, 1660년대 초부터 1670년대 초까지의 기간 동안, 스피노자의 형이상학적·

---

[37] *Ibid.*, p.20.

도덕적·정치적 사유에 전반적으로 연속성이 있는 것으로 보인다는 점을 고려해 볼 때, 헤이그로 이사한 후 스피노자가 『에티카』에 추가하거나 변경한 내용이 스피노자의 기본적이고 근본적인 학설에 어떤 커다란 변화가 있었음을 보여 주는 것 같지는 않다. 인간과 인간의 동기를 유발하는 것에 대한 스피노자 이론의 정치적 함축은 『신학정치론』 완성 이후 더 명확하고 정교해졌을 것이다. 그러나 그 함축은, 1662년 자신의 체계를 기하학적으로 제시하려고 시작했을 때에도, 결코 스피노자의 정신과 거리가 먼 것은 아니었을 것이다.

　『에티카』 원고를 수정하던 때, 스피노자는 의심의 여지없는 최악의 해, 네덜란드 역사의 참혹한 해annus horribilis가 연합주의 짧은 존속 기간〔1650~1672년〕 중에 일어난 것을 목도했다. 참사는 1672년 루이 14세의 군대가 침략하는 방식으로 발발했다. 프랑스와 네덜란드는 1662년 프랑스-네덜란드 조약 이래 불안한 동맹관계를 유지하는 중이었다. 처음에 루이 14세는 2차 네덜란드-영국 전쟁에서 네덜란드에게 도움이 되었고, 동쪽에서 네덜란드를 위협하는 뮌스터의 주교공prince-bishop of Münster을 억제하는 데 도움을 주기도 했다. 그러나 스페인령 네덜란드에 대한 프랑스의 야망 때문에, 외양뿐인 우호 관계 뒤의 이면에는 언제나 긴장 요소가 숨어 있었다. 루이 14세는 2세기 전 부르고뉴 공국에 속했던 저지대 국가 남부까지 영토를 확장하려고 했다. 1660년대 중반, 세력이 상당히 약해진 스페인이 플라망 지역과 왈롱 지역의 스페인 속령으로부터 군대를 철수하기 시작했을 때, 이 프랑스 왕은 행동을 취해야 할 시기가 무르익었다고 생각했다. 두 나라 간에는 이러한 영토 문제 외에 경제 전선에서도 약간의 교전이 있었다. 자기들 시장에서 네덜란드의 수출 — 예를 들어 의복, 청어, 담배, 설탕과 같은 — 로 추정되는 몫이 점차 증가하는 것을 걱정했던 프랑스는 외국에서 수입된 모든 물품에 가혹한 관세를 부과했다. 그러한 조치에 네덜란드의 생산자들과 무역업자들은 크게 반발했고 보복 조치를 취해 달라고 아우성쳤다. 당시 최근에 설립된 프랑스의 동인도회사 및 서인도회사와 보다 오래된 네덜란드 경쟁사 간의 경쟁 과열로, 네덜란드 공화국은 불안해했을 뿐만 아니라, 분노와 적개심이 한계에 이를 정도였다.

1672년, 프랑스 동맹국들에 의해 네덜란드는 적대 국가에 둘러싸였다. 루이 14세는 스페인령 네덜란드를 빼앗을 의도뿐만 아니라, 네덜란드 공화국 자체를 무너뜨려 군주국으로 만들려는 의도도 있었던 것 같다. 1672년 4월, 루이 14세는 네덜란드 공화국에 전쟁을 선포했다. 곧 영국과 뮌스터 주교공, 그리고 쾰른의 선제후가 뒤를 따랐다.

네덜란드는 늘 프랑스의 위협적 행동에 어떻게 대응할 것인가 하는 문제로 분열되어 있었다. 더빗은 전쟁으로 얻을 것이 없다고 믿었고, 처음부터 군사적 개입에 반대했다. 한편, 반대 진영의 오라녀파는 강경 대응을 고집했고 군대를 지휘할 스타트하우더의 귀환을 요구하며 아우성쳤다. 프랑스 침공 전날 밤, 오라녀파는 사실상 논쟁에서 이겼고, 당시 성년이 된 빌럼 3세를 홀란트 주와 다른 주들의 스타트하우더로 임명했다.

전쟁 초 몇 달간 전세는 네덜란드에게 불리하게 전개되었다. 그 결과 더빗은 심각한 문제에 처하게 되었다. 군사적 무능력과 재정적 부정이라는 혐의, 그리고 심지어 적들의 비호 아래 공화국을 지배하려고 네덜란드 공화국을 적들에게 넘겨줄 음모를 꾸몄다는 혐의가 제기되었을 때, 대중들의 감정은 더빗에게 아주 불리했다. 그는 7월에, 자신에 대한 암살 기도가 있고 난 뒤, 대재상 직을 사임했다. 그 후 곧 그의 형제인 코르넬리우스는 이른바 스타트하우더 암살을 모의했다는 명목으로 체포되었다. 코르넬리우스는 무죄 방면되었지만, 얀 더빗이 그를 데리러 감옥에 왔을 때 두 형제는 성난 군중들에게 둘러싸였다. 그날 자정에 그들은 군중들에 의해 거꾸로 매달렸고 글자 그대로 찢겨 죽었다.

스피노자는 떠돌아다니는 도적떼도 아니고 평범한 시민들로 이루어진 군중이 이러한 야만적인 짓을 저질렀다는 사실에 망연자실했고 격분했다. 집주인은 거리로 뛰쳐나가 그 잔혹행위가 있었던 장소 근처에 'Ultimi barbarorum'[대략 "당신들은 가장 야만적인 사람들이다!"라고 번역된다]이라고 쓴 플래카드를 붙이려던 스피노자를 말려야 했다.

스피노자는 또한, 진보적인 공화주의 원리를 가지고 있었고 대체로 관용적인 분위기였던 '진정한 자유'의 시기가 돌연 끝나 버린 것을 슬퍼했다. 더빗 형제에게 동조적이라고 생각되던 섭정관들은 명백히 오라녀파인 사람들과 정통 칼뱅파의 목적에 호의를 가진 사람들로 대체되었다. 표면적으로는 하룻밤 사이에, 정치권력은 도시와 지방 주들로부터 스타트하우더와 전국의회 ― 빌럼은 전국의회에 큰 영향력을 행사했다 ― 로 이양되었고, 중앙집권화되었다.

이러한 정치적 흐름의 변화는 어쩌면 1672년 이후 스피노자가 다시 한번 공격 대상이 된 사실을 설명해 줄지도 모른다. 당시에 스피노자는 정치적·학문적·신학적 보수주의자들, 특히 개혁교회의 보에티우스주의자 진영 ― 이 진영은 정통파의 선동가였던 기스베르투스 보에티우스 Gisbertus Voetius를 중심으로 뭉쳐 있었기 때문에 흔히 그렇게 불렸는데, 그는 위트레흐트대학 학장이자 데카르트의 결코 화해할 수 없는 숙적들 중 하나였다 ― 뿐만 아니라, 지지를 기대했을지도 모를 이들에게도 비난받았다. 코세이우스파(요한네스 코세이우스Johannes Cocceius의 추종자였기 때문에 이렇게 불렸는데, 코세이우스는 칼뱅주의의 요구가 무엇인지 해석하는 데 있어서 상당히 진보적이었던 레이든대학의 신학 교수였다)로 알려진 교회 내

보에티우스주의자들의 논적도 마찬가지로 『신학정치론』을 규탄하느라 시끄러웠다. 여기에 레이든대학의 온건한 데카르트주의자들 중 그들과 지적으로나 정치적으로 협력하는 게 자연스러웠던 이들이 합세했다. 그들은 스피노자 및 스피노자와 비슷한 생각을 가진 이들(이를테면 스피노자의 친구인 로데베이크 메이어르와 같은 이들. 메이어르의 저작 『철학, 성경 해석자』 *Philosophia S. Scripturae Interpres*도 스피노자의 『신학정치론』과 함께 자주 비난 받았다)에게 달려들었다. 그것은 부분적으로 방어적인 책략이었다. 스피노자와 메이어르는 보통 과격한 데카르트주의자에 지나지 않는다고 인식되었기 때문이다. 그래서 스피노자에 대한 반발이 자신들의 취약한 입장을 위축시킬까 두려웠던 이 데카르트주의자들은 스피노자와 메이어르를 공격함으로써 스피노자적 견해와 거리를 두고 싶어 했고, 적들의 마음속에서 자신들이 네덜란드 공화국을 감염시키는 '위험한' 자유사상 계열과 구별되길 바랐다. 스피노자는 그들의 전략을 간파했다. 올덴부르크에게 보낸 편지에서 스피노자는 "멍청한 데카르트주의자들"이 자기들에 대한 의혹을 없애려고 자신의 견해를 힐난한다고 언급한다(68번째 편지).

더빗이 살해된 직후 시작된 스피노자에 대한 적대적 운동이 한창일 때, 그는 적어도 일부 사람들이나마 자신의 철학적 재능을 높이 평가한다는 것을 알게 되어 분명 기뻐했을 것이다. 1673년 2월, 스피노자는 독일 영방국가 중 하나인 팔라틴의 선제후 카를 루트비히Karl Ludwig에게 하이델베르크대학 철학 교수직을 맡아 달라는 초빙을 받았다. 이 일로 스피노자는 기뻐하긴 했지만, 이내 심각하게 고민했다. 하지만 그는 삶의 환경이 그렇게 극도로 변하는 것과 공적인 일을 맡음으로써 자기 작업이 방해받는 것을 꺼려 했다. 게다가 그 위촉장은 그에게 "가장 광범위한 철학함의 자유"를 약속하면서도, 그가 "공인된 종교를 어지럽히기 위해 이 자유를 남용하지 않을 것을 명기했다. 스피노자는 이 애매한 구절이 신경 쓰여, 카를 루트비히의 고문이자 엄격한 칼뱅주의자이며 하이델베르크대학 신학 교수였던 요한 파브리시우스Johann Fabricius에게 보낸 편지에서 의구심을 표현했다.

만일 공인된 종교를 어지럽히는 일처럼 보이는 것을 피해야 한다면, 철학함의 자유를 어느 정도까지 제한해야 하는지 모르겠습니다. 왜냐하면 분열은 종교에 대한 열광적 헌신에서 유발된다기보다는 오히려 사람들의 다양한 기질에서, 또는 모든 것을, 심지어 올바르게 진술된 것도 왜곡하고 비난하도록 이끄는 그들의 모순에 대한 사랑에 의해 유발되는 것이기 때문입니다. 개인적이고 고독한 삶을 살아오는 동안 저는 이미 이것을 경험했기 때문에, 높은 지위에 오르고 난 이후에는 그것이 더욱 두려워질 것 같습니다. 그래서 가장 존귀하신 선생님께서는 제가 주저하는 이유가 더 큰 행운을 바라기 때문이 아니라 오직 평온함을 사랑하기 때문이라는 것을 아실 것입니다. 저는 공적 교육 활동을 삼가면 얼마간 그 평온함을 향유할 수 있으리라 믿고 있습니다. (48번째 편지)

한 달 동안 심사숙고한 후, 스피노자는 — 어쩌면 현명하게 — 그 자리에 가지 않기로 결정했다.

그해 여름, 스피노자는 또 다른 초대를 받았다. 적진으로 들어가야 하는 초대였다. 프랑스는 6월에 위트레흐트를 함락했고, 루이 14세 군대의 아주 교양 있던 사령관 콩데 공Prince of Condé은 그곳에 본부를 설치했다. 위트레흐트 점령 중에, 그는 자기 주변을 지식인들과 조신朝臣들로 채우려고 했고, 고향 샹티이에서 즐기던 살롱 분위기 같은 것을 재현하고 싶었다.

그의 부사령관 장 바티스트 스투페Jean-Baptiste Stouppe는 스피노자에게 위트레흐트의 그 모임에 참여해 달라고 부탁하는 편지를 썼고, 스피노자가 자기 책 중 하나를 프랑스 군주 루이 14세에게 헌정한다면, 루이에게서 연금도 받을 수 있게 해주겠다는 제안도 했다. 스피노자는 연금 제안을 거절했지만, 위트레흐트로 가야 하는 초대에는 응했다. 그리하여 1673년 7월, 스피노자는 위험하고 황폐해진 지역을 통과하여 프랑스 점령지로 들어갔다. 스피노자는 아마도 콩데 공을 직접 만나지 못했겠지만—그는 스피노자가 그곳에 도착하기 전 귀환 조치되었다가, 몇 주 후 스피노자가 그곳을 떠나고 나서야 돌아왔을 것이기 때문이다—콩데 공이 측근에 모이게 해둔 작가나 예술가들과 어울렸다.

네덜란드 동포들이 좋아할 만한 움직임은 아니었다. 모든 일들이 스피노자에게 네덜란드에 대한 충성심이 있는 것인지 동포들의 의혹을 더할 뿐이었고, 이제 그는 신성을 모독한 사람일 뿐만 아니라 반역자로도 보였다. 콜레루스는 우리에게 다음과 같이 말한다.

> 사람들은 스피노자를 첩자라고 생각했으며, 그가 나랏일에 관해 프랑스와 연락을 취하고 있었다고 중얼거렸다. 집주인이 이 일을 걱정하기 시작했고, 그들이 스피노자를 찾으려고 집으로 난입하지는 않을까 두려워했기 때문에, 스피노자는 다음과 같은 말로 진정시켰다. "걱정하지 마시오! 나는 죄가 없소. 내가 왜 위트레흐트로 갔는지 잘 알고 있는 최고위 관리들이 많이 있다오. 그 사람들이 훌륭한 더빗 형제에게 한 것처럼 나를 대한다 하더라도, 사람들이 문 앞을 조금이라고 시끄럽게 하면 곧바로 그 관리들에게 가겠소. 나는 정직한 공화주의자이고, 국가의 안녕이 내 목표라오."[38]

그가 왜 적진을 갔다 왔는지 아는 고위직 인물들이 많다는 스피노자의 주장은, 혹시, 그가 어쩌면 헤이그에 있는 정부로부터 프랑스군 책임자에게 평화협상 제안을 전달하는 공식적 외교 임무를 수행 중이었던 것은 아닌지 하는 추측을 불러일으킨다. 하지만 스피노자가 네덜란드 정부에 고용 중이었을 가능성은 거의 없는 것처럼 보인다. 당시는 더빗 시대가 아니라 오라녀 시대였다. 네덜란드 주들의 스타트하우더가 프랑스와 연락을 주고받을 의향이 있었다 하더라도, 네덜란드 공화국의 적으로 여기던 인물에게 그러한 민감한 임무를 위임하지는 않았을 것이다.

물론 스피노자는 네덜란드 공화국의 적이 아니었다. 그의 모든 저작은 동료 인간들뿐만 아니라 그들이 만들고 동시에 의존하는 정치 사회의 덕virtue과 안녕을 지향하고 있다. 소크라테스가 2000년 전 자신을 처형했던 아테네를 사랑했던 것처럼, 그는 특별히 네덜란드 공화국에 남다른 애정을 가지고 있었다. 이 두 나라는, 민주적 문화와 지적 개방성을 통해 철학자들을 길러 냈다. 비판적 시선을 자신이 속한 사회와 다른 사람에 의해 좌우되는 삶에 돌리자마자 아주 큰 분노의 대상이 되고 말 철학자들을 말이다.

생의 마지막 무렵

1675년 7월 초, 스피노자는 『에티카』가 곧 출판될 수 있을 만큼 진척되었다는 것에 아주 만족해했다. 스피노자가 소수의 선택된 사람들에게만 열람을 허락할 만큼 — 허락한다 하더라도 다른 사람들에게 말하지 않겠다

---

38) Freudenthal, *Die Lebensgeschichte Spinoza's in Quellenschriften, Urkunden und Nichtamtlichen Nachrichten*, pp.64~65.

는 조건하에서만 — 보호했던 이 원고는 일견 대중들에게 곧 공개될 것 같았다. 스피노자는 7월 말에 암스테르담으로 가서 정서본을 얀 리우어르스에게 넘겨주었다. 스피노자가 『신학정치론』에서 그랬던 것처럼 『에티카』 표지에 자기 이름을 넣지 않으려고 의도했었는지 여부는 불명확하다. 그러나 스피노자는 그렇게 경계할 필요를 더 이상 느끼지 않았을 법하다. 『에티카』를 시작한 이후 15년 동안, 특히 『신학정치론』이 출간된 후 5년 동안 많은 일이 일어났고, 『신학정치론』의 저자가 누구였는가는 비밀도 아니었을 것이다.

또한 정치 상황이 그러했기 때문에, 이 점에서 익명 출판으로 얻을 소득은 거의 없었다. 1674년 가을에, 네덜란드 공화국은 전세를 역전시켰고, 프랑스를 위트레흐트와 다른 도시들에서 쫓아냈다. 이것은 오라녀파의 권력에 힘을 실어 주었다. 그리고 빌럼과 그 지지자들은 빌럼의 권력 강화에 저항했던 공화주의자들을 가혹하게 공격했다. 진보적인 섭정관과 많은 상인 계급들은 빨리 교전상태가 종식되고 정치적으로나 경제적으로나 이전 상태를 되찾길 바랐던 반면, 스타트하우더파는 결국 프랑스를 패배시켜 교훈을 줄 때까지 전쟁을 계속하자고 주장했다. 대부분의 정치적·군사적 문제를 마음대로 처리하던 오라녀파와 신학 영역에서 비슷한 패권을 누리고 있던 보에티우스파로 인해, 게임의 룰은 1670년 이후 상당히 변화되었다. 논문을 단순히 익명으로 출판한다고 사람들이 무모한 쿠르바흐의 운명으로부터 벗어날 수 있으리라고 생각할 이유가 없었던 것이다.

명백한 위험을 감수하는 중이었음에도 스피노자는 자신감을 느꼈고, 1675년 여름 내내 모든 일은 착착 진행되는 것처럼 보였다. 스피노자는 암스테르담에 2주간 머물렀다. 그러나 『에티카』 출판을 지켜보던 스피노자는 곧바로 갑자기 인쇄를 멈추게 했다. 9월 초 헤이그로 돌아온 스피노자는 오랫동안 이 저작을 공개하라고 자신을 압박했던 올덴부르크에게 결국 『에티카』를 출판하지 않기로 한 결정에 대해 해명했다.

이 일에 몰두하는 동안, 어떤 소문들이 퍼지기 시작했습니다. 신에 관한 저의 어떤 책이 인쇄 중이며 그 책에서 제가 신이 없다는 것을 보여 주고자 시도했다는 것이었지요. 많은 이들이 이 소문을 믿었습니다. 그래서 이 소문을 퍼트렸을지도 모를 어떤 신학자들이 오라녀공과 정무관들 앞에서 저에 대해 불평할 기회를 잡았다고 합니다. …… 도처에서 신학자들이 저에 대한 음모를 꾸미고 있다고 단언하기도 했던 어떤 믿을 만한 사람에게서 이 이야기를 듣고, 준비 중이었던 출판을 연기하기로 결심했습니다. 사태가 어떻게 진전될지 알 수 있을 때까지요. 제가 할 행동이 무엇인지 당신에게 알려주려고 했어요. 그러나 상황은 하루하루 더 나빠지는 것 같고, 이를 어찌해야 좋을지 모르겠군요. (68번째 편지)

필시 스피노자를 괴롭혔을 문제들 중에는 그해 6월 스피노자가 거주하던 도시의 교회 회의가 공표한 스피노자에 대한 적대적 결의안이 있었다. 헤이그의 개신교 지도자들은 이미 5년 전 『신학정치론』을 규탄했다. 그러나 이번에 그들의 공격은 더 인신공격적이며 더 불길해 보였다. 교회 회의의 정기 회합에서 구성원들은 다음과 같이 언급하고 있다. 그들의 논의는 '스피노자'라는 단순한 표제의 회의록에 기록되어 있다.

스피노자의 가장 불경스러운 견해가 이 도시 못지않게 다른 도시에도 점점 더 많이 퍼지기 시작했다는 것을 알게 되자, 교회 회의는 구성원들 한 명 한 명에게 이 견해에 대해 알아낼 수 있는 게 무엇인지, 스피노자가 출판한 다른 책이 있는지, 여기에 따르는 위험이 무엇인지를 알아보라고 진지하게 요청했다. 조사한 것을 보고받아 결론을 내린 후 상응한 조치를 취하기 위한 것이었다.[39]

이 일 때문에 완성된 『에티카』를 출판할 계획으로 한 달 후 암스테르담에 가려던 것을 그만두지는 않았지만, 필시 스피노자의 마음은 무겁게 짓눌렀을 것이다. 이따금씩 설교자들이 맹렬하게 공격했던 것보다 더 걱정스러웠던 것은 스피노자가 예상했던 것인데 올덴부르크에게 보내는 편지에서 스피노자가 명시한 것처럼 신학자들의 부추김으로 세속의 권력이 다시 움직일 준비를 하고 있을 것이라는 정보였다.

스피노자는 곧 나올 자신의 책 내용에 대한 우호적이지 않은 쏙닥거림이 있다는 이야기를 조력자들에게 충분히 듣고 있었다. 테오도러 레이키우스Theodore Rijckius는 8월 14일 헤이그에서 어떤 영향력 있는 친구에게 다음과 같은 편지를 썼다.

우리들 사이에 『신학정치론』의 저자가 신과 정신에 대한 어떤 책, 심지어 『신학정치론』보다 더 위험한 책을 곧 출판하려고 한다는 이야기가 있습니다. 이 책이 출판되지 않도록 확실히 조치하는 것은 당신과, 당신과 함께 네덜란드 공화국을 통치하는 데 여념이 없는 이들의 몫일 것입니다. 왜냐하면 우리의 가장 성스러운 신앙 원리를 뒤엎으려고 노력했던 그 사람이 이미 얼마나 많이 네덜란드 공화국을 해쳤는가는 믿을 수 없을 정도

---

39) Freudenthal, *Die Lebensgeschichte Spinoza's in Quellenschriften, Urkunden und Nichtamtlichen Nachrichten*, pp.147~148.

이기 때문입니다.[40]

『에티카』보다 『신학정치론』을 먼저 출판한 의도가 철학함의 자유를 위한 논변을 먼저 제시함으로써 극단적인 형이상학적·도덕적 견해를 제시하기 위한 길을 예비하기 위한 것이었다면, 스피노자는 영 오판한 것이다. 사실 논쟁을 싫어하고 신중했던 스피노자의 성격 ─ 그의 인장 반지에 적혀 있던 좌우명이 'Caute', 즉 '신중하게'라는 것이었다[41] ─ 을 고려해 볼 때, 『신학정치론』으로 인해 『에티카』의 출판은 사실상 그의 생전에는 불가능한 실정이었다. 『에티카』는 스피노자의 친구들이 미출간 상태의 이전 저작을 모아 *Opera posthuma*와 *Nagelate Schriften*이라는 라틴어와 네덜란드어 유고집을 펴낸 1677년에야 비로소 출판되었다.

그해 내내 스피노자는 이곳저곳 옮겨 다니면서 계속 암스테르담을 방문했으며, 또 그의 고향이나 다른 장소에서 올덴부르크, 더프리스, 하위헌스를 포함한 방문자들을 맞아들였다. 1676년 헤이그의 스피노자 하숙집을 방문한 손님 중에는 철학자 라이프니츠Gottfried Wilhelm Leibniz가 있었다. 그는 파리에서 4년을 체류한 후 네덜란드를 거쳐 독일로 돌아가는 길이었다. 라이프니츠는 프랑스에 있는 동안 스피노자와 라이프니츠 두 사람 모두의 친구였던 에렌프리트 발터 폰 치른하우스Ehrenfried Walther von

---

40) Freudenthal, *Die Lebensgeschichte Spinoza's in Quellenschriften, Urkunden und Nichtamtlichen Nachrichten*, p.200.
41) 〔옮긴이〕 스피노자의 인장 반지에는 그의 이름 'Benedictus de Spinoza'의 이니셜 BDS와 장미, 그리고 그 '장미 아래'(sub rosa, 스피노자가 의도했는지는 불확실하지만 '은밀하게'라는 뜻이 있다)에 '신중하게', '조심스럽게'라는 뜻의 'Caute'(우리말로는 보통 '주의하라', '조심하라' 등으로 번역되어 왔다)라는 좌우명이 적혀 있다.

Tschirnhaus로부터 스피노자의 생각 일부를 알게 되었다. 치른하우스가 암스테르담에서 파리로 왔을 때, 그는 실제로 『에티카』 필사본을 가지고 있었다. 그는 스피노자의 허락을 먼저 구하지 않은 채 다른 사람에게 『에티카』 필사본을 보여 주지 말라는 분명한 지시를 받은 상태였다. 라이프니츠는 『에티카』가 보고 싶어 안달했고, 자신에게 『에티카』 필사본을 보여 줘도 된다는 허락을 받도록 치른하우스로 하여금 스피노자에게 편지를 쓰게 만들었다. 몇 해 전 라이프니츠와 잠시 서신 교환을 한 것은 사실이지만, 라이프니츠의 동기가 무엇인지 확신할 수 없었던 스피노자는 안 된다고 했다. 그럼에도 라이프니츠와 치른하우스는 확실히 『에티카』의 내용에 대해 이야기를 나눴고, 스피노자를 만나 보고자 헤이그에 왔을 때 라이프니츠에게는 철학적·정치적·과학적 주제들에 대한 스피노자의 견해에 대해 직접 질문할 기회가 있었다. 스피노자와 라이프니츠는 몇 주 동안 여러 번 만났다.

> 홀란트 주를 지나면서 [스피노자 선생을] 만나 뵈었습니다. 그리고 선생과 수차례, 오랫동안 대화를 나눴지요. 스피노자 선생은 이상한 형이상학을 가지고 있었습니다. 역설로 가득 찬 것이었죠. 무엇보다도 선생은 세계와 신이 단지 단일한 실체적인 것이며, 신은 모든 실재들의 실체이고, 피조물은 단지 양태나 우연자라고 믿고 있었습니다. 그러나 저는 선생의 증명이라고 알려진 것들 중 일부가 — 선생은 그것을 저에게 보여 주기도 했습니다 — 엄밀하게 보자면 옳지 않다는 것을 알아챌 수 있었습니다. 형이상학에서 참인 증명을 제시하는 일은 생각처럼 쉽지 않은 것이지요.[42]

---

42) *Ibid.*, p.206.

라이프니츠는 스피노자와 함께한 자신의 논의가 무척 생산적이었다고 생각했다. 17세기의 이 두 위대한 사상가들의 접촉은 분명 라이프니츠 자신의 철학적 발전에 지대한 중요성을 가진 것이었다.

그들의 만남은 지금까지 그러했듯 고무적이고 즐거웠지만, 이 만남으로 스피노자는 마지막 저작이 될 ─ 스피노자의 짧은 생애에서 미완의 기획으로 남은 것이긴 하지만 ─ 『정치론』Tractatus Politicus을 집필하는 일에 집중하지 못했다. 스피노자는 1676년 중반에 이미 『정치론』을 시작했음에 틀림없다. 어떤 점에서 이 책은 『신학정치론』의 속편이다. 1670년의 『신학정치론』이 국가에서 주권이 구체화되는 형태 ─ 그것이 군주정이든 귀족정이든 민주정이든 ─ 와 상관없이 시민사회의 기본적 토대와 가장 일반적인 원리를 확립한 것이라면, 새롭고 보다 구체적인 작품인 『정치론』은 특히 상이한 정체政體의 국가들을 어떻게 잘 기능하도록 만들 수 있을 것인가에 관심을 갖고 있다. 스피노자는 또한 모든 정체들 중에서 민주정이 가장 선호된다는 것을 보여 주고자 했다. 『신학정치론』 못지않게 『정치론』도 네덜란드 공화국의 당시 정치 상황과 직접적으로 관련된 것이었다. 스피노자는 역사적 문제와 직접적으로 관련이 있고 심지어 촉급한 여러 보편적인 정치철학적 주제를 다루고 있다.

하지만 스피노자는 민주정에 관한 절을 가까스로 시작했다. 그때 건강이 나빠지기 시작했던 것이다. 스피노자는 생애 대부분의 기간 동안 호흡기 질환에 시달렸던 것 같다. 이는 확실히 렌즈를 가공할 때 발생되는 유리 가루를 수년간 흡입하면서 악화되었다. 1676~1677년 겨울 스피노자는 자주 앓아누웠지만, 전하는 바에 따르면 그렇게 빨리 악화되리라고는 예상치 못했다 한다. 그는 심지어 유언장도 작성하지 않았다. 스피노자의 마지막 날에 대해 집주인으로부터 직접 들은 콜레루스의 설명에 따르면, 스피노자 자신도 아니면 다른 누구도 그가 그날 오후도 넘기지 못할 것이라는 조짐을 느끼지 못했다고 한다.

집주인이 [스피노자가 죽기 전날] 4시경 [교회에 갔다가] 집에 돌아왔을 때, 스피노자는 자기 방에서 아래층으로 내려와서 파이프 담배를 피우고 그날 오후의 설교에 대해 집주인과 오랫동안 자세히 이야기를 나누었다. 그 후 스피노자는 앞쪽 방으로 자러 갔는데, 이 방은 그가 사용하는 잠자는 방이었다. 일요일 아침, 예배 시간 전에 스피노자는 다시 아래층으로 내려와서 집주인 내외와 대화를 나누었다. 스피노자는 암스테르담에서 L.M.이라는 어떤 의사[로데베이크 메이어르가 거의 확실하다]를 불러 달라고 집주인 내외를 보냈다. 그 의사는 집주인 부부에게 스피노자가 그날 오후 닭고기 수프를 먹을 수 있게 늙은 수탉을 사서 그날 아침 요리해 주라고 지시했다. 그리고 집주인이 아내와 돌아왔을 때, 스피노자는 닭고기 수프를 맛있게 먹고 있었다. 그날 오후 집주인 가족은 다시 교회에 갔고, 의사 L.M.만 스피노자와 함께 있었다. 그러나 집주인 가족이 교회에서 돌아왔을 때, 스피노자가 그 의사 앞에서 정각 세 시경에 죽었다는 얘기를 들었다. L.M.은 바로 그날 밤 더 이상 고인 곁을 지키지도 않고 밤배를 이용해서 암스테르담으로 돌아갔다.[43]

스피노자는 1677년 2월 21일 일요일에 평온하게 죽었다. 그는 나흘 후 헤이그에 있는 뉴처치 공동묘지에 묻혔다.

---

43) Freudenthal, *Die Lebensgeschichte Spinoza's in Quellenschriften, Urkunden und Nichtamtlichen Nachrichten*, pp.95~96.

2장
기하학적 방법

2장
기하학적 방법

방법에 대한 탐구

『에티카』를 처음 접하는 모든 독자들이 의식하게 되는 가장 눈에 띄는 부분은 생소하고 심지어는 꺼림칙한 외양이다. 사람들이 고전이나 독자 친화적 논문에서 기대하는, 익숙한 문단들로 나누어져 있고 다루기 쉬운 장들로 정리된 일정하게 이어지는 산문 대신, 우리는 정의·공리·정리·증명·따름정리들로 이루어진 위협적인 배열을 발견한다. 그것은 마치 철학의 대작이 아닌 수학이나 과학 문헌에서 마주쳤던 것과 비슷하다. 미적분에서 사용되는 엄격한 상징적 기호는 없지만, 『에티카』는 일견 데카르트의 『제일철학에 대한 성찰』보다는 뉴턴의 『자연철학의 수학적 원리』와 더 비슷해 보인다(세 작품 모두 원래 라틴어로 쓴 것이다).

『에티카』의 구성 방식에 흥미를 잃은 이들이 초심자들만 있는 건 아니다. 저명한 프랑스 철학자 앙리 베르그송Henri Bergson은 일찍이 20세기 초 "감당하기 어려운 장치와 같은 정리, 정의, 따름정리, 주석 등의 뒤얽힘, 이 복잡한 장치와 이 압도적 힘은『에티카』앞에선 초심자가 마치 무장한 드레드노트급 전함 앞에 서 있는 것처럼 경탄과 공포로 충격을 받을 만한 것"이라고 주장했다.[1] 더 근래에는 스피노자에 익숙한 한 학자도 『에티카』의 표현 방식을 "매력 없는 증명 장치"[2]라고 부르면서 그런 쓸데없는 형식적 방해물이 없었다면 더 나았을 것이라고 말한다.

실제로 스피노자는 자신의 철학적 관념을 보여 주기 위한 최선의 방법이 무엇인지에 대해 오랫동안 그리고 열심히 생각해 보았다. 스피노자는 여러 상이한 방식들을 실험해 보았고, 그래서 그의 저작에는 직접적 해설, 대화, 자서전적 성찰을 포함하는 다양한 종류의 평범한 스타일이 나타난다. 1660년경 스피노자는 자신의 형이상학적·인식론적·윤리적 관념을 본격적으로 다루는 만만치 않은 작업을 시작했다. 『신, 인간, 그리고 인간의 행복에 관한 소론』이 그것이다. 스피노자는 이 작품을 전통적인 방식에 따라 부와 장으로 나눴다. 그러나 1662년 후반경, 스피노자는 이 논문을 중단하고, 이번에는 완전히 새로운 전달 방식을 채택하여 처음부터 다시 시작했다. 스피노자가 『소론』과 관련하여 특히 고민했던 것으로 보이는 것은 자신의 생각을 명확하고 정연하고 설득력 있게 만드는 데 있어서 비교적 단순한 글쓰기 방식으로 접근하는 것이 적합하지 않다는 생각이었다. 실제로, 현존하는 『소론』의 필사본에는 부록이 있는데, 이 부록의 앞부분에는 일곱 개의 공리가 놓여 있으며, 정연한 정리와 증명으로 체계화된 『소론』의 몇 가지 주요 형이상학적 테제가 포함되어 있다. 이는 스피노자가 보다 엄격한 형식을 채택하기 위한 첫 시험적 발걸음을 내딛었음을 보여 준다. 그리고 이 부록은 아마 『에티카』의 1부 초기 초안의 핵심 요소였을 것이다.

---

1) Henri Bergson, *La Penseé et le mouvant: essais et conférences*, 5th ed., Paris: Alcan, 1934. p.142 [앙리 베르그송, 『사유와 운동』, 이광래 옮김, 문예출판사, 1993, 136~137쪽. 번역은 수정].
2) Jonathan Bennett, *A Study of Spinoza's Ethics*, Indianapolis: Hackett Publishing, 1984, p.16.

그가 결국 『소론』을 포기할 것이라는 조짐은 1661년 9월 편지에 나타난다. 영국왕립학술원 서신교류 사무관이었던 친구 헨리 올덴부르크에게 보낸 편지에서, 스피노자는 최대한 명료하게 신과 실체에 관한 가장 근본적 진리를 확립하고자 하는 자신의 바람에 대해 언급한다. 그때 이미 스피노자는 다음과 같이 주장한다. "저는 신과 실체에 관한 근본적 진리를 기하학적 방법으로 증명하여 선생께 이해되도록 하는 방법보다 더 명확하고 간결하게 이러한 것들을 논증하는 더 좋은 방법을 생각할 수 없습니다"(2번째 편지).[3] 분명 스피노자는 이때 이미 최대한 효과적으로 자신의 생각을 전달하는 가장 좋은 방법이 '기하학적 방법'mos geometricus을 사용하는 것, 곧 『에티카』의 부제가 보여 주는 것처럼 '기하학적 질서로 증명된'ordine geometrico demonstrata 방식으로 그것들을 제시하는 것임을 깨닫기 시작했다.

스피노자는 이러한 생소한 형식이 형이상학과 도덕의 문제가 그렇게 다뤄지는 것을 본 적이 없는 독자들에게 문제가 될 것임을 알았다. "인간의 악과 불합리함을 기하학적 방식으로 다루는 일에 착수하겠다는 것은 의심의 여지없이 이상해 보일 것이다"(『에티카』 3부 서문).[4] 올덴부르크도 『소론』의 요약본 —— 『소론』에서 추린 일부 명제들을 기하학적 방식으로 요약한 것으로, 스피노자가 1661년 9월 올덴부르크에게 보낸 편지에 들어 있다 —— 을 읽고 나서 스피노자가 말하고자 하는 바를 이해하기 어렵다고 생각했다. 이는 『에티카』를 이해하고자 분투하는 현대의 독자들에게 위로가 될 것이다. "선생님의 매우 학식 높은 편지를 받고서 아주 기쁘게 읽었습니다. 저는 선생님의 기하학적 증명 방식에 매우 찬성합니다. 하지만 동시

---

3) Gebhardt, *Spinoza Opera*, vol.4, p.8; Curley, *The Collected Works of Spinoza*, p.166.
4) Gebhardt, *Ibid.*, vol.2, p.138; Curley, *Ibid.*, p.492.

에 선생님께서 정확하게 가르쳐 주신 것을 쉽게 따라가지 못하는 제 자신의 우둔함을 탓하게 됩니다"(3번째 편지).[5] 심지어 18세기 초 독일 학자 고틀리프 슈톨레Gottlieb Stolle는 기하학적 방법으로 작업하는 것은 너무 힘든 일이라 스피노자의 건강을 해치게 되었고 결국 단명하게 되었다고까지 주장했다.[6] 물론 이런 생각은 난센스이다. 하지만 이는 영웅적 스피노자에 대한 감동적인 상 — 진리 탐구에 헌신적이었고, 그만큼 중요한 진리를 다른 사람에게 쉽고 설득력 있게 만드는 일에도 헌신적이어서, 자신이 세운 까다로운 기준에 부합하고자 애쓰느라 행복을 기꺼이 희생했던 스피노자 — 을 자아낸다. 덜 낭만적인 방식으로 말한다면, 사람들이 기하학적 형식에 대해 찬반 어느 입장에서 말하든 한 가지는 확실하다. 스피노자의 선택은 우연적이거나 우발적인 것이 아니라 심사숙고한 결과였다는 것이다.

 17세기에 확실한 인식의 모범은 수학이었다. 수학의 정리와 테제는 명확하게 공식화되어 있고, 그 증명은 (제대로 처리되었을 때) 의심할 수 없는 것이며, 그 방법은 (제대로 사용되었을 때) 잘못될 염려가 없는 것이다. 유클리드의 『기하학 원론』Elements[7]은 이 분야의 가장 유명한 전형적인 예로, 스물세 개의 기본적 정의("점은 쪼갤 수 없는 것이다", "선은 폭이 없이 길이만 있는 점이다"), 다섯 개의 공준("직각은 모두 서로 같다"), 다섯 개의 '공통 통념' 또는 공리들("어떤 것 둘이 어떤 것과 서로 같다면, 그 둘도 서로 같다"($a=c$이고 $b=c$이면, $a=b$이다), "서로 같은 것들에다 서로 같은 것들을 더하면, 그 결과도 서로 같다"($a=b$이면 $a+c=b+c$이다))로 시작한다. 가정된 전제들로

---

5) Gebhardt, *Ibid*., vol.4, p.10; Curley, *Ibid*., p.168.
6) Freudenthal, *Die Lebensgeschichte Spinoza's in Quellenschriften, Urkunden und Nichtamtlichen Nachrichten*, pp.224~228.
7) 〔옮긴이〕 유클리드, 『기하학 원론』 (가)~(라), 이무현 옮김, 교우사, 1997~2003.

이 단순한 도구들을 손에 쥐고, 유클리드는 평면도형과 그 속성에 관한 아주 많은 정리를 증명해 나가는데, 그 일부는 극히 복잡하다. (예를 들어 1권의 첫번째 명제는 유한한 길이의 직선 위에 정삼각형을 만드는 방법에 할애되어 있다. 다섯번째 명제는 이등변삼각형에서 두 밑각은 서로 같다고 말한다. 10권에서 유클리드는 어떻게 정사각형에서만 같이 잴 수 있는 두 바른 직선을 찾을 수 있는지를 증명한다.[8]) 각 정리의 증명은 — 정의, 공준, 공리를 제외하고는 — 단지 이미 확립된 정리만 사용한다. 증명되지 않은 어떠한 정리도 증명에 도입되지 않는다. 약속으로 받아들여지거나 명백한 것으로 알려진 자명한 것 외에는 아무것도 전제되지 않는다. 이런 식으로, 결과는 절대적으로 확실한 것이라 보증된다.

이런 모델을 염두에 두고, 스피노자는 학문에서 최고의 확실성에 도달하려던 데카르트의 꿈을 실현하고 심지어 확장하길 소망했다. 지적 멘토였던 데카르트처럼, 스피노자는 철학(오늘날에는 자연과학과 사회과학에 포함되는 것이 더 적절할 터인 많은 분과를 광범위하게 포함하는 것으로 이해되는 그러한 철학)이 수학이 달성한 것과 동일한 정도는 아닐지라도 근사적인 정도로라도 어느 정도의 정확성과 의심 불가능성indubitability에 도달할 수 있을 것이라고 생각했다. 스피노자는 형이상학, 인식론, 자연학, 심리학, 심지어 윤리학에 대해서도 유클리드가 기하학에서 했던 것을 하고자 했다. 인간에게 행복과 안녕에 이르는 길을 처방해야 할 학문인 철학은 이러한 방식으로만 엄밀하게 체계적인 학문이 되고, 그 결론은 타당한 것으로 보

---

8) 〔옮긴이〕 '같이 잴 수 있는'은 'commensurable'을 번역한 것이고, '바른 직선'은 'rational straight lines'를 번역한 것으로, 모두 『기하학 원론』을 우리말로 옮긴 이무현의 번역을 따른 것이다. 이들 번역어에 대해서는 유클리드·토마스 히드, 『기하학 원론 (아) 무리수 해설서』, 이무현 옮김, 교우사, 1999, 22~23쪽 등을 참고하라.

증될 수 있게 될 것이다. 이러한 목표를 달성하기 위한 방법은 유클리드가 자기 자료를 체계화했던 것과 동일한 형태로 형이상학과 다른 학문을 만드는 것이었다. 그래서 스피노자는 『에티카』 3부 서문에서 다음과 같이 선언한다.

> 나는 정서의 본성과 힘, 그리고 정서에 대한 정신의 힘을 이전 장에서 신과 정신을 다루었던 방법과 동일한 방법으로 다룰 것이다. 그리고 인간 행동과 욕구appetites[9]를 마치 선, 면, 물체에 대한 문제인 것처럼 고찰할 것이다.[10]

데카르트는 수학적 확실성을 다른 학문 영역에 확장하는 일에 강한 열정을 가지고 있었음에도, 비수학적 영역에서 기하학적 질서를 사용하는 것을 그다지 좋아하지 않았다. 그는 『성찰』의 "모든 논변을 기하학적 방식으로 정리하여 제시해 달라"라고 요청했던 친구 마랭 메르센Marin Mersenne을 도와 그렇게 할 용의가 있긴 했다. 그러나 데카르트는 "훨씬 더 큰 유용함을 얻을 수 있는 것은"—종합적이거나 증명적인 방식이 아닌 분석적 방법을 채택한—"『성찰』이라 확신한다"라고 지적한다.[11] 스피노자는 데카르트가 그랬던 것보다 '기하학적 방법'을 더 깊이 신뢰했다. 그래서 심지

---

9) [옮긴이] '욕구'의 번역어에 관해서는 7장 321쪽 옮긴이 주 10번 참조.
10) Gebhardt, *Spinoza Opera*, vol.2, p.138; Curley, *The Collected Works of Spinoza*, p.492.
11) 「두번째 반박에 대한 답변」, Charles Adam and Paul Tannery eds., *Oeuvres de Descartes*, 11 vols., Paris: J. Vrin, 1964~1975, vol.7, p.159; John Cottingham, Robert Stoothoff and Dugald Murdoch trans., *The Philosophical Writings of Descartes*, 2 vols., Cambridge: Cambridge University Press, 1985, vol.2, p.113 [르네 데카르트, 『성찰 1: 〈성찰〉에 대한 학자들의 반론과 데카르트의 답변』, 원석영 옮김, 나남, 2012, 108쪽].

어 데카르트가 쓴 『철학의 원리』의 핵심 부분을 개정하는 수고를 마다하지 않고 그것을 **기하학적 질서로**in ordine geometrico 제시한다. 이는 자신이 가르치던 어떤 젊은이, 그리고 나아가 데카르트 철학을 공부하던 친구들을 돕기 위한 것이었다.

철학적 진리와 기하학적 설명

기하학적 질서ordo geometricus는 확실히 스피노자가 진리를 **발견**한 방법과 순서를 나타내는 것이 아니다. 즉, 기하학적 질서는 스피노자의 철학**함**의 **방법**이 아니었던 것이다(그가 철학적 발견을 제시하는 방법과 대조적인 의미에서 말이다). 물론 스피노자는 철학적 탐구의 적절한 방법이 필연적이고 의심 불가능한 결과를 산출해 낼 것이라고 믿었다. 당시 상당히 많은 철학자들에게 그랬던 것처럼, 스피노자에게 지식을 추구하는 것은 체계적이고 검증된 방법에 의해 절대적으로 확실한 진리를 추구하는 것이었음에 틀림없다. 예를 들어 데카르트는 '방법'을 "확실하고 [적용하기] 쉬운 규칙을 의미하고 이 규칙을 정확히 지키는 사람은 결코 거짓인 것을 참인 것으로 인정하지 않고, 쓸데없는 것에 정신적 노력을 기울이지 않으며, 그래서 그는 지식을 점차 늘려 자신의 역량 안에 있는 모든 것에 대한 참된 인식에 도달하게 될" 그러한 것이라고 정의한다.[12] 그의 방법은 어려운 것을 부분으로 나누는 것과, 단순한 요소들에 대한 인식으로부터 가장 복잡한 인식에 이

---

12) Adam and Tannery, *Oeuvres de Descartes*, vol.10, p.372; Cottingham, Stoothoff and Murdoch, *The Philosophical Writings of Descartes*, vol.1, p.16 (르네 데카르트, 「정신 지도를 위한 규칙들」, 이현복 옮김, 『방법서설·정신 지도를 위한 규칙들』, 문예출판사, 1996, 30쪽).

르기까지 질서정연한 방식으로 나아가는 것을 포함한다. 마찬가지로 스피노자도 "참된 방법"은 "실재의 객관적 본질"에 대한 인식에 도달할 때까지 "도움이 되는 확실한 규칙"에 따라 "진리 자체가 적절한 질서로 추구되어야 하는 방식"이라고 말한다.[13]

그러나 방법은 그것의 결과를 나타내는 궁극적 형식과 구분되어야만 한다. 스피노자는 몇 개의 정의, 공리, 명제로 시작하고 그것들로부터 선험적으로 연역할 수 있는 것을 확인함으로써, 신, 인간, 그리고 다른 모든 것에 관한 원리를 발견하려고 하지 않는다. 『에티카』의 테제는 순수하게 연역적인 방식, 즉 그 테제들 간의 필연적 연관을 보여 주는 방식으로 체계화될 수 있는 것일지도 모른다. 그러나 그것은 우리가 수학을 하는 것과 똑같은 방식으로 철학을 할 수 있다는 것을 의미하지 않는다. 오히려, 최소한 스피노자가 믿었던 것은 기하학적 형식을 이용하여 규칙에 의해 인도되는 철학적 탐구의 산물이 최대한 설득력 있게, 그리고 (이상적으로) 합리적 반대를 위한 여지가 없게 납득이 가도록 제시될 수 있다는 것이다. 논증의 출발점을 인정하고 기하학적 증명과도 같은 엄격한 후속 단계를 완전히 파악한 사람은 아무리 해도 결론을 부정할 수 없을 것이다. 내용을 제시하는 방식의 명료함과 판명함은 명료하고 설득력 있는 방식으로 형이상학, 심리학, 윤리학의 진리를 보여 줄 것이다.

이는, 기하학적 형식으로 성취할 수 있는 것이 아무리 가치 있는 것이라 할지라도, 스피노자에게 그것은 단순히 내용을 제시하는 방식, 즉 일종의 수사적 장식에 불과하다는 것을 의미하는가? 스피노자는 『에티카』에서

---

13) Gebhardt, *Spinoza Opera*, vol.2, pp.15~16; Curley, *The Collected Works of Spinoza*, pp.18~19 [『지성교정론』, 22쪽. 번역은 수정].

어떤 다른, 비유클리드적 형식을 사용하는 편이 더 나았을까? 우리는 스피노자가 기하학적 방법의 명쾌함과 설득력 때문에, 하나가 다른 하나로부터 따라 나오는 방법을 납득이 가도록 보여 주는 능력 및 진리를 명석 판명하게 지각하도록 사람들을 이끄는 데 있어서 그것이 가진 효율성 때문에, **기하학적 방법**mos geometricus을 선호했음을 안다. 기하학적 질서와 우연히 마주치고는 『에티카』로 새로이 시작하기 위해 『소론』을 중단한 스피노자는 자기 생각을 표현하기 위한 더 나은 방식을 발견했다고 거의 고백하다시피 한다. 하지만 스피노자가 이 형식을 채택한 이유는 이것이 전부인가? 『에티카』에서 스피노자가 말하는 **내용**과 그가 말하는 **방식** 간에 필연적 연관은 없는가?

분명 하나의 가능성은 이런 것이다. 사람들은 기하학적 형식이 다른 방식으로 제시될 수 있는 ― 그리고 어떤 이들이 주장하듯 **그랬어야** 하는 ― 생각을 표현하기 위한 인공적인 겉치레일 뿐이라고 주장할 수 있다. 실제로 유명한 스피노자 연구자 하나는 『에티카』의 형식과 내용 간에 어떤 관계가 있든 의미 있는 것은 없다고 주장한다. "스피노자 철학의 실체와 그것을 기록한 형식 간에는 논리적 연관이 없다. 유클리드의 기하학적 형식을 선택한 것은 다른 근거 위에서 설명되어야 한다." 이 해석에서 다른 근거란 교육적 목적을 위한 선택을 말하는 것이나 다름없다. 즉 "논변의 중요 특징을 묘사하고, 그것을 아주 부각시키는 것. 그것[기하학적 방법]은 사람들이 개요와 도표를 사용하는 것과 같은 이유에서 사용된 것이다."[14] 그

---

14) Harry Wolfson, *The Philosophy of Spinoza*, 2 vols., Cambridge, MA: Harvard University Press, vol.1, p.55. 또한 Harold H. Joachim, *A Study of Spinoza's Ethics*. Oxford: Clarendon Press, 1901, p.12도 참고하라.

래서 기하학적 방법은 단지 가르치거나 소통하는 장치이자 많은 철학들을 상술하기 위해 사용될 수 있는 비본질적 복장일 뿐이다(데카르트 철학에 그러한 옷을 입힌 적이 있는 스피노자가 확실히 알고 있었듯이 말이다).

반면에, 스피노자 철학의 주제와 그것을 제시하는 방식 사이에는 사실 밀접하고도 심지어 **필연적**이기까지 한 관계가 있고, 그래서 결국 기하학적 모델이 스피노자 자신의 생각을 전달하는 데 알맞은 유일한 것이라고 주장할 수도 있을 것이다. 이렇게 해석해 본다면, 스피노자의 철학은 『에티카』가 보여 준 그 형식으로 작성될 **필요**가 있는데, 이는 스피노자 자신이 『소론』을 중단하면서 깨달은 것이었다.[15]

『에티카』의 형식과 내용 간에 그러한 본질적 관계가 있다는 것을 옹호하기 위한 논변은 스피노자 사상의 독특하고도 중요한 특징인 필연론에 의존하고 있음에 틀림없다. 곧 보게 될 것처럼, 스피노자에게 자연 안에 우연적인 것은 없다. 모든 것은 원인에 의해 필연적으로 지금 존재하는 것처럼 존재하게 된다. 무엇보다 스피노자는 자연 안의 모든 실재를 지배하는 인과적 결정론이 "위로부터", 말하자면 자연의 영원하고 무한한 원리로부터(즉, 신으로부터) 도출된다고 주장한다. 자연 안에 있는 모든 존재 — 자연의 일부가 아닌 것은 없다 — 는 절대적이면서 실제로 기하학적인 필연성에 따라 신(또는 자연)으로부터 따라 나온다.

삼각형의 본성으로부터 그것의 세 각은 두 직각과 같다는 것이 영원에서

---

15) Martial Gueroult, *Spinoza*, 2 vols., Hildesheim: Georg Olms Verlag, 1968, reprint 1975, vol.1, p.15를 보라. 게루는 『에티카』의 '기하학적 장황함'이 『에티카』의 학설과 통일성을 형성하고, 그 중심 개념 중 하나인 스피노자의 적합한 인식 개념을 담아낸다고 주장한다.

부터 영원에 이르기까지 따라 나오는 것과 동일한 필연성에 의해 그리고 동일한 방식으로, 신의 최고의 역량, 즉 그의 무한한 본성으로부터 무한하게 많은 방식으로 무한하게 많은 것들 곧 만물이 필연적으로 흘러나왔고, 또는 항상 따라 나온다는 것을 충분히 명확하게 보여 주었다고 나는 생각한다. (1부 정리17 주석)

논변이 이렇게 작동하므로, 스피노자가 자기 철학을 제시하는 방법에 있어서 실제 선택권은 없었던 것처럼 보일 것이다. 만약 스피노자가 실재를 지배하는 엄밀한 수학적 필연성을 드러내고 (그가 주장하는 바인) 만물이 신으로부터 '흘러나온다'는 것을 보여 주길 원한다면, 그는 그러한 실재에 관한 정리와 신에 관한 정리를 (적절한 질서로) 결합하는 연관이 논리적으로 필연적임을 보여 주는, 기하학적 체제를 갖춘 일련의 증명을 반드시 사용해야 한다. 만약 기하학적 도형의 특성이 그 도형의 본성으로부터 따라 나오는 것과 똑같이 자연 안에 있는 실재들이 실제로 신으로부터 따라 나온다면, 형이상학, 자연학, 인간 본성에 적용된 기하학적 방법은 스피노자의 목적에 적격인 유일한 것으로 보일 것이다.

기하학적 질서와 철학적 관념이 갖는 관계에 대한 이러한 관점은 그 둘이 단지 비본질적 연관만 있다고 보는 관점보다 스피노자가 기하학적 질서를 사용한 이유를 이해하는 데 있어서 훨씬 더 흥미롭고 잠재적으로도 생산적인 고찰 방식이다. 또한 이는 좀더 그럴듯한 독해이다. 우리는 스피노자가 **어떻게** 자기 관념을 전달해야 할 것인가에 많은 관심을 가지고 있었음을 알기에, 자기 철학을 기하학적으로 전달하는 방식을 채택한 것이 어떤 식으로든 자기 철학의 내용, 즉 그 중심적인 형이상학 학설이 자연 그 자체를 지배하는 기하학적 필연성인 그러한 철학의 내용과 연관되지 않는다는 주장은 별로 그럴듯하지 않은 것 같다. 스피노자는 철학적 방법의 목표가 정신 안에 있는 관념의 질서와 연관이 실재 안에 있는 사물의 질서와 연관을 반영하도록 만드는 것이라고 명시적으로 말한다. 이것은 우리가 사고 과정에서 진리를 적절히 배열해야 하고, 특별히 어떤 진리가 다른 진리에 논리적으로 의존하고 있는지(이는 그 진리의 대상이 다른 것에 인과적으로 의존하고 있음을 나타낸다)를 파악해야 한다는 것을 의미한다.

질서에 대해 말하자면, 우리의 모든 지각들을 정리하고 결합하기 위해, 만물의 원인인 특정한 존재가 있는지, 그래서 그 표상적 본질이 또한 우리의 모든 관념의 원인이 될 특정한 존재가 있는지, 동시에 그것이 어떠한 존재인지 가능한 한 빨리 묻는 것이 필요하며, 이는 이성이 요구하는 바이기도 하다. 그러고 나면 우리의 정신은 (앞서 말했던 것처럼) 자연을 가능한 한 많이 재생할 것이다. 왜냐하면 정신은 자연의 본질, 질서, 통일성을 표상적으로 가질 것이기 때문이다.[16]

이와 같이 『에티카』의 형식과 내용은 밀접한 관계가 있는 것으로 보인다. 기하학적 질서는 단지 스피노자가 자신의 생각을 제시하기 위해 선택한 편리하고 특별히 설득력 있는 방법이 아니다. 스피노자가 말하는 것처럼, 자연의 질서가 수학적 필연성을 갖는다면, 우리 관념의 질서 또한 수학적 필연성을 갖고 있음에 틀림없다. 대개 사람들은 본래 무비판적 감각 도구와 일상 경험에 의해 실재에 대한 관념을 우발적으로 획득한다. 『에티

---

16) Gebhardt, *Spinoza Opera*, vol.2, p.36; Curley, *The Collected Works of Spinoza*, p.41 [『지성교정론』, 49쪽. 번역은 수정].

카』의 기하학적 형식은, 그 추론의 강제성으로 『에티카』 독자들이 자기 관념을 올바로 재배열하도록 이끌고, 그래서 그 관념들이 새롭고 기하학적으로 엄밀한 연관 속에서 실재 그 자체의 질서와 일치하게끔 만들어져 있다. 『에티카』의 논변을 조심스럽게 따라 가는 사람은 최근에 한 학자가 기하학적 방법의 중요 기능이라고 보았던 정신의 교정적 치료 같은 것을 경험할 것이다.[17]

그러나 나는 『에티카』의 형식을 이렇게 이해하는 방식에 대해 약간이지만 중요한 수정안을, 즉 그러한 해석에 대한 우호적 교정으로 간주될 수 있을 수정안을 제안하고 싶다. 스피노자의 사유는 기하학적 스타일 바로 그것을 **요구한다**거나 **필요로 한다**고 극단적으로 주장하지는 않을 것이다. 오히려 그의 철학은 사유 내용을 그렇게 제시하는 방식에서 가장 적합한 (필연적으로 유일한 것은 아닐지라도) 표현 방식을 찾은 것이라고 말하고 싶다. 『에티카』의 정교한 체계는 독자가 실재들 사이에 내속한 유사-수학적 필연성과 특히 만물이 신 또는 자연에 의존하는 방식을 이해하게 되기를 요구한다. 그래서 『에티카』는 그것의 진리들(그것은 자연 안에 있는 원인들의 연쇄를 반영한다) 사이에 있는 연역적 연관이 명확하게 드러나기를 요구한다. 기하학적 질서는 이러한 목적에 특히 잘 부합하지만, 왜 그러한 형식이 이러한 사실을 전달하는 유일한 방법인지에 대한 불가피한 이유가 있는 것은 아니다.[18]

---

17) Aaron Garrett, *Meaning in Spinoza's Method*, Cambridge: Cambridge University Press, 2003을 보라.
18) 『에티카』의 철학적 내용과 기하학적 형식의 관계를 이해하는 보다 온건한 방법에 대한 논고로는 Henry Allison, *Benedict de Spinoza: An Introduction*, Revised ed., New Haven: Yale University Press, 1987, pp.42~43을 보라.

『에티카』는 어렵고 스타일이 꺼림칙하다는 특징을 가지고 있음에도, 스피노자는 충분한 자제심을 가지고 있고 지적으로 주의 깊은 사람은 누구든지 — 우리 모두는 동일한 인식 능력을 부여받았다 — 가장 높은 단계의 진리를 파악할 수 있다고 분명히 믿었다. 우리는 기하학적 형식이 이 목표를 이루는 데 방해된다고 생각할지도 모르겠다. 스피노자는 기하학적 형식이 이 목표 실현을 앞당길 것이라고 생각했다.

요소들 The Elements

유클리드가 13권의 『기하학 원론』*Elements*에서 그랬던 것처럼, 스피노자는 『에티카』의 각 부를 일단의 정의와 공리로 시작한다. 일련의 정리들과 그 정리 각각에 달린 증명이 정의와 공리의 뒤를 잇는다. 각 정리의 증명은 오직 정의, 공리, 그리고 이미 증명된 앞선 정리에만 의존한다. 그래서 1부 첫 번째 정리는 단지 1부의 정의들 중 두 개의 정의(정의3과 정의5)로부터만 따라 나오는 것으로 되어 있다. 반면에 정리5는 정의3, 공리6, 그리고 정리1과 정리4를 통해 증명된다. 이는 증명되지 않은 주장이나 논증을 약화시킬 수 있는 부당한 가정을 하나도 도입하지 않고, 각 정리가 견고한 토대 위에서 확립된다는 것을 보증하기 위해 의도된 것이다. 또한, 많은 정리들에 별도의 증명이 요구되는 따름정리가 붙어 있고, 아울러 보다 광범위한 주석은 앞서 다룬 주제에 대해 설명하거나 논평하려는 의도를 갖는다. 스피노자의 전체 기획에서 이 요소들이 수행하는 역할을 알아보기 위해 그 요소들 각각을 차례차례 살펴보자.

정의

정의Definitions는 스피노자 체계의 기반이다. 그것은 스피노자 존재론, 즉 있는 것(예를 들어 신, 실체, 속성, 양태 같은)이 무엇인지에 관한 이론의 기본 요소를 제시한다. 그리고 정의는 스피노자의 지식론과 심리학에 속하는 항목들(관념, 정서 같은)을 설명한다. 또한 정의는 그러한 기본적인 것들이 서로에 대해 가질 수 있는 관계의 일부 본성('원인'과 같은, "~를 통해 인식"된다는 말로 표현된다)을 보여 준다. 아울러 정의는 그러한 기본적인 것들에 속할지도 모를 일반적 특징(무한한, 영원한, 자유로운, 선한, 악한)을 독자들이 이해할 수 있게 해준다.

또한 정의는 역동적으로 기능한다. 그것은 기계를 움직이는 추진력을 공급하고, 기계가 계속 돌아가게 하는 윤활유 역할을 한다. 정의는 스피노자의 전체 논변을 위한 최초의 출발점이고, 애초에 증명이 시작되는 것을 가능하게 만든다. 정의 없이는 1부 정리1도 결코 성립할 수 없을 것이다. 그리고 정의는 이미 증명된 정리와 함께 후속하는 정리의 증명에 사용된다.

정의는 실재의 본질 ─ 실체가 무엇인지, 원인은 무엇인지 등 ─ 을 기술한다. 정의는 그 대상에 필연적으로 속하는 특성property을 우리가 연역할 수 있게 해준다. "실재를 어떤 다른 것과 결합하지 않고 단독으로 고려할 때, 그 실재의 모든 특성이 연역될 수 있는 개념, 곧 정의를 우리는 필요로 한다."[19] 우리는 원에 대한 정의로부터 원의 중심에서 원 둘레에 이르는 모든 직선의 길이가 같다는 것을 연역할 수 있다. 실체에 대한 정의로부터 실체에 필연적으로 속하는 모든 특성(영원성, 무한성, 유일성, 실존)을 도

---

19) Gebhardt, *Spinoza Opera*, vol.2, p.35; Curley, *The Collected Works of Spinoza*, p.40 (『지성교정론』, 48쪽. 번역은 수정). 1부 정리16과 83번째 편지도 보라.

출하는 것이 가능할 것임에 틀림없다.

이와 같은 작업을 하기 위해 정의는 이해하기 쉬운 용어를 사용하여 명료한 방식으로 그 내용을 간결하게 설명해야 한다. 그것은 무엇보다 명확하고 인식할 수 있는 것이어야 한다. 스피노자는 1662년경 친구 시몬 요스턴 더프리스에게 보낸 편지에서 "나쁜 정의는 인식될 수 없는 정의입니다"라고 말한다(9번째 편지).[20] 또한 정의는 비교적 단순하고 근본적이어야 한다. 즉, 체계의 다른 부분과 관련하여 단순하고 근본적이어야 한다. 정의를 이해하기 위해 체계 안에 있는 후속 요소들에 호소할 필요가 없어야 한다. 스피노자는 2부에서야 정의되는 용어들을 1부 정의에서 사용할 수 없다.

정의의 지위가 무엇인지에 대해 사고하는 두 가지 방법이 있다. 먼저 정의는 주어진 맥락 내에서 어떤 것이 무엇을 의미하는지에 대한 순전히 약정적인stipulative, 일종의 협약이나 장치일 수 있다. 단어와 전문적인 것임이 아주 분명한 용어를 정의하는 것이 이것과 유사하다. "점은 부분을 갖지 않는 것이다"라거나 "선은 폭이 없는 길이이다"라고 유클리드가 말할 때, 우리는 그의 말을 "내 목적을 이루기 위해서, 내가 그 용어를 이해할 방법은 이것이다"라는 의미로 읽을 수 있다. 이러한 정의 개념에 기초할 때, 정의가 참인지 거짓인지 묻는 것은 무의미하다. 약정적 정의는 사실 순전히 임의적일 수 있다. 그것은 단지 정의된 용어에 대한 설명으로 받아들여야 한다. 유일하게 요구되는 것은 이하 맥락에서 그 용어가 일관되게 사용되어야 한다는 것이다.

반면에, 정의는 어떤 것이 실제로 존재하는 방식 그 자체를 기술하려

---

20) Gebhardt, *Ibid.*, vol.4, p.44; Curley, *Ibid.*, p.194.

는 의도일 수 있다. 단어를 정의하는 것이 아닌 실재를 정의하는 경우가 그러하다. 이런 방식으로 이해된 정의는 사실 진리값을 담지한 정의이다. 개나 사자에 대한 정의는 개나 사자가 실제로 무엇인지 정확하게 담아낸 경우에만 참일 것이다. 약정적 또는 '명목적'nominal 정의는 말하자면 자유롭고 자기 충족적인 것이며 어떤 용어의 의미가 무엇이 될 수 있을지 정하는 일종의 약속 이외에 다른 것이 될 수 있다고 주장하지 않지만, '실재적'real 정의는 정의 대상이 반드시 현실적으로 실존하는 것은 아닐지라도 ― 유니콘도 정의가 있다 ― 정의 바깥에 있고 그것에 독립적이며 실재성을 갖는 객관적 존재인 실재들을 정확하게 표상하기 위해 만든 것이다.

『에티카』에서 스피노자의 정의들이 갖는 지위는 무엇인가? 그것들은 실재적인가 아니면 명목적인가? 스피노자가 '실체'나 '원인' 같은 정의를 제시할 때, 그는 이것이 실체가 무엇인지 또는 원인이 정확히 무엇인지 말하는 것이고, 다르게 생각하는 사람은 모두 틀렸다고 말하는 것인가? 아니면 "논증을 위해서, 그것이 정말 실제로 사실인지는 신경 쓰지 않고, 실체는 이러이러한 것이고 원인은 저러저러한 것이라고 가정해 보자"라고 말하는 것인가?

스피노자가 더프리스에게 쓴 편지를 보면 분명히 알 수 있는 것처럼, 그는 이 두 종류의 상이한 정의 간 차이를 정확히 알고 있었다. 더프리스는 『에티카』의 초반부 초고를 가지고 공부하던 암스테르담의 '스피노자 친우회' 일원이었는데, 그 강독 모임을 위해 정의를 어떻게 이해해야 할지 설명해 달라고 스피노자에게 요청했다. 더프리스는 "정의의 본성에 대한 저희 의견이 일치하지 않습니다"라며, 그 모임의 일원들은 특히 정의가 확실한 것이고 참이어야 하는지, 아니면 임의적이고 심지어 거짓일 수도 있는 것인지 혼란스러워한다고 말한다(8번째 편지). 스피노자는 다음과 같이 대답한다. "선생께서는, 단지 본질이 무엇인지 찾고 있는 실재를 설명하고자 제공된 정의 — 의심할 수 있는 유일한 것 — 와 단지 검토하기 위해 제안된 정의, 이 두 상이한 종류의 정의 간 차이를 구분하지 않으셨기 때문에 그러한 당혹감을 느끼시는 것입니다. 전자는 정의가 규정하는 대상을 갖는 것이므로, 그것은 참이어야 하기 때문입니다. 그러나 후자는 이를 요구하지 않습니다." 예를 들어, 만약 어떤 이가 솔로몬 성전의 정의가 무엇인지 물었다면, 사람들은 실제로 참인 묘사로, 즉 솔로몬의 그 건축물을 정확하게 묘사한 내용으로 답해야 한다고 스피노자는 이어 나간다. 반면 만약 사람들이 스스로 자신이 짓고 싶은 성전 관념을 만들어 낸다면, 그 개념이 거짓이라고 불평하는 것은 이치에 맞지 않을 것이다. 그런 경우, 사람들은 누군가의 '정의'로부터 비록 그 개념 자체가 실재에 근거하지 않을지라도 모든 종류의 결론을 타당하게 도출해 낼 수도 있다. 그런 성전을 짓기 위해 나무나 돌을 얼마나 구입해야 할지 같은 것들을 말이다.

> 누구든 이성적으로 아마도 제가 잘못된 정의를 사용했기 때문에 잘못된 결론을 도출했다고 말할 수 있을까요? 또는 누구든 저에게 제 정의를 증명하라고 요구할 수 있을까요? 그렇게 하는 것은 제가 인식한 것을 인식하지 않았다고 저에게 말하는 일이, 곧 제가 인식한 것을 인식했음을 증명하라고 저에게 요구하는 일이 될 것입니다. 확실히 이는 무의미한 문제입니다.

그는 "정의는 지성 바깥의 실재를 있는 그대로[그 자체로] 설명하는 것이기도 하고 — 정의는 참이어야 합니다. …… 아니면 정의는 실재를 우리가 그것을 인식한 것처럼 또는 인식할 수 있는 것처럼 설명합니다 —, 또

한 정의는……공리처럼 참이라고 인식될 필요가 없는 것이기도 합니다"라고 결론 내린다(9번째 편지).[21]

언뜻 보기에, 우리는 스피노자의 정의가 명목적이고 임의적인 유에 속한다고 생각할지도 모른다. 대부분의 정의는 "나는 x를 ~라고 파악한다"라는 형식으로 되어 있다. 이 표현은 정의가 참인 정의라거나 아니면 다른 이들이 그것을 어떻게 이해하고 있는가 하는 문제를 함축하지 않고, 마치 스피노자가 각 용어의 의미가 무엇인지를 단순히 명기한 것처럼 보이게 만든다. 1부 실체에 대한 정의와 관련하여, 스피노자가 더프리스에게 "저는 이 정의가 제가 실체 또는 속성으로 파악하고자 한 것을 충분히 명확하게 설명하고 있다고 말씀드립니다"라고 말한 것처럼 말이다(9번째 편지).[22] 또한 그 편지에서 스피노자는, 우리가 ("이러이러한 크기로 성전을 만들자"라는 식으로 전제로서 기능하는) 정의로부터 도출한 결론의 타당성이 그 정의가 임의적이라거나 심지어 거짓이라는 사실에 영향받지 않는다는 것을 보여 주는 데 특히 관심을 갖는 것처럼 보인다. 그렇다면 아마도 우리는 『에티카』의 전체 구조를 단순히 어떤 근본적이지만 반드시 참은 아닌 출발점으로부터 도출될 수 있는 것을 보여 주려는 스피노자의 시도로 보아야 할 것이다.

그럼에도 나는 스피노자가 문제를 그런 식으로 보지 않았음이 아주 명확하다고 믿는다. 스피노자는 자신이 약정적이지만 반드시 참은 아닌 여러 정의의 파생적 결과가 무엇인지 보여 주고 있다고 생각하지 않았다. 반대로, 그는 『에티카』가 참인 것을 제시한다고 본다. 『에티카』는 실재, 즉 실

---

21) Gebhardt, *Spinoza Opera*, vol.4, pp.42~43; Curley, *The Collected Works of Spinoza*, p.194.
22) Gebhardt, *Ibid*., vol.4, p.45; Curley, *Ibid*., p.195.

재의 본성, 그 구조, 그 작동 방식, 그리고 이러한 것이 인간 행복에 갖는 함축에 관한 책이다. 1부에서 스피노자는 단지 "만약 당신이 논증을 위해 이것이 바로 '실체', '신', '속성'이라고 가정한다면, 신은 유일한 실체이고 자연과 동일하다는 것이 따라 나올 것"이라고 말하는 게 아니다. 오히려 그는 "만약 그것들이 올바르게 정의되었다고 한다면, 이런 식으로 '실체', '신', '속성'은 이해**되어야** 한다. 그러므로 신은 유일한 실체이며 자연과 동일하다는 것은 사실이다"라고 말하는 것이다.

자연스럽게 우리는 알고 싶어 할 것이다. **어떻게** 스피노자는 이러한 정의가 참이라고 확신할 수 있는지 — 보다 중요한 것은 어떻게 그가 우리를 설득할 수 있는지 — 말이다. 정의는 정의이기 때문에, 스피노자는 정의에 대한 어떠한 논변도 직접적으로 제시하지 않는다. 하나의 가능성은 정의가 그 결과에 의해 '증명된다'는 것이다. 스피노자는 우리가 결과에 대한 더 큰 인식에 도달함으로써 원인에 대한 더 큰 인식을 획득한다고 믿는다. "결과에 대한 인식은 그 원인에 대한 더 완전한 인식을 획득하는 것에 다름 아니다."[23] 따라서 주어진 일련의 정의 — 스피노자의 논변에서 그것은 원인으로 기능한다 — 로부터 얼마나 많은 것이 따라 나오는지, 특히 이 정의들이 얼마나 많은 실재를 설명할 수 있는지 우리가 알면 알수록, 이 출발점에 대한 우리의 인식은 더 커진다.

그러나 근본적으로는 정의를 어떻게 정당화할 것인가 하는 인식론적 우려가 스피노자를 괴롭히지는 않은 것으로 보인다. 이 점에서 그는 데카르트와 다르다. 데카르트는 사유 능력으로 자신을 창조한 신의 은총과 진실성에 호소함으로써 자신의 명석 판명한 관념을 유효화할 필요가 있다고

---

23) Gebhardt, *Ibid*., vol.2, p.34; Curley, *Ibid*., p.39 〔『지성교정론』, 46쪽. 번역은 수정〕.

믿었다. 스피노자에게 참인 정의가 참임은, 참인 관념이 참인 것처럼, 그것이 드러내는 어떤 것이다. "참인 관념을 가진 사람은 동시에 자신이 참인 관념을 가지고 있음을 안다. 그리고 그 관념이 진리임을 의심할 수 없다"(2부 정리43). 스피노자는 정의가 자명하게 참이라고 생각하는 것처럼 보인다.

공리

『에티카』1, 2, 4, 5부 초반에 스피노자가 제시하는 공리Axioms는 다른 공리들처럼 실재things에 관한 일반적 원리이다. 이 근본적이고 추상적인 진술은 존재론적이고 인식론적인 공통 진리를 표현한다. 비록 공리는 그 광범위함을 고려할 때 그 공리가 다루는 범위에 속하는 모든 특수한 것들에 적용되지만, 공리만으로는 개별적인 것의 실존과 본성에 관한 어떠한 특수한 진리도 도출할 수 없다는 사실을 스피노자는 조심스럽게 경고한다. "보편적 공리만으로 지성은 독특한 것들로 내려올 수 없다. 왜냐하면 공리는 무한히 확장되며, 저 독특한 실재가 아닌 이 독특한 실재를 고려하도록 지성을 규정하지 않기 때문이다."[24]

스피노자는 공리가 '영원 진리'를 포함한다고 말하지만(9번째 편지),[25] 분명 모든 공리의 지위가 이렇게 높지는 않다. 일부 공리는 실제로 선험적 원리이다. 하지만 어떤 공리들은 단지 사실에 속하는 문제일 뿐이다. 다수의 공리는 단지 논리에 의해서만 지배되는 것처럼 보인다. "존재하는 것은 무엇이든, 자신 안에 있거나 다른 것 안에 있다"(1부 공리1), "다른 것을 통

---

24) Gebhardt, *Spinoza Opera*, vol.2, p.34; Curley, *The Collected Works of Spinoza*, p.39 (『지성교정론』, 47쪽. 번역은 수정).
25) Gebhardt, *Ibid*., vol.4, p.43; Curley, *Ibid*., p.194.

해서 인식될 수 없는 것은 그 자체를 통해 인식되어야 한다"(1부 공리2). 또 어떤 공리들은 경험에서 직접 도출한 것으로 보인다. "인간은 사유한다"(2부 공리2), "우리는 어떤 특정한 신체가 많은 방식으로 변용된다는 것을 느낀다"(2부 공리4), "각각의 물체는 어떤 때는 좀더 느리게, 어떤 때는 좀더 빠르게 움직인다"(2부 정리13과 정리14 사이에 있는 공리2′).[26] 어떤 기본적인 형이상학적 범주에 대한 통찰을 제공하는 공리 — "주어진 규정된 원인으로부터 결과가 필연적으로 따라 나온다"(1부 공리3), "만일 실재가 실존하지 않는 것으로 인식될 수 있다면, 그것의 본질은 실존을 포함하지 않는다"(1부 공리7) — 도 있고, 인식의 요구 조건을 구체화하는 공리도 있다. "참인 관념은 그 대상과 일치해야만 한다"(1부 공리6). 어떤 공리는 심지어 기본적인 자연법칙을 진술하기도 한다. "만일 동일한 주체 안에 두 개의 상반된 작용이 생겨난다면, 이 두 작용이 상반되기를 멈출 때까지 변화는 그 작용 둘 다나 어느 한쪽에서만 일어나야 할 것이다"(5부 공리1).

공리는 스피노자가 정리를 연역적으로 증명하기 위한 토대가 되지만, 정의처럼 반드시 근본적인 것은 아니다. 실제로 공리는 간혹 정의를 요구하는 것처럼 보인다. 예를 들어 2부 "모든 물체는 운동하고 있든가 정지해 있다"(2부 정리13과 정리14 사이에 있는 공리1′)라는 공리는 확실히 스피노자가 2부 첫 부분에서 제시한 '물체'의 정의에 의존한다.

스피노자가 원리상 참일 수도 있고 참이 아닐 수도 있다고 인정하는

---

[26] 〔옮긴이〕 여기서 '신체'나 '물체'라 옮긴 말의 원어는 양자의 의미를 모두 가지고 있는 'body'(라틴어로 corpus)이다. 우리말에는 이 두 의미를 아우르는 단어가 없어, 인간 신체를 의미할 때나 정신과 관련될 때는 '신체'로 옮겼고, 물체를 의미할 때는 '물체'로 번역했으며, 둘 다 의미할 수 있다고 판단되는 경우에는 '물체/신체'로 풀어 주었다. 신체든 물체든 공히 'corpus'의 번역어임을 기억해 주었으면 하는 바람이다.

정의와 달리, 공리는 반드시 참이어야 한다. 증명이 목적이라면, 정의를 출발선상에 놓여 있는 가정이라고 받아들이는 이상, 정의가 참인지 알고 있든 없든 큰 차이가 나지는 않을 것이다. 그러나 공리의 참을 알고 있는지 없는지는 확실히 차이가 있다. 스피노자가 다시 더프리스에게 주장하는 것처럼, "[정의는] 공리 및 정리와 다릅니다. 정의는 추가 조건 없이 단지 인식될 필요만 있고, 공리[와 정리]처럼 참이라고 인식될 필요는 없다는 점에서 말입니다"(9번째 편지).[27] 약정적이거나 명목적인 공리는 없다. 공리를 받아들이는 것은 그것을 참이라고 받아들이는 것이다.

스피노자는 또한 공리가 진리임은 독립된 증명을 필요로 하는 것이 아니지만, 공리의 내용에 충분히 주의를 기울이는 모든 정신에게는 틀림없이 명증할 것이라고 믿었다. 다시 말해서, 공리는 공리 그 자체가 요구하는 조건에 따라 자명하고 명백하다. 공리와 그 구성 요소에 대해 적절하게 숙고한 사람이라면 아무도 그것을 합리적인 방식으로는 부인할 수 없다. 이러한 측면은 공리와 정의 — 앞서 본 것처럼 정의는 그것에서 도출된 결과에 의해 뒷받침될 수 있다 — 의 또 다른 차이가 무엇일 수 있는지를 보여줄 것이다.

하지만 사람들은 정의와 공리의 차이가 때때로 임의적인 것은 아닌지 궁금해한다. 예를 들어 1부 정의8 — "나는 영원성을 실존 그 자체라고 파악한다. 실존이 영원한 실재의 정의로부터만 필연적으로 따라 나온다고 인식되는 한에서 말이다" — 은 왜 공리로, 즉 "만약 실재의 실존이 그 실재의 정의로부터 필연적으로 따라 나오는 것이라고 생각될 수 있다면, 그 실재는 영원하다"라고 제시될 수 없었는가? 스피노자가 그러한 영원성의

---

[27] Gebhardt, *Spinoza Opera*, vol.4, p.43; Curley, *The Collected Works of Spinoza*, p.194.

정의를 잠재적으로 논쟁을 초래할 수 있는 것으로 보았고, 그래서 공리의 자명함을 부여하지 않았기 때문인가?

정리

『에티카』의 정리Propositions들은 그 체계의 뼈대이다. 정리들은 스피노자가 규명하고자 한 ─ 신, 자연, 인간에 관한 ─ 실질적인 철학적 결론들이다. 『에티카』에서 정리의 종류와 수는 놀랍다. 총 259개의 정리(따름정리 제외)가 있고, 이 정리들은 존재론, 인식론, 심리학, 정치철학, 그리고 윤리학을 아우른다. 또한 이 정리들은 아주 독창적인 것이며, 데카르트주의자와 다른 동시대 독자들에게는 아주 비정통적인 것이었다. 스피노자는 주의 깊고 합리적인 정신에게는 정의와 공리가 자명하다고 생각했을 것이다. 그러나 그가 정리도 그러할 것이라고 믿지 않았다는 것은 거의 확실하다.

각각의 정리/명제proposition는 본질적으로 기본적이고 비교적 단순한 (전혀 쉽게 해석될 수 있는 것은 아니지만) 주장을 명시한 정리theorem이다.[28] "신 이외에는 어떠한 실체도 존재할 수 없고 인식될 수도 없다"(1부 정리 14). "인간 정신의 현행적 존재를 구성하는 첫번째 것은 현행적으로 실존하는 독특한 실재에 대한 관념일 뿐이다"(2부 정리11). "이성으로부터 생겨난 욕망은 과도할 수 없다"(4부 정리61). 어떤 정리들은 철학적으로나(1부 정리24: "신에 의해 산출된 실재의 본질은 실존을 함축하지 않는다") 경험적으

---

[28] 〔옮긴이〕 'proposition/propositio'와 'theorem/theorema'는 보통 각각 '명제'와 '정리'로 번역된다. 전자가 증명되어야 할 진술이라면, 후자는 증명된 명제이다. theorem의 번역어를 고려할 때 proposition을 명제라 번역하는 편이 나을 수도 있겠다. 하지만 스피노자의 propositio는 증명되어야 할 명제이기도 하고, 적어도 그에 따르면 증명된 명제, 곧 정리이니, 명제와 정리 중 어떤 번역어를 택하든 무방하다고 생각된다. 이미 스피노자의 propositio에 해당하는 번역어로 '정리'가 널리 사용되고 있으니 그에 따랐다.

로, 즉 일상 경험에 비춰 볼 때(3부 정리20: "미워하는 것이 파괴되는 것을 상상하는 사람은 기뻐할 것이다", 4부 정리44: "사랑과 욕망은 과도할 수 있다") 아주 그럴듯하다. 어떤 정리는 아주 반직관적이고 많은 설명을 필요로 한다(1부 정리15: "존재하는 것은 무엇이든 신 안에 있고, 신 없이는 어떤 것도 있을 수 없고 인식될 수도 없다").

모든 정리에는 증명이 수반된다. 증명은 정리가 참임을 규명해야 한다. (또한 정리는 일단 증명되고 나면, 증명되었다는 그 사실에 의해 이제부터 후속하는 정리의 증명에 전제로 사용될 수 있게 된다.) 또한 일부 정리에는 따름정리 ― 정리 및 그 각각의 증명과 밀접한 관련이 있는 ― 와 주석이 이어지는데, 주석은 "번거로운 기하학적 질서"(4부 정리18 주석)가 요구하는 규정 바깥에서 종종 명확하게 하는 김에 스피노자가 특수한 주제에 대해 상술하는 형식에 얽매이지 않은 추가적 논의이다. 이 주석에서 아주 재미있고 중요하며 이해하기 쉬운 철학적 소재가 발견되기도 하고, 또한 1, 3, 4부 뒤에 붙은 부록에서도 발견된다. 흔히 독자들이 스피노자가 정말로 말하려고 하는 바에 관한 훌륭한 단서를 발견할 수 있는 곳은 이 주석과 부록이다.

이상의 것들이 스피노자의 연역적 체계에 있는 요소들이다. 『에티카』의 끝 부분에서 스피노자의 모든 정리는 그 각각의 증명을 통해, 고도의 개연성을 가지고 있을 뿐만 아니라 절대적이고 객관적인 확실성을 가진 것으로 규명된 것이라고 간주된다. 스피노자는 내적으로 모순이 없는 주장들의 집합이라는 이유로 단순히 타당한 논증을 제시했다고 주장하는 것이 아니다. 오히려 그는 『에티카』가 철학적 진리에 대한 건전한 논증을 제시한다고 믿었다.[29]

기하학적 형식은 스피노자가 행한 추론의 엄밀한 연역적 성격을 정확히 담아내는 데 아주 도움이 되지만, 이를 선험적 논증으로 잘못 이해해서는 안 된다. 이미 지적했듯이 스피노자의 연역적 체계 내에 있는 요소들 대부분은 감각이나 생각에 경험적 근원을 가지고 있다. 그리고 스피노자가 자신의 제일 원리들만 가지고 특정 시점에 놓인 세계의 현행적 상태를 논리적으로 연역할 수 있다고 믿었다는 식으로 생각해서도 안 된다는 것은 분명하다. 이 책 도처에서 보게 될 것처럼, 기하학적 질서 채택으로 그에게 무엇을 증명했다고 주장할 수 있는 자격이 실제로 부여되는 것인지에 대한 집요한 철학적 질문이 생겨난다.

---

29) 〔옮긴이〕 연역 논증은 전제에서 결론을 도출하려는 논증으로, 전제를 참이라고 '가정'했을 때 결론의 참이 필연적으로 도출되면 '타당한'(valid) 논증("모든 천사는 날개가 있다. 모든 아이들은 천사다. 그러므로 모든 아이들은 날개가 있다"와 같은 논증)이 되고, 그렇지 않다면 '부당한'(invalid) 논증이 된다("모든 천사는 날개가 있다. 어떤 아이들은 천사다. 그러므로 모든 아이들은 날개가 있다"와 같은 논증). 이렇게 논증의 타당성 여부는 논증을 구성하는 명제들의 참/거짓 여부가 아닌 올바른 추론 규칙에 따라 논증을 전개했는가(본문의 표현대로 말하자면 "내적으로 모순이 없는 주장들의 집합"인지의 여부)에 의해 결정된다. 한편 타당한 논증이면서 논증의 명제들이 실제로도 참인 경우 '건전한'(sound) 논증("모든 인간은 죽는다. 소크라테스는 인간이다. 그러므로 소크라테스는 죽는다"와 같은 논증)이라고 하는데, 여기서 내들러는 스피노자가 자신의 논증을 '건전한 논증'이라고 믿었다고 전하는 것이다.

3장
신에 관하여: 실체

3장
신에 관하여: 실체

『지성교정론』 집필 시 스피노자는 우리의 안녕과 행복이, 사실 우리의 궁극적 완성이, 특정한 앎의 상태에 있다고 말한다. 무엇보다 우리는 우리 자신을, 그리고 인간 정신의 본성과 역량을 이해해야 한다. 그러나 이는 우리가 자연의 질서 — 우리가 이 자연의 질서에 속하는 일부임은 지울 수 없는 사실이다 — 를 이해할 때만, 특히 물질적이고 정신적인 모든 것이 따라 나오는 궁극적 원인을 이해할 때만 현실화될 것이라고 스피노자는 주장한다.

> 정신이 자연을 더 많이 이해하면 할수록 정신이 자기 자신을 더 잘 이해한다는 것은 그 자체를 통해 명확하기 때문에, 방법의 이러한 부분은 정신이 더 많은 실재를 이해할 때 더 완전해질 것이며, 정신이 가장 완전한 존재에 대한 인식에 주목하거나 반성할 때 가장 완전해질 것임은 분명하다.[1]

---

[1] Gebhardt, *Spinoza Opera*, vol.2, p.16; Curley, *The Collected Works of Spinoza*, p.19 (『지성교정론』, 23쪽. 번역은 수정).

인간을 위한 최고선은 신과 자연[2]에 대한 인식이다.

증명을 통한 확신과 함께 이러한 결론을 확립하는 것이 『에티카』의 주요 기획이다. 그리고 1부에서 스피노자는 신과 자연에 관한 가장 일반적이고 중요한 형이상학적 진리를 증명함으로써 자신이 기획한 것의 첫걸음을 내딛는다. 스피노자의 놀라운 결론은 신과 자연이 실제로 하나이자 동일하다는 것이다. 마치 이 둘이 구분되는 것처럼 '신과 자연'이라고 말하기보다는, 우리는 사실 '신 즉 자연'Deus sive Natura이라고 말해야 하는데, 여기에서 신과 자연이라는 두 단어는 단지 하나의 대상을 언급하는 다른 방식일 뿐이다. 이 논쟁적이고, 심지어 (동시대인들에게는) 선동적이기까지 했던 이 구절 — 이 구절은 스피노자의 라틴어로 된 유고본에 등장한다(그러나 보다 대중성 있는 네덜란드어판에는 등장하지 않는다) — 은 그가 양자를 동일시함으로써 말하고자 한 바가 정확히 무엇인지 독자들이 이해하고자 애썼을 때 수 세기 동안 그들을 당혹스럽게 만들고 자극하곤 했다. 그는 신이 자연 전체라고 말하는 것인가? 신은 단지 자연의 어떤 보편적 측면일 뿐인가? 신은 어떤 신비주의자들이 주장할 법한 것처럼 어떤 식으로든 자연 안에 감추어져 있지만, 그럼에도 자연과 구별되는가? 스피노자의 신봉자와 비판자 모두, 스피노자가 제시한 철학이 자연에 지나지 않는 것으로 격하된 신을 이용하여 우회적으로 무신론을 주장한 것인지, 아니면

---

[2] 이 책에서 스피노자가 신과 동일시하는 것, 곧 필연적으로 실존하고 무한하며 영원한 실체로 고려되는 우주를 나타낼 때는 (대문자로 시작되는) 'Nature'를 사용할 것이다. 반면 우리가 보통 자연이라고 생각하는 것, 곧 우리 주위의 경험 세계에서 발생하는 대상들과 과정들을 나타낼 때는 (소문자) 'nature'를 사용할 것이다. 이러한 대상들과 과정들은 스피노자가 주장하게 될 것처럼 'Nature'에 의해 생겨나고 그것의 '양태' 수준에서 실존한다. [이 번역서에서는 사용 빈도를 고려하여 대문자로 시작하는 'Nature'는 그냥 '자연'으로 표기했고, 소문자 'nature'는 필요시 원어를 병기했다.]

서양철학에서 가장 신앙심 깊은 유신론 ― 여기에서 신은 어디에서나 발견되는 존재이다 ― 을 주장한 것인지, 유달리 규정하기 어렵다는 것을 알았던 것 같다. 성직을 가진 당시의 반대자들은 전자의 독해를 받아들였고 신성모독이라며 그를 규탄했지만, 낭만주의자들은 후자를 선호했고 그를 자신들과 같은 정신을 가진 인물로 보았다. 예를 들어 독일 시인 노발리스Novalis는 스피노자를 "신에게 중독된 사람"이라고 불렀다. 괴테에게 스피노자는 **가장 유신론적인**theissimus 인물이었다.

1부는 그 전문적 용어 때문이 아니더라도 아마도 『에티카』의 가장 어려운 부분일 것이다. 1부의 결정적 정리는 정리1에서 15까지의 열다섯 개 정리인데, 거기에서 스피노자는 신에 대한 자신의 묘사에 속하는 기본적 요소들을 제시한다. 본질적으로 정리1~15에서 스피노자의 목표는 신이 유일하고, 무한하며, 필연적으로 실존하는(즉 자기 원인인) 우주의 실체임을 규명하는 것이다. 우주 안에는 단 하나의 실체만 있다. 그것은 신이다. 그리고 존재하는 다른 모든 것은 신 '안에' 있다. 우리는 1부 정리1~15의 전체적 논변이, 비록 그 형이상학적 결론은 난해하고 그 정리들 각각에 뒤따르는 특수한 증명은 아주 도전 의식을 북돋우는 것이지만, 사실 아주 간단하며 우아하다는 것을 보게 될 것이다.

실체, 속성, 양태

스피노자가 1부를 시작하는 정의는 자기 철학의 근본적인 형이상학적 언어를 구성한다. 이 정의의 일부는 특이해서, 스피노자가 정의된 그 용어를 사용하는 특수한 방식을 이해하는 것이 중요하다. 비록 각 정의의 완전한 의미와 함축은 그 정의가 이하의 정리들에서 사용되고 나서야 드러나겠지만 말이다.

정의3은 실체substantia에 관한 것이다. 그것은 모든 형이상학 범주들 중 가장 기본적인 범주이고, 스피노자 동시대의 철학 독자들에게 익숙했을 범주이다.

나는 실체를 자기 자신 안에 있고 자기 자신을 통해 인식되는 것, 즉 그것의 개념을 형성하기 위해 다른 것의 개념을 필요로 하지 않는 것이라고 파악한다.

실체 관념은 고대 그리스 철학으로 거슬러 올라간다. 아리스토텔레스 ― 그의 실체 개념은 철학사에 막대한 영향을 끼치게 될 것이었다 ― 는 실체를 술어의 궁극적 주어/주체(기체subject), 즉 그 자체는 어떤 것의 술어가 될 수 없는 것 또는 그것에는 속성이 속하지만 그 자체는 다른 어떤 것의 속성이 아닌 것이라고 정의했다. 이러한 일차적 의미에서 실체는 무엇보다 스스로 존속하는 개별 실재이다. "기체에 대해서 말해지지도 않고, 기체 안에 들어 있지도 않은 실체가, 예를 들어 여기 이 사람 또는 이 말[馬]이 가장 본래적인 뜻에서, 으뜸으로 그리고 가장 많이 실체라 말해진다. …… 제일 실체primary substance는 기체에 대해 말해지지도 않고, 또 그 안에 들어 있지도 않기 때문이다."[3] 우리는 어떤 것을 말[馬]의 술어로 만든다. 그 말이 강하다거나 크다거나 회색이라거나 하는 식으로 말이다. 그러나 우리는 말 그 자체를 어떤 것의 술어로 만들지 못한다. 또한 아리스토텔

---

3) Aristotle, *Categories*, 2a10, 3a5 (아리스토텔레스, 「범주론」, 김진성 역주, 『범주론·명제론』, 이제이북스, 2005, 38쪽, 42쪽. 용어는 수정).

레스는 실체를 모든 변화가 진행되는 내내 그 기저를 이루고 지속되는 것이라고 정의한다. 개별 인간이 어떤 때는 창백했다가 어떤 때는 (햇볕 아래에서 어슬렁거린 후) 검게 그을리는 것처럼.

데카르트 ─ 그는 스피노자가 형이상학적 틀을 형성하는 데 있어서 가장 직접적이고 영향력 있는 원천이었다 ─ 는 아리스토텔레스 개념에서 실체의 논리적이고 존재론적인 측면을 이어받는다. 데카르트에게 실체는 주체이자 속성의 담지자로, 그 자체로는 다른 어떤 것의 속성이 아닌 것이다. 데카르트는 말하길, 실체라는 용어는 "우리가 지각하는 것들, 즉 고유한 성질 혹은 속성이 직접 내재해 있는 주체"에 적용된다.[4] 하지만 데카르트는 종종 실체는 스스로 존속하는 것이라는 사실에 보다 관심이 있는 것처럼 보인다. "우리는 실체를 존재하기 위해서 다른 어떤 것도 필요로 하지 않는 것으로 이해할 수 있다."[5] 데카르트에게 이는 엄밀하게 말해서 오직 신만이 실체라는 것을 의미한다. 왜냐하면 오직 신만이 실체에 요구되는 절대적인 존재론적 독립성을 갖고 있기 때문이다. 신은 그의 실존을 위해 어떠한 것에도 의존하지 않는다. 반면에 다른 모든 것들은 그것들의 지속적 실존을 위해 신에게 의존한다. 하지만 데카르트는 (인간 영혼과 같은) 유한하고 창조된 실재는 '다의적'equivocal 또는 이차적 의미에서 실체라는 것을 기꺼이 인정한다. 왜냐하면 그것들이 "존재하기 위해서 필요로 하는 것은 단지 신의 조력뿐이기 때문이다".[6]

---

4) 「두번째 반박에 대한 답변」, Adam and Tannery, *Oeuvres de Descartes*, vol.7, p.161; Cottingham, Stoothoff and Murdoch, *The Philosophical Writings of Descartes*, vol.2, p.114 (데카르트, 『성찰1』, 110쪽).
5) René Descartes, *Principia philosophiae*, I.51 (르네 데카르트, 『철학의 원리』, 원석영 옮김, 아카넷, 2002, 43쪽).
6) Descartes, *Principia philosophiae*, I.52 (『철학의 원리』, 43쪽).

스피노자가 실체를 "자기 자신 안에 있는" 것이라고 정의할 때, 자존성을 실체의 판단 기준으로 삼았음이 분명하다. 실체는 엄밀하게 존재론적으로 독립적인 것이며, 그것의 존재를 위해 다른 어떤 것 안에 있지 않거나 의존하지 않는 것이다. 그것은 한마디로 말해서 가장 엄밀한 의미에서 개별 실재이다. 일단 스피노자의 실체 정의가 가진 모든 함축이 명확해지고 나서 결국 그가 틀림없이 거부할 예를 들어 본다면, 개별적인 말[馬]은 그것의 존재가 어떤 다른 피조물의 존재에 의존하지 않기 때문에 실체라고 볼 수 있다. (대조적으로 말의 색깔은 그것이 내속한 주체 없이는 그 자체만으로 실존할 수 없고, 다만 현재 그 색깔을 가진 것에 의존함으로써만 실존할 수 있다.) 스피노자는 또한 존재론적 요구 조건에 상응하는 인식론적 또는 개념적 요소를 실체 정의에 도입한다. 실체는 그 자체의 요구 조건에 따라 다른 어떤 것의 개념에 전혀 호소하지 않고도 인식되거나 이해될 수 있는 것이다. 만약 x가 실체라면, 우리는 어떤 다른 실체인 y에 대한 관념을 갖지 않고도 x에 대한 완전한 관념 ─ x가 무엇인지 그리고 그것이 왜 현재의 바로 그것인지에 대해 정확하고 완전하게 나에게 말해 주는 것 ─ 을 가질 수 있다. x에 대한 나의 개념 내용은 어떤 실체 y에 대한 개념을 포함하지 않거나 그것을 참조하지 않는다. 한 번 더 결국 비非스피노자적이라고 밝혀질 것을 예로 들어 본다면, 나는 어떤 다른 말이나 나무나 인간, 즉 어떤 실체적인 것에 대해 생각해 보지 않고도 어떤 특수한 말에 대한 완전한 개념을 가질 수 있다.

말[馬]의 예는 비스피노자적인데, 왜냐하면 스피노자는 신이 실제로 유일한 실체라고 말하게 될 것이기 때문이다. 그렇게 함으로써 그는 데카르트의 실체 이해가 지닌 모든 함축을 이끌어 낸다. 사실상 그는 데카르트에게 다음과 같이 말하는 것이다. 나는 실체가 본질적으로 그것의 실존을 위해서 다른 어떤 것에도 의존하지 않는 방식으로 실존하는 것이라는 주장에 동의한다. 그러나 그렇다면, 당신이 스스로 인정하는 것처럼, 엄밀하게 말해서 오직 신만이 실체이다. 원래의 실체 규정과 완전히 일관된 것으로 만들기 위해, 나는 유한한 실재를 이차적이거나 결여된 유의 실체성으로 인정하는 것도 거부한다.

정의4는 스피노자가 '속성'attributes이라고 부르는 것에 관한 것이다. "나는 지성이 실체의 본질을 구성하는 것으로 지각한 것을 속성이라고 파악한다." 속성은 실재의 가장 일반적이고 기저에 놓여 있는 본성이다. 그것은 실재의 주요 특성principal property, 또는 더 낫게 말하자면 실재의 모든 특성 기저에 놓여 있는 본성이다. 데카르트는 정신 또는 영혼 실체의 속성이 사유이거나 생각이며, 신체나 물질 실체의 속성은 연장이나 삼차원성이라고 주장했다. 실체의 속성은 실체의 본질로 규정하는 본성determinable nature이며, 실재의 모든 특수한 특성은 그 규정하는 본성인 속성의 규정된 현시determinate manifestations이다. 사유는 규정하는 본성이고, 특수한 사유나 관념은 그 규정하는 본성의 규정된 표현이다. 연장은 규정하는 본성이고, 특수한 형태나 모양은 그 규정하는 본성의 규정된 표현이다. 실체의 속성에 대해 말하는 것은 지금 이 모습으로 존재하는 실재의 가장 일반적인 유kind를 언급하는 것이다. 가장 근본적 의미에서, 곧 만약 두 실체가 상이한 속성을 갖는다면, 스피노자가 1부 정리2에서 표명한 것처럼, 그 실체들은 서로 공통적인 것을 전혀 갖지 않는다는 — 현재의 그 실재들의 본질과 관련해서도, 그리고 (실재의 모든 특성은 단지 그 속성에 의해 규정된 것이므로) 그것의 특성을 통해서도 — 의미에서, 실제로 속성은 실체를 현재의 바로 그것으로 만드는 데 있어 너무나 중요하다.

두 가지 문제가 스피노자의 속성 정의에 제기된다. 첫번째 문제는 실체와 속성 간에 실재적real 구별이 성립하는지 여부이다. 실체는 어떤 본질 없는 실재이거나 속성 아래 놓여 있는 기체인가, 아니면 실체는 단순히 속성 그 자체인가? 스피노자의 속성 정의는 실체를 속성이 속하는 어떤 특징 없는 x인 것처럼 보이게 만든다. 그렇다면 사유하는 실체, 즉 res cogitans(데카르트의 '사유하는 실재')는 **사유하는** 것the cogitans 아래에 놓여 있는 무규정적이고 접근불가능한 **실재**res일 것이다. 데카르트는 이 문제에 대해 종종 명확하지 않다. 그는 어떤 때는 실체가 속성 아래 놓여 있는 주체라고 말한다. "실체를 구체화하는 속성 외에, 우리는 그 속성의 기체인 실체 그 자체에 대해 생각해야 한다."[7] 하지만 중시되는 그의 입장은 실체와 속성 간에 **개념적**conceptual 구별은 성립하지만(나는 실체인 것과 속성인 것을 따로따로 인식할 수 있다), 그것들 간에 **실재적** 구별은 성립하지 않는다는 것이다. 실체와 속성은 실제로 하나이자 동일한 것이다 — res cogitans는 res+cogitans가 아니라, 오히려 하나의 res로 고려된 cogitans 그 자체이다. "사유와 연장을 바로 사유〔하는〕 실체와 연장〔된〕 실체, 다시 말해 정신과 물체로서 이해해야 한다."[8] 사유하는 본성은 **곧** 사유하는 실체이다. 그리고 연장 또는 물질적 본성은 물질, 즉 연장된 실체이다.

　　스피노자 역시 실체와 실체의 속성을 동일시한다. 『에티카』에서 그는 "지성 바깥에는 **실체들, 즉 동일한 것인 그것들의 속성들**과 그것들의 변용들 이외에 다수의 실재들이 서로 구별될 수 있도록 만드는 것은 아무것도 없다"라고 말한다(1부 정리4 증명, 강조는 인용자). 초기의 편지(1661년)에서,

---

7) Cottingham, Stoothoff, Murdoch and Kenny, *The Philosophical Writings of Descartes*, vol.3, pp.332~354("Conversation with Burman", §25); Adam and Tannery, Oeuvres de Descartes, vol.5, p.156.
8) Descartes, *Principia philosophiae*, I.63 (『철학의 원리』, 52쪽).

스피노자는 '속성'을 나중에 『에티카』의 '실체' 정의의 일부를 이루게 될 동일한 인식론적 용어로 정의한다. "저는 속성을 자기 자신을 통해 그리고 자기 자신 안에서 인식되는 모든 것이라고 파악합니다. 그래서 그것의 개념은 다른 것의 개념을 함축하지 않습니다"(2번째 편지).[9] 몇 해 후인 1663년, 스피노자가 『에티카』 집필에 공을 들이기 시작한 후 쓴 다른 편지에서, 스피노자는 이제 단지 인식론적 독립성뿐만 아니라 존재론적 독립성 또한 포함하는 『에티카』의 더 확장된 실체 정의가 속성에도 적용된다는 것을 명확히 한다.

> 저는 실체를 자기 자신 안에 있는 것이자 자기 자신을 통해 인식되는 것, 즉 그것의 개념이 다른 것의 개념을 함축하지 않는 것이라고 파악합니다. 저는 속성을 동일한 것이라고 파악합니다. 그것이 지성과 관련해서 속성이라고 불린다는 점을 제외하면 말입니다. 지성은 그러그러한 규정된 본성을 실체에 귀속시킵니다. (9번째 편지)[10]

이 편지에서 스피노자는 '실체'와 '속성'이라는 말이 '이스라엘'과 '야곱'이라는 이름이 성경에 등장하는 동일 인물과 관련되는 것처럼, 동일한 실재의 두 이름이라고 주장한다. 각각의 이름은 단순히 그 이름이 붙은 실재의 다른 특징을 강조할 뿐이다. 즉 '실체'가 그것의 존재론적 지위, 그것의 '실재임'과 관련된다면, '속성'은 그것이 독특한 특징이나 본성을 갖는다는 사실과 관련된다.

---

9) Gebhardt, *Spinoza Opera*, vol.4, p.7; Curley, *The Collected Works of Spinoza*, p.165.
10) Gebhardt, *Ibid.*, vol.4, p.46; Curley, *Ibid.*, p.195.

스피노자의 속성 정의에 제기된 두번째 문제는 해결하기 쉽지 않다. 속성 정의에서 스피노자가 "지성이 실체의 본질을 구성하는 것으로 지각하는 것"이라고 말한다는 점에 주목하라. 이로 인해 일부 주석가들은 속성을 실재하는 실재나 본성 그 자체가 아닌, 실재를 지각하는 방식에 지나지 않는 것이라고 믿었다. 이러한 '속성'에 대한 '주관주의적' 해석은 속성을 실재 그 자체의 실재적이고 존재론적인 특징이 아닌 단지 실재에 대한 관점에 불과한 것으로 만들 것이다. 대조적으로 '객관주의적' 해석에 따르면, 속성은 세계의 실재적 측면이지 그것에 대한 단순한 개념적 투사가 아니다. 이러한 실재론적 설명에서 자연 안에 있는 실재들은 그것들의 서로 다른 본성에 의해 실제로 구분된다. 현 시점에서 우리는 속성의 지위 문제, 그리고 주관주의적 해석과 객관주의적 해석 간의 논쟁을 그저 제시할 수 있을 뿐이다. 그리고 보다 철저한 논의와 해결 방안을 공식적으로 제안하는 일은 우리가 스피노자의 형이상학을 검토하는 단계에 이를 때까지 기다려야 할 것이다(이 책 220~222쪽에서 논의).

스피노자 존재론의 세번째 범주는 '양태'mode이다. 1부 정의5는 다음과 같이 표명한다. "나는 양태를 실체의 변용들affections, 곧 다른 것 안에 있고 다른 것을 통해 인식되는 것이라고 파악한다." 실체의 양태 또는 변용은 어떤 실재의 특성 같은 것이다. 그것은 실재가 실존하는 특수하고 규정된 방식이다. 개별적 인간 신체의 정확한 모양이나 크기는 그 신체의 양태(또는 변양modification)이다. 그리고 인간 정신 안에 있는 특정한 생각이나 관념은 그 정신의 양태이다. 그러한 것으로서, 실재의 양태는 그 실재를 구성하는 속성이나 본성의 구체적 발현이다. 그러므로 양태는 그것의 기저를 이루는 속성이나 본성 또한 인식해야만 인식할 수 있다. 원(또는 둥근 모양으로 연장된 것)이 무엇인지를 인식해야만 공의 둥긂을 이해할 수 있다.

그리고 원과 둥근 모양으로 연장된 것은 연장되었다는 것이 무엇인지, 즉 연장 그 자체가 무엇인지 인식해야만 인식할 수 있다. 이렇게 해서 1부 정리1 —"실체는 본성상 자신의 변용에 앞선다"—이 의미하는 바는 분명해진다. 스피노자가 이 정리, 곧 『에티카』의 첫번째 정리에서 생각하고 있던 것은 양태에 대한 실체의 존재론적 우선성과 인식론적 우선성인데, 왜냐하면 양태는 존재하고 이해되기 위해 그것이 속한 실체에 의존하기 때문이다.

1부에서 스피노자가 미리 준비한 도구들 중 다른 두 요소가 여기에서 강조될 필요가 있다. 첫째로, 1부 공리3이 제기한 주장이 있다.

주어진 규정된 원인으로부터 결과가 필연적으로 따라 나온다. 반대로 규정된 원인이 없다면 결과가 따라 나오는 것은 불가능하다.

이 공리의 두번째 부분은 단지 보편적 인과성 주장, 즉 아무것도 규정된 원인이 없다면 발생하지 않는다는, 그리고 저절로 일어나는 사건이나 원인 없는 사건은 없다는 주장일 뿐이다.[11] 이 공리의 첫번째 부분은 **인과적 필연론**causal necessitarianism, 즉 원인과 그 결과의 관계가 필연적인 것임을 보여 준다. 곧 보게 되겠지만, 실제로 이 정리에서 스피노자가 주장하는 것은 아주 강한 주장이었음이 밝혀질 것이다. 그는 원인과 그 결과 사이에서 발견되는 필연성이 **논리적** 필연성이라고 믿는다. 만약 x가 y의 원인이

---

[11] 이러한 주장은 스피노자가 충족이유율에 동의한다는 증거처럼 보일 것이다. 그러나 이러한 주장에 대한 비판적 논의에 대해서는 Vincent Carraud, *Causa sive Ratio: La raison de la cause, de Suarez à Leibniz*, Paris: Presses Universitaires de France, 2002, ch.3을 보라.

라면, 그리고 x가 발생했다면, y가 발생하지 않는 것은 논리적으로 불가능하다.

두번째로, 극히 중요한 1부 공리4가 있다. "결과에 대한 인식은 원인에 대한 인식에 의존하고 원인에 대한 인식을 함축한다." 이것은 **인과적 합리성**causal rationalism의 원리이다. 어떤 것을 아는 것, 그것에 대한 참이면서 적합한 관념을 갖는 것은 어떻게 그것이 생겨났는지 그리고 왜 그것이 지금의 그것이고 다른 것이 아닌지를 이해하는 것이다. 즉 어떤 것을 아는 것은 그것의 원인론적 역사를 아는 것이고, 인과적 용어로 그것을 충분히 설명하는 것이다. 이 공리는 『에티카』 전체에 걸쳐 결정적 역할을 한다. 스피노자가 나중에 우리를 둘러싼 세계 내 실재들에 대한 가장 완전한 인식 —— 우리의 행복에 열쇠가 되는 인식 —— 을 획득하는 일은 자연 안에 있는 그 실재들의 궁극적 원인, 곧 신 그 자체에 이르는, 그리고 신 그 자체를 포함하는 궁극적 원인에 대한 인식을 함축한다는 주장으로 넘어가는 것에서도 알 수 있듯이 말이다.

1부 정리5
"동일한 본성 또는 속성을 가진 둘 또는 그 이상의 실체들은 있을 수 없다"

1부 정리1에서 정리14까지는 신 —— 무한하고 필연적이며 원인이 없고 분할 불가능한 존재 —— 이 우주의 유일한 실체라는 것을 확립하고자 의도된 것이다. 전체 논변은 정교하게 만들어진 논리적 연역 특유의 단순하고 우아한 아름다움을 가진 것으로, 그 논변이 보여 주는 경제성과 효율성 차원에서 놀랄 만한 것이다. 첫째로, 스피노자는 동일한 본성이나 속성을 가진 둘 또는 그 이상의 실체는 있을 수 없다는 것을 규명할 것이다(1부 정리

1~5). 그러고 나서, 그는 무한한(즉 가능한 모든) 속성을 가진 실체, 즉 (정의상) 신이 필연적으로 있다는 것을 증명할 것이다(1부 정리6~11). 마지막으로, 그 무한한 실체의 실존은 다른 어떤 실체의 실존도 배제한다는 것이 따라 나온다. 만약 다른 실체가 **있다면**, 그것은 **어떤** 속성이나 본질을 가져야 할 것이다. 그러나 신은 **모든** 가능한 속성을 갖기 때문에, 다른 실체가 소유한 속성은 신이 이미 가진 속성들 중 하나일 것이다. 그러나 두 실체는 동일한 속성을 가질 수 없다는 것이 이미 규명되었다. 그러므로 신을 제외한 그러한 다른 실체는 있을 수 없다(1부 정리14).

이 논변의 첫번째 핵심 전제는 1부 정리5이다. "자연nature 안에 동일한 본성 또는 속성을 가진 둘 또는 그 이상의 실체들은 있을 수 없다." 만약 특정한 본성 a를 가진 실체가 있다면, a를 그 본성으로 가진 다른 실체는 있을 수 없다. 다시 말해서 a라는 본질을 가진 두 실체는 있을 수 없다.

언뜻 보기에 이 논변은 이상해 보일 수 있다. 우리는 보통 동일한 본질에 속하는 많은 것들 — 예를 들어 인간 본성을 가진 많은 것들 — 이 있을 수 있다고 생각할 것이다. 그러나 스피노자는 인간 본성이 그가 속성이라는 말로 의미한 것이 아니라고 대답했을 것이다. 그리고 인간 본성은 존재론적으로 충분히 근본적이지 않다. 그렇다면 사유는 어떠한가? 데카르트는 사유를 주요 속성 또는 실재의 본성이라고 생각했고, 스피노자도 그랬다. 그리고 다수의 사유하는 실체가 있을 수 있다는 것은 확실히 가능해 보인다. 실제로 데카르트는 그 모두가 사유 속성을 가진 아주 많은 실체들, 즉 그 모두가 언제까지나 실존할 영혼들이 있다고 말한다. 스피노자는 사유하는 많은 실재들, 동일한 본성을 공유하는 많은 영혼이나 정신이 지금까지 있었고 앞으로도 있으리라는 것에 동의한다. 그러나 곧 보게 될 것처럼 그는 그것들이 참된 실체라는 것을 거부한다.

1부 정리5에 대한 스피노자의 증명은 우리가 실재를 구별하고 개별화할 수 있는 방법에 의존한다. 만일 둘 또는 그 이상의 구별되는 실체가 있다면 ― 그가 결국은 거부할 주장인데 ― (1부 정리4에 의해) 그것들이 서로 구별될 수 있는 방법은 두 가지밖에 없을 것이다. 즉 그 아래 놓여 있는 본성(그것의 속성) 측면에서 다르거나, 아니면 그 아래 놓여 있는 본성을 표현하는 특성(그것들의 양태나 변용) 측면에서 다르다. 만일 그것들이 속성 측면에서 다르다면 ― 속성 a를 가진 실체 x와 속성 b를 가진 실체 y처럼 ― 그 정리의 타당성은 계속 유지된다. 그 경우 임의의 한 속성을 가진 실체는 하나 이상일 수 없을 것이기 때문이다.

만약 둘 또는 그 이상의 구별되는 실체가 있다면, 그것들은 속성의 차이에 의해 또는 변용의 차이에 의해 서로 구별되어야 할 것이다. 만약 오직 속성의 차이에 의해서만 구별된다면, 동일한 속성[에 속하는 실체]은 하나만 있다는 것이 인정될 것이다.

스피노자와 동시대 인물 중 한 명인 철학자 라이프니츠가 이 단계에서 스피노자의 논변에 제기했던 중요한 이의를 언급할 가치가 있다. 스피노자는 만약 두 실체가 임의의 속성을 공통적으로 갖는다면, 속성에 의해서는 그 두 실체가 서로 구별될 수 없을 것이라고 가정한다. 따라서 반대로 두 실체가 속성에 의해 서로 구별될 수 있다면, 그 두 실체는 임의의 속성을 공통적으로 갖지 않음에 틀림없다. 라이프니츠는, 사후 출판된 스피노자 저작에 대한 1678년 주석에서, 이 일련의 추론은 실체가 하나 이상의 속성을 가질 수 없다는 것 또한 가정할 경우에만 타당하다고 주장한다. "여기에 감춰진 오류가 있는 것처럼 보인다. 왜냐하면 두 실체가 또한 추가로 그것들에 고유한 다른 속성을 갖는다면, 그 두 실체는 속성에 의해 구별될 수 있으면서 여전히 어떤 공통의 속성을 가질 수 있기 때문이다."[12] 실체가 하나의 속성으로 제한된다고 해보자. 그때 두 실체가 속성의 차이에 의해 서로 구별될 수 있다면, 그것은 그 두 실체가 어떤 속성을 공통적으로 갖지 않기 때문(그리고 가질 수 없기 때문)임에 틀림없다는 것이 인정될 수 있다. 다른 한편으로, 만약 실체 x가 오직 속성 a만 갖는다면, 그리고 만약 실체 y는 오직 속성 a만 갖는다면, 속성만으로 y로부터 x를 구분할 방법은 물론 없다. 그러나 라이프니츠는 실체가 둘 또는 그 이상의 속성을 가질 수 있다면, 두 실체가 서로 구분될 수 있을 뿐만 아니라 **또한** 어떤 속성을 공유하는 것도 가능할 것 같다고 주장한다. 예를 들어서 실체 x가 속성 a와 c를 갖고 실체 y는 속성 b와 c를 갖는다면, 비록 x와 y는 어떤 속성(즉 c)을 공통적으로 갖지만, 그 두 실체는 (각각 a와 b를 소유하고 있기 때문에) 여전히 서로 구별될 수 있는 것이다.

라이프니츠가 옳으며, 이에 대한 대응은 실체가 단 하나의 속성만 갖는다고 스피노자가 실제로 가정하는 방법밖에 없는 것처럼 보일 수도 있겠다. 실체가 단 하나의 속성만을 갖는다는 가정은 데카르트의 관점으로, 스피노자가 그러한 원리에 호소한 것은 지극히 합리적일 것 같다. 하지만 이 가정은 스피노자의 기획에는 문제가 될 터인데, 그는 곧 (1부 정리9에서) 실체가 많은 — 실은 무한한 — 속성을 가질 수 있다고 주장하지 않으면 안 될 것이기 때문이다.

실체가 서로 구별될 수 있는 두번째 방식은 속성의 차이가 아니라 양

---

12) Gottfried Wilhelm Leibniz, *Sämtliche Schriften und Briefe*, Berlin: Akademie-Verlag, 1999, VI.4b, p.1768.

태나 특성의 차이에 의해서이다. 예를 들어서 우리가 말[馬]의 말 됨에 의해서가 아니라 색깔이나 크기와 같은 말의 '우연적' 성격에 의해 하나의 말을 다른 말과 구별하는 방식 말이다. 그래서 스피노자는 다음과 같이 논증을 시작한다.

> (1부 정리1에 의해) 실체는 본성상 그 변용에 앞서기 때문에, 변용을 무시하고 [실체가] 그 자체로 고려된다면, 즉 (1부 정의3과 공리6에 의해) 정확히 고려된다면, 하나는 다른 것과 구별되는 것으로 인식될 수 없다. 즉 (1부 정리4에 의해), [동일한 본성이나 속성을 갖는 것은] 여러 개가 있지 않고 단 하나만 있다. q.e.d. (1부 정리5 증명)[13]

여기 이 추론이 완전히 명확한 것은 아니다. 하지만 스피노자가 의미하는 바는 몇 가지 작업을 통해 파악될 수 있다. 논변을 위해 동일한 본성이나 속성을 가지고 있는 두 실체가 정말 있다고 가정해 보자(우리는 지금 속성이 아니라 양태에 근거하여 실체 간의 차이를 다루고 있으므로). 이 두 실체가 구별된다고 가정되는 방식은 본성이 변용되는 상이한 방식 내지 본성이 각 실재 안에 현시된 상이한 방식, 즉 변용에 의해 구분되는 것이다. 그런데 변용을 다루면서 그것들을 "무시한다"는 것은 무슨 말인가? 이 논변의 문맥에서 대체 어째서 그렇게 하는 것이 허용되는가? 얼핏 보기에 그것은 명확한 논점 선취의 사례처럼 보일 것이다. 두 실재가 다르다고 가정

---

13) Gebhardt, *Spinoza Opera*, vol.2, p.48; Curley, *The Collected Works of Spinoza*, p.411.〔여기서 증명 끝에 붙어 있는 q.e.d.는 라틴어 'quod erat demonstrandum'의 약자로, '이상이 증명하려는 내용이었다'는 뜻이다.〕

되는 측면을 단순히 '무시'할 수 있다면, 그 둘 사이에 더 이상 어떠한 구분도 있을 수 없을 것임은 당연하다. 스피노자는 여기에서 잘못된 추론을 하고 있는 것인가?

실제로 스피노자가 생각한 것으로 보이는 것은 다음과 같은 것이다. 즉 실체의 양태나 특성은 단지 속성이나 본성이 표현되는 방식이기 때문에, 우리가 살펴보아야 할 것은 실제로 속성이라는 것이다. 양태/변용 수준에서의 어떤 차이는 더 근본적인 속성 수준에서만 설명되고 이해될 수 있다. 실체나 속성의 양태는 실체나 속성을 통해서 인식되기 때문이다. 스피노자가 1부 정리5의 증명에서 호소하는 양태에 대한 실체의 '우선성'은 1부 정리1의 증명에서부터 1부 정의3과 정의5에서 따라 나온다고 되어 있다는 점에 주목하라. 정의3은 실체가 자기 자신을 통해 인식된다고 말하며, 정의5는 실체의 양태나 변용이 실체(또는 동일한 것인 그 속성) '안'에 있고, 실체를 통해 인식된다고 말한다. 그러나 만약 실체/속성의 양태가 실체/속성을 통해서만 인식될 수 있다면, 양태 수준의 모든 차이는 속성 수준의 '선행하는' 차이와 상관적임에 틀림없다. 이것이 변용은 '무시'될 수 있고, 실체가 "그 자체로 고려"될 수 있는 이유이다. 그런데 1부 정리5의 논변에서 우리는 양태들의 차이 아래에 있는 **속성에는 차이가 없다**고 가정한다. 그래서 양태를 제쳐 둘 때 남는 것은 구별되지 않는 속성, 수적이거나 질적 다양성이 결여된 하나의 단일한 본성이다. 따라서 최초의 가정과는 반대로, 동일한 속성을 갖고 있으면서 단지 그것의 양태에서만 다른 두 실체는 있을 수 없다. (양태를 무시하면) 우리가 가지고 있는 것이 **두 실체**라는 주장의 근거는 없기 때문이다.[14)15)]

1부 정리5를 가지고, 스피노자는 어떤 실체의 본성이든 유일하다는 것을 확립했다. 모든 실체는 자신의 유 안에서 유일하다. 그것과 유사한 다른 실체는 없다. 만약 사유하는 실체가 있다면, 오직 하나의 사유하는 실체만 있다. 만약 연장된 실체 또는 물질적 실체가 있다면, 오직 하나의 연장된 실체 또는 물질적 실체만 있다. 결국 무한개의 속성으로 구성된 오직 하나의 실체만 있다. 더 이상 말할 필요 없다. 그것은 사유하는 실체, 연장된 실체, 그리고 가능한 모든 다른 (우리에게 알려져 있지 않은) 본성에 해당하는 실체일 것이다.

실체는 필연적으로 실존하고 영원하며 무한하다

이제 스피노자는 실체의 여러 본질적 특징들로 화제를 바꾼다. 이 특징들 중 일부는 실체가 진정한 존재론적 독립성을 갖는다는 주장과 같은 전통적인 것이고, 일부는 실체가 필연적으로 실존하고 무한하다는 주장과 같은 새로운 것이다. 모든 것을 종합해 볼 때, 이 특징들은 실재에 대한 아주 특이한 상, 즉 수 세기 동안 스피노자 해석자에게 제기되었던 난제를 보여준다.

    1부 정리6은 "하나의 실체는 다른 실체에 의해 산출될 수 없다"라고 말하고, 그것의 따름정리는 — 자연nature 안에는 실체와 그 실체의 변용 외에 아무것도 없다는 이미 확립된 주장에 근거하여 — 그러므로 "실체는 다른 어떤 것에 의해 산출될 수 없다"고 결론 내린다. 다시 말해서, 실체는

---

14) 1부 정리5는 너무 중요해서 스피노자는 1부 정리8의 주석2에서 그것을 다시 한번 증명한다.
15) 〔옮긴이〕 이상의 논변은 다음과 같이 재구성해 볼 수 있겠다. ① 속성은 동일하나 양태에서 다른 두 실체가 있다고 가정해 보자. ② 양태 수준의 모든 차이는 실체/속성 수준의 선행하는 차이에 의해서만 인식된다. ③ 두 실체의 속성 간에는 차이가 없다(①의 가정과 1부 정리5에 의해). ④ 두 실체의 양태 간에는 차이가 없다(②와 ③에 의해). ⑤ 따라서 ①의 가정과는 반대로, 속성은 동일하나 양태에서 다른 두 실체는 있을 수 없다.

전혀 원인이 없는 것임에 틀림없다. 이는 두 실재가 공통적인 어떤 것을 갖는 경우에만 서로 인과적으로 관련될 수 있기 때문이다(1부 정리3. 이는 '인과적 유사성 원리'causal likeness principle라 불릴 수 있을 법한 것이다). 왜냐하면 만일 그것들에 공통적인 것이 전혀 없다면 하나는 다른 하나를 통해 이해될 수 없을 것이고, 또한 스피노자의 인과적 합리주의causal rationalism[16]가 요구하는 것처럼 하나의 실재가 다른 실재의 결과라면 전자는 후자를 통해 이해될 수 있어야 하겠기 때문이다. 그러나 1부 정리5는 어떠한 두 실체도 동일한 본성이나 속성을 가질 수 없다는 것을 이미 밝혔다. 그리고 이는 어떠한 두 실체도, 그것이 무엇이든 공통적인 것은 아무것도 가질 수 없음을 의미한다. 실체에 관한 모든 것은 그것의 속성에 의해 설명되기 때문이다. 본질적 속성이 다른 두 실체는 분명 변용의 수준에서 어떤 것도 공통적으로 가질 수 없다. 변용은 단지 속성의 양태이기 때문이다. 따라서 자기 외부의 어떤 것과 인과관계를 맺는 것은 실체의 경우 불가능하다. (인과적 합리주의는 스피노자가 1부 정리7을 증명하기 위해 제시한 두번째 논거 뒤에 숨어 있다. 즉, 만약 어떤 실체가 다른 실체 — 또는 그것이 무엇이든 다른 어떤 것 — 에 의해 생겨났다면, 그 어떤 실체에 대한 인식은 다른 것에 대한 인식에 의존할 것이다. 그러나 그때 실체는 1부 정의3이 요구하는 것처럼 그 자신을 통해 인식되지 않고 다른 어떤 것을 통해, 즉 그것의 원인을 통해 인식될 것이다.)

그래서 스피노자는 앞서 데카르트가 그랬던 것처럼, 존재론적 독립성을 실체의 특징으로 만들었다. 하지만 데카르트와 달리, 유한한 실재는 무한 실체에 의해 생겨난 것이지만 자신의 존재를 위해 어떤 다른 유한한 실

---

16) 〔옮긴이〕 이 책 110~111쪽 참고.

재에 의존하지 않는 한 여전히 실체라고 불릴 수 있는, 실체성의 이차적 등급이 있다고 타협해서 말하고 싶지 않았다. 스피노자는 실체가 무엇인지에 대한 견해에 있어서 가장 엄격한 이해를 견지했을 것이다.

그런데 만약 실체가 자기 외부의 어떤 것에서 기인한 것이 아니라면, 그리고 만약 (스피노자가 보편적 인과성의 원리에 천착했음에서 알 수 있듯이) 어떤 실재의 실존에는 항상 어떤 원인이나 이유가 있어야 한다면, 그리고 만약 어떤 것의 실존에 대한 원인이나 이유가 어떤 외부 환경이나 실재 그 자체의 본성 안에 있어야 한다면,[17] 실체의 실존에 대한 원인은 실체 그 자체의 본성이어야 한다는 것이 따라 나온다. 또는 스피노자가 1부 정리7에서 주장하는 것처럼 "실체의 본성에는 실존함이 속한다". 실체는 실존한다는 것이 그것의 본성이기 때문에 실존한다. 그런데 이는 단지 실체가 **필연적으로** 실존한다고 말하는 것일 뿐이다.

여기에서 스피노자가 증명한 모든 것은, **만약** 실체가 실존한다면 그것은 실체가 필연적으로 실존한다는 것이지, 필연적으로 실체가 실존한다는 것은 아니라는 이의가 있을지도 모르겠다.[18] 그러나 실체는 다른 어떤 것으로부터도 존재론적으로 독립적임을 고려해 볼 때, 왜 어떤 실체가 실존하지 않는지에 대한 이유가 하나 있다면 그것은 그 실체의 본성 안에 있어

---

17) 스피노자는 1부 정리8의 주석2에서 이러한 주장을 한다(Gebhardt, *Spinoza Opera*, vol.2, p.50; Curley, *The Collected Works of Spinoza*, p.415).
18) 〔옮긴이〕 '만약 실체가 실존한다면, 그것은 필연적으로 실존한다'는 명제의 경우, 전건(실체가 실존한다)이 참이면 후건(실체가 필연적으로 실존한다)도 참이지만, 전건이 거짓이면 후건도 거짓이 된다. 즉 실체가 실존하지 않는다면 실체가 필연적으로 실존한다는 것도 거짓이 되는 것이다. 반면에 '필연적으로 실체가 실존한다'는 주장은 실체가 실존하지 않는 것이 불가능하다는 주장이다. 다시 말해서 실체가 실존한다는 것은 필연적으로 참이며 그것의 부정인 실체가 실존하지 않는다는 것은 항상 거짓이라는 애기다.

야만 할 것이다. 즉 그것의 본성은 사각의 원이 갖는 본성에 포함되어 있는 것과 같은 어떤 내적 모순을 포함해야 할 것이다. 그러나 우리는 처음부터 실체에 대해 참일 수 있는 것은 무엇이든, 적어도 그 본성은 자기모순이 없으며 가능한 것이라고 가정하고 있다. 그러므로 실체의 내부든 외부든, 실존함으로부터 실체를 막는 이유가 없기 때문에 실체는 필연적으로 실존한다.

그렇다면 실체는 자기원인이다. 스피노자가 실체의 (필연적) 실존을 증명한 것은 성 안셀무스(그리고 데카르트)의 유명한 존재론적 신 존재 증명을 생각나게 한다. 이 증명은 신 개념으로부터 출발해서, 논리적으로 완전히 연역적인 또는 선험적인 방식으로, 신은 실존하지 않는 것으로 생각될 수 없는 것이기 때문에 신은 필연적으로 실존한다고 결론 내린다. 이 신학적 증명처럼, 스피노자는 실체를 정확히 인식하고 그 개념의 모든 적절한 함축을 파악한 사람은 누구든 실체가 실존한다고 결론 내릴 것임에 틀림없다고 주장한다.

> 만일 어떤 사람이 실체에 대한 명석 판명한, 즉 참인 관념을 가졌다고 말하면서 그럼에도 그러한 실체가 실존하는지 의심했다고 말한다면, 그것은 실로 (충분히 주의 깊은 이들에게 분명한 것처럼) 그가 참인 관념을 가졌다고 말하면서 그럼에도 그것이 거짓이었는지 의심했다고 말하는 것과 동일한 일일 것이다. (1부 정리8 주석2)[19]

또한 실체는 영원할 것임에 틀림없다는 것이 따라 나온다. 만약 실체

---

19) Gebhardt, *Spinoza Opera*, vol.2, p.50; Curley, *The Collected Works of Spinoza*, p.414.

가 다른 어떤 것에 의해 존재하도록 만들어진 것이 아니라 그 실존이 실체 자신의 본성에서 나온 필연적 결과라면, 그리고 스피노자가 주장하듯 만약 실체의 본성 내부나 외부에 실체가 실존하는 것을 막을 수 있는 것이 아무것도 없다면, 실체의 경우 그 실존에는 시작도 끝도 없을 것이다. 실제로 '영원성'에 대한 스피노자의 정의는 명확하게 그것을 필연적 실존과 연결한다. "나는 영원성을 실존 그 자체라고 파악한다. 실존이 단지 영원한 실재의 정의로부터 필연적으로 따라 나온다고 생각되는 한에서 말이다"(1부 정의8). 실체의 실존은 그저 영속적이거나 '끊임없는' 게 아니다. 즉 지속을 갖는 실존 또는 단순히 시작이나 끝이 없는 시간 안에서의 실존이 아닌 것이다. 세 각을 갖는다는 것이 삼각형의 본성으로부터 따라 나오는 것처럼 실존은 실체의 본성으로부터 따라 나오기 때문에, 실체의 실존은 '영원한 진리', 곧 모든 시간이나 지속 바깥에 있는 진리로 '인식'된다.

 그래서 실체의 수준에서는, 존재하게 됨coming-to-be이나 존재를 멈추게 됨ceasing-to-be과 같은 사태는 없다. 실체는 관찰 가능한 세계의 실재나 그 특성들 간에 발생하는 모든 운동과 변화 및 시작과 끝 아래에서 영원하고 분할 불가능한 상태로 남아 있다. 스피노자는 독자들에게 양태나 변용의 영역에 속하는 특징들을 실체에 귀속시키는 흔하고도 빠지기 쉬운 실수를 하지 말라고 경고한다.

 실재를 혼란스럽게 판단하고 실재를 그것의 제1원인을 통해 파악하는 데 익숙하지 않은 모든 이들에게는 1부 정리7의 증명이 인식하기 어려울 것임을 의심치 않는다. 왜냐하면 그들은 실체의 변양과 실체 그 자체를 구분하지 않기 때문이다. 그래서 그들이 자연적 실재가 가지고 있다고 알고 있는 시초를 허구적으로 실체에 귀속시키는 일이 일어난다. …… 그러나 사람들이 실체의 본성에 주목한다면, 1부 정리7의 모든 진리에 대해 조금도 의심치 않을 것이다. 사실 이 정리는 모든 사람에게 공리일 것이고, 공통 통념에 포함될 것이다. 왜냐하면 그들은 실체를 자기 자신 안에 있고 자기 자신을 통해 인식되는 것, 즉 실체에 대한 인식은 어떤 다른 실재에 대한 인식을 필요로 하지 않는 것이라고 이해할 것이기 때문이다. (1부 정리8 주석2)[20]

스피노자가 이전 철학자들이 실체에 관해 말하고자 했던 것보다 훨씬 더 나아간 것처럼 보일지도 모르겠다. 인간 정신을 포함하는 데카르트의 유한한 사유하는 실체는 창조된 것이고 시간 안에서 실존한다. 그러나 그럼에도 틀림없이 실체적이다. 그러나 실체에 관한 스피노자의 결론은 실체의 전통적 개념 —"자기 자신 안에 있는 것"— 을 논리적으로 최대한 밀고 나간 결과일 뿐이다.

1부 정리8과 정리9에서, 스피노자는 실체의 무한성으로 화제를 바꾼다. 그러나 우리가 이 정리들을 살펴보기 전에, 스피노자가 1부 정의에서 도입하는 구별을 참고하는 것이 도움이 될 것이다. 1부 정의2와 정의6에서, 스피노자는 자신의 유 안에서 무한한 것과 절대적으로 무한한 것을 구별한다. 어떤 것은 오직 동일한 유나 본성에 속하는 다른 어떤 것에 의해서만 제한될 수 있다. 그리고 어떤 것은 그것을 제한하는 같은 유나 본성에 속하는 다른 것이 아무것도 없다면 자신의 유 안에서 무한하다. 따라서 어떤 물질적 실체는 오직 다른 물질적 실체에 의해서만 제한될 수 있다. 그러

---

[20] Gebhardt, *Spinoza Opera*, vol.2, p.49; Curley, *The Collected Works of Spinoza*, pp.412~413.

나 1부 정리5가 암시하는 것처럼 단 하나의 물질적 실체만 있다면, 그 물질적 실체는 제한되지 않고 그래서 자신의 유 안에서 무한하다. 그러나 그 물질적 실체가 절대적으로 무한하거나 제한되지 않는다는 것이 따라 나오지는 않는다. 왜냐하면 그것의 본성에 속하지 않는 많은 실재들이 있을 수 있기 때문이다(또는 스피노자의 용어로 말하자면, "우리는 그것의 무한한 속성을 부정할 수 없"기 때문이다). 대조적으로, 만약 가능한 모든 실정적 실재가 어떤 것의 본성에 속한다면 그것은 절대적으로 무한하다("어떤 것이 절대적으로 무한하다면, 본질을 표현하고 부정을 함축하지 않는 것은 무엇이든 그것의 본질에 속한다"). 절대적으로 무한한 존재는 실재하는 모든 것을 아우른다.

스피노자는 1부 정리8 ─ "모든 실체는 필연적으로 무한하다" ─ 의 증명에서 실체는 유한할 수 없다고 주장한다. 실체가 유한하다면 실체는 동일한 속성이나 본성에 속하는 다른 어떤 것에 의해 제한되어야 할 것이기 때문이다. 그러나 우리는 1부 정리5로부터 임의의 실체와 동일한 속성이나 본성에 속하는 실체는 없다는 것을 알고 있다. 그러므로 어떤 실체든 "무한한 것으로 실존한다". 이 정리는 지금 이대로 이미 수긍할 수 있는 것이어서, 증명은 상대적으로 간단하다. 그러나 스피노자의 목적과 관련해서 볼 때, 1부 정리8은 비교적 설득력이 부족하다. 왜냐하면 스피노자가 정리8로 규명한 것은 단지, 하나의 속성을 가진 실체는 그것을 제한할 동일한 본성 또는 속성에 속하는 다른 실체가 없으므로 자신의 유 안에서만 무한하다는 것일 뿐이라는 점이 명확함에 틀림없기 때문이다. 그리고 이는 아주 많은 실체들이 있는데, 각각은 하나의 속성을 가지고 있고 필연적으로 실존하며 영원하고 (각각은 자신의 유 안에서 유일무이한 것이기 때문에) 자신의 유 안에서 무한하다는 것이 여전히 가능하다는 것을 의미한다. 그러나 스피노자가 궁극적으로 보여 주려고 했던 것은, 사실 단 하나의 실체만이 있다는 것이고, 그래서 모든 속성이나 본성은 이 하나의 실체에 속하거나 이 하나의 실체를 구성한다는 것이다. 스피노자가 보여 주고자 했고 또 그럴 필요가 있었던 실체의 무한성은 상대적 무한성이 아니라 절대적 무한성이다. 스피노자는 자신의 유 안에서 무한한 것이 아니라 절대적으로 무한한 실체가 있다는 것을 확립해야 한다. 스피노자는 이 과제를 1부 정리 9~11에서 착수할 것이다.

스피노자는 1663년에 친구 로데베이크 메이어르에게 보낸 편지에서, 무한이라는 관념의 어떤 '어려움'과 애매함에 대해 다룬다. 스피노자는 "본성상 무한하고 어떤 방식으로도 유한하다고 인식될 수 없는" 실재와, 원인의 힘에 의해 무한한 실재들로 그 원인에 내속하는 무한한 실재, 그리고 "더 크거나 더 작은 것으로 인식될 수는 있지만, 어떤 수와도 같을 수 없기 때문에" 실제로는 단지 '무한정'할 뿐인 실재들을 비교한다(12번째 편지).[21] 스피노자가 무한한 실체가 있음을 규명했을 때, 실체의 진정한 무한성은 중세 철학자들이 절대적으로 무한한 존재라고 언급했던 것인 첫번째 종류일 것이다. 이는 스피노자에게 무한 실체가 무한한 속성이나 본성, 즉 가능한 모든 속성이나 본성을 가질 것임을 의미한다.

모든 존재가 어떤 속성 아래서 인식되어야 한다는 것보다 더 명확한 것은 자연nature 안에 없다. 그리고 그것이 더 많은 실재성 또는 존재를 가지면 가질수록, 필연성, 즉 영원성과 무한성을 표현하는 속성들을 더 많이 갖게 된다. 그 결과 절대적으로 무한한 존재자는 …… 그 각각이 어떤 영원하고 무한한 본질을 표현하는 무한한 속성들로 구성되는 존재자로 정의

---

21) Gebhardt, *Spinoza Opera*, vol.4, pp.60~61; Curley, *The Collected Works of Spinoza*, p.205.

되어야 한다. (1부 정리10 주석)

각각의 속성은 자신의 유 안에서 무한하다. 그것을 제한할 그것과 유사한 다른 속성이 없기 때문이다. 그러나 실체 그 자체는 절대적으로 무한하고, 그래서 (절대적인) 무한한 속성 ── 그 속성들 각각이 자신의 유 안에서 무한한 ── 을 소유한다.

그런데 우리는 이들 속성 중 단 두 개의 속성만을 인지하고 있다. 사유(정신적 실재의 본성)와 연장(물질적 실재의 본성)이 그것이다. 따라서 만약 우리가 스피노자의 말을 문자 그대로 받아들인다면 ── 그러지 말아야 할 이유가 있는지 모르겠지만 ── 그가 무한한 속성에 대해 말할 때 그는 우리에게 알려지지 않은 (그리고 아마도 원리상 알 수 없는) 무한개의 속성이 있다고 말하는 것이다. 이러한 다른 속성이 무엇인지 인식하기 어렵고 이러한 주장이 보여 주는 입장은 특이한 것이지만, 그럼에도 나는 그것이 스피노자의 견해라고 믿는다. 확실히, 스피노자가 '무한한 속성'이란 말을 '무한하게 많은'이란 뜻이 아니라 '모든'이라는 뜻으로 썼다는 해석이 가능하긴 하다.[22] 이러한 해석에 기초하여, 단 두 개의 속성 ── 즉, 우리에게 알려진 두 속성 ── 만 있다는 것과 그것들 모두(즉 둘 다) 실체에 속한다는 것은 스피노자의 실체의 무한성 개념과 양립 가능할 것이다. 그러나 스피노자에게 '무한한 속성'은 분명 '모든 속성'을 시사하는 것이지만, 그리고 곧 보게 될 것처럼 이것이 실체로서의 신의 유일성 논변을 검토하기 위해 그가 필요한 전부지만, 그가 말한 많은 것이 강하게 암시하는 것은 그중 두 속성을 제외하고 우리에게 알려지지 않은 무한하게 많은 속성이 있다는 보다

---

[22] Allison, *Benedict de Spinoza*, p.58을 보라.

강한 테제 또한 그가 가지고 있다는 것이다(『소론』, 1부 7장).[23]

스피노자는 이 속성이나 본성들 각각이 '자기 자신 안에' 있거나 실존하며 그 자체에 의해 그리고 어떠한 다른 속성이나 본성과도 관계없이 인식될 수 있지만 — 예를 들어, 연장이나 물질은 사유에 의존하지 않는다. 그리고 우리는 연장이나 물질을 인식하기 위해서 사유를 인식할 필요가 없으며, 그 반대도 마찬가지이다 —, 각 속성이 별개의 실체라는 것은 사실이 아님을 관철시키기 위해 특별히 공을 들인다. 그는 많은 속성을 하나의 실체에 귀속시키는 것이 전혀 불합리하지 않다고 말한다. 만약 실체가 (절대적으로) 무한하다면, 그것은 무한한 본성이나 속성을 갖는다. 또는 실체는 그것의 속성과 구분되는 어떤 특징 없는 기체가 아니므로, 실체는 무한한 본성 또는 속성에 있거나, 무한한 본성이나 속성으로 이루어져 있다고 말하는 것이 아마도 더 좋을 것 같다.

이것은 실체가 속성이 그 부분들이고 그 부분들로 실체가 나눠질 수 있는 집합적 또는 복합적 전체라는 것을 의미하지 않는다. 스피노자는 명시적으로 실체의 분할 가능성에 반대하는 주장을 편다(1부 정리12와 정리13). 여러 근거들 중에는 만약 실체가 부분으로 나눠질 수 있다면, 분할 가능한 무한 실체의 각 부분은 유한 실체이어야 할 것이라는 주장이 있다(1부 정리13 주석). 그런데 이 결론은 모든 실체가 무한하다는 증명된 진리(1부 정리8)와 모순될 것이다.[24] 속성은 실로 절대적으로 무한한 실체를 구성하는 요소들이다. 그러나 그 어떤 속성도 실체 그 자체인 전체로부터 제거

---

23) Gebhardt, *Spinoza Opera*, vol.1, p.44; Curley, *The Collected Works of Spinoza*, p.88. 왜 우리에게 단지 두 개의 속성만 알려지는가에 대한 보다 확장된 논의를 위해서는 (63~64번째 편지에서 슐러를 통해 보낸) 스피노자와 치른하우스의 서신 교환 내용을 보라. 이 문제를 이 책 239~241쪽에서 논하겠다.

되거나 분리될 수 없고, 심지어 이론상으로도 그럴 수 없다. 각 속성은 자기 자신 안에 있고 자기 자신을 통해 인식된다. 그러나 스피노자에게 이는 각 속성이 필연적으로 실존한다는 것을 함축하며, 이로부터 어떠한 속성도 다른 것 없이는 실존할 수 없다는 것이 따라 나온다. 따라서 실체의 분할은 절대적으로 불가능하며 실체로서 속성의 통일성은 보장된다.[25]

따라서 실체는 가능한 모든 실재나 존재 방식을 아우르며 그것들을 하나의 체계로 통일시킨다. 스피노자는 이 무한한 실체를 자연 그 자체와, 그리고 신과 동일시할 것이다.

"신 이외에는 어떠한 실체도 있을 수 없고 인식될 수도 없다"

1부 정의6을 제외하면, 『에티카』에서 신은 아직 모습을 드러내지 않았다. 신은 처음 10개의 정리에 전혀 나타나지 않는다. 그리고 이 정리들에는 확실히 신학적으로 대담한 —— 스피노자의 비판자들에게는 충격적인 —— 정

---

24) 여기에서 '무한'의 애매함은 스피노자에게 계속 문제가 된다. 1부 정리8은 단지 실체가 자신의 유 안에서 무한하다고 말할 뿐이다. 반면에 실체의 분할 가능성에 반대하는 1부 정리13의 논변은 실체가 절대적으로 무한해야 한다는(잘못하여 1부 정리8에 의거한다고 했던) 전제에 의존하는 것으로 보인다. 정리13이 고찰하는 무한한 실체가 유한한 실체로 분할되는지에 관한 문제는 아마도 절대적으로 무한한 실체가 절대적으로 무한하지는 않지만 적어도 자신의 유 안에서 무한한 각각의 실체들로 분할되는지, 그리고 이것이 1부 정리8에 위배되지 않는지에 관한 문제일 것이다.

25) Edwin Curley, *Behind the Geometric Method*, Princeton: Princeton University Press, 1988, pp.27~30을 보라. 하지만 실체의 통일성이 속성의 다수성과 양립 가능하다는 것을 스피노자가 어떤 식으로 믿었는지에 관한 문제, 마거릿 윌슨이 그야말로 '아주 어려운 문제'라고 부른 것은 여전히 다소 이해하기 어려운 상태로 남아 있다. Margaret Wilson, "Infinite Understanding, Scientia Intuitiva, and Ethics I.16", *Ideas and Mechanism*, Princeton: Princeton University Press, 1999, p.166.

점, 곧 우리가 지금 향하고 있는 정점을 암시하는 것조차 전혀 없다. 지금까지 모든 것은 실체와 속성, 즉 스피노자의 동시대인들(특히 데카르트 철학을 교육받은 이들)에게는 아주 친숙했을 기본적인 형이상학적 범주이고 모두 상당히 추상적인 범주에 관한 것이었다. "절대적으로 무한한 존재"라는 신에 대한 스피노자의 정의(1부 정의6)조차 그의 말을 들은 좀더 보수적인 사람들 사이에서 아무런 관심도 불러일으키지 못했을 것이다. 그러나 1부 정리11에서, 주의 깊은 독자들은, 차후 전개될 사태의 방향이 더 명확해지는 (그리고 만약 독자가 전통적 신 개념과 세계에 대한 그것의 관계에 집착한다면, 아마도 문제가 되었을) 느낌을 받기 시작할 것이다.

1부 정리11에서 스피노자는 일련의 신 존재 증명을 제시한다. 모두 세 개로 이루어진 이 증명들은 실체에 관해 이미 증명했던 것들을 등에 업고 있으며, 각각의 증명은 신을 절대적으로 무한한 실체와, 즉 "무한한 속성으로 구성된 실체"와 동일시함으로써 그것의 정당함을 입증한다.

첫번째 증명은 실체의 실존을 존재론적으로 증명하고, '실체'를 '신'으로 단지 치환 — 신을 무한한 실체로 정의한 것에 의해 허락된 치환 — 함으로써 그것을 신 존재 증명으로 탈바꿈시킨다. 신이 실존하지 않는다고 생각하는 것은 불가능하기 때문에, 신은 필연적으로 실존한다고 이 증명은 결론 내린다. 신이 실존하지 않는다고 생각하는 것은 신의 본질이 실존을 함축하지 않는다고 주장하는 것이기 때문이다. 그러나 1부 정리7은 실체의 본성이 실존을 함축한다는 것과 신이 실체라는 것을 보여 주었다. 비록 (정의상) 무한하게 된 신이지만 말이다.

두번째 증명 또한 신이 필연적으로 실존한다는 주장을 개진하며, 첫번째 증명과 마찬가지로 실체에 대해 이미 확립된 것에 의존하고, 그 밖에 충족이유율에도 의존한다. 모든 것에 대해 왜 그것이 실존하거나 실존하지 않는지에 대한 원인이나 이유가 있어야 한다. 그리고 이 원인이나 이유는 그 실재의 본성 안에 있거나 그것 밖에 있어야 한다. 만약 그 실재의 본성 안에 혹은 그것 바깥에 그것의 실존을 방해하는 원인이나 이유가 없다면, 그 실재는 필연적으로 실존한다. 그런데 신의 본성 바깥에는 신의 실존을 방해하는 것이 전혀 있을 수 없다. 그러한 어떤 실재도 신과 동일한 본성을 가지고 있어야 하거나 ─ 그 경우 신이 실존한다는 것은 인정된다 ─ 아니면 신과 다른 본성을 가지고 있어야 할 것이기 때문이다. 그리고 신과 다른 본성을 가진 실체는 신이 실존하는 원인이 될 수도 없고, 신의 실존을 방해하는 원인이 될 수도 없다(아마도 인과적 유사성 원리를 보여 주는 1부 정리3 때문일 것이다. 스피노자는 증명에서 이 정리를 끌어들이지는 않지만 말이다). 그리고 신이 실존하는 것을 방해하는 신의 본성 자체와 관련된 어떤 것도 있을 수 없다. 이는 신의 본성이 모순을 함축한다는 것을 의미할 것이기 때문이다. 그리고 스피노자는 '절대적으로 무한하고 최고로 완전한 존재'의 본성이 모순을 함축한다고 생각하는 것은 '불합리하다'고 주장한다. 신이 모순을 함축할 경우, 신이 최고로 완전한 존재가 아닐 것임은 더없이 확실하기 때문이다. 그러므로 신의 본성 내부든 외부든 신의 실존을 방해하는 원인이나 이유는 없기 때문에, 신은 필연적으로 실존한다는 것이 따라 나온다.

1부 정리11의 세번째 증명은 처음 두 증명과 달리 전제들 중 하나로 어떤 것이 현행적으로 실존한다고, 즉 우리 자신이 현행적으로 실존한다고 주장한다. 스피노자가 인정하는 것처럼, 이런 식으로 이 증명은 후험적으로 전개된다. 소위 결과에서 원인으로 나아가는 전형적인 후험적 증명은 아닐지라도 말이다. 그리고 그것은 사실과 관련된 전제(우리 자신이 현행적으로 실존한다는 전제)로부터 작동하지만, 스피노자는 이 증명이 여전히 신이 필연적으로 실존한다는 것을 규명한다고 믿는다. 『에티카』 텍스트에서 볼 수 있는 것처럼, 이 증명은 그 자체로 볼 때 다소 지나치게 간결하다. 그래서 스피노자의 의중에 있던 것이라고 판단되는 내용을 조금 덧붙여 그 추론을 보다 명료하게 만들어 보겠다.

스피노자는 실존할 수 있는 것은 역량을 가진 것이고 실존할 수 없는 것은 역량을 결여한 것이라고 말한다. 그는 이를 자명한 원리로 제시한다. 또한 어떤 것이 그 자체로 필연적이기 때문이거나(실존이 그것의 본질로부터 따라 나오기 때문에) 아니면 그것의 실존이 어떤 외부 원인에 의해 필연적인 것이 되기 때문에 그것이 실존한다면, 그것은 필연적으로 실존한다. 두 경우 모두, 만약 어떤 것이 실존한다면 그것은 실존하지 않을 수 없다. 그런데 만약 유한한 존재들이 현재 (필연적으로) 실존하지만 절대적으로 무한한 존재가 실존하지 않는다면, 유한한 존재들이 절대적으로 무한한 존재보다 더 역량이 있다는 얘기가 될 것이다. 왜냐하면 실존하지 않는 절대적으로 무한한 존재는 분명 실존할 수 없을 터인 반면, 현재 실존하는 유한한 존재는 (그것의 본성 때문이든 아니면 그것의 원인 때문이든) 실존하지 않을 수 없을 것이기 때문이다. 그러나 유한한 존재들이 절대적으로 무한한 존재보다 더 역량이 있다고 생각하는 것은 불합리하다. 그래서 아무것도 현재 실존하지 않거나 아니면 절대적으로 무한한 존재 또한 현재 실존한다. 우리는 전자가 사실이 아님을 알고 있다. 왜냐하면 우리 자신, 즉 유한한 존재가 실존하기 때문이다. 그러므로 절대적으로 무한한 존재 ─ 정의상 신 ─ 가 필연적으로 실존한다.

다행히 스피노자는 이 세번째 증명을 자신의 전체 논변에서 처음 두 증명만큼 중요한 것으로 여기지 않은 것 같다.

1부 정리13의 끝 무렵에, 스피노자는 절대적으로 무한한 실체(즉 무한한 속성에 근거한 실체)가 있다는 것, 이 실체가 필연적으로 실존한다는 것, 그것은 실체로서 분할 불가능하다는 것, 그리고 그것이 영원하다는 것을 확립했다. 그는 또한 독자들에게 이 무한하고 영원한 실체가 바로 우리가 '신'이라고 파악한 것임을 상기시켰다. 스피노자는 이제, 신이 자연 안에 있는 **유일한** 실체라는 것을 확립하기 위한 모든 준비를 끝낸다. 실제로 그가 결론 내리려는 것은 신이 바로 하나이자 필연적으로 실존하고 영원하고 무한한 자연의 실체(1부 정리14)**이다**라는 것과, 다른 모든 것은 그가 신 또는 자연이라고 부르는 이 실체 '안에' 있다는 것이다(1부 정리15).

이 두 정리 중 첫번째 정리의 증명은, 스피노자의 형이상학적 기획의 첫 단계에 속하는 부분들의 정점에 해당되는 것으로, 간결하고 깔끔하다. "신 이외에는 어떤 실체도 있을 수 없고 인식될 수도 없다"는 1부 정리14는, 1부 정리5(이 정리에 의하면 두 실체는 동일한 속성을 가질 수 없다)와 정리11(이 정리는 무한한 속성을 가진 실체가 있다고 말한다)에서 곧바로 따라 나온다. 무한한 속성을 가진 실체는 모든 가능한 본성이나 실재가 속하는 실체이기 때문이다. 그러므로 필연적인 것으로 밝혀진 그것의 실존은 어떤 다른 실체의 실존을 배제한다. 이는 신이 아닌 어떤 실체든 간에 **어떤** 본성이나 속성을 가져야 할 것이고, 그것은 (신은 모든 속성을 소유하므로) 이미 신이 소유한 본성이나 속성이어야 할 것이기 때문이다. 그러나 이(신의 속성을 갖는 신이 아닌 다른 실체의 실존)는 1부 정리5에 어긋날 터인데, 두 실체(신과 신이 아닌 어떤 실체)는 그때 동일한 본성을 가질 것이기 때문이다. 1부 정리14의 따름정리에서, 스피노자는 독자들에게 그가 확립했던 것, 즉 "신은 유일하다. 즉 자연 안에는 단 하나의 실체만 있다"라는 것을 분명히 한다.

1부 정리15 ― "존재하는 것은 무엇이든 신 안에 있고, 신 없이는 어떤 것도 있을 수 없고 인식될 수도 없다" — 의 증명도 마찬가지로 짧다. 양태나 변용은 정의상 그것이 변용시키는 실체 안에 실존해야 하고 실체를 통해 인식되어야 한다. 실체도 아니고 양태도 아닌 것은 아무것도 없고 있을 수도 없다. 그러나 신은 유일한 실체이기 때문에, 신/무한한 실체를 제외한 실존하는 것은 무엇이든 양태이어야 하고, 그러므로 신 안에 실존해야 한다. 따라서 존재하는 것은 무엇이든 "신의 본성 안에서만 있을 수 있고, 그것을 통해서만 인식될 수 있다". 만물, 즉 존재하는 것은 신 '안에' 있다.

그리고 여기가 바로 우리의 난관이 시작되는 지점이다.

신과 실재들

신이 자연 안에 있는 유일한 실체이고, 사실 자연 그 자체와 동일하다는(혹은 자연의 어떤 근본적 부분이라는) 관념은 수년간 스피노자 사유의 부분이었던 것이다. 이 가장 근본적인 형이상학적 진리를 표현하는 방법 문제로 고심하긴 했지만 말이다. 우리는 『소론』에서 스피노자가 다음과 같이 주장하는 것을 발견한다(『소론』, 1부 2장). "자연은 무한한 속성으로 이루어져 있는데, 그 속성들 각각은 자신의 유 안에서 완전하다. 이는 사람들이 신에 대해 내놓은 정의와 완벽히 일치한다. …… 자연 안에 있는 이 모든 속성들은 단지 하나이자 단일한 존재이며 결코 다른 것들이 아니다." 이것은 "우리가 자연의 어디에서나 볼 수 있는 단일성"을 설명하는 것이다. 자연은 하나이다. 왜냐하면 그것의 실체는 하나이고, 자연 안에 있는 만물은 그 한 실체의 양태 혹은 변용이기 때문이다. 그는 다음과 같이 말한다. "어떤 원인에서 비롯되지 않은 것이고, 그럼에도 우리가 실존하고 있음을 아는 자연은 필연적으로 완전한 존재로 그것에 실존이 속함에 틀림없다."[26]

『에티카』에는 이 학설의 다양한 가닥들이 보다 명확하게 배열되어 있고 또 논증되고 있다. 그래서 후기 저작인 『에티카』는 중단된 『소론』보다 그만큼 광범위하게 발전된 모습을 보여 준다. 그러나 『에티카』에서조차 스피노자가 "존재하는 모든 것은 신 안에 있다"라고 말함으로써 의미하려는 바가 무엇인지는 여전히 분통 터질 정도로 명확하지 않다. 어떤 것이 신 **안에** 있다고 말하는 것이 의미할 수 있는 것은 무엇인가? 어떤 것이 다른 것 **안에** 있을 수 있는 방식은 여러 가지가 있다. 부분이 그 부분으로 구성된 전체 안에 있는 방식, 또는 어떤 대상이 그 대상을 담고 있는 용기 안에 있는 방식(예를 들어 뉴턴이 실재를 절대공간 안에 있는 것으로 인식했던 방식과 유사한 방식), 또는 특성이나 성질이 어떤 주체 안에 속해 있는 방식(지혜가 소크라테스 안에, 또는 단단함이 바위 안에 있는 것과 유사한 방식)이 있을 수 있다.

우리는 지금 '실재'things에 대해 말하고 있다는 것을 유념하는 것이 중요하다. 양태나 변용이 실체 **안에** 있는 것처럼 신 또는 자연 **안에** 있다고 가정되는 실재는, 단지 우리 세계에 거주하고 있는 그리고 스피노자 이전 사유방식과 비철학적 사고방식에서 우리가 의당 실체적이라고 받아들였던 모든 친숙한 항목들로, 예를 들자면 물리적 대상들(나무, 의자, 인간 신체)과 인간 정신이나 영혼들이다. 아리스토텔레스처럼(어느 정도는 데카르트도 그렇다), 우리는 이러한 것들이 '자신 안에 있는' 실재들, 즉 다른 항목들(특성 같은)은 그것들 안에 실존하나 그것들 자체는 다른 어떤 것에 실존하지

---

26) Gebhardt, *Spinoza Opera*, vol.1, pp.22~23; Curley, *The Collected Works of Spinoza*, pp.68~70.

않는 실재들이라고 믿는다. 그런데 스피노자는 형이상학적으로 극히 엄밀하게 생각해 볼 때 우리가 틀렸다고 말하는 것처럼 보인다.

실체(신 또는 자연)와 그것의 양태(실존하는 다른 모든 것들)의 관계에 대한 스피노자의 개념을 해석하는 가장 대중적인 방식 중 하나는 아마도 그 관계를 생각하는 가장 자연스러운 방법이기도 할 것이다. 이러한 해석에 따르면, 스피노자에게 실재는 신의 특성이나 상태나 질들이라는 의미에서 신 안에 있다. 실재는 주체나 기체 안에 내속하는 것처럼 신 안에 내속한다. 이러한 해석은 실체-양태 관계에 대한 스피노자의 설명을 데카르트의 그것과 유사하게 만든다. 데카르트에게 실체의 양태는 실체 안에 내속하는 ― 또는 보다 정확하게 말해 실체의 주요 속성이나 본성 안에 있는 ― 특성들이며, 바로 그 이유 때문에 실체에 대해 서술될 수 있는 것이다. 그렇다면 운동이 운동하는 물체의 상태인 것처럼, 스피노자에게 운동하는 물체 자체는 (신의 무한한 속성들 중 하나인 연장에 속하는) 신의 특성이나 상태가 될 것이다. 그리고 지금 이 순간 내 생각이 내 정신의 특성이나 상태인 것처럼, 내 정신은 (신의 무한한 속성들 중 또 다른 하나인 사유에 속하는) 신의 특성이나 상태이다. 운동하는 물체와 나의 정신은 단지 이러저러한 방식(양태)으로 실존하거나 이러저러한 방식으로 그 자신을 표현하는 신의 본성(또는 보다 정확하게 말하자면 본성들)이다. 스피노자가 1부 정리25의 따름정리에서 말하는 것처럼, "특수한 실재들은 단지 신의 속성의 변용들, 즉 신의 속성이 일정하고 규정된 방식으로 표현되는 양태들일 뿐이다."

이것이 바로 17세기의 뛰어난 지성 피에르 벨이 스피노자를 이해한 방식이다. 그는 스피노자의 성품은 존경했으나 그의 철학은 "상상할 수 있는 가장 가공할 만한 것, 가장 불합리한 것, 그리고 우리 정신의 가장 명증한 관념에 가장 정반대에 있는 것"이라고 혐오했다. 벨은 특히 자신이 스피노자의 신 개념 및 신과 실재의 관계 개념이라고 간주했던 것을 불쾌해했다. 벨은 스피노자에 따르면 다음과 같이 말할 수 있다고 주장한다.

> 단 하나의 존재와 단 하나의 자연만 있다. 그리고 이 자연은 그 자체로 내재적 활동에 의해 우리가 피조물이라 부르는 모든 것을 산출한다. …… 그것은 그 자신의 변용이 아닌 것은 아무것도 산출하지 않는다. 할 수 있는 모든 터무니없는 생각의 모든 더미를 능가하는 가정이 있다. 이교도 시인들이 감히 아프로디테와 제우스에 대항해 노래했던 가장 악명 높은 것도, 신에 대해 스피노자가 우리에게 제시한 무시무시한 관념에는 미치지 못한다.[27]

벨은 만약 실재와 그 속성들이 신의 특성일 뿐이고 신의 술어가 될 수 있을 뿐이라면, 받아들일 수 없는 많은 결론이 따라 나온다고 반대한다. 첫번째로, 그럴 경우 신은 양립 불가능한 특성을 가질 수 있을 것이라는 논리적 문제가 있다. 기쁜 사람과 슬픈 사람은 똑같이 신의 상태일 것이고, 그래서 신 그 자신은 기쁘기도 하고 동시에 슬프기도 할 것이다. 벨은 이것이 불합리하다고 주장한다. 두번째로, 신 그 자신이 변화하고 분할되고 운동할 수 있을 것이라는 신학적 문제가 있다. 신의 양태인 실재들은 분할되고 지속적으로 변화하며 운동하기 때문이다. 그래서 스피노자의 신은 "실제로 변화하는 자연이고, 내적으로 그리고 실제로 서로 다른 상이한 상태를 지속적으로 통과하는 것이다. 그러므로 스피노자의 신은 전혀 '이러저러한 변함이나 회전하는 그림자가 없으신'(『야고보서』, 1장 17절) 최고로 완

---

27) Bayle, *Historical and Critical Dictionary*, p.301.

전한 존재가 아니다".[28] 이 문제는 단지 신학적 문제일 뿐만 아니라, 스피노자 체계 내의 철학적 일관성 문제이기도 하다. 스피노자 자신은 신이 불변하고 변화하지 않는다고 말하는 것처럼 보이기 때문이다(1장 정리20 따름정리2). 마지막으로, 그리고 (벨이 보기에) 무엇보다 가장 문제가 많은 것인데, 신이 우리의 사랑·미움·욕망뿐만 아니라 상상할 수 있는 가장 악한 생각과 행동을 포함하는 인간의 모든 생각과 의도와 행위의 궁극적 주체가 될 것이라는 점이다. "여기, 신이 인간의 모든 범죄와 비참함의 작인일 뿐만 아니라 희생자여도 좋다는 철학자가 있다."[29] 어떤 사람이 누군가를 죽였을 때 스피노자의 설명에 따르면 신은 그 범죄의 진짜 장본인이다. 즉 벨은 그렇게 주장했을 것이다.

이러한 해석이 스피노자 신관에 필연적으로 함축되어 있다고 본 벨은 무엇보다 "그러한 함축을 가지고 있는 만큼 스피노자 철학에 더 나쁘다"라고 결론 내린다.[30] 다른 보다 최근의 주석가들은 "그러한 해석을 하는 만큼 스피노자 철학 이해에 더 나쁘다"라고 말했다. 확실히, 그렇게 분명하고도 명백하게 문제 많은 철학적이고 신학적인 결론을 가진 이론을 스피노자가 주장할 수는 없었을 것이라고 생각할지도 모르겠다. 또한 어떤 학자는, 우리가 '실재'이자 진정한 개체(말, 의자, 인간 영혼)라고 생각하는 항목을 실제로 다른 어떤 것의 특성이나 상태라고 간주하는 것은 그야말로 이상할 뿐이라고 주장했다. 그것은 아주 심각한 범주 오류로 보인다. 당연히 그러한 이유로 스피노자가 비난받아서는 안 된다.

---

28) Bayle, *Historical and Critical Dictionary*, p.308.
29) *Ibid.*, p.311.
30) 이런 식으로 스피노자를 이해하는 보다 최근의(그러나 특이한) 해석은 베넷에게서 발견된다. Bennett, *A Study of Spinoza's Ethics*.

스피노자의 양태는 일견 데카르트의 양태가 실체와 관련되는 것과 동일한 방식으로 실체와 관련되는 잘못된 논리의 표본처럼 보인다. 왜냐하면 스피노자의 양태는 특수한 실재이지 질이 아니기 때문이다. 그래서 특수한 실재가 실체에 내속한다고 말하는 것이 무엇을 의미할 수 있는지를 이해하기란 어렵다. …… 어떤 실재가 다른 것의 술어가 된다고 말하는 것이 무엇을 의미할 수 있는지는 해명할 필요가 있는 수수께끼이다.[31]

"존재하는 것은 무엇이든 신 안에 있다"라는 말로 스피노자가 의미하는 것이 무엇인지에 대한 두번째 해석은, 벨의 해석을 거부하려는 이들을 위한 것인데, 1부 정리16에서부터 그의 방법에 감지되는 미묘하지만 중요한 변화로 가능해진다.[32] 기체에 내속하는 특성을 아주 많이 연상시키는 그 표현은 새로운 모델로 대체된다. 1부 정리16은 "신의 본성의 필연성으로부터 무한하게 많은 실재들이 무한하게 많은 방식으로 따라 나올 수밖에 없다"라고 말한다. 신과 실재, 즉 실체와 양태의 관계는 이제 인과적 표현으로 기술된다. 스피노자는 특수한 실재를 여전히 "신의 속성의 변용"이라고 언급하기 때문에(예를 들어 1부 정리25의 따름정리) 변화는 전면적이지 않다. 그러나 그 변화는 무시될 수 없는 어떤 것이다. 1부 정리18의 증명에서 신은 '만물의 원인'으로 묘사된다. 정리24에서 우리는 실재가 신에 의해 '산출된다'는 얘기를 듣게 된다. 그리고 정리28은 실재가 신에 의해 또는 신의 속성에 의해 '규정되는' 방식을 묘사한다. 이러한 모델에서 신 또

---

31) Edwin Curley, *Spinoza's Metaphysics*, Cambridge, MA: Harvard University Press, 1969, p.18.
32) 이러한 해석은 컬리가 Curley, *Spinoza's Metaphysics*에서 처음 제안했고, *Behind the Geometric Method*에서 되풀이했다. Allison, *Benedict de Spinoza*, ch.3도 보라.

는 실체는 실재들이 특성들로 내속하는 주체가 아니라, 오히려 무한하고 영원하며 필연적으로 실존하는 만물의 (원인 없는) 원인이다. 보다 구체적으로 말하자면, 신의 속성은 그 신의 속성에 포함되는 만물 ─ 지금 우리가 알고 있는 모든 것임에 틀림없는 ─ 의 보편적인 인과적 원리로 이해될 수 있다. 연장 속성은 단지 연장의 본성일 뿐이고 모든 물질적 실재들을 지배하는 법칙을 함축하며(기하학의 대상은 단지 연장된 대상일 뿐이므로, 기하학의 진리를 포함해서), 사유 속성은 단지 사유의 본성일 뿐이고 모든 사유하는 실재를 지배하는 법칙(아마도 논리 법칙으로 이해되는)을 함축한다. 자연은 모든 실재들의 활동 근거인 필연적 질서에 의해 지배된다. 그리고 이 두번째 해석에 근거할 때 신 또는 실체에 대해 말하는 것은 단지 그 보편적이고 인과적인 틀을 언급하는 것이다. 이러한 유의 독해를 뒷받침하는 것은 1부 정리15의 주석과 같은 텍스트에서 발견될 수 있다. 거기에서 스피노자는 신 **안에** 있는 존재를 특정 법칙에 의해 인과적으로 발생한 존재와 동일시하는 것으로 보인다. "만물이 신 안에 있고, 발생하는 모든 것들은 단지 신의 무한한 본성의 법칙을 통해서만 일어나며, (곧 보게 될 것처럼) 신의 본성의 필연성으로부터 따라 나온다." 야코프 오스텐스Jacob Ostens에게 보낸 편지 ─ 이 편지에서 스피노자는 람버르트 판 펠트하위선Lambert Van Velthuysen이 자신에게 씌웠던 혐의에 답한다 ─ 에서, 스피노자가 "만물이 신의 본성으로부터 필연적으로 유출된다고 주장하는 것과 우주는 신이라고 주장하는 것은, 같은 것이거나 그다지 다르지 않은 것입니다"라고 말할 때(43번째 편지),[33] 그는 신과 세계의 존재론적 관계를 인과적 주장으로 바꾸는 것처럼 보인다.

스피노자 형이상학에서 실체와 양태(또는 신과 실재)의 관계에 대한 두 가지 해석 모두에 대해 말할 수 있는 것이 있다. 또한 이 두 해석은 각각 극복할 수 없는 건 아닐지라도 어떤 어려운 문제에 직면하고 있음에 틀림없다. 물론 벨이 '주체/특성 내속' 모델에 대해 제기한 문제가 있다. 그러나 스피노자는 첫번째 반론에 대해 신이 완전히 동일한 점에서 양립 불가능한 특성을 갖는다는 주장 ─ 이 반론은 가정된 모순을 발생시키기 위해 요구되었을 것이다[34] ─ 은 사실이 아님이 분명하다고 답할 수 있을 것이다. 신은 한 사람인 한에서 기쁜 것이고, 다른 한 사람인 한에서 슬픈 것이기 때문에, 신 그 자신이 동일한 점에서 기쁘기도 하고 슬프기도 하다는 결론은 따라 나오지 않는다. 왜냐하면 신은 **상이한** 대목에서 기쁘기도 하고 슬프기도 하다는 점이 명확하게 명시되기 때문이다. 그리고 스피노자는 실제로 "신, 즉 신의 모든 속성은 불변한다"(1부 정리20 따름정리)라고 말했지만, 이것이 신 안에 변화가 없다거나 있을 수 없다는 것을 의미하는 것은 아니다. 오히려 스피노자의 주장은 각 속성의 실존 및 본성의 영속성에 관한 주장이다. 스피노자는 양태 수준에서는 가변성이 있지만, 그럼에도 속성 그 자체는 변화하지 않는다고 말한다. 신을 악의 원인으로 만드는 것은 불경한 일로 보인다는 생각에 근거한 벨의 세번째 생각에 대해 말하자면, 스피노자는 곧 보게 될 것처럼 '선'과 '악'이 자연nature 안에 있는 실재적인 어떤 것에 관한 이야기가 아니라고 주장하기도 하고, [반론이 성립하려면] 우선 받아들여야 하는 신이 어떤 도덕적 성격을 갖는다는 주장을 인정하지 않기도 한다. 그러므로 스피노자는 이러한 반론에 그다지 신경 쓰지 않

---

33) Gebhardt, *Spinoza Opera*, vol.4, p.223; Samuel Shirley trans., *Spinoza: The Letters*, Indianapolis: Hackett Publishing, 1995, p.239.
34) [옮긴이] 모순이 발생한다고 가정하고 모순이 발생함을 보여 주기 위해 제시한 것이 바로 신이 양립 불가능한 특성을 갖게 된다는 주장이라는 것이다.

앉을 것이다. 또 스피노자는 일상적 실재가 다른 어떤 것의 특성이라는 생각이 기이하다고 해서 그것 때문에 고민하지도 않았을 것이다.

두번째인 인과적 해석은, 신과 실재 간 인과관계의 정확한 본성이라고 스피노자가 이해한 것을 정당하게 평가하기 위해 주의해야만 한다. 신(또는 자연)은 무엇보다 만물의 궁극적이고 일반적인 작용인, 즉 그 역량이 만물의 생성을 설명하는 현행적 작인active agent이다. 스피노자가 한 설명과 관련하여, 이것만큼은 절대적으로 참이고 확실하며 타협할 수 없는 것이다. 우리가 실체/양태 관계에 대한 어떤 해석을 채택하든 간에, 우리는 신과 실재 간에 존재하는 특별한 **인과**관계를 유지해야만 한다. 두 해석을 나누는 문제는, 그것 또한 **내속** 관계인가 하는 점이다.

두번째 해석은 이 질문에 대해 '아니오'라고 대답한다. 그러나 스피노자는 신 또는 실체가 그 양태의 **내재적** 원인이라고도 주장한다. 문제는 여기에 있다. "신은 만물의 내재적 원인이지 타동적 원인이 아니다"(1부 정리18). 내재적 원인immanent cause은 보통 그것의 결과가 그 원인에 속하고 그 원인의 부분인 그러한 원인으로 이해된다(정신도 자기 관념의 원인이라고 이야기될 수 있긴 하다). 한편 타동적 원인transitive cause은 자신과 존재론적으로 구분되는 결과를 발생시킨다(야구공이 깨진 유리창의 원인이 되고 태양이 녹아 버린 얼음의 원인이 되는 것처럼). 우리가 신에 의해 인과적으로 발생한 실재를 신의 특성이나 상태로 생각하지 않는 한 — 즉 우리가 첫번째 '내속' 해석을 채택하지 않는 한 — 실재에 대한 신의 인과관계를 스피노자가 요구하는 것과 같은 내재적 인과관계로 설명할 수 없을 것처럼 보일지도 모르겠다.

그러나 1부 정리18에 있는 신의 내재적 인과관계에 대한 증명은, 정확히 우리의 경합하는 두 해석이 이해하고자 애쓰는 주장인 "존재하는 것은 무엇이든 신 안에 있다"는 정리15에 근거하고 있다. 따라서 우리는 문제의 이 구절에 관한 특정 해석을 다른 해석보다 옹호하기 위해 1부 정리18의 내재성을 사용할 수 없는 것처럼 보일 것이다. 그것은 논점 선취의 오류가 될 것이기 때문이다.[35] 내속 모델을 거부하는 두번째 해석은 그럼에도 내재적 인과관계를 이해 가능하게 만들 수 있을까? 아마도, 결과가 그 원인의 상태나 특성으로 원인에 속한다는 것을 내포하지 않는 방식으로 내재성을 해석할 수 있다면, 가능할 것이다.

내재적 인과관계의 한 가지 중요하고도 특징적인 측면은 원인과 결과의 분리 불가능성이다. 원인의 실존과 작용이 계속되지 않는다면, 결과는 실존하기를 멈출 것이다. 중세 철학자들은 이것을 'causalitas secundum esse', 즉 존재와 관련된 인과성이라 불렀고, 이를 'causalitas secundum fieri', 즉 생성(또는 존재하게 됨)과 관련된 인과성과 대비시켰다.[36] 태양은 빛과 열의 존재와 관련된 원인 causa secundum esse이다. 태양 안에서 핵융합 반응이 멈춘다면, 그 결과도 멈출 것이다. 대조적으로, 건축가는 집의 생성

---

[35] (옮긴이) 우리가 이해하고자 하는 스피노자의 주장은 정리15("존재하는 것은 무엇이든 신 안에 있다")이다. 이를 해석하는 방식에는 두 가지가 있을 수 있겠는데, 하나는 '주체/특성 내속 모델'(특성이나 성질이 주체 안에 있는 것처럼 만물이 신 안에 있다는 방식)이고, 다른 하나는 (지금 논의 중인) '내재적 인과 모델'이다. 후자로 해석하기 위한 근거는 정리18("신은 만물의 내재적 원인이지 타동적 원인이 아니다")이다. 그런데 정리18의 근거로 제시된 것은 정리15이다(정리18의 증명에 의해). 그러므로 정리15를 내재적 인과 모델로 해석하기 위해 정리18을 근거로 제시할 수는 없다. 이는 논증을 통해 증명하고자 하는 결론에 전제가 의존하는 논점 선취의 오류(선결 문제 가정의 오류)이기 때문이다. 요컨대 결론이 정리15이고 전제가 정리18인데, 정리18의 전제가 다시 정리15이므로 순환논증이 된다. 따라서 정리15를 인과 모델로 해석하기 위해 정리18에 기댈 수 없다고 내들러는 지적하는 것이다.

[36] St. Thomas Aquinas, *Summa Theologiae I*, q.104, a1을 보라(토마스 아퀴나스, 『신학대전』 14권, 이상섭 옮김, 정의채 감수, 바오로딸, 2009, 제1부, 제104문제, 제1절, 102~119쪽; 토마스 아퀴나스, G. 달 사쏘·R. 꼬지 엮음, 『신학대전 요약』, 개정판, 이재룡 옮김, 가톨릭대학교 출판부, 1995, 121쪽).

과 관련된 원인causa secundum fieri이다. 일단 집이 건축되고 나면, 건축가는 집이 존재하도록 계속해서 일할 필요가 없다. 오히려 완성된 집(결과)은 건축가(원인)의 활동으로부터 존재론적 독립성을 가지고 있다. 그런데 스피노자는 확실히 신이 만물에 대해 causalitas secundum esse의 관계에 있다고 생각한다. 스피노자는 1부 정리24의 따름정리에서, "신은 실재가 실존하기 시작하는 것에 대한 원인일 뿐만 아니라, 또한 실재가 실존 안에서 존속하는 것에 대한 원인이기도 하다. 즉 (스콜라주의의 용어를 사용하자면) 신은 실재의 존재 원인causa essendi이다"라고 주장한다. 그래서 스피노자가 신을 만물의 내재적 원인이라고 부른 것이 의미하는 바는, 단지 그것이 causalitas secundum esse의 관계이자, 신의 인과적 활동이 계속 진행 중이며, 다른 모든 것의 지속적 실존 및 작용과 관련하여 필연적이라는 것을 강조하기 위함이었을지도 모른다. 특성이 주체 안에 내속하는 방식으로 다른 모든 것이 신 안에 있다는 것을 내포하지 않고 말이다.[37]

내속함 없이 내재성을 확보하기 위한 다른 방식도 있을 것이다. 두번째 해석이 강조하는 것처럼, 신이 만물의 원인이라면 모든 것은 궁극적으로 신을 통해 인식되어야만 한다는 것 ― 1부 공리4("결과에 대한 인식은 그 원인에 대한 인식에 의존하고 그것을 함축한다")로부터 ― 이 따라 나온다 (그러나 첫번째 해석 또한 이를 받아들이고 있음이 분명하다). 이것은 실제로 『에티카』의 궁극적 결론 중 하나이다. 스피노자가 (4장에서 검토하게 될 것처럼) 원인의 개념과 그것을 통해 인식되는 결과의 개념 간의 논리적 관계

---

[37] 컬리가 내재성을 유지하기 위해 생각해 낸 방식이 나에게는 명료해 보이지 않는다. 컬리는, 자신이 볼 때, 신을 "신이 아닌 실재들"을 생산하고 그것들에게 작용하는 존재로 생각해야 한다고 말한다(Curley, *Behind the Geometric Method*, p.38).

로 이해했던 것을 고려해 볼 때, 결과의 개념은 논리적으로 그 원인의 개념에 포함되어 있고 그 원인의 개념으로부터 따라 나온다는 것 또한 따라 나온다. 그러나 이는 후건이 그 전건 또는 논리적 근거 **안에** 있는 방식으로 모든 것이 신 **안에** 있다는 것을 의미하지 않는다. 그러므로 여기에서 문제가 되는 내재성은 논리적 내재성이다. 이러한 의미의 내재성에서는 A가 논리적으로 B에 함축되는 경우에 한하여 A는 B 안에 있다.[38] 그러나 이러한 해석은 실재가 신 **안에** 있을 수 있는 방식에 대한 다소 약한 해석이자, 스피노자의 주장이 의도하고 있는 존재론적 과감함을 포착하지 못할 것이다. 게다가 스피노자가 『소론』에서 내재성에 대해 논한 구절 ─ 『소론』에서 그는 "[신은] 내재적 원인이지 타동적 원인이 아닌데, 왜냐하면 신은 모든 것을 그 자신 안에서 하는 것이지 자기 바깥에서 하는 것은 아니기 때문이다"(『소론』, 1부 3장)[39]라고 말한다 ─ 을 고려해 볼 때, 내속함 없는 내재성을 유지하기는 어려워 보일 것이다.

신 또는 자연

아주 중요한 어떤 것이 1부 정리15의 "존재하는 것은 무엇이든 신 안에 있다"에서 **안에**를 어떻게 해석할 것인가라는 문제에 달려 있다. 『에티카』 1부가 불러일으키는 매우 어렵고 끊임없이 제기되는 문제 중 하나는 바로 스피노자가 신과 자연을 동일시한 것을 어떻게 이해할 것인가이다. 그가 의도했던 동일성이 문자 그대로 동일하다는 것이며 수적으로 동일하다는 것

---

38) Curley, *Spinoza's Metaphysics*, ch.2를 보라.
39) Gebhardt, *Spinoza Opera*, vol.1, p.35; Curley, *The Collected Works of Spinoza*, p.80.

임은 의심의 여지가 없다. 그는 신이 자연과 구분되는 어떤 존재라는 생각을 거부한다. 우리가 이를 (보통 초월적 신을 인식하는 것처럼) '자연과 구분되고 자연 바깥에 있는' 것을 의미한다고 이해하든, 아니면 자연nature 안에 있는 일종의 초월적 요소처럼 심지어 '자연과 구분되지만 자연 안에 있는' 것을 의미하는 것이라고 이해하든 말이다. 1662년 4월 헨리 올덴부르크에게 보낸 편지에서 볼 수 있듯이, 스피노자는 "제가 아는 모든 이들은 신과 자연을 분리했지만, 저는 신과 자연을 분리하지 않습니다"라고 말한다(6번째 편지).[40] 『에티카』 완성이 거의 임박했을 때, 스피노자는 "우리가 신, 즉 자연이라고 부르는 영원하고 무한한 존재"라는 악명 높은 구절을 사용했을 것이다(4부 서문).[41] Deus, sive Natura[신, 즉 자연][42]라는 표현에서 sive는 "신, 즉 자연" 또는 "신 또는 ─ 동일한 것인 ─ 자연"처럼 동일함을 나타내는 '즉/또는'임이 분명하다.

그러나 이 둘의 동일화 범위는 어디까지인가? 명확하지 않은 것은 이 점이다. 신은 자연 전체, 곧 전 우주와 그것 안에 있는 모든 것인가? 아니면 신은 단지 어떤 근본적이고 불변하며 영원하고 보편적인 자연의 측면인가? 만물이 특성으로서 신 안에 내속한다고 보는 신/실체와 양태 간의 관계에 대한 첫번째 해석에서, 신은 자연 전체, 즉 그것의 모든 내용을 포함하는 자연 전체와 동일한 것임에 틀림없다. 이는 어떤 실재의 특성이나 상태가 특수한 방식으로 실존하는 것이기 때문이다. 따라서 신은, 자연의 보편적 요소 ─ 실체, 실체의 속성들, 그리고 이 속성들이 함축하는 모든

---

40) Gebhardt, *Spinoza Opera*, vol.4, p.36; Curley, *The Collected Works of Spinoza*, p.188.
41) Gebhardt, *Ibid.*, vol.2, p.206; Curley, *Ibid.*, p.544.
42) 『에티카』 4부 서문에서 스피노자는 "Deus, seu Natura"라고 말한다(Gebhardt, *Ibid.*, vol.2, p.206; Curley, *Ibid.*, p.544). ('seu'는 'sive'와 같은 뜻이다.)

것 — 이자, 또한 그러한 본성들에 의해 (내재적으로) 생겨나고 그러한 본성들에 속하는, 특수성의 가장 낮은 단계까지 아우르는 실재들의 총체이다. 신은 물질의 본성(연장)이고 그것의 가장 일반적 특징이며, 또한 모든 특수한 물질적 실재이자 그러한 본성을 표현하는 물질적 실재의 상태이다. 그리고 신은 사유의 본질(사유)이고 그것의 가장 일반적 특징이며, 또한 그 본성을 표현하는 모든 개별적 '관념'이나 정신이고, 이 속성이 갖는 특수한 관념 전체이다. 그리고 다른 모든 속성도 마찬가지이다.

신과 특수한 실재들 간의 관계를 좀더 외적인 것으로 보는 두번째 해석에서, 신/실체는 단지 속성, 즉 보편적 본성 및 만물을 지배하는 인과적 원리와 동일시된다. 특수한 실재가 문자 그대로 그리고 수적으로 신과 동일한 것은 아니다. 그것들은 특성이 주체/대상 안에 있는 방식으로 신 **안에** 있지 않고, 단지 신에 의해 필연적으로 그리고 영원히 인과적으로 생겨나는(그래서 영속적으로 신에 의존하는) 방식으로만 신 **안에** 있기 때문이다. 신은 자연의 비가시적이지만 활동적인 차원, 곧 자연의 본질과 법칙이다. 세계의 가시적인 내용물들을 포함하여, 나머지 모든 것은 신의 역량의 결과일 뿐이다.

그런데 스피노자는 확실히 자연의 능동적 측면과 수동적 측면을 인식한다. 실제로 1부 정리29의 주석에서 그가 이끌어 내는 하나의 중요한 구별이 있다. 이 구분이 보여 주는 바는 '자연'이라는 용어가 구체적으로 규정되지 않을 경우 모호하게 된다는 사실이다.

> 나는 여기서 …… Natura naturans[글자 그대로 번역하면 자연하는 자연naturing Nature]〔능산적 자연〕와 Natura naturata[자연된 자연natured Nature]〔소산적 자연〕를 설명하고 싶다.[42] …… 우리는 능산적 자연을 자

기 자신 안에 있고 자기 자신을 통해 인식되는 것, 즉 영원하고 무한한 본질을 표현하는 실체의 속성, 곧 자유로운 원인으로 고려되는 한에서의 신으로 파악해야 한다.

그러나 나는 소산적 자연을 신의 본성의 필연성으로부터, 즉 신의 어떤 속성들로부터 따라 나오는 모든 것, 곧 신 안에 있고 신 없이는 있을 수도 인식될 수도 없는 것으로 고려되는 한에서 신의 속성의 모든 양태라고 파악한다.[44]

신과 실재의 관계가 순전히 인과관계라고 해석한 입장에 따르면, 신은 자연 전체와 동일시되는 것이 아니라 단지 능산적 자연과만 동일시되는 것이다. 신은 단지 실체와 그것의 속성일 뿐이다. 실체로부터 따라 나오거나 실체에 의해 생겨난 — 또는 스피노자가 사용한 수동분사를 사용하자면, 소산적인 — 모든 것(즉 다른 모든 것 일체)은 소산적 자연에 속하고, 그

---

43) 〔옮긴이〕 라틴어 'naturans'와 'naturata', 영어 'naturing'과 'natured', 불어 'naturant(e)'와 'naturé(e)'는 모두, 각각 전자는 '현재분사형'이고 후자는 '과거분사형'이다. 그러나 사실 영어나 프랑스어는 물론 라틴어에도 그러한 분사형을 만들 수 있는 동사는 없다(Charles Ramond, *Dictionnaire Spinoza*, Paris: Ellipses, 2007의 'Nature naturante, nature naturée' 항목 참고. 만약 있다면 각각 'naturare', 'nature', 'naturer' 정도가 될 것이다). 그래서 내들러는 'natura naturans'와 'natura naturata'를 '글자 그대로' 번역하자면 각각 'naturing Nature'와 'natured Nature'라고 번역된다고 했던 것이다(유럽 쪽 다른 연구자들 중에도 그런 방식으로 번역하는 이들이 더러 있는 줄 안다). 이를 감안한다면, 우리말 번역어로 각각 '자연하는 자연'과 '자연된 자연'도 괜찮을 것 같다. 그러나 이미 '능산적 자연'과 '소산적 자연'이라는 번역이 널리 사용되고 있으니 이 구절 외에 다른 부분에서는 그렇게 번역했다. 주지된 바와 같이 일본에서 유입된 이 도착어는 뜻을 살린 번역이다.

44) 'Nature'와 'nature'라는 용어의 쓰임과 관련하여 내가 앞서 이 장의 각주 2번에서 이야기했던 것과 관련시켜 보자면, 스피노자가 'Natura naturans'라고 말할 때는 'Nature'(신 또는 실체)를 언급하는 것인 반면, 'Natura naturata'라고 말할 때는 부분적으로 'nature'(우리를 둘러싼 세계 내의 실재와 과정)를 언급하는 것이다.

래서 (비록 신에 의존할지라도) 신과 구별되는 것이다. 벨이 선호했던 실체/속성 내속 해석에 따르면, 신은 능산적 자연이기도 하고 소산적 자연이기도 하다.

인과적 해석은 정연하고 정교하지만, 그럼에도 스피노자가 능산적 자연과 소산적 자연을 구분한 것에 비추어 볼 때 신이 우주의 능동적인 비가시적 측면뿐만 아니라 수동적인 가시적 측면에서도 전 우주와 동일하다는 해석에 어떤 장점이 있음을 인정하지 않을 수 없다. 스피노자는 신을 자연과 동일시한다. 그래서 스피노자가 우리에게 자연은 능산적 측면뿐만 아니라 소산적 측면도 포함한다고 말할 때, 자연스럽게 내릴 수 있는 결론은 신이 그 둘 다와 동일하다는 결론일 것 같다. 신은 자연의 능동적 차원이기도 하고 수동적 차원이기도 하다. 곧 초래하는(또는 '능산적인') 것이기도 하고 초래된(또는 '소산적인') 것이기도 하다. 1부 정리29의 주석이 주장하는 것처럼, 만약 "신이 자유로운 원인으로 고려되는 한에서" 능산적 자연만 신이라면, 그가 어떤 다른 방식으로 고려되는 한에서 소산적 자연 또한 신이라는 결론이 따라 나오는 것처럼 보인다.

신과 실체를 동일시하고 그 결과 도달하게 된 내재성 학설로 스피노자는 전통적 신 개념으로부터 멀리 벗어났다. 유대-기독교의 신은 초월적 존재이다. 이 신은 세계와 존재론적으로 구별된다. 세계를 생겨나게 한 후에도, 그리고 유대교와 기독교의 신비 사상 내에 신의 내재성을 주장하는 다양한 경향이 있음에도, 유대-기독교의 신은 본질적으로 그 피조물 바깥에 있다. 다른 한편으로, 우리가 신을 자연 전체와 동일시하든 아니면 단지 자연의 근본적이고 보편적인 특정 측면과만 동일시하든, 스피노자에게 신은 문자 그대로 자연**이다**. 또는 달리 말한다면, 신은 자연 안에 있다. 자연과 구분되는 무엇으로서가 아니라 범신론의 일부 유형이 생각할 법한 것처럼 자연 안에 포함되는 무엇으로서 말이다. 그렇지만 이는 자연 그 자체의 요소들이 정의상 자연 안에 있는 것과 똑같은 방식이다. 다음 장에서 보게 될 것처럼, 이는 단지 『에티카』에서 볼 수 있는 신학적 급진주의의 서막일 뿐이다. 신인동형론에 대한 저항은, 그가 신과 자연의 속성이 변용된 양태, 즉 특수한 실재 간의 인과관계를 상술할 때, 심지어 더 극단적인 것으로 — 그를 비판하는 이들에게는 충격적인 것으로 — 바뀐다.

4장

신에 관하여:
필연성과 결정론

4장
신에 관하여: 필연성과 결정론

1661년 늦여름, 올덴부르크[1]는 레인스뷔르흐에 있는 스피노자의 작은 집을 방문했다. 일찍이 스피노자를 방문한 사람들 중 하나였다. 철학과 과학에 대해 이야기를 나누었던 둘의 첫 만남은 (영국-네덜란드 전쟁으로 잠시 중단되었지만) 다방면에 걸친 수많은 서신들을 주고받는 것으로 이어졌다. 올덴부르크는 편지에서 스피노자가 자신의 형이상학적 관념들을 출판하도록 지속적으로 그를 고무했다. 1670년 『신학정치론』 출판 이후 특히, 스피노자의 형이상학적 관념들이 갖고 있는 진정한 성격이 자신에게 점점 더 명확해지자 심히 걱정스러워지긴 했지만 말이다. 올덴부르크는 『신학

---

1) 〔옮긴이〕 앞서 몇 차례 등장했던 올덴부르크(1619~1677)는 브레멘 출신이나 주요 경력은 영국에서 쌓았으며 사망하기 5개월 전인 1677년 4월 귀화 신청이 받아들여져 영국인이 되었다(원문에는 "the Englishman Oldenburg"라고 되어 있으나, 엄밀하게 보자면 1661년 시점에는 '영국인'이 아니었다). 영국왕립학술원 서신교류 담당 사무관으로 활약했으며 최초의 학술지라 할 수 있는 『철학회보』(*Philosophical Transactions*)를 만들어 유럽의 학문 교류 활동 제고에 큰 기여를 했다. 올덴부르크에 대한 국내 연구는 거의 전무한 형편이다. 영미권 자료로는 그에 대한 전기, Marie Boas Hall, *Henry Oldenburg: Shaping the Royal Society*, Oxford: Oxford University Press, 2002; Marie Boas Hall, "Henry Oldenburg", *Oxford Dictionary of National Biography*, http://www.oxforddnb.com/templates/article.jsp?articleid=20676 을 참고하라.

『정치론』이 출판되고 몇 해가 지난 1675년 11월에 스피노자에게 편지를 쓰면서, "독자들에게", 특히 "분별 있고 지적인 기독교인들에게" "장애물로 알려진" 『신학정치론』의 구절들에 주목한다. 그는 특히 "신과 자연을 모호하게 취급한 것으로 보이는 것[구절]들, 즉 많은 사람들이 선생께서 신과 자연을 혼동했다고 생각하는 것들"을 언급하는 중이라고 덧붙인다(71번째 편지).

올덴부르크가 "종교적 덕의 실천을 약화시키는"(73번째 편지) 것으로 보일지도 모른다고 생각한 구절이 어떤 것인지에 대해 스피노자가 궁금해 한 것은 자연스러운 일이었다. 뒤이은 편지에서 올덴부르크는 의미를 분명히 한다.

> 선생님은 만물과 행위의 운명적fatalistic 필연성을 주장하시는 것처럼 보입니다. 만약 이것이 인정되고 긍정된다면, 그들은 모든 법칙, 모든 덕, 그리고 종교의 힘줄이 끊어지고, 모든 보상과 처벌이 무의미하다고 말합니다. 그들은 강요되거나 필연성을 낳는 것은 무엇이든 용서된다고 생각합니다. 따라서 신의 판단으로는 누구나 변명거리가 있을 것이라고 주장합니다. 우리가 운명에 의해 강요된다면, 그리고 그 운명의 손에 힘이 풀리면서 펼쳐져 나온 모든 것들이 고정되고 피할 수 없는 과정을 따른다면, 그들은 책임과 처벌을 위한 여지가 어디에 있는지 모를 것입니다. (74번째 편지)

스피노자의 회신을 보면 그는 이 점을 정확히 이해하고 있으며, 또한 자신의 견해를 숨기지 않는다. 사실 스피노자는 올덴부르크가 걱정했던 결정론적deterministic 학설이 그가 수년간 잠깐씩 보았던 그 작품의 중심이라고 말한다. 그러나 스피노자는 아직 그것을 대담하게 출판하지 않는다—즉『에티카』를 말이다.

> 마침내 저는 선생님께서 출판을 만류하셨던 이유가 무엇이었는지 이해합니다. 하지만 이는 제가 출판하려고 했던 논고에 포함된 모든 내용의 원리적 기초이기 때문에, 여기에서 간단하게 제가 어떤 방식으로 만물과 행위의 운명적 필연성을 주장하는지를 설명하고 싶습니다.
> 저는 결코 신을 운명에 종속시키는 것이 아닙니다. 저는, 모든 사람들이 신 자신이 파악한 것은 신의 본성으로부터 따라 나온다고 생각하는 것과 동일한 방식으로, 만물은 신의 본성으로부터 따라 나온다고 생각합니다. (75번째 편지)[2]

『에티카』1부 후반부는 스피노자의 결정론determinism 및 어떤 특수한 유한 실재가 인과적으로 생겨나는 방식의 세부사항에 대한 광범위한 또는 총체적인 특징을 제시한다. 그것이 실제로 필연론, 즉 올덴부르크가 '숙명론'fatalism이라고 부른 것인지가 바로 우리가 톺아보아야 할 내용이다.

인과적 필연성

신 또는 자연은 원인이 없는 실체로, 다른 모든 것의 최초이자 보편적인 작용인이다. 1부 공리3("주어진 규정된 원인으로부터 결과가 필연적으로 따라 나온다")을 통해 알 수 있는 것처럼, 원인은 그 결과를 필연적으로 수반하

---

2) Gebhardt, *Spinoza Opera*, vol.4, pp.311~312; Shirley, *Spinoza: The Letters*, p.337.

기 때문에, 이는 신이 필연적인 존재이자 다른 모든 것들을 필연적으로 수반하는 근거라는 것을 의미한다. 스피노자가 1부 정리16에서 말하는 것처럼, "신의 본성의 필연성으로부터 무한하게 많은 실재들이 무한하게 많은 방식으로 따라 나온다". 우주 안에 존재하는 다른 모든 것은, 그것이 자연nature의 가장 일반적 특징들 중 어떤 것이든 아니면 특수한 실재들 중 어떤 것이든 간에, 신/자연/실체 그 자체에 의해 직접적인 방식으로든 아니면 신/자연/실체의 가장 가까운 결과들과 함께 신/자연/실체에 의해 간접적인 방식으로든, 인과적 필연성에 의해 지금 존재하는 것처럼 존재하게 된다.

보통 인과적 필연성은 논리적 또는 절대적 필연성과 구별된다. 결과가 그 원인으로부터 필연적으로 따라 나온다고 말하는 것과, 두 항목 간의 관계가 논리적으로 필연적이라고 말하는 것은 아주 다른 것이다. 먼저, 논리적 필연성은 실재들이 아닌 주로 명제들 사이에서 주장되는 것으로 보일 것이다. 둘째로, 우리가 이 문제를 제쳐 둔다 할지라도 ― 왜냐하면 우리는 항상 실재에 대한 이야기를 그 실재들에 관한 진리 이야기로 번역할 수 있기 때문에 ― 인과관계는 자연적이거나 법칙적인(법칙에 기초한) 필연성이라고 부를 수 있는 것이 있어야만 필연적인 것으로 보일 것이다. 만약 자연 안에 있는 어떤 것이 다른 것의 원인이라면, 이는 그것이 바로 자연이 작동하는 방식이기 때문에, 즉 자연법칙이 그 두 항목은 그렇게 관계되어야 한다고 규정하기 때문에 그런 것이다. 따라서 어떤 것이 다른 것 없이 발생할 때 ― 예를 들어 물이 섭씨 0도보다 높은 온도에서 얼 때 ― 우리는 이 일을 비자연적인 것으로 또는 어떤 자연법칙에 반하는 것으로 생각할 수는 있지만, 논리적으로 생각조차 할 수 없는 것이라고는 생각하지 않는다(자연과 자연법칙 자체가 논리적으로 필연적이라고 우리가 기꺼이 인정하는 경우를 제외한다면 말이다). 확실히 흄이 아주 명확하게 지적한 것처럼,

단지 a가 b의 원인이기 때문에 a를 정립하고 아울러 b를 부정하는 일(즉 a가 발생했지만 b가 발생하지 않는다고 생각하는 것)이 논리적 모순을 일으킨다는 사실은 따라 나오지 않는다(모순을 일으키는 경우는 우리가 a를 정립하는 동시에 부정하는 경우일 것이다).

그에 반해 스피노자는 원인이 결과를 필연적으로 수반한다고 할 때의 필연성이 타당한 논증에서 전제가 결론을 논리적으로 함축한다고 할 때의 필연성이나 어떤 수학적 진리가 다른 수학적 진리에서 따라 나온다고 할 때의 필연성과 동일한 종류의 필연성이라고 믿는다. 따라서 스피노자에게는, 어떤 것이 다른 것의 원인이라면 하나가 다른 하나의 결과로 일어나는 것은 절대적으로 필연적이다. 스피노자는 1부 정리16에서 "신의 본성의 필연성으로부터 무한하게 많은 실재들이 따라 나와야만 한다"라고 주장한 직후, 그 증명에서 실재들이 신의 어떤 본성으로부터 따라 나오는 방식과 특성들이 실재의 본질 또는 정의로부터 필연적으로 따라 나오는 방식을 동일시한다. 각 속성은 어떤 본성이거나 어떤 무한한 본질을 표현한다. 그 속성의 본성 내지 본질로부터 그 속성의 양태들이 따라 나오는데, 이는 삼각형의 본성 내지 본질로부터 세 각을 가지고 있음이 따라 나오는 것과 동일한 논리적 필연성을 갖는 것이다. 1부 정리17의 주석에서 스피노자가 말하는 것처럼 말이다.

> 삼각형의 본성으로부터 그것의 세 각은 두 직각과 같다는 것이 영원에서부터 영원에 이르기까지 따라 나오는 것과 동일한 필연성에 의해 그리고 동일한 방식으로, 신의 최고의 역량, 즉 그의 무한한 본성으로부터 무한하게 많은 것들이 무한하게 많은 방식으로, 곧 만물이 필연적으로 흘러나왔고 또는 항상 따라 나온다는 것을 충분히 명확하게 보여 주었다고 나는

생각한다(1부 정리16을 보라).

    따라서 사건의 어떤 상태가 다른 상태를 필연적으로 수반한다는 것은 단지 자연법칙이 그렇게 되어야 한다고 명령했기 때문이라고 주장하더라도, 스피노자는 이를 인정하긴 하겠지만, 곧바로 (곧 보게 될 것처럼) 자연과 그 법칙 자체는 절대적으로 필연적이며 그런 까닭에 자연법칙으로부터 따라 나오는 모든 것 또한 절대적으로 필연적임에 틀림없다고 대답할 것이다.

    그런데 스피노자는 이따금 자신의 사상에 인과적 필연성과 논리적 필연성이 구분되는 것처럼 주석가들을 오해하게 만드는 말을 하곤 한다.[3] 예를 들어 1부 정리33의 첫번째 주석에서 스피노자는 "실재는 그것의 본질 때문에 필연적이라고 불리거나 아니면 그것의 원인 때문에 필연적이라고 불린다. 실재의 실존은 그것의 본질과 정의로부터 필연적으로 따라 나오거나 주어진 작용인으로부터 필연적으로 따라 나오기 때문이다"라고 언명한다. 그러나 이것을 두 **종류**의 필연성, 즉 논리적 또는 형이상학적 필연성 대 인과적 필연성 간에 구분이 있음을 제시한 것으로 읽는 것은 잘못된 독해일 것이다. 정확히 말하자면 스피노자는 어떤 것이 필연적인 것이 되는 두 가지 방식이 있다고 간단히 설명한다. 그 본질 때문에 '내적으로' 필연적인 것이 되는 방식(이는 신 또는 실체와 그 속성이 필연적인 것이 되는 방식이다), 아니면 선행하는 조건 때문에 '외적으로' 필연적인 것이 되는 방식(다른 모든 것이 필연적인 것이 되는 방식)이 그것이다. 두 경우 모두에서 필

---

3) 예를 들어 Edwin Curley and Gregory Walski, "Spinoza's Necessitarianism Reconsidered", eds. Rocco Gennaro and Charles Huenemann, *New Essays on the Rationalists*, Oxford: Oxford University Press, 1999, pp.224~240을 보라.

연성 자체는 동일한 것이며, 그것은 절대적이다. 스피노자는 데카르트의 『철학의 원리』를 해설한 저서의 부록 「형이상학적 사유」에서 "인간이 자연의 모든 질서를 명석하게 파악했다면, 모든 것들이 수학에서 다루는 모든 것과 똑같이 필연적임을 발견할 것이다"라고 쓰고 있다.[4] 우리는 인과적 또는 자연적 필연성과 논리적 또는 수학적 필연성을 동일시하는 더 명확한 진술을 상상할 수 없다.

곧 보게 될 것처럼 실재들이 신 또는 자연으로부터 따라 나오는 필연성을 이렇게 설명할 때 그 귀결 중 하나는 우주 자체의 우연성이나 우주 내의 우연성이랄 것이 없다는 것이다. 라이프니츠가 모든 가능세계들 중 이 세계가 최선의 것이라고 말한다면, 스피노자의 반박은 이 세계가 유일한 가능세계라는 것이다.

무한 양태

철학적 대화편 집필에 관한 한, 스피노자는 플라톤이 아니다. 하지만 스피노자는 대화라는 글쓰기 양식을 시도한다. 그리고 『소론』에서는 신의 본성이 나머지 우주와 맺고 있는 인과관계를 탐구하기 위해 에라스무스와 테오필루스의 대화를 만들어 낸다(『소론』, 1부 2장 '두번째 대화' 참고). 에라스무스는 "당신이 신은 만물의 원인이며, 또한 신은 오직 **내재적** 원인만 될 수 있다고 말씀하신 것을 들었소. 만약 신이 만물의 **내재적 원인**이라면, 어떻게 그를 떨어져 있는 원인이라 부를 수 있소? 내재적 원인에서 그것은 불가능하기 때문이오"라고 운을 뗀다. 스피노자를 대변하는 테오필루스

---

4) Gebhardt, *Spinoza Opera*, vol.1, p.266; Curley, *The Collected Works of Spinoza*, p.332.

는 답변에서 어떤 구분을 도출해 내는데, 이 구분은 이하의 논의에서, 더 중요하게는 『에티카』에서, 신이 실재에 인과적으로 연관되는 다른 방식을 정교화할 때 중요한 역할을 하게 될 구분이다. "신이 떨어져 있는 원인이라고 말했을 때, 나는 신이 (어떤 다른 것 없이 그의 실존에 의해서만) 직접적으로 산출했던 [실재들이 아닌, 신에게 직접적으로 의존하지 않는] 실재들과 관련해서만 그렇다고 말한 것이오."[5]

신과 그 속성들로부터 직접적으로 따라 나오는 것과 그것들로부터 단지 매개적으로 따라 나오는 것의 차이는 스피노자 우주의 구조, 특히 무한한 실재와 유한한 실재의 지위 그리고 그것들을 지배하는 역동적 관계를 이해하는 데 결정적이다. 스피노자는 똑같이 무한하고 필연적인 우주의 많은 특징들이 속성 ― 자연의 영원하고 무한하며 필연적인 기초 ― 으로부터 따라 나온다고 주장할 것이다. 이 특징들 중 일부는 자연 발생적이고 영원히 공존하며 분리 불가능한 결과들 같은 것으로, 신 또는 자연의 역량으로부터만 따라 나온다. 이것들이 자연의 첫번째 결과이다. 다른 것들은 오직 이러한 첫번째 결과와 함께 자연으로부터 따라 나온다. 그것들 역시 필연적이고 영원하지만, 첫번째 결과와 달리 단지 실체와 그 속성으로부터만 따라 나오는 것이 아니다.

스피노자가 어떤 것이 신의 속성으로부터 따라 나올 수 있는 또는 (같은 말인데) 신의 속성에 의해 발생될 수 있는 두 방식, 즉 직접적인 방식과 매개적인 방식이 있다는 『소론』의 주장을 반복하고 있는 곳은 『에티카』 1부 정리21~23에서이다. 정리21은 "신의 어떤 속성의 절대적 본성으로부

---

5) Gebhardt, *Ibid*., vol.1, p.31; Curley, *Ibid*., p.76 [이 인용문 내의 모든 괄호들은 컬리판 스피노자 선집에 포함되어 있던 것이다].

터 따라 나오는 모든 것은 항상 실존해야 했고 무한해야 했다. 즉 동일한 속성을 통해 영원하고 무한하다"라고 주장한다. 대조적으로 정리22는 "신의 어떤 속성이 그 속성을 통해 필연적으로 실존하고 무한한 어떤 변양에 의해 변양된 한에 있어서, 그 속성으로부터 따라 나오는 모든 것 또한 필연적으로 그리고 무한히 실존하지 않으면 안 된다"라고 말한다. 정리23은 같은 사실을 반대 방향에서 기술한다. "필연적으로 실존하고 무한한 모든 양태는 신의 어떤 속성의 절대적 본성으로부터 따라 나와야 했거나, 또는 필연적으로 실존하고 무한한 변양에 의해 변양된 어떤 속성으로부터 따라 나와야 했다."

신의 속성으로부터 따라 나오는 필연적이고 무한한 실재들은, 속성 그 자체의 절대적 본성으로부터 따라 나온 것이든 아니면 어떤 것에 의해 변양된 것인 한에 있어서의 속성으로부터 따라 나온 것이든, '무한 양태'라고 알려져 있다. 속성의 절대적 본성으로부터 직접 따라 나오는 무한 양태는 '직접적 무한 양태'이다. 어떤 양태에 의해(즉 직접적 무한 양태에 의해) 이미 변양된 것인 한에 있어서의 어떤 속성으로부터만 따라 나오는 무한 양태는 '매개적 무한 양태'이다.

직접적 무한 양태들(1부 정리21의 주제)은 각 속성의 절대적 본성에 의해 직접적이고 필연적으로 결과된 또는 수반된 것에 근거하고 있다. 이 직접적 무한 양태들은 다른 모든 것들을 지배하는 가장 보편적이고 기본적인 원리로, 다른 모든 것들은 그 속성으로 대표되는 우주의 바로 그 측면에 속한다. 스피노자가 생각하고 있던 것이 무엇인지 이해하기 위해, 여기에서 그의 초기 저작으로 돌아가는 것이 도움이 될 것이다. 『지성교정론』에서 스피노자는 '그러한 변함없고 영원한 것들'에 대해 말하고 있다. 그것들은 "어디에나 있기 때문에 그리고 가장 광범위한 힘을 가지고 있기 때문에,

우리에게 보편자들, 즉 독특하고 변화할 수 있는 것들의 정의에 속하는 유들, 그리고 만물의 가까운 원인들로 알려져 있다".[6] 『소론』에서 스피노자는 이것들이 **소산적 자연**의 제일 첫번째 요소들, 즉 신 또는 실체의 — 즉 **능산적 자연**의 — 인과 역량에 의한 주요 결과이자 가장 가까운 결과라고 말한다. "신은 무한하고 불변하는 것들 그리고 우리가 신이 직접적으로 창조했다고 말하는 것들의 가까운 원인이다"(『소론』, 1부 3장).[7] "이제 보편적인 소산적 자연, 즉 신에게 직접적으로 의존하고 있거나 또는 신에 의해 창조된 양태 또는 피조물로 돌아가서 …… 우리는 이러한 것들이 모든 영원성으로부터 지금까지 있었고, 모든 영원성에 이르기까지 작업자의 위대함만큼이나 정말로 위대한 불변하는 작품으로 남아 있을 것이라고 말한다"(『소론』, 1부 9장).[8]

물론 이는 모두 아주 모호하다. 스피노자가 말하고 있는 것을 이해하는 유일한 방법은 이러한 직접적 무한 양태가 정확하게 무엇인지 그리고 어떻게 그것들이 작동한다고 가정되는지에 관한 구체적 자료를 갖는 것이다. 불행하게도 스피노자는 『에티카』든 다른 곳에서든 무한 양태에 대해 그다지 자세하게 말하지 않는다.[9] 그래서 각 속성 아래 있는 직접적 무한 양태와 매개적 무한 양태의 내용이 무엇인지 표상하기는 매우 어렵다. 주

---

6) Gebhardt, *Spinoza Opera*, vol.2, p.37; Curley, *The Collected Works of Spinoza*, p.41 [『지성교정론』, 50쪽. 번역은 수정].
7) Gebhardt, *Ibid.*, vol.1, p.36; Curley, *Ibid.*, p.81.
8) Gebhardt, *Ibid.*, vol.1, p.48; Curley, *Ibid.*, p.91.
9) 현재 참고할 수 있는 자료로는 『에티카』 1부 정리21~23, 『소론』 1부의 3, 8, 9장, 그리고 64번째 편지가 있다. 일례로 라이프니츠는 무한 양태 관념이 혼란스러운 것이라고 생각한다. 『에티카』에 대한 논평에서 라이프니츠는 그 관념에 구체성이 부족하다고 애석해한다. "그가 그러한 변양의 예를 제시했다면 좋았을 텐데"(Leibniz, *Sämtliche Schriften und Briefe*, VI.4b, p.1773).

석가들이 여러 세대에 걸쳐 이 문제를 풀고자 씨름해 왔지만 아직 어떠한 합의도 도출되지 못했다. 하지만 스피노자가 말한 바를 이해할 수 있도록 만드는 여러 가능한 방식이 있다.

사유 속성 아래 있는 직접적 무한 양태는 스피노자가 치른하우스의 설명 요구에 답한 64번째 편지에서 '절대적으로 무한한 지성'이라고 부르고 있는 것이다.[10] 이것은 스피노자가 신의 사유 역량, 즉 ─ 스피노자는 역량이나 능력 같은 추상화를 거부하기 때문에 ─ 신의 무한한 사유 활동을 언급하는 방식으로 읽힐 수 있다. 따라서 무한한 사유는 자연 또는 실체에 본질적인 역량에 의해 생겨난 사유 속성의 첫번째 현실화일 것이다. 그러나 그것만으로는 스피노자가 생각했던 것을 나타내기에 너무 부족해 보인다. 왜냐하면 어떤 사유든 ─ 심지어 무한한 사유조차도 ─ 어떤 것에 대한 사유이어야 할 것이기 때문이다. 보다 생산적인 독해는 사유의 직접적 무한 양태가 만물에 대한 신의 현행적 사유라는 것이다.[11] 그것은 본질적으로 모든 것에 대한 완전한 인식이다.[12] 『소론』의 한 구절은 그렇게 암시한다.

사유하는 실재에 속하는 지성Intellect에 관하여 말하자면, 이것 역시 신의

---

10) 『소론』에서 스피노자는 그것을 간단하게 '지성'(Intellect)이라고 부른다.
11) 올덴부르크에게 보낸 32번째 편지에서 스피노자는 신의 무한 지성을 '사유의 무한한 역량'(potentiam infinitam cogitandi)이라고 말하지만, 어떤 대상을 향하지 않는 단순한 역량이라고 말하는 것은 아니다. 따라서 그는 이 사유의 무한한 역량이 "그 자체 안에 자연 전체를 관념적으로(ideally) 포함하고, 그것의 사유는 실제로 그것의 사유 대상인 자연과 동일한 방식으로 진행된다"라고 말한다(Gebhardt, *Spinoza Opera*, vol.4, pp.173~174; Shirley, *Spinoza: The Letters*, pp.194~195).
12) 1부 정리32의 따름정리2에서 스피노자가 "의지와 지성은 운동과 정지[연장의 직접적 무한 양태]가 그런 것처럼 신의 본성과 관련된다"라고 말할 때, 그는 사유의 직접적 무한 양태가 "의지와 지성"이라고 암시한다.

아들, 산물, 또는 직접적 피조물이고, 또한 모든 영원으로부터 신에 의해 창조되었고, 모든 영원에 이르기까지 불변하는 것으로 남아 있는 것이다. 그것의 유일한 특성은 모든 것을 항상 명석 판명하게 이해하는 것이다. (『소론』, 1부 9장)[13]

여기에 보다 자세한 내용을 덧붙이는 게 가능할지 모르겠다. 1부 정리 24와 정리25에서, 스피노자는 실재의 본질과 실재의 실존을 구분하고 둘 다 영원히 신에게 의존한다고 주장한다. "신은 실재의 실존뿐만 아니라 그 본질의 작용인이다." 이것에 비추어 볼 때, 우리는 차후(434~437쪽 참고) 완전한 설명이 있을 때까지 기다려야만 할 어떤 것을 가정해 볼 수 있다. 그것은 바로 절대적으로 무한한 지성을 구성하는 영원하고 적합한 관념들은 오직 사유 속성으로부터만 따라 나오고 자연(**능산적 자연**) 그 자체의 역량에 의해 발생되는 것이므로 사유 속성에 속하는 본질들이라는 것이다. 절대적으로 무한한 지성은 실재들의 영원한 본질들에 대한 신의 무한한 사유로 구성된 관념들의 집합이다. 또한 실재의 본질에 대한 각각의 영원한 관념은 그 자체가 하나의 본질이다. 그리고 다음 장에서 보게 되겠지만, 영원한 관념들이 무엇의 본질들인가 하는 물음에서 그 무엇에 해당하는 것은, 영원한 것이 아니라 오히려 시간이나 지속 가운데 있는 사유 속성에 속하는 다른 모든 것들, 곧 현행적으로 실존하는 관념들이나 정신들이다. (나중에 『에티카』 자체에서 스피노자는 영원한 관념들을 영원한 정신들이라고 부를 것이다.) 따라서 무한 지성 안에 있는 관념들은 ⓐ (사유 속성이 아닌) 다른 모든 속성 내의 실재들의 영원한 본질에 대한 영원한 인식(이것이 그

---

[13] Gebhardt, *Ibid.*, vol.1, p.48; Curley, *Ibid.*, p.92.

것의 '수평적' 차원이라고 분류될 수 있을지 모르겠다)이 되는 동시에 ⓑ 사유 속성 내의 현행적으로 실존하는 관념들이나 정신들의 영원한 본질들(그것의 '수직적' 차원)이 된다. 『에티카』 자체에서 스피노자가 사유의 직접적 무한 양태를 "신의 관념"(1부 정리21)이라고 언급하기도 하고, "신의 영원하고 무한한 지성"을 영원한 정신 또는 관념의 집합과 동일시한다(5부 정리40 주석)는 사실이 이러한 해석을 뒷받침한다.[14]

연장 속성 아래에 있는 직접적 무한 양태는 자신이 '운동과 정지'라고 부르는 것이라고 스피노자는 말한다(64번째 편지). 이것이 의미하는 바 또한 완전히 명확한 것은 아니다. 하나의 가능성은 연장(속성)의 본성에 수반되는 것이 바로 운동 가능성mobility이라는 것이다. 그렇기 때문에 연장된 것은 무엇이든 필연적으로 운동 가능하다. 하지만 스피노자는 이것보다 더 강한 주장을 염두에 두었던 것 같다. 『소론』의 1부 9장에서 스피노자는 연장의 직접적 무한 양태가 운동 그 자체라고 말한다.[15] 따라서 실체의 속성인 연장의 본성으로부터만 따라 나오는 것은 운동과 정지가 필연적으로 연장된 우주에 속한다는 것이 될 수 있다(또는 보다 정확히 말하자면, 연장된 우주의 본질에 속한다는 것이 될 수 있다. 왜냐하면 직접적 무한 양태의 수준에서 그것은 아직 실존의 문제가 아니기 때문이다). 연장된 것은 무엇이든 본질적으로 운동과 정지를 나눠 가지고 있는 것이다.

이것은 확실히 그럴듯한 해석이다. 2부 정리13 이후 자연학physics으로 주제가 바뀐 뒤[16] 등장하는 첫 두 공리들, 즉 연장 속성 안에 있는 어떤 제일

---

14) 게루가 이런 유의 독해를 제안한다. Gueroult, *Spinoza*, vol.1, pp.309~324.
15) Gebhardt, *Spinoza Opera*, vol.1, p.48; Curley, *The Collected Works of Spinoza*, p.91.
16) 〔옮긴이〕 "2부 정리13 이후 자연학으로 주제가 바뀐 뒤" 정리14 전까지 이어지는 자연학에 관한 서술 부분을 영어권 연구자들은 흔히 'physical digression'이라 부르는데, '원래 논의에서

원리를 확립하기 위해, 즉 "물체의 본성과 관련된 몇 가지 것들을 전제하기 위해" 제시된 공리들이 이를 시사한다. 정리13 아래의 공리1′는 "모든 물체는 운동하든가 정지해 있다"라고 말한다. 그리고 공리2′는 "각각의 물체는 때로는 좀더 느리게 운동하고, 때로는 좀더 빠르게 운동한다"라고 말한다. 또한 이 '자연학 소론'에 있는 보조정리2에서 스피노자는 단지 모든 물체가 "동일한 속성 개념을 함축한다"라는 사실로부터 물체는 어떤 때는 운동 중에 있고 어떤 때는 정지해 있다는 것이 따라 나온다고 주장한다.[17]

이러한 해석이 실제로 스피노자가 생각하고 있었던 것이라면, 그가 주장하는 것은 자신이 잘 알고 있었던 것처럼 매우 비데카르트적인 것이 될 것이다.[18] 왜냐하면 데카르트는 아주 명확하게, 연장은 그것만으로 운동 가능하지만(즉 운동하는 상태가 될 수 있지만) 현행적 운동이 단지 연장의 본성에서 따라 나오는 것은 아니라고, 그리고 운동을 물질에 주입하는 연장 바깥의 어떤 원인이 있음에 틀림없다고 말하기 때문이다. 데카르트에게 이 초월적 원인은 신이거나 어떤 유한한 정신이다.[19] 대조적으로 스피노자의 설명에 따르면 연장은 그 자체가 운동의 원인이 된다. 실체와 그 속

벗어나'(digress) 자연학을 다룬 부분이라는 뜻이다. 관례에 따라 '자연학 소론'이라 번역하였다. 참고로 '자연학 소론'은 크게 세 부분으로 구성되어 있다. 첫번째 부분은 '가장 단순한 물체들'(corpora simplicissima)에 대해 다루는 공리 1, 2와 보조정리 1~3, 그리고 뒤이어 등장하는 새로운 공리 1, 2까지이고, 두번째 부분은 '복합체들'(composita)에 대해 다루는 정의와 공리3 및 보조정리 4~7까지이며, 마지막 세번째 부분은 인간 신체에 대해 다루는 6개의 요청들이다.

17) [옮긴이] 보조정리2의 전체 내용은 다음과 같다. "보조정리2: 모든 물체들은 어떤 점들에서 일치한다. 증명: 왜냐하면 모든 물체들은 (2부 정의1에 의해) 동일한 속성 개념을 함축한다는 점에서, 때로는 더 빠르게 때로는 더 느리게 운동할 수 있다는 점에서, 때로는 완전히 운동하고 때로는 완전히 정지할 수 있다는 점에서 일치하기 때문이다."

18) 83번째 편지를 보라. 거기에서 스피노자는 연장으로 정의된 물질은 운동과 정지를 함축할 수 없다는 치른하우스의 반박에 답하고 있다.

19) 예컨대 Descartes, *Principia philosophiae*, II.36 (『철학의 원리』, 97~98쪽)을 보라.

성이 내재적이고 직접적으로 그것의 가장 일반적 양태의 원인이 되는 것과 마찬가지로 말이다. 스피노자가 이러한 주장을 방어할 수 있는 것은 그가 볼 때 실체(그리고 필연적으로 그 속성)는 능산적 자연으로서 본질적으로 역동적이며 행위하기 위한 내생적 역량을 가지고 있기 때문이다. 이 점은 1부 정리34에서 간결하게 요약되어 있다. 이 정리에서 스피노자는 "신의 역량은 신의 본질 그 자체이다"라고 말한다. 신은 실체이고 실체 외부의 작용인이 아니기 때문에(데카르트의 설명에서는 신이 외부의 작용인이다), 그리고 속성은 신의 본성을 구성하기 때문에, 이 정리는 실제로 역량이 실체와 그 속성에 속한다고 말한다. 연장 속성에서, 신 또는 실체의 역량은 직접적으로 운동으로 표현된다(신 또는 실체의 역량이 사유 속성에서 직접적으로 사유로 표현되는 것처럼).

그렇지만 연장의 직접적 무한 양태에 대한 이러한 독해는 중대한 문제를 불러일으킨다. 스피노자는 (2부에서) 속성들 간에 평행론이 성립한다는 것을 주장할 터인데, 이는 하나의 속성에서 참인 것은 반드시 다른 모든 속성에서도 참이어야 한다는 것이다. 따라서 우리는, 만일 사유의 직접적 무한 양태가 영원한 관념들 전체 즉 (동일한 것인) 정신들의 본질들로 구성된다면, 연장의 직접적 무한 양태는 영원한 물체들 전체 즉 물체들의 본질들로 구성되어야만 한다고 생각할 수 있을 것이다. 그러나 우리는 '운동과 정지' 자체의 관념 어디에서 사유의 다양한 관념-본질들에 상응하는 다양한 물체-본질들을 찾을 수 있는가? 실제로 이러한 이해에 기초하여 적어도 어느 정도까지는 이 평행론을 옹호하는 한 가지 방법이 있을 것이다. 스피노자에게 물체는 그 부분들이 그것들 간에 안정된 운동과 정지의 비율을 유지하는 연장된 물질의 일부분에 다름 아니다. 그러므로 모든 특수한 물체의 본질은 일정 정도의 운동과 정지를 포함하는 어떤 유한한 연장을 나타낼 것이다. 따라서 (연장) 속성과 그것의 직접적 무한 양태(운동과 정지)는 가능한 모든 물체가 성립하기 위한 조건을 제공하기에 충분하다. 그리고 그 결과 모든 물체의 본질은 연장의 직접적 무한 양태에 잠재적으로 포함될 것이다(현행적 실존이 포함되는 것은 아니다).[20] 물론 이러한 추론은 순전히 추측에 근거한 것이며, 스피노자가 실제로 이 문제에 어떻게 대답했을지는 알 수 없다.

그럼에도 직접적 무한 양태에 대해 생각해 볼 수 있는 다른 방법이 있다. 그중 하나는 최근 문헌에서 발견되는 어떤 경향인데, 아주 명료해서 실제로 꽤 설득력이 있는 것이다. 『지성교정론』에서 스피노자는 직접적 무한 양태인 것처럼 보이는 것에 대해 말할 때 법적 용어를 채택한다.

독특하고 가변적인 실재들의 본질은 그 실재들의 계열, 즉 실존의 질서로부터 도출되는 것이 아니다. 그것은 우리에게 외생적 특징, 관계, 또는 기껏해야 환경만을 제공해 주기 때문이다. 이 모두는 결코 실재의 가장 깊숙한 본질이 아니다. 그 본질은 불변하며 영원한 것들로부터만, 동시에 이 실재들의 진정한 법칙처럼 이 실재들에 새겨진 법으로부터만 발견될 수 있는 것으로, 그것에 따라 모든 독특한 실재들은 존재하게 되고 질서를 갖게 된다.[21]

이러한 독해에서, 속성(위 구절에서는 '불변하며 영원한 것들'이라고 할

---

20) 대조적으로 게루는 이 단계에서 평행론이 깨진다고 생각한다. Gueroult, *Spinoza*, vol.1, pp.323~324.
21) Gebhardt, *Spinoza Opera*, vol.2, pp.36~37; Curley, *The Collected Works of Spinoza*, p.141 [『지성교정론』, 50쪽. 번역은 수정].

수 있다)으로부터 직접적이고 곧바로 따라 나오는 것은 실재들 안에 '새겨진' 자연법칙이다. 따라서 스피노자가 연장의 직접적 무한 양태를 '운동'과 동일시할 때, 이는 물질의 본성을 나타내는 연장 속성으로부터 연장된 실재들에 있는 운동에 관한 최고 원리(또는 어쩌면 다수의 최고 원리)가 직접적으로 따라 나온다는 것을 의미한다. 특히 연장 속성으로부터 따라 나오는 것은 물질이 운동하는 방식을 지배하는 가장 보편적인 법칙이다. 이 법칙은 아마도 2부 정리13 이후 도입되는 자연에 관한 첫번째 보조정리, 즉 우주 안에 있는 운동 보존(또는 운동과 정지의 비율 보존)에 관한 원리일 것이다.[22] 마찬가지로 사유 속성으로부터 사유하는 실재에 관한 특정 법칙이 직접적으로 따라 나온다. 예컨대 논리 규칙이나 심리학적 법칙 같은 것 말이다. 따라서 최초의 운동법칙은 연장된 실재 또는 물질적 실재의 본성으로부터만 연역될 수 있고, 사유 법칙은 마찬가지로 사유의 본성 그 자체로부터 연역될 수 있다.[23]

직접적 무한 양태가 정확히 무엇인지에 관한 논쟁이 있다면, 훨씬 더 큰 불확실성이 **매개적** 무한 양태를 둘러싸고 있다. 매개적 무한 양태는 속성의 절대적 본성으로부터 ── 즉 절대적으로 그리고 그 자체로 고려된 속성의 절대적 본성으로부터 ── 곧바로 그리고 직접적으로 따라 나오는 양

---

22) 데카르트는 다른 건 몰라도 보존 원리(conservation principle)를 제일 원인(신)의 본성과 물질의 본성으로부터만 따라 나오는 운동의 가장 중요한 법칙이라고 생각했고, 그것으로부터 다른 더 특수한 법칙이 도출될 수 있다고 생각했다. Descartes, *Principia philosophiae*, II.36~42(『철학의 원리』, 97~104쪽)를 보라.
23) 이러한 해석은 Curley, *Spinoza's Metaphysics*, pp.59~61; Curley, *Behind the Geometric Method*, pp.45~47에서 처음으로 제시되었다. 이 해석은 또한 요벨에 의해 옹호되었다. Yirmiyahu Yovel, "The Infinite Mode and Natural Laws in Spinoza", ed. Yirmiyahu Yovel, *God and Nature: Spinoza's Metaphysics*, Leiden: E. J. Brill, 1991, pp.79~96.

태가 아니라, 신의 어떤 "속성을 통해 필연적으로 실존하고 무한한 변양에 의해 변양된 것인 한"에 있어서의 "신의 어떤 속성으로부터 따라 나오는" 양태이다(1부 정리22). 즉 매개적 무한 양태는 직접적 무한 양태와 함께 고려된 속성으로부터 따라 나온다.

『에티카』에는 연장과 사유의 매개적 무한 양태가 무엇인지 알 수 있는 실마리가 단 하나도 없다. 스피노자가 이 속성들 각각의 내용에 대한 정보를 조금 제공할 때, 수수께끼는 오히려 더 어려워질 뿐이다. 스피노자의 친구 게오르크 헤르만 슐러Georg Hermann Shculler는 1675년 7월 편지에서 치른하우스를 대신하여 "신에 의해 직접적으로 산출되는 것의 예와 어떤 무한한 변양의 매개에 의해 산출되는 것의 예"를 조금 들어 달라고 부탁했다(63번째 편지). 우리는 답신에서 스피노자가 사유의 직접적 무한 양태의 예로 절대적으로 무한한 지성을 제시하고, 연장의 직접적 무한 양태로 운동과 정지를 제시한다는 것을 보았다. 그러나 스피노자는 매개적 무한 양태의 예는 하나만 제시하고 있다. '우주 전체의 모습'facies totius universi이 그것이다(64번째 편지). 스피노자는 슐러에게 이것이 연장의 양태에 대한 예인지 아니면 사유의 양태에 대한 예인지 말하지 않았지만, 아마도 연장에 속할 것이다. 슐러에게 그 이상의 설명은 2부 '자연학 소론'(2부 정리13 뒤에 있는 보조정리7의 주석)을 참조하라고 하고 있기 때문이다.

'우주 전체의 모습'은 많은 것들을 가리킬 수 있을 것이다. 먼저 스피노자는 무한하고 영원한 계열이라 간주될 수 있는 실존하는 모든 물질적 실재 전체 — 실존하는 연장의 유한 양태들 — 즉 모든 물질적 자연을 의미했을 수 있다. 이는 물체들의 영원한 본질들 — 앞서 본 것처럼 연장에 속하는 직접적 무한 양태의 내용물들로 간주될 수 있는 것 — 을 지속 안에서 실현하는 일련의 실존하는 물체들일 것이다.[24] 이렇게 연장의 매개적 무한 양태는 영원하고 무한한 집합이자 의당 하나의 개체로 생각되는 물리적 우주의 내용물 전부 — 모든 특수한 물체들과 그것들 간에 항상 성립하는 모든 관계들 — 일 것이다. 즉 스피노자가 슐러에게 말한 것처럼 "무한한 방식으로 변화하지만, 그럼에도 항상 동일한 것으로 남아 있는 것"이다. 변화 속에서도 항상 동일한 것으로 남아 있는 것, 그래서 물리적 우주에 그 개체성을 부여하는 것은 아마도 항상 변화하는 물질적 실재들 사이에 성립하는 운동과 정지의 총체적 비율일 것이다. 스피노자는 슐러에게 참고하라고 했던 보조정리7의 주석에서, "어떻게 복합적 개체가 다양한 방식으로 변용될 수 있는지, 그리고 그럼에도 어떻게 그 본성을 유지할 수 있는지"에 대해 논한다. 이 논의는 많은 단순한 부분들(그 부분들 각각도 당연히 하나의 물체이다)로 구성된 특수한 물체가 다양한 내부적 변화 속에서도 그 구성 요소들이 서로 간에 특수한 운동과 정지의 비율을 유지하기 때문에 그 동일성과 개체성이 유지되는 방식을 고찰하는 것으로 시작된다. 그러한 복합 물체로 만들어진 더 복합적인 개체를 거쳐 더 상위의 복합적인 것으로 계속 나아간다면, 우리는 마침내 최종적인 복합적 개체인 물질적 우주 그 자체에 도달하게 된다. "우리는 자연 전체가 하나의 개체이며, 그 부분들, 즉 모든 물체들이 전체 개체를 전혀 변화시키지 않고도 무한한 방식으로 변화한다는 것을 쉽게 인식하게 될 것이다"(2부 보조정리7 주석).[25]

이것이 슐러의 편지에 스피노자가 답한 것을 이해하는 적절한 방식

---

24) Gueroult, *Spinoza*, vol.1, pp.309~324.
25) Gebhardt, *Spinoza Opera*, vol.2, pp.101~102; Curley, *The Collected Works of Spinoza*, pp.461~462. 또한 Allison, *Benedict de Spinoza*, pp.71~72; Emilia Giancotti, "On the Problem of Infinite Modes", ed. Yirmiyahu Yovel, *God and Nature: Spinoza's Metaphysics*, Leiden: E. J. Brill, 1991, pp.97~118을 참조하라.

이라면, 스피노자가 『에티카』에서 말하는 바는, 운동과 정지(적어도 잠재적으로는 모든 물리적 실재의 본질을 포함하는 직접적 무한 양태)와 함께 고려된 연장(속성)의 본성으로부터 따라 나오는 것이 풍부한 다양성을 가진 물리적 자연 전체라는 것이다.[26] 물질을 선택하고 운동을 더해 보라. 그러면 무수한 특수한 개체들을 얻게 될 것이다. 개체 그 자체는 운동을 전달함으로써 변화를 겪겠지만, (그 개체들이 함께 구성하는) 초개체super-individual —— 물질 안에 있는 운동과 정지의 총체적 비율로 이해되는 물리적 우주 그 자체 —— 는 (무한 양태가 그럴 것임에 틀림없는 것처럼) 영원하고 불변한다.

다른 한편으로, 직접적 무한 양태를 가장 보편적 자연법칙으로 보는 무한 양태에 대한 법칙론적 해석을 채택한다면, 그때 상위의 매개적 무한 양태들 —— 직접적 무한 양태로부터 제일 먼저 따라 나오는 것들이자, 결국 하위의 매개적 무한 양태를 산출하는 것들 —— 은 종속적인 자연법칙으로 보일 수 있을 것이다. 연장 속성 아래에서 이것은 충돌한 물체들에서 운동의 전달을 지배하는 특수한 법칙들이 될 것이다. 이때 '전 우주의 모습'은 이러한 종속적 물리법칙들에 포함되는 특수한 개체들이 아니라 모든 종속적 물리법칙들의 체계가 될 것이다. 이전의 데카르트처럼, 스피노자의 주장은 어떤 최상위의 물리법칙(직접적 무한 양태)과 함께 연장 속성 그 자체의 본성이나 법칙으로부터 물질적 자연의 다른 모든 법칙을 연역할 수 있다는 주장이 될 것이다. 이러한 이차적 법칙들은 물질적 우주의 불변적이고 필연적인 특징, 우주의 영원한 '모습'일 것이다. 이 법칙들은 모두 유한한 실재들 간의 특수한 상호작용을 지배하며 그것을 가능하게 만든다. 이

---

26) [옮긴이] 이 책 164~165쪽 참고.

러한 법칙론적 해석에서 실존하는 유한한 실재들의 세계 자체, 곧 우주를 이루고 있는 모든 특수한 것들의 무한한 집합은 이러한 아마도 연장 속성, 직접적 무한 양태를 구성하는 최상위 자연법칙, 그리고 상위의 매개적 무한 양태를 나타내는 종속적 자연법칙으로부터 따라 나오는 또 다른 하위의 매개적 무한 양태가 될 것이다.[27]

그런데 이 많은 문제는 스피노자가 매개적 무한 양태가 무엇인지 우리에게 **말할 때** 발생했다. 그가 말하지 않았을 때는 얼마나 많은 문제가 있을지 생각해 보라. 실로 상당한 시간과 노력이 사유 속성에 속하는 매개적 무한 양태가 정확히 무엇인지 이해하기 위해 할애되었다. 한 학자는 좌절하여 외치기를 그러한 노력은 '쓸모없는' 것이라고 제안하기도 했다.[28] 그러나 사실 이미 채워져 있는 그림의 다른 부분을 가지고 이 마지막 요소가 무엇이었을지 조금이나마 그럴듯하게 규정하는 일은 그 정도로 불가능해 보이진 않는다. 연장의 매개적 무한 양태('우주 전체의 모습')가 현행적으로 실존하는 물체들의 세계, 즉 직접적 무한 양태를 구성하는 연장된 본질들을 지속 안에서 실현하는 유한 양태들의 무한한 전체라면, 사유의 매개적 무한 양태는 현행적으로 실존하는 정신들이나 관념들의 세계, 즉 사유의 직접적 무한 양태를 구성하는 본질들을 지속 안에서 실현하는 (사유의) 유한 양태들의 무한한 전체가 되어야 할 것이다. 너그럽게 생각해 본다면, 우

---

27) 아래에서 할 수 있을 때, 스피노자에게 무한 양태가 무엇인지 해석하는 두 가지 방식, 즉 직접적 무한 양태를 본질들의 모음(collection) — 매개적 무한 양태로 실존하는 것들의 모음에 상응하는 것 — 으로 간주하는 해석과, 특정 법칙을 구체화한 것 — 종속적 법칙들을 낳고 궁극적으로 매개적 무한 양태로 실존하는 것들을 낳는 것 — 으로 간주하는 해석을 조화시켜 볼 것이다. 내 바람은 이러한 시도가 독자들을 혼란스럽게 만들지 않았으면 하는 것과, 스피노자가 말한 바를 이해할 수 있도록 어느 한 입장을 독자들이 선택할 수 있게 되는 것이다.
28) Giancotti, "On the Problem of Infinite Modes", p.106.

리는 심지어 '우주 전체의 모습'이 연장에 속한 유한 양태들의 무한한 계열을 말하는 것일 뿐만 아니라, 사유에 속한 유한 양태들 — 특수한 관념들이나 정신들 — 의 무한한 계열이기도 하다고 말할 수 있을 것이다. 후자는 전자만큼이나 우주의 '모습'을 이루는 일부이다. 그러나 비록 우리가 스피노자의 이 수수께끼 같은 구절과 관련하여 이 둘의 동일시를 거부한다 할지라도, 그리고 아무리 우리가 궁극적으로 각각의 무한 양태가 무엇인지 이해하고 싶어 할지라도, 확실한 것은 그것들 간에, (말하자면) 그 근저에, 현행적으로 실존하는 실재들의 세계가 있다는 것이다. 이 시간적 실존을 이루는 물체들의 무한 집합과 관념 내지 정신들의 무한 집합은 각각의 속성 안에서 다른 모든 것으로부터 따라 나오는 것들인 매개적 무한 양태의 최하부일 것이다. 이것이 한 학자가 신 또는 자연으로부터 따라 나오는 결과들의 '폭포'라 부른 것의 존재론적으로 최종적인 단계이다.[29]

유한 양태

이러한 무한 양태의 내용에 대한 검토는 우리를 마침내 유한 양태의 영역으로 이끈다. 일반적으로 유한 양태는 특수한 실재들이다. 유한 양태는 특수한 실재들의 개별적인 영원한 본질(그것은 상기한 해석을 토대로 볼 때, 직접적 무한 양태에서 발견되는 것이다)과, 그러한 본질을 시간 속에서 예화하는 현행적으로 실존하는 특수한 실재들(이는 매개적 무한 양태에서 발견된다)을 포함한다. 전자는 영원한 유한 양태이고, 후자는 지속을 갖는 또는 시간적으로 실존하는 유한 양태이다. (스피노자는 2부 정의5에서 '지속'을

---

29) Gueroult, *Spinoza*, vol.1, p.9.

"무한정한 실존의 연속"이라고 정의한다.) 보다 자세히 말하자면, 스피노자가 '독특한 실재'나 '특수한 실재'라는 표현을 사용할 때, 또는 신의 속성이 표현되는 '일정하고 규정된 방식'이라고 말할 때, 그는 개별 물체와 정신의 본질을 언급하는 것이거나 자연 안에 현행적으로 실존하는 물체나 정신을 언급하는 것일 수 있다.

연장 속성 안에 있는 유한 양태 — 우주의 물질적 측면 — 는 개별 물체들이며, 사유 속성 안에 있는 유한 양태 — 우주의 정신적 측면 — 는 관념 또는 정신이다. 그것들은 모두 양태인데, 왜냐하면 그것들은 실체 '안에' 있기 때문이다. 스피노자에게는 만물이 신 '안에' 있다고 우리가 규정했던 바로 그 방식으로 말이다. 즉 그것들은 신 또는 자연의 내재적 결과로서 신 또는 자연에 속한다. "특수한 실재는 신의 속성의 변용, 즉 신의 속성이 일정하고 규정된 방식으로 표현된 양태에 다름 아니다"(1부 정리 25 주석). 만물은 그것이 무엇이든 간에 내재적으로 생겨난 자연의 일부라는 의미에서 자연 안에 있다. 아무것도 — 앞으로 보게 되겠지만 인간조차도 — 자연의 인과적 체계 바깥에 있지 않다. 존재하는 것은 무엇이든 자연 안에 있고, 자연의 원리에 따라 발생한다.

또한 어떤 속성 아래 있는 유한 양태의 계열은 그 자체로 무한한 원인으로부터 따라 나오는 그 속성의 무한 양태이기 때문에, 이것은 유한 양태의 계열이 그 자체로 무한하다는 것을 의미한다. 즉 각 계열 안에는 무한하게 많은 유한 양태가 있다. 사유에 속하는 정신은, 연장에 속하는 물체가 그런 것처럼, 무한한 계열을 구성한다. 첫번째 정신이나 첫번째 물체는 없다. 모든 정신은 정신의 무한한 연쇄 안에 어떤 자리를 차지하고 있고, 모든 물체는 물체의 무한한 연쇄 안에 어떤 자리를 차지하고 있다.

스피노자 체계에서 무한 양태는 유한 양태와 관련하여 작동하는 본질적이고 인과적인 역할을 맡고 있다. 무한 양태 없이 특수한 실재는 지금 존재하는 것처럼 존재할 수 없을 것이다. 연장과 사유로부터 나온 본성과 법칙은 특수한 물체와 관념/정신 각각을 설명하는 데 본질적이다. 연장의 본성과 운동법칙으로 인해 물체는 일반적으로 존재하는 바로 그것이며 일반적으로 작용하는 것처럼 작용한다. 정신과 사유의 원리도 마찬가지이다.

그러나 특수한 실재에 대한 설명에는 그것의 무한하고 영원한 원인 이상의 것이 있다. 이 원리들 그 자체로는 어떤 것을 세세하게 구체화하기에 너무 일반적이다. 그것들은 단지 본성이나 법칙이고, 그래서 유한 양태와, 특히 지속 안에서 즉 시간적 실존의 영역에서 발생한 것을 불충분하게 규정할 뿐이다. 실제로 어떤 독특한 실재나 사건에 대한 완전한 원인은 다른 독특한 실재나 사건들 가운데 선행하는 조건들과 그러한 선행 조건을 그 결과와 결합시키는 본성 및 법칙의 조합에 있음에 틀림없다. 물질의 본성과 운동법칙만으로는 유리창이 공에 부딪혀 깨졌을 것인지 규정할 수 없을 것이다. 우리는 또한 유리창을 향해 던진 공의 강도 및 속도와 관련된 다른 요소도 필요하다. 이번에는 그 공을 던진 팔과 관련된 어떤 요소도 필요하다. 이번에는 그 팔을 가진 사람의 힘과 관련된 어떤 요소도 필요하다. 그렇게 무한히 나아간다.

이것을 스피노자의 전문 용어로 바꿔 말하자면, 무한 양태 ― 실존하는 유한 양태의 무한한 계열인 매개적 무한 양태를 포함하는 ― 는 어떤 속성의 절대적 본성으로부터 직접적으로 아니면 매개적으로 따라 나오지만, 개별적 유한 양태 그 자체는 그렇지 않다. 왜냐하면 개별적 유한 양태가 어떤 속성의 절대적 본성에서 따라 나온다면 유한하지 않고 무한할 것이기 때문이다. "유한하고 규정된 실존을 갖는 것은 신의 어떤 속성의 절대적 본성에 의해 산출될 수 없었다. 왜냐하면 신의 어떤 속성의 절대적 본성으로부터 따라 나오는 것은 무엇이든 무한하고 영원하기 때문이다"(1부 정리 28 증명). 현행적으로 실존하는 유한 양태는 제한된 그리고 지속을 갖는 존재로서, 특정 시점에 존재하게 되고 특정 시점에 실존을 멈춘다. 그것들을 존재하도록 만든 것과 실존을 멈추게 한 것은, 그것들이 특수한 결과를 갖도록 만든 것과 마찬가지로, 신 또는 자연일 뿐만 아니라 무한하게 많은 선행하는 다른 유한한 실재들이기도 하다. 또는 보다 정확하게 말하자면, 모든 것은 어떤 점에서는 신이기 때문에, 모든 유한한 실재들은 ⓐ 실체로서의 신과 무한 양태에 의해 변용된 것으로서의 신, ⓑ 유한 양태에 의해 변용된 것으로서의 신, 이 둘 모두에 의해 현재의 모습으로 존재하도록 만들어졌고 그것이 만들어 낸 결과를 갖도록 만들어졌다. 이것이 1부 정리26과 정리28의 결론이다. 정리26은 다음과 같이 말한다.

어떤 것을 작업하도록 규정된 실재는 필연적으로 신에 의해 그렇게 규정되었던 것이다. 그리고 신에 의해 규정되지 않은 것은 자기 스스로 작업하도록 규정할 수 없다.

1부 정리28은 다음과 같이 말한다.

모든 독특한 실재, 즉 유한하고 규정된 실존을 가지고 있는 모든 실재는 역시 유한하고 규정된 실존을 가지고 있는 다른 원인에 의해 실존하고 작업하도록 규정되지 않는 한 실존할 수도 없고 작업하도록 규정될 수도 없다. 그리고 다시 이 원인 또한 역시 유한하고 규정된 실존을 갖는 다른 원인에 의해 실존하고 작업하도록 규정되지 않는 한 실존할 수도 없고 작업하도록 규정될 수도 없다. 그리고 이런 식으로 무한하게 나아간다.

표면적으로는, 이 두 정리가 일치하지 않는 것처럼 보일 수도 있다. 즉 하나는 신이 실재가 어떤 결과를 산출하도록 규정하는 것이라고 말하고 있으며(1부 정리26의 증명에서 스피노자는 "신은 자신의 본성의 필연성으로부터 그 실재의 본질뿐만 아니라 그 실재의 실존 둘 다의 작용인이다"라고 덧붙인다), 다른 하나는 다른 유한한 실재가 어떤 실재로 하여금 결과를 산출하도록 규정하는 것이라고 말하고 있다. 그러나 유한한 실재는 단지 신의 양태이기 때문에, 1부 정리28은 1부 정리26과 완벽하게 일치한다. 공히 두 정리가 말하는 것은 유한한 실재들 간의 모든 인과관계가 그러한 유한한 실재들 자체뿐만 아니라 그러한 유한한 실재들의 행위를 지배하는 무한한 실재들(본성과 법칙)과 상관적이라는 것이다. 자연 안에서 일어나는 모든 사건에는 두 개의 인과적 결합이 교차되어 있다. '수평적' 결합과 '수직적' 결합이 그것인데, 수평적 결합이 (무한하게 많은) 선행하거나 후행하는 실재들과 시간적으로나 인과적으로 관계되는 것이라면, 수직적 결합은 어떤 실재와 그것이 다른 실재와 맺고 있는 관계가 자연의 속성에서 정점에 이르는 영원한 원리와 인과적으로 관계되는 것이다. 정리28이 첫번째 인과적 결합을 말하고 있고, 정리26은 두번째 인과적 결합을 말하고 있다. 유한한 실재가 무한하게 많은 다른 유한한 실재들과의 수평적 관계에 단단히 결합되어 있는 것처럼, 인과적으로 연관된 유한한 실재들의 무한한 계열(매개적 무한 양태)은 상위의 무한 양태와의 수직적 관계에 그리고 궁극적으로는 실체 그 자체와의 수직적 관계에 단단히 결합되어 있다. 이 수직적 관계로부터 인과적으로 연관된 유한한 실재들의 무한한 계열의 필연성이 도출된다. 유한한 원인 그 자체의 무한한 연쇄는 무한한 원인에 의해 존재하게 된다. 또는 어떤 주석가가 아주 우아하게 표현한 것처럼, 모든 유한 양태는 다른 유한한 원인들의 무한한 계열과 무한한 원인의 유한한 계열에

의해 생겨난다(또는 그로부터 연역될 수 있다).[30]

그래서 신이 직접적 무한 양태를 직접적으로 규정하는 것과 달리, 신이 무한 양태와 다른 유한 양태 **둘 다**에 의해 변용되는 한, 신은 유한한 실재를 간접적으로 규정한다. "[모든 독특한 실재는] 신 또는 신의 어떤 속성이 유한하고 규정된 실존을 갖는 변양에 의해 변양된 것인 한에서 신 또는 신의 어떤 속성으로부터 따라 나와야 했거나 실존하고 작업하도록 규정되어야 했다"(1부 정리28 증명). 이런 식으로 모든 것은 신 또는 자연에 의존한다. 직접적 무한 양태의 경우 그런 것처럼(1부 정리26) 직접적으로, 아니면 매개적으로 말이다. 만일 매개적으로 의존한다면, 매개적 무한 양태의 경우 그런 것처럼(1부 정리26) 단지 무한한 실재들만을 통해서만, 아니면 유한 양태의 경우 그런 것처럼(1부 정리28) 무한한 실재들과 유한한 실재들을 통해서 의존한다.[31] "존재하는 모든 것은 신 안에 있고, 신 없이는 있을 수도 없고 인식될 수도 없을 만큼 신에게 의존한다"(1부 정리28 주석). (이 구절은 나중에 『에티카』에서 스피노자가 인간의 덕과 행복을 자연에 대한 특정한 종류의 설명적 인식과 관련시킬 때, 즉 실재를 그것의 영원한 원인 특히 신과 관련시킬 때, 중요한 것으로 밝혀질 것이다.)

그래서 스피노자는, 왜 이 세계가 지금 존재하는 것처럼 존재하는가, 즉 왜 매개적 무한 양태를 구성하는 유한한 실재들의 무한한 계열 — 스피노자가 '자연의 공통 질서'라고 부르는 것 — 은 우리가 본 바대로 그렇게

---

30) Curley, *Behind the Geometric Method*, p.48.
31) 유한한 실재 x가 신에 의해 **매개적으로** 규정된 존재라고 말하는 것은 분명 다소 오해의 소지가 있다. 이것이 의미할 수 없는 것은 신과 구별되는 어떤 것이 신과 x 사이에 있다는 것이다. 실제로 다른 유한한 실재들이란 그것을 통해 신이 x를 규정하는 것으로 그 자체가 (특수한 방식으로 변용된) 신이기 때문에, 어쩌면 (비록 유한한 실재**로서** 그런 것일지라도) **직접적으로** x의 원인인 것은 신이라고 여전히 말할 수 있다.

있는가라고 물을 수 있는 하나의 문제에 대한 답변을 가지고 있다. 그는 대체로 그러한 실재들은 특정한 질서와 그것들이 맺고 있는 연관을 가지고 있다고 대답할 수 있다. 왜냐하면 이 특정한 질서와 연관은 상위의 무한하고 영원한 원인에 의해 규정되기 때문이다. 그리고 그는, 그러한 질서 안에 있는 어떤 특수한 유한 실재가 그러한 무한한 원인과 다른 유한한 원인 둘 다 때문에, 현재의 그 모습으로 있는 것이라고 대답할 수 있다.

그러나 스피노자가 대답하기에 더 어려울지도 모를 또 다른 종류의 질문이 있다. 먼저 왜 다양한 유한한 실재가 있는가? 만약 속성이 독특하고 무한하며 영원한 본성을 갖는다면, 그것으로부터 필연적으로 따라 나오는 모든 것은 독특하고 무한하며 영원해야 할 것이다. 그렇다면 각 속성의 영원하고 불변하는 무한 양태 안에 있는 다수의 유한하고 시간적이며 가변적 실재들은 어디에서 나왔는가? 어떻게 우리는 무한하고 변화하지 않는 실재들로부터 유한하고 변화하는 실재들을 연역적으로 얻을 수 있다고 생각하는가?

이 흥미롭고도 중요한 질문은 스피노자가 주고받은 편지들 중에서 현존하는 마지막 편지들 중 하나에서 제기되었던 것이다. 치른하우스는 그 자체로 고려된 어떤 실재의 단순한 정의로부터 단 하나의 특성만 연역할 수 있으며, 그 정의를 더 복합적이게 만들어서 더 많은 함축을 만들어 내려면 하나 이상의 특성이 연역될 수 있는 것을 그 정의에 덧붙여야 한다고 주장한다. 그런데 『에티카』 원고의 사본을 가지고 있던 치른하우스는 계속해서 다음과 같이 말한다. "이 원리는 『에티카』 정리16과 조금은 불일치하는 것처럼 보입니다. 이 정리[각각이 단순한 본질을 표현하는 신의 속성들 각각으로부터 '무한하게 많은 실재들'이 따라 나온다고 말하는 정리]는 여러 특성들이 어떤 실재의 주어진 정의로부터 연역될 수 있다는 것을 당연한 것으로 가정하고 있습니다." 요컨대 치른하우스는 어떻게 "그 자체로만 고려된 어떤 속성, 예컨대 연장으로부터 무한하게 다양한 물체가 생겨날 수 있는지"(82번째 편지) 궁금했던 것이다.

어떻게 다수의 유한한 실재들이 있다는 것을 유일하고 단순하며 무한한 출발점으로부터 연역할 수 있는가 — 비록 그 다수의 유한한 실재들이 모여 단일한 무한 세계를 구성한다고 할지라도 — 하는 문제는 오랫동안 주석가들을 괴롭혀 왔다. 치른하우스의 질문에 대한 스피노자의 답변은 그다지 명료하지 않다. 스피노자는, 정의로부터 연역될 수 있는 것과 관련하여 치른하우스가 인용한 원리가 추상적 존재들이 아닌 실재적인 것들(이를테면 신처럼 그의 본질로부터 그가 무한하고 유일하며 불변한다는 것 등을 연역할 수 있는 그러한 실재적인 것들)에 적용된다는 것을 받아들이지 않는다.[32] 그럼에도 그는 다음과 같이 인정하기도 한다. "실재의 다양함이 단지 연장의 개념으로부터만 선험적으로 증명될 수 있는 것인지에 관한 질문과 관련하여, 저는 이미 그것이 불가능함을 아주 명확하게 만들었다고 생각합니다"(83번째 편지). 그러나 그가 여기에 덧붙인 말은 스피노자가 그럼에도 신의 속성에 대한 **자신의** 개념에서 실재의 다양함을 연역**할 수 있다**고 믿었다는 것을 시사한다. "그것이 물질을 연장으로 정의함에 있어 데카르트가 오류에 빠진 이유입니다. 물질은 필연적으로 영원하고 무한한 본질을 표현하는 속성을 통해 설명되어야 합니다." 그러나 스피노자는 더 이상 아무것도 말하지 않는다. 그리고 치른하우스에게 이 문제를 나중에 논의해야 할 거라고 말한다. "아직까지 이 주제에 관한 어떤 것을 적절한 순서로

---

32) 치른하우스는 원의 원주 정의를 예로 든다. 이 정의에서는 단 하나의 특성, 즉 "그것은 어디에서나 유사하거나 일양적이라는 것"만 연역될 수 있을 뿐이다.

정리할 기회를 갖지 못했습니다." 아마도 그 기회는 한 번도 주어지지 않았던 것 같다. 스피노자는 이 편지를 쓴 지 일곱 달 만에 운명했기 때문이다.

스피노자는 아마도 연장 속성으로부터 운동(직접적 무한 양태, 그것은 연장을 통해 능산적 자연의 역량을 표현한다)과 함께 다수의 유한한 물체(본질)가 필연적으로 따라 나온다고 믿었을 것이라고 생각된다. 왜냐하면 자연학에 있어 데카르트주의자인 사람에게 (스피노자가 그런 것처럼) 무규정적인 연장된 물질을 특정한 물체로 나누는 것은 바로 운동이기 때문이다. 물체의 본질은 연장의 묶음일 뿐인데, 그것은 그 묶음을 구성하는 부분들 가운데 상대적으로 안정된 운동과 정지의 비율에 의해서만 다른 연장의 묶음으로부터 개별화된다.

또한 『에티카』에서 스피노자는 독특하고 일양적이며 무한한 출발점으로부터 다수의 유한 양태들로 구성된 세계가 어떻게 도출될 수 있는가 하는 문제로 고민하지 않았을 것 같다. 왜냐하면 그에게 유한 양태들의 우주는 단순히 주어진 것이기 때문이다. 경험은 우리에게 우리를 둘러싼 세계에 유한한 실재들이 있다고 말해 준다. 그래서 문제는 다수의 유한한 실재들을 연역하는 방법이 아니다. 오히려 문제는 그러한 유한한 실재들의 존재론적 지위가 정확하게 무엇인지 규정하는 것이다. 즉 (우리가 경험을 통해 알고 있는 것처럼) 유한한 실재들이 있다는 것을 고려할 때, 그리고 (우리가 『에티카』 1부의 정리를 통해 연역적으로 알게 된 것처럼) 무한한 실재들이 있다는 것을 고려할 때, 어떻게 우리는 유한한 실재들과 그것들의 무한한 원인들을 연관시키고 설명의 고리를 '완결'할 수 있겠는가? 하지만 이러한 방법이 가지고 있는 문제는 다수의 유한한 실재들 그 자체의 실존을 비규정적이고 설명되지 않는 일종의 거친 사실로 남겨 둔다는 점이다. 그리고 이는 스피노자의 인과적 합리성을 거스르는 것처럼 보일지도 모른다.

결정론과 필연론

이 모두를 종합해서 말해 본다면, 우리는 다음과 같은 형이상학적 상(像)을 갖게 된다.

첫째로, 하나의 전체이자 무한하고 영원하며 필연적으로 실존하는 것으로, 만물을 절대적으로 함축하는 현행적 우주로서의 신 또는 자연이 있다. 신 또는 자연의 필연적이고 영원한 결과 중 첫번째 결과 — 이는 내재적 결과이다. 그것들은 다른 모든 것처럼 자연 안에 있기 때문이다 — 는 (우리가 채택한 직접적 무한 양태에 대한 해석에 따라) 실재의 무시간적 본질의 무한한 계열이거나, 단지 일반적인 본성 또는 법칙이다. (아마도 둘 다일 것이다. 스피노자는 각 속성 아래 직접적 무한 양태는 오직 하나만 있다고 어디에서도 말하지 않기 때문이다.)

신 또는 자연의 필연적이고 영원한 결과 중 두번째 결과는, 첫번째 결과에 의해 매개된 것으로, 현행적으로 실존하는 실재들의 세계이다. (무한하고 영원한 것인) 이 세계 그 자체는 시간이나 지속 바깥에 있는 것으로, 상기한 본질과 법칙을 시간 속에서 예시하는 유한하고 가변적인 존재자들로 구성되어 있다.

보다 자세히 말하자면, 영원하고 절대적으로 필연적이며 가장 근본적인 자연의 요소들 — 신의 속성(즉 자연의 가장 보편적인 원리). 이는 신/자연 자체인 본질적인 현행적 역량과 하나이다 — 로부터, 제일 먼저 (자연의 물질적 측면에서) 물체의 영원한 본질과 법칙과 (사유 안에 있는) 정신의 영원한 본질과 법칙이 따라 나온다. 이번에는 그것들로부터 각각 (다시 자연의 물질적 측면 안에서) 현행적으로 실존하는 물체들의 무한한 계열과 (사유에 속하는) 현행적으로 실존하는 정신의 무한한 계열이 따라 나온다. (물론 무한하게 많지만 알려지지 않은 다른 모든 속성이나 자연의 측면들로부터 따라 나오는 무한하고 유한한 양태에 대해서도 위와 상관적인 그림이 그려질 것이다.)

스피노자가 기술한 우주는 명확히 엄밀하게 결정된 것이다. 모든 것은 예외 없이 지금 존재하는 것처럼 존재하도록 인과적으로 규정된다. 그리고 그 원인을 고려할 때, 어떠한 것도 지금 존재하는 것과 다르게 될 수 없었다. (1부 정리26과 정리28에서) 인과의 두 차원을 확립한 후 즉시, 스피노자는 1부 정리29에서 우주에는 우연적인 것이 없다고 결론 내린다. 우주 그 자체에 대해서도, 그리고 우주 안에 있는 어떤 것에 대해서도 말이다. "실재의 본성에는 어떠한 우연적인 것도 없으며, 모든 것은 신의 본성의 필연성으로부터 일정한 방식으로 실존하고 작업하도록 규정된다."

스피노자에게 '우연적'contingent이라는 용어는 애매하다. 먼저, 특히 『에티카』 1부에서, '우연적'이라는 용어는 인과적으로 규정되지 않은 것을 의미한다. 그러나 4부에서 스피노자는 '우연적'과 '가능한'possible을 구별한다. 실재는, "그것이 산출되었음에 틀림없는 원인에 주목해도 이 원인이 그것을 산출하도록 규정되는지 아닌지 우리가 모를" 때 '가능한' 것이라고 불린다(4부 정의4). 대조적으로 실재는 그 본질 안에 "[그것의] 실존을 필연적으로 정립하거나 필연적으로 배제하는 것"이 아무것도 없을 때(4부 정의3), 즉 (신/실체가 그런 것처럼) 그것의 본질 때문에 필연적인 것도 아니고 그것의 본질이 모순을 함축하기 때문에 불가능한 것도 아닐 때, '우연적'이라고 불린다. 그러나 이 두번째 의미에서 우연적인 것(이것이 '우연적'이라는 용어에 대한 우리의 일상적 이해이다)은 여전히 인과적으로 규정될 것이고, 그러므로 스피노자에게는 비록 "그것의 원인 때문"이기는 하지만 필연적인 것이다.

그런데 우주 안에는 이 두번째 의미에서의 우연성이 분명히 **있다**. 즉 실체와 그 속성이 아닌 모든 것에 말이다. 스피노자가 "실재 안에는 우연적이라 불릴 수 있는 것이 전혀 없다"라고 말할 때(1부 정리33 주석1), 첫번째 의미('인과적으로 규정되지 않은 것'이라는 의미)(즉 결국 '가능한'과 동의어인 것으로 드러나는 의미)에서의 우연성이 없다고 말한 것이 아니다. 아무것도 자연의 인과적 과정이 규정하는 것을 피할 수 없다. 이는 모든 물리적 사건의 경우 참이다. 그런데 사유와 관련된 모든 사건의 경우에도 참이다. 곧 더 자세히 살펴보겠지만 인간 정신 안에서 일어나는 모든 관념과 의지작용을 포함해서 말이다. (첫번째 의미에서의) 우연성에 대한 모든 믿음은 오직 무지, 곧 자연 질서에 대한 부적합한 파악에 기인한다.

> 실재는 단지 우리 인식의 결핍 때문에만 우연적이라고 불린다. 왜냐하면 실재의 본질이 모순을 함축하는지 우리가 알지 못한다면, 또는 그것의 본질이 모순을 함축하지 않는다는 것을 우리가 아주 잘 알고 있음에도 원인의 질서가 우리에게 감춰져 있기 때문에 그것의 실존에 대해 어떠한 것도 확실히 긍정할 수 없다면, 그것은 결코 우리에게 필연적이거나 불가능하게 보일 수 없을 것이기 때문이다. 그래서 우리는 그것을 우연적이라거나 가능하다고 부른다. (1부 정리33 주석1)

1부 공리3의 두번째 조항인 "규정된 원인이 없다면 결과가 따라 나오는 것은 불가능하다"의 의미는 이제 분명하다.

그래서 스피노자는 강한 결정론자이다. 그런데 스피노자는 또한 필연론자이기도 한가? 모든 것(그것이 무한한 것이든 유한한 것이든)은 지금 존재하는 것처럼 실존하도록, 그리고 그것이 만들어 낸 그 결과를 만들어 내도록 인과적으로 결정되었을 뿐만 아니라, 또한 자연의 인과 질서가 어떤 식으로든 지금 존재하는 것과 다르게 될 수 없었을 것이라고 스피노자는 믿었는가? 그가 내린 이 결론은 불가피한 것처럼 보인다.[33]

스피노자는 인과적 필연성과 논리적 필연성을 동일시했기 때문에, 실재의 본질과 법칙은 절대적으로 또는 논리적으로 자연의 필연적 결과일 뿐만 아니라, 실존하는 것들의 세계 또한 그러하다. 자연적 세계 그 자체인, 전소 물리적 항목과 정신적 항목의 친숙한 경험적 풍경은 스피노자에게는 영원하고 무한하며 필연적이다. 그것은 영원하고 무한하며 필연적인 존재의 필연적 결과이기 때문이다. 매개적 무한 양태로서의 그 지위를 고려할 때, 유한한 실재들의 계열은 "신의 어떤 속성의 절대적 본성으로부터 따라 나와야 했거나, 또는 필연적으로 실존하고 무한한 변양에 의해 변양된 어떤 속성으로부터 따라 나와야 했다"(1부 정리23). 그리고 (1부 정리21과 정리22에서) 스피노자가 말하는 것처럼, 영원하고 필연적이며 무한한 존재로부터 따라 나오는 것은 무엇이든 — 그것이 직접적으로 따라 나온 것이든, 아니면 직접적으로 따라 나온 어떤 것의 매개를 통해 따라 나온 것이든 — 그 자체로 영원하고 필연적이며 무한함에 틀림없다. 하지만 실체와 그 속성(또는 능산적 자연)의 논리적 필연성 — 그것은 '자신 안에 있는' 원인 없는 존재의 특징적인 '그 본질에 기인한' 필연성이다 — 과 달리, 무한 양태들에 속하는 논리적 필연성은 '그 원인에 기인한 필연성'이다. ('우주 전체의 모습'을 포함하는) 이러한 것들은 어떤 식으로든 다르게 될 수 없었던 것인데, 이는 그것들이 그 자체로는 어떤 식으로든 다르게 될 수 없었던

---

[33] 이 문제에 관한 논쟁에 대해서는 Don Garrett, "Spinoza's Necessitarianism", ed. Yirmiyahu Yovel, *God and Nature: Spinoza's Metaphysics*, Leiden: E. J. Brill, 1991, pp.79~96; Curley and Walski, "Spinoza's Necessitarianism Reconsidered"를 보라.

것에 의해 필연적으로 규정되었기 때문이다.

어떤 개별적 유한 양태든 그것에 관한 한, 다르게 될 수 없었던 어떤 계열 자체의 한 구성 부분으로서, 그것 또한 절대적으로 필연적이다. 또한 각각의 유한 양태는 무한 양태들과 다른 유한 양태들의 적절한 조합에 의해 인과적으로(그러므로 논리적으로) 필연적인 것이 된다. 무한 양태(즉 자연법칙)는 절대적으로 필연적이기 때문에, 그리고 선행하는 유한한 사건들의 계열은 무한하기 때문에 — 이러한 사실로부터, 어떤 선행 원인에 의해 필연적인 것이 되지 않는, 그래서 달라질 수 있었던 그 계열의 구성 요소는 없다는 것이 따라 나온다 —, 자연 안에 어떤 식으로든 다르게 될 수 있었던 특수한 실재나 사건은 없다. 가능한 가장 강한 의미에서, 일어난 모든 것은 일어나야 **했다**. 단지 그 원인들이 일어났기 때문에 그런 것이 아니라(만일 그런 것이라면 이는 결정론에 지나지 않을 것이다), 그것의 원인들 자체가 일어나야 **했기** 때문에 그런 것이다.

다시 말해서, 스피노자에게 현실 세계 외에 다른 가능세계들이란 없다. 만약 신은 실존하는데 이 세계를 이루고 있는 유한 양태들의 특수한 무한 계열이 실존하지 않는 것이 절대적으로 불가능하다면, 그리고 신의 실존이 스피노자가 주장하는 것처럼 그 자체로 절대적으로 필연적이라면, 이 세계는 유일한 가능세계일 것이다.[34] 이 엄청난 주장이 스피노자가 적

---

[34] 일부 학자들은 이런 식의 스피노자 독해를 달가워하지 않는다. 그래서 스피노자를 필연론으로부터 구출해 내고 싶어 한다. Curley and Walski, "Spinoza's Necessitarianism Reconsidered"를 보라. 그들은 스피노자를 필연론자로 독해한 개럿의 주장(Garrett, "Spinoza's Necessitarianism")에 응수하고 있다. 필연론에 수반되는 두려움에는 필연적 진리와 우연적 진리 간의 차이, 실재의 본질적 특성과 우연적 특성 간의 차이와 같은 많은 중요한 차이를 말할 수 없게 되고, 반사실적 조건문(counterfactuals) 같은 중요한 개념적 도구를 설명할 수 없게 된다는 점 등이 있다. Bennett, *A Study of Spinoza's Ethics*, pp.111~124를 보라. 그러나

극 채택한 것으로 보이는 것이다. 1부 정리33은 "실재는 산출된 것과 다른 방식이나 질서로 신에 의해 산출될 수 없었다"라고 말한다. 이 증명에 대한 스피노자의 첫번째 증명은 쓸데없이 복잡해 보인다. 하지만 스피노자는 이 정리의 주석에서 능산적 자연, 신의 역량과 신의 속성, 만물의 궁극적 원인이 '그 자신의 본성에 의해' 필연적이라는 사실에 기초하여 정리33을 보다 단도직입적으로 옹호한다. "만약 실재가 지금 있는 것과 다르게 신에 의해 산출되었다면 신의 지성과 그의 의지, 즉 (흔히 받아들여지는 것처럼) 그의 본질은 [지금 존재하는 것과] 달라졌어야 할 것이다. 그것은 불합리하다."[35] 지금과 다른 세계가 있을 수 있는 유일한 방법은 '자연의 질서'가 달라지는 것이고, 이는 자연의 질서가 필연적으로 따라 나오는 신의 본성이 달라질 수 있다면 가능하다. 그러나 신의 본성은 단지 그 원인 때문이 아니라 그 자체로 절대적으로 필연적이라는 것이 확립되었기 때문에, 신의 본성은 어떤 식으로든 달라질 수 없었다. 그러므로 실재들의 세계는 우주의 보편적 특징과 마찬가지로 틀림없이 지금 존재하는 그대로 존재할 것이며, 다르게 될 수 없었다.

또한 이 모든 것으로부터 스피노자는 세계 **창조**와 같은 것을 거부하고 있음이 분명해질 것이다. 창조라는 말이 의미하는 바가, **무로부터**ex nihilo, 선행하는 무존재nonbeing의 상태로부터 계획하에 세계를 만들기 전에 신이 실존했다는 의미이자, 신이 또한 세계를 존재하지 **않도록** 만들 수도 있었다는 의미라면 말이다. 실존하는 것들의 세계는 신의(자연의) 있음의 필

베넷은 스피노자가 숙고한 끝에 취한 입장("스피노자가 의식적이고 명시적으로 주장했던 것")이 필연론자의 입장이었다는 결론을 피하기는 어렵다고 인정한다(*Ibid.*, p.123).
35) Gebhardt, *Spinoza Opera*, vol.2, p.76; Curley, *The Collected Works of Spinoza*, p.438.

연적 결과이자 영원히 공존하는 결과이다. 따라서 신이 실존하지만 세계가 실존하지 않는 것은 절대적으로 불가능하다. 그 결과, 스피노자는 성경의 첫 장(「창세기」1장)을 상상적 허구라고 거부한다.

스피노자에게 우주를 지배하는 필연성 — 그 기원과 내적 활동의 필연성, 그리고 그 필연성이 본질로부터 도출되든지 아니면 인과 질서로부터 도출되든지 간에 — 은 수학적 진리에서 발견되는 절대적 필연성에 다름 아니다. 이것이 스피노자가 공적으로 선언하는 것을 두려워하지 않는 결론이다. 『데카르트『철학의 원리』』라는, 생전에 자신의 이름으로 출판한 유일한 저술의 부록 「형이상학적 사유」에서, 그는 "만약 인간이 자연의 전 질서를 명석하게 이해했다면, 그들은 만물이 수학에서 다뤄지는 모든 것들과 똑같이 필연적이라는 것을 발견하게 될 것이다"라고 주장한다.[36]

신의 자유

다른 세계가 있음에 대한 논리적 가능성조차 거부함으로써, 스피노자는 신의 자유를 생각하는 중요하고도 (17세기의) 대중적인 방식을 배제한다. 여기에서 스피노자의 급진적 독창성을 이해하기 위해서는 그 시기의 가장 중요한 다른 두 철학자, 즉 데카르트, 라이프니츠와 비교하는 게 도움이 될 것이다.

데카르트는 오늘날 철학자들이 자유의지론적 자유 libertarian freedom라 부를 수 있을 법한 이론에 근거하여 신이 자유롭다고 믿었다. 데카르트에게서 신의 자유는 신의 의지나 선택이 절대적으로 비규정적이라는 사실에

---

36) Gebhardt, *Spinoza Opera*, vol.2, p.266; Curley, *The Collected Works of Spinoza*, p.332.

있다. 어떠한 것도 신으로 하여금 그가 한 것을 하도록 강제하거나 하도록 유도하지도 않는다. 신 외부의 어떤 힘은 물론이거니와 신의 본성에 내생적인 어떠한 특징(선함이나 지혜 같은)도 그러하다. 신은 세계를 창조했으나, 다른 모든 조건이 동일할지라도 세계를 창조하지 않았을 수도 있고, 다른 세계를 창조했을 수도 있다. 신은 실존하는 것들뿐만 아니라 모든 본질과 진리에 대해서도 자유롭고 '무관심한' 원인이다. 물리법칙, 형이상학 법칙, 심지어 논리학이나 수학의 이른바 영원 진리는 모두, 신의 자의적 행위에 궁극적으로 의존하고 있다. 진리나 선함의 기준은 신이 그것을 의지하기 전에는 없다. 그런데 이는 신의 선택에 그를 규정하는 진리나 선함의 기준이 없다는 것을 의미한다. 신이 따라야 하는, 신으로부터 독립적인 객관적 진리가 있다고 고집하거나 주장하는 것은, "신이 제우스나 크로노스인 것처럼, 그리고 신을 스틱스나 운명의 여신들에 종속되는 것처럼 신에 대해 이야기하는 것"이라고 데카르트는 말한다.[37] 신은 1+1=2가 되도록 만들었지만, 합리성의 어떠한 절대적 규범도 위반하지 않고 1+1=2가 사실이 **아니도록** 만들 수도 있었다.

    라이프니츠는 대조적으로 신의 자유가 신이 내린 이성적 결단에서 드러난다고 믿었다. 데카르트의 신이 갖는 자유의지론적 자유와 달리, 라이프니츠의 신이 한 선택은 규정된다. 신은 객관적이자 보편적인 이성, 신의 의지에 독립적이고 신으로 하여금 저것이 아닌 이것을 선호하도록 이끄는 이성에 근거하여 행위한다. 예컨대 신은 객관적으로 볼 때 이 세계가 최선

---

[37] 1630년 4월 15일 메르센 신부에게 보낸 편지, Adam and Tannery, *Oeuvres de Descartes*, vol.1, p.145; Cottingham, Stoothoff, Murdoch and Kenny, *The Philosophical Writings of Descartes*, vol.3, p.23.

의 세계라고 생각하기 때문에, 자신의 판단하에서 무한하게 많은 가능세계들 중 다른 어떤 세계가 아닌 이 세계를 창조하기로 결정한다. 현행적 세계는 신의 선함과 합리성에 영향을 미치는 가장 큰 호소력을 가지고 있으며, 이는 (절대적으로나 형이상학적으로가 아닌) '도덕적으로' 신이 현행적 세계를 창조하도록 규정한다.[38] 신의 자유에 대한 데카르트의 설명이 신의 전능함에 우선권을 준다면, 라이프니츠의 설명은 신의 합리성, 지혜, 그리고 은총에 우선권을 준다.

스피노자는 명시적으로 신의 자유를 생각하는 상기한 두 방식을 모두 거부한다. 실제로 그는 심지어 신이 어떤 것을 선택한다는 식으로 생각하는 모든 관념조차 거부한다. 스피노자의 신은 선택의 자유나 의지의 자유를 갖기 때문에 자유로운 게 아니다. "신은 의지의 자유에 의해 어떤 결과를 산출하지 않는다"(1부 정리32 따름정리1). 신은 가능성을 숙고하고 나서 그중 하나를 선택하는, 이성적이고 의지적인 작인이 아니다.

스피노자는 신이 모든 진리, 모든 본질, 또한 모든 실존하는 것의 원인이라는 점에서 데카르트에 동의한다. 그러나 이는, 만물이 신에게 인과적으로 의존하고, 따라서 신(또는 자연)의 외부에는 아무것도 없다는 것에 스피노자가 동의하기 때문이다.

나는 만물을 신의 어떤 무관심한 의지에 종속시키고 만물이 그의 은총에 의존한다고 믿는 이 견해가 신이 선한 의도로 모든 것을 한다고 믿는 이들의 견해보다는 진리로부터 덜 벗어난 것이라고 인정한다. 왜냐하면 후

---

[38] 라이프니츠의 신의 자유 개념에 대한 가장 풍부한 서술은 생전에 출판된 유일한 책인 『신정론』(*Essais de théodicée*)에 있다.

자는 신 외부에 신에게 의존하지 않는 것, 모범처럼 작업함에 있어 신이 주의하는 것, 또는 어떤 목표처럼 신이 겨냥하는 것을 설정하는 것처럼 보이기 때문이다. (1부 정리33 주석2 마지막 부분)

그렇기는 하지만 스피노자는, 데카르트가 라이프니츠처럼 신 — 행위 주체로서의 인간처럼 활동하는 — 이 자의적으로든 아니든 어떤 선택을 한다거나 그가 이미 한 것과 다르게 무엇인가를 할 수 있다고 생각하는 오류를 범했다고 주장한다.

다른 사람들은 신의 본성으로부터 따라 나온다고 우리가 말했던 것(즉 신의 권능 안에 있는 것)을 신이 (그들이 생각하는 것처럼) 생겨나지 않도록 또는 그 자신에 의해 산출되지 않도록 할 수 있기 때문에, 신은 자유로운 원인이라고 생각한다. 그러나 이는 신이 삼각형의 본성에서 세 각이 두 직각과 같음이 따라 나오지 않게 할 수 있다거나 또는 주어진 원인에서 결과가 따라 나오지 않게 할 수 있다고 말하는 것과 동일한 것이다. 이는 불합리하다. (1부 정리17 주석1)

스피노자에게 신은 여전히 자유로운 원인이다. 그러나 신이 자유로운 원인인 이유는 어떠한 것도 신의 속성으로부터 본성적으로 그리고 필연적으로 따라 나오는 결과를 산출하도록 신을 강제하거나 제약하지 않기 때문이다. 1부 정리17은 "신은 자기 본성의 법칙으로부터만 행위하고 어떠한 것에 의해서도 강제되지 않는다"라고 적시한다. 신 또는 자연의 외부에는 아무것도 없기 때문에 "[신의] 외부에 신이 행위하도록 신을 규정하거나 강제하는 것은 아무것도 없다". 이것으로부터 스피노자가 정리17의 따름정리에 덧붙이는 것처럼, "오직 신만이 자유로운 원인이라는 것이 따라 나온다. 왜냐하면 오직 신만이 자신의 본성의 필연성에 의해서만 실존하고, 자신의 본성의 필연성에 의해서만 행위하기 때문이다". 모든 소산적 자연은 신 존재의 자연스러운 결과이다. 무한 양태와 유한 양태는 모두 신 또는 자연에 의해 필연적인 것이 될 것이다. 그러나 그 필연성은 신의 본성 자체로부터 도출된 것이기 때문에, 신의 자유를 위협하는 것은 없다. 스피노자가 슐러에게 말한 것처럼, "신은 필연적으로 실존하지만, 자신의 본성의 필연성으로부터만 실존하기 때문에 신은 자유롭게 실존합니다.······ 그래서 선생께서는 제가 자유를 자유로운 결단이 아니라 자유로운 필연성에 둔다는 것을 알 것입니다"(58번째 편지). 여기에 우리는 스피노자가 『소론』에 쓴 내용을 덧붙일 수 있겠다. "참된 자유는 첫번째 원인[이 됨] 외에 다름 아니다. 그것은 어떤 식으로든 다른 것에 의해서 제약되거나 필연적인 것이 되지 않고, 오직 그 완전성을 통해서만 모든 완전성의 원인이다"(『소론』, 1부 4장).[39] 그러나 궁극적으로는 **오직** 신만이 절대적으로 자유로운 원인이라는 것이 스피노자의 자유 개념으로부터 따라 나올 것이다. 다른 모든 것들 — 인간을 포함하여 — 은 그것들 외부의 원인에 의해 규정되기 때문이다.

기적

신의 자유 문제는 기적이라는 주제와 아주 밀접하게 결합되어 있다. 왜냐하면 기적은 보통 자연의 자연스러운 과정을 중단시키고 신의 역량을 직접적으로 현시하는 신의 자유로운 행위로 받아들여지기 때문이다. 그러나 스

---

39) Gebhardt, *Spinoza Opera*, vol.1, pp.37~38; Curley, *The Collected Works of Spinoza*, p.82.

피노자에게 실재를 지배하는 자연적이고 인과적인 결정론에 예외란 존재하지 않는다. 자연 안에 자생적이거나 비규정적인 사태는 없으며, 자연법칙을 위배하는(즉 **능산적 자연**과 무한 양태의 인과 원리와 다른) 사건도 없다.

그러므로 기적이 자연법칙에 위배되는 초자연적 현상으로 이해된다면, 스피노자에게 기적은 불가능하다. 정상적인 설명이 사실상 인간 지성을 완전히 벗어난 사건이라는 인식적 의미에서 기적은 있을지도 모르겠다(또는 성서 속의 과거에는 있었을지도 모르겠다). 그러나 자연적으로 설명할 수 없거나 원리상 우리에게 이해될 수 없는 사건이라는 의미의 기적이란 있을 수 없다. 스피노자는 『신학정치론』에서 이러한 생각을 아주 직접적으로 밝힌다.

> 자연에는 자연의 보편적 법칙을 위반하는 어떠한 일도 일어날 수 없다. 이 법칙과 일치하지 않거나 이 법칙을 따르지 않는 어떠한 일도 일어날 수 없다. 왜냐하면 일어난 모든 일은 신의 의지와 영원한 명령을 통해 일어나기 때문이다. 발생한 모든 것은 영원한 필연성과 진리를 함축하고 있는 법과 법칙에 따라 발생한다. 그러므로 영원한 필연성과 진리를 함축하는 법과 법칙이 우리에게 알려져 있지 않을지라도 자연은 항상 그것을 따르고, 따라서 고정되어 있고 불변하는 질서 또한 따른다.

그는 계속하여, 이것으로부터 다음과 같은 것이 '아주 명석하게' 따라 나온다고 말한다.

> 기적이라는 말은 단지 사람들의 믿음과 관련해서만 이해될 수 있고, 우리가 — 또는 기적에 대해 쓴 사람이든 이야기하는 사람이든 여하튼 간

에 ─ 사건의 자연적 원인을 다른 어떤 보통의 사건과 비교함으로써 설명할 수 없는 사건을 의미할 뿐이다.[40]

스피노자에게 자연 자체의 법칙적이며 필연적인 과정보다 신(자연)의 역량을 더 크게 현시하는 것은 있을 수 없다. 신의 섭리는 자연의 방식에 대한 특별한 개입이나 방해에 의해 드러나지 않는다. 오히려 신의 섭리는 실재의 통상적인 인과 질서에서 나타난다. 그리고 신의 '명령'은 자연법칙 그 자체 외에 다른 것이 아니다. 다시 한번, 『신학정치론』은 『에티카』의 이러한 견해에 대한 훌륭한 주석을 제공한다.

신의 명령과 계명, 그리고 결과적으로 신의 섭리는 사실 단지 자연의 질서일 뿐이다. 다시 말해서, 성서가 우리에게 이러저러한 것이 신 또는 신의 의지에 의해 성취되었다고 말할 때, 그것이 자연법칙과 질서에 따라 생겨났다는 것만을 의미할 뿐이며, 보통 사람들이 믿는 것처럼 자연이 그 동안 작용을 멈췄다거나 자연 질서가 일시적으로 중단되었다는 것을 의미하는 게 아니다.[41]

범신론자인가, 무신론자인가?

스피노자는 동시대인들에게 종종 '무신론자'라 불렸다. 그중 한명인 피에

---

40) Gebhardt, *Spinoza Opera*, vol.3, p.83; Samuel Shirley trans., *Theological-Political Treatise*, 2nd ed., Indianapolis: Hackett Publishing, 1998, p.73 [베네딕투스 데 스피노자, 『신학정치론』, 황태연 옮김, 신아출판사, 2010, 6장, 109~110쪽. 번역은 수정].
41) Gebhardt, *Ibid.*, vol.3, p.89; Shirley, *Ibid.*, p.78 [『신학정치론』, 6장, 116쪽. 번역은 수정].

르 벨은 스피노자를 "태생은 유대인이나, 나중에는 유대교 배교자, 마지막에는 무신론자"였다고 묘사한다.[42] 이는 스피노자가 아주 분개했던 혐의였다. 스피노자를 비판했던 다른 사람 중 하나인 람버르트 판 펠트하위선이 '완전한 무신론을 가르친다'는 이유로 스피노자를 비난했을 때, 스피노자는 그가 "내가 의도한 바를 괴팍하리만치 곡해하고 있다"라고 응수하며, 그러한 혐의로 자신을 공격하는 것을 부끄러워해야 한다고 주장한다(42번째 편지와 43번째 편지). 그럼에도 '무신론자'라는 딱지 ─ 아마도 전혀 근거 없는 것은 아닌 ─ 는 스피노자에게 붙어 버렸고, 17세기 후반과 18세기 내내 '스피노자주의'는 무신론과 동의어가 되었다. 무신론은 사람들이 자기 적들과 그들의 생각에 대한 평판을 안 좋게 만들려고 적들에게 퍼붓는 별명이었다.

'무신론'이라는 용어는 확실히 애매한 말이라 종종 다목적인 비난 용도로 사용된다. 그런데 이 말의 의미는 17세기 네덜란드의 격동적인 종교적·정치적 환경이 놓여 있는 문맥에서 사용되었을 때 특히 모호해진다. 스피노자와 동시대에 살았던 많은 네덜란드인들에게 '무신론자'는 단지 종교, 특히 개신교에 불경한 사람을 의미한다. 스피노자는 확실히 대부분의 기성 종교, 특히 당대에 있던 종교들을 그다지 높게 평가하지 않았다. 그러나 그는 자신이 '참된 종교'라고 불렀던 것을 믿었는데, 이는 어느 종파에도 속하지 않는 일종의 도덕적 경건을 추구하는 것으로, 아마 특정 신앙을 고백하지 않은 스피노자의 친구들이 함께 믿었을 것이다. 그래서 그가 "모든 종교를 부인했다"라는 주장에 스피노자는 충격을 받았다. "신은 최고의 선으로 인정되어야만 하며, 자유로운 영혼 안에서 있는 그대로 사랑받

---

42) Bayle, *Historical and Critical Dictionary*, p.288.

아야 한다고 선언하는 사람이 모든 종교를 부인하는 것인가요? 우리의 지복과 우리의 궁극적 자유가 오직 이것에만 있다고 선언하는 그 사람이요?"(43번째 편지).[43]

물론 스피노자가 '무신론자'라는 딱지를 거부한 이유는 무신론자라는 그 딱지만큼이나 애매하다. '무신론자'가 종교 그 자체per se를 거부하는 사람을 의미한다면, 스피노자는 판 펠트하위선에게 말하는 것처럼 자신이 무신론자임을 부인할 것이다. 그러나 같은 편지의 다른 부분에서, 그는 자신의 종교적 믿음이 아닌 삶의 방식에 주목해 보라고 권고하는 것처럼 보인다. "그[판 펠트하위선]가 [제가 추구하는 삶의 방식이 무엇인지] 알았다면, 제가 무신론을 가르쳤다고 그렇게 쉽게 확신하지 않았을 것입니다. 왜냐하면 무신론자는 보통 지나치게 명예와 부를 좋아하는데, 그러한 것들을 저는 저를 아는 모든 이들에게 잘 알려져 있는 것처럼 항상 경멸했습니다"(43번째 편지).[44]

결국 기대했던 것이 무엇이든, 이른바 스피노자의 무신론 문제는 그의 가치관이나 생활 방식 — 심지어 벨이 스피노자의 인격이 모범적이었다는 것을 인정했을지라도 — 에 근거하여 결정될 수 있는 것도 아니고, 종교에 대한 그의 태도에 근거하여 결정될 수 있는 것도 아니며, 심지어 '신' 개념이 그의 철학에서 일정한 역할을 하고 있는지 아닌지에 기초하여 결정될 수 있는 것도 아니다. 신 개념이 『에티카』의 필요불가결한 부분인 것은 의문의 여지가 있을 수 없지만, 이러한 사실이 그 문제를 해결하지는 못한다. 진정한 문제는 스피노자가 '신'이라는 말로 의미한 것이 무엇인가이다.

---

43) Gebhardt, *Spinoza Opera*, vol.4, p.220; Shirley, *Spinoza: The Letters*, p.238.
44) Gebhardt, *Ibid.*, vol.4, p.219; Shirley, *Ibid.*, p.237.

확실히 그의 '신'은 유대-기독교의 종교 전통에서 '신'이 의미하는 것을 의미하지 **않는다**. 먼저 유대교와 기독교의 신은 초월적 존재로, 그가 창조한 세계와 존재론적으로 구별된다. 그런데 스피노자의 신은 앞서 본 것처럼 초월적이지 않고 내재적이다. 스피노자에게 신은 세계 바깥에 있는 초자연적 존재가 아니다. 신은 **곧** 자연이다(하지만 사람들은 이 구절을 해석하고 싶어 한다).

두번째로 유대-기독교의 신은 모든 지혜와 모든 앎을 가지고 있으며 전능하고 선한 분이지만, 때때로 이승뿐만 아니라 저승에서도 우리를 심판하는 진노하는 신이다. 그분은 복을 주시는 아브라함과 이삭과 야곱의 신, 즉 피조물에게 특정한 행동 방식을 명령하고 기대하는 신, 창조를 위한 계획을 생각하고 수행하는 높으신 존재이다. 이 신은 인간을 보살피며 그의 의지에 순종하는 자들에게 상을 주시고 그의 의지에 불복하는 이들에게 벌을 내리신다. 유대-기독교의 신은 여러 심리적 특징(지성, 의지, 욕망, 심지어 감정까지)과 도덕적 특징(자비, 옳고 그름과 선과 악에 대한 판단)이 부여된 신이다.

스피노자가 어리석은 신인동형론이라고 거부한 것은 바로 신에 대한 이러한 전통적인 종교적 상이다. 1부 정리1~15에서 "존재하는 것은 무엇이든 신 안에 있다"는 것을 밝힌 직후, 스피노자는 정리15의 주석에 짤막한 말을 덧붙인다. "신을 인간처럼 신체와 정신으로 구성되어 있고, 정념에 종속되는 존재로 만드는 이들이 있다. 그러나 그들이 신에 관한 참된 인식으로부터 얼마나 멀리 벗어나 있는가는 이미 증명된 것에 의해 충분히 밝혀졌다." 이 주제는 아주 흥미롭고 극히 중요한 1부 말미에 달린 부록에서 자세하게 다뤄진다.

1부에서 스피노자의 근본적 통찰은 자연이 분할 불가능하고 무한하며 원인이 없고 실체적인 전체 — 사실 그것이 **유일한** 실체적인 전체이다 — 라는 것이다. 자연 외부에는 아무것도 없고, 실존하는 모든 것은 자연의 일부이며, 자연의 법칙을 통해 결정론적 필연성을 가진 자연**에 의해**, 자연 안에서 존재하게 된다. 이 실체적이고 유일하고 통일적이고 능동적이며 무한한 역량을 가진 필연적 존재가 바로 '신'이 의미하는 **것이다**.

그리고 나서 1부 부록은 이전 정리들에서 증명되었던 형이상학의 종교적이고 신학적인 함축을 도출해 낸다. 인간이 자신을 위해 만든 계획을 제외한다면, 자연에 내재하는 필연성 때문에 우주 자체의 목적론이나 우주 내부의 목적론이랄 것은 없다. 자연 그 자체는 어떤 목표도 가지고 있지 않거나 어떤 목적을 위해 행위하지 않으며, 자연 안에 있는 실재들은 어떤 것을 위해 실존하지 않는다. 이것을 아리스토텔레스 철학 — 스피노자는 아리스토텔레스 철학을 잘 알고 있었다 — 의 용어로 말해 보자면, '목적인'이 없다는 것이다. 모든 것은 작용적 인과의 작동을 통해서만 생겨난다. 신 또는 자연은 어떤 목적을 달성하기 위해 무엇인가를 하지 않는다. 실재의 질서는 단지 신의 속성으로부터 필연적으로 따라 나오는 것일 뿐이다. 신의 목적, 의도, 목표, 선호, 뜻에 관한 모든 이야기는 단지 신인동형론적 허구일 뿐이다.

> 내가 여기에서 드러내고자 하는 모든 편견은 다음과 같은 사실에 의거한다. 곧, 사람들은 보통 모든 자연 실재들이 인간이 그러하듯 어떤 목적 때문에 활동한다고 가정하고, 실로 신 자신이 만물을 어떤 특정한 목적을 향하도록 한다는 것을 확실하다고 주장한다는 사실 말이다. 왜냐하면 그들은 신이 인간을 위해 만물을 만들었고 자신을 경배하도록 인간을 만들었다고 말하기 때문이다. (1부 부록)[45]

신은 실재가 얼마나 잘 자신의 목적을 따르는가 하는 기준으로 실재들을 판단하는 어떤 목적 지향적 계획자가 아니다. 실재들은 단지 자연과 그 법칙 때문에만 발생한다. "자연은 그것 앞에 설정된 목적을 가지고 있지 않다. …… 만물은 자연의 영원한 필연성에 의해 진행된다." 이와 다르게 믿는 것은 기성 종교의 핵심에 놓여 있는 바로 그 미신의 먹잇감이 되는 것이다.

[사람들은] 자신들 안팎에서 자신의 이익을 추구하는 데 아주 도움이 되는 많은 수단을 발견한다. 예컨대 보기 위한 눈, 씹기 위한 이, 먹기 위한 식물과 동물, 빛을 주기 위한 태양, 물고기를 살리는 바다 등. 이런 이유로 그들은 모든 자연 실재를 자신의 이익을 위한 수단으로 생각한다. 그런데 이러한 수단을 발견하긴 했지만 그들 스스로 그것을 공급한 것은 아님을 알고 있기에, 자신들이 사용할 수 있도록 이러한 수단을 준비한 어떤 다른 이가 있었던 것이라고 믿을 이유를 갖게 되었다. 왜냐하면 실재들을 수단으로 생각한 후 그 실재들이 저절로 만들어진 것이라고 믿을 수는 없었지만, 자신들을 위해 준비되어 있다고 보는 데 익숙해진 수단으로부터 인간과 같은 자유를 갖추고 있으며 자신들을 위해 만물을 돌보고 자신들이 사용하도록 만물을 만든 자연의 한 지배자 또는 많은 지배자가 있었다고 추론할 수밖에 없었기 때문이다. 그런데 그들은 이러한 지배자들의 기질에 관해 어떠한 것도 들은 바가 없기 때문에, 자신들의 기질로부터 지배자들의 기질을 판단할 수밖에 없었다. 이런 이유로 그들은 신들이 인간들을 자신들에게 묶어 놓고 인간들에게 최고의 존경을 받으려는 목적으

---

45) Gebhardt, *Spinoza Opera*, vol.2, p.78; Curley, *The Collected Works of Spinoza*, pp.439~440.

로 만물을 인간의 필요에 따라 만들었다고 주장했다. 그래서 인간들 각각은 자신의 기질에 따라, 신이 다른 사람들보다 자신들을 더 사랑하게 만들고 신이 자신들의 맹목적 욕망과 만족될 수 없는 탐욕이 요구하는 바에 따라 자연 전체를 만들도록, 신을 경배하는 여러 방법을 고안해 내게 되었다. 이런 식으로 이러한 억측은 미신으로 바뀌게 되었으며, 그들의 마음속에 깊이 뿌리 내리게 되었다. (1부 부록)[46]

좀더 성가신 서신 교환 대상 중 하나였던 네덜란드의 상인 빌럼 판 블리옌부르흐Willem van Blijenburgh에게 보낸 편지에서, 스피노자는 이런 식으로 신을 생각하는 것의 불합리함을 강조한다. 그는 말하길, 전통 신학적 언어는 신을 "완전한 인간"으로 표상하며, "신이 어떤 것을 욕망하고, 불경한 행위에 노하며 경건한 행위에 기뻐한다"라고 주장한다. 하지만 철학적으로 아주 엄밀하게 생각해 볼 때, "신에게 그러한 속성을 귀속시키는 것은 인간에게 코끼리나 당나귀를 완전하게 만드는 속성을 귀속시키는 것만큼이나 잘못된 일일 것임을 우리는 명확하게 이해한다"(23번째 편지).[47] 몇 해 후, 이번에는 휘고 복셀Hugo Boxel에게 보낸 다른 편지에서, 스피노자는 자신의 주장이 정당하다는 것을 보여 주기 위해 비꼬기 시작한다.

신이 보고 듣고 마음을 쓰고 의지하는 등의 행위를 부정한다면 제가 생각하는 신이 어떤 유의 신인지 모르시겠다고, 그래서 신은 그러한 능력을

---

46) Gebhardt, *Spinoza Opera*, vol.2, pp.78~79; Curley, *The Collected Works of Spinoza*, pp.440~441.
47) Gebhardt, *Ibid.*, vol.4, p.148; Shirley, *Spinoza: The Letters*, p.166.

탁월하게 가지고 있다고 말씀하신다면, 저는 앞서 언급한 속성들에 의해 설명될 수 있는 것보다 더 완전한 것은 없다고 선생께서 믿고 계신 것은 아닌지 의심스럽습니다. 삼각형이 말할 수 있다면, 삼각형은 신이 탁월하게 삼각형이라고 똑같이 말할 수 있을 것이고, 원은 신의 본성이 탁월하게 원이라고 말할 수 있을 것이라고 믿기 때문에, 저는 놀랍지 않습니다. (56번째 편지)[48]

목적을 가지고 있으며 목적에 부합하도록 행위하는 심판하는 신은 그 목적에 복종하는 신이고 그 목적에 회유되는 신이다. 그렇기 때문에 기회주의적 설교가들은 그러한 신 앞에 놓여 있는 우리의 희망과 두려움을 이용할 수 있다. 그들은 그 신의 처벌을 피하고 보상을 받기 위한 계산된 행동 방식을 처방한다. 그러나 스피노자는 신 또는 자연이 목적을 이루고자 행위하는 것처럼 보는 것 — 자연 안에서 목적을 찾는 것 — 은 자연을 잘못 이해한 것이며, 참된 원인 앞에 결과(최종 결과)를 둠으로써 "자연을 뒤죽박죽으로 만드는 것이다". 스피노자의 관점에서 전통 종교의 신 개념은 계몽이 아닌 미신으로만 인도할 뿐이다.

기적에 대한 믿음처럼, 목적성을 신 또는 자연에 투사하는 것은 그저 현상의 참된 원인에 대한 무지에 기인하는 일일 뿐이다.

만일 어떤 방에서 누군가의 머리로 돌이 떨어져 그이가 죽었다면, 그들은 아래와 같은 방식으로 돌이 그 사람을 죽이기 위해 떨어진 것임을 보여

---

[48] Gebhardt, *Ibid.*, vol.4, p.260; Shirley, *Ibid.*, p.277. ('탁월하게'라는 용어에 대해서는 이 책 433쪽을 참고하라.)

줄 것이다. 만일 신이 그것을 의지함에 따라 돌이 그러한 목적으로 떨어진 게 아니라면, (많은 상황이 동시에 여러 번 발생했으므로) 어떻게 그렇게 많은 상황이 우연히 일어날 수 있었는지 물을 수 있을 테니 말이다. 아마도 당신은 바람이 거세게 불었고 그 사람이 그 길을 걸어가고 있었기 때문에 일어난 일이라고 대답할 것이다. 그러나 그들은 집요하게 계속할 것이다. 왜 그때 바람이 거세게 불었는가? 왜 그때 그 사람은 그 길을 걸어가고 있었는가? 만약 당신이 다시, 전날은 날씨가 맑았지만 바다가 뒤집어지기 시작해서 바람이 불었던 것이며 그 사람은 친구의 초대를 받았기 때문이라고 대답한다면, 그들은 계속 밀고 나갈 것이다. 의문을 가질 수 있는 문제는 끝이 없기 때문이다. 그런데 왜 바다는 뒤집어졌는가? 왜 바로 그때 그 사람은 초대를 받았는가? 그렇게 그들은 신의 의지, 즉 무지의 피난처로 도피할 때까지 원인의 원인을 묻는 것을 멈추지 않을 것이다. (1부 부록)[49]

공격적인 언술이다. 확실히 스피노자는 자기 입장의 위험성을 모르지 않았다. 우리가 쉽게 잘 믿는다는 것을 이용하는 인용문의 설교자들은 빗장을 열어젖히고 자연의 진리를 보여 주려고 하는 이가 누구든 격하게 비난할 것이다. "바보처럼 자연 사물에 놀라지 않고 기적의 참된 원인을 찾으며 학식 있는 사람들처럼 그것을 간절히 이해하고 싶어 하는 사람은 보통, 우중들이 자연과 신들의 해석자라고 존경하는 이들에 의해 불경한 이단자로 간주되고 맹렬히 비난당한다. 만일 무지가 제거되어 바보 같은 경탄이

---

[49] Gebhardt, *Spinoza Opera*, vol.2, pp.80~81; Curley, *The Collected Works of Spinoza*, p.443..

사라진다면, 자신들의 권위를 주장하고 옹호하는 유일한 수단 또한 제거된다는 것을 그들은 알고 있기 때문이다"(1부 부록).

그래서 적어도 스피노자는 그가 보기에 신과 같은 존재에는 적합하지 않은 심리적이고 도덕적인 특징을 신에게 부여한 신인동형론적 환상을 제거하려고 한다. "[신의 활동을 인간의 활동처럼 생각하는] 이 학설은 신의 완전성을 제거한다"(1부 부록).[50] 그러나 이런 주장이 곧 스피노자를 무신론자로 만드는 것은 아니다. 이는 단지 그의 신 개념이 전통 종교상(像)에서 벗어나 있다는 것을 의미하는 것일 뿐이기 때문이다. 스피노자가 추방당했을 때 암스테르담의 포르투갈계 유대인 공동체에는 스피노자가 "신은 오직 철학적으로만 실존한다"고 믿었다는 소문이 떠돌았다. 이 혐의는 모호하지만, 스피노자가 최소한 너무 합리적인 신 개념을 가지고 있었다는 것을, 어쩌면 특정한 형이상학적·인과적 기능은 가지고 있지만 유대-기독교 신의 심리적이고 도덕적인 특징은 없는, 고통 속에서도 희망을 갖는 피조물인 우리에게 거의 위안이 되지 않는 상당히 비인격적 신 개념을 가지고 있었다는 것을 의미할 수는 있을지도 모른다. 그러나 데카르트에게 무신론이라는 혐의를 덮어씌우려는 의도 없이도, 사람들은 또한 그의 체계 내에서 주로 형이상학적이고 인식론적 역할을 하는 데카르트의 신 역시 단지 '철학적 신'으로 보일 수 있다고 주장할 수 있을지 모른다.

진정한 유신론을 문제가 있는 것으로 만드는 점인 스피노자 신 개념의 더 곤란한 특징은 신과 자연을 동일시하고 신의 초월성을 제거한다는 점이다. 수 세기 동안 사람들은 흔히 스피노자를 범신론자라고 불렀다. 그런데 모든 형태의 범신론에 특징적인 점은 신의 초월성을 거부한다는 것

---

50) Gebhardt, *Ibid.*, vol.2, p.80; Curley, *Ibid.*, p.442.

이다. 이 명칭은 스피노자에게 어느 정도 적합한 것처럼 보인다. 그러나 '범신론'은 적어도 두 가지 의미를 가진 것으로 볼 수 있다. 첫째, 범신론은 ⓐ 신이 존재론적으로 세계와 그리고 그 내용물들과 구분되지만, 그럼에도 그 안에 어디에나 있는 방식으로 '포함'되어 있거나 '내재'해 있다는 주장으로 이해될 수 있다. 아마도 물이 흠뻑 젖은 스펀지 안에 포함되어 있거나 과즙이 과일 안에 포함되어 있는 방식으로 말이다. 이는 '내재론적 범신론' immanentist pantheism이라 불릴 수 있을 것이다. 두번째로 범신론은 ⓑ 신이 실제로 실존하는 모든 것과 동일하다는 주장으로 이해될 수 있다. 이 입장은 "신은 만물이고 만물은 신이다"라는 주장으로 표현된다. 이러한 관념에서 신은 세계이자 그 모든 내용물들이고, 아무것도 그것들과 구별되지 않는다. 이것은 '환원주의적 범신론' reductive pantheism이라 할 수 있을 것이다.

신은 자연 안에 '내재'한다고 스피노자가 명시적으로 말한 것은 사실이지만, 그는 분명 첫번째 내재론적 의미에서 범신론자는 아니다. '신 또는 자연'이라는 표현은 신과 자연의 엄격한 수적 동일성을 주장하기 위해 의도된 것이지 포함 관계를 주장하기 위한 것은 아니다. 자연이 그 자연적 내용물들뿐만 아니라 신적이고 초자연적인 내용물임이 분명한 내용물도 포함하는 그러한 방식으로, 신은 자연 '안에' 있는 것이 아니다. 자연적 실재 안에든 아니면 전체로서의 자연 안이나 아래에든, 초자연적인 신성한 불꽃이나 영靈이나 감로수[51] 같은 것은 없다.

그러나 내가 주장하고 싶은 것은 두번째 환원주의적 의미에서도 그는 범신론자가 아니라는 점이다. 왜 그런지 그 이유를 이해하는 게 중요하다.

---

51) 〔옮긴이〕 '신성한'(divine) 불꽃(spark), 영(spirit), 감로수(juice) 등은 서양의 그리스도교 신비주의 전통에서 자연 안에 존재한다고 간주되는 신성한 것들을 일컫는다.

이전 장에서 검토했던, 신이 자연 **전체**와 동일한 것인지 아니면 자연의 **일부**(즉 능산적 자연)와 동일한 것인지에 관한 논쟁이 표면적으로는 이른바 스피노자의 범신론 문제에 결정적인 것처럼 보일지도 모른다. 무엇보다 만약 범신론이 신은 곧 모든 것이라는 견해라면, 스피노자는 신과 자연의 **모든 것**을 동일시하는 한에서만, 즉 우리가 그의 형이상학에서 실체와 양태의 관계에 대한 내속적 해석을 채택하는 한에서만 그는 범신론자이다. 사실 최근 문헌에서 이 문제를 바라보는 프레임은 바로 이런 것이다. (그것은 신에 대한 스피노자의 견해가 무엇인지에 대한 17세기와 18세기의 논쟁과 달리, 종교적이고 정치적인 열정은 덜 포함하고 있으며 눈 밝은 분석은 더 많이 포함하고 있다.) 스피노자가 범신론자**라고** 믿는 이들이건 범신론자가 **아니라고** 믿는 이들이건, 모두 신이 자연 전체와 동일한 것인지, 아니면 양태를 제외한 실체 및 속성과만 동일한 것인지에 관한 문제에 초점을 맞춘다.[52]

하지만 나는 스피노자가 신과 자연을 어느 정도까지 동일시했는지 그 **범위**에 관한 이 논쟁은 사실 핵심이 아니라고 말하고 싶다. 확실히, 만약 '범신론'이 신은 만물이라는 생각을 의미하는 것이라면, 그리고 만약 사람

---

[52] 그래서, 한편에서 베넷은 신이 자연 전체와 동일하기 때문에, 스피노자는 범신론자라고 주장한다(Bennett, *A Study of Spinoza's Ethics*, p.58). 요벨도 유사한 견해를 가지고 있다 (Yirmiyahu Yovel, *Spinoza and Other Heretics, vol.I: The Marrano of Reason*, Princeton: Princeton University Press, 1989, p.76). 다른 한편에서 앨런 도너건은 스피노자가 "유한한 실재 전체는 신이다"라는 것을 거부하기 때문에 "스피노자는 범신론자가 아니다"라고 주장한다(Alan Donagan, *Spinoza*, Chicago: University of Chicago Press, 1988, p.90). 같은 이유로 도너건에게 동의하는 이들로는 컬리와 실뱅 자크 등이 있다(Edwin Curley, "On Bennett's Interpretation of Spinoza's Monism", ed. Yirmiyahu Yovel, *God and Nature: Spinoza's Metaphysics*. Leiden: E. J. Brill, 1991, pp.35~51; Sylvain Zac, "On the Idea of Creation in Spinoza's Philosophy", ed. Yirmiyahu Yovel, *God and Nature: Spinoza's Metaphysics*, 1991, Leiden: E. J. Brill, pp.231~242).

들이 신은 단지 능산적 자연만을 말하는 것이라고 스피노자를 해석한다면, 그때 스피노자의 신은 만물이 아니고, 결과적으로 그는 범신론자가 아니다. 이러한 독해에서 유한한 실재들은 자연의 영원하고 필연적이며 활동적인 측면에 의해 생겨난 것이지만, 신 또는 실체와 동일하지 않고 오히려 그것의 결과이다. 그러나 이것이 스피노자가 범신론자가 아님을 보여 주는 주목할 만한 방법은 아니다. 왜냐하면 스피노자가 실제로 신과 자연 전체를 동일시했다 하더라도, 그가 범신론자**라는** 결론이 따라 나오는 것은 아니기 때문이다. 중요한 사안은 스피노자 형이상학의 신 개념에 대한 적절한 독해가 무엇이냐 하는 문제가 아니다. 둘 중 어떤 해석에서든, 스피노자는 자연주의적이자 환원주의적으로 움직인다. 신은 자연 전체와 동일하거나 아니면 단지 자연의 일부와 동일하다. 이러한 이유로 스피노자는 (환원주의적 방식에서) 범신론자와 무엇인가를 공유한다. 그러나 ― 그리고 중요한 점은 이것인데 ― 무신론자조차 큰 어려움 없이 신은 자연일 뿐이라는 것을 받아들일 수 있다. 환원주의적 범신론과 무신론은 존재론적 용어로 말하자면 외연적으로 등가적이다. 둘 다 자연적인 것 위에나 그 너머에 있는 그 어떤 것도 인정하지 않기 때문이다.

오히려 스피노자의 범신론 문제는 **신 즉 자연**Deus sive Natura에 대해 취해야 할 적절한 태도와 관련하여 사실 심리적 측면에서 대답될 성격의 것이다. 나는 우리가 채택한 실체/양태 관계에 대한 두 해석 중 어떤 해석이든, 범신론이 여전히 유신론의 일종인 한 스피노자를 '범신론자'라고 부르는 것은 잘못된 판단이라고 주장하고 싶다. 사실 범신론을 무신론으로부터 구별시켜 주는 것은, 범신론이 유신론이 요구하는 종교적이고 심리적인 태도를 부적절한 것으로 거부하지 않는다는 점이다. 오히려 범신론자는 신 ― 그 앞에서 우리가 숭배하고 경외하는 태도를 취해야 하는 존재 ─ 이 존재한다고 또는 신이 자연 전체에 퍼져 있다고 그야말로 단언한다. 그러나 이보다 스피노자 철학의 정신으로부터 더 멀리 떨어져 있는 것은 아무것도 없다. 어느 정도 앞서 살펴본 것처럼, 그리고 다음 장에서 보다 자세하게 검토하게 될 것처럼, 스피노자는 경건한 외경심이 신 또는 자연 앞에서 취해야 할 적절한 태도라는 것을 믿지 않았다.[53] 자연에 거룩하거나 성스러운 것은 아무것도 없다. 자연은 확실히 종교적 경험 ─ 희망과 두려움의 감정을 수반하는 ─ 의 대상이 아니며, 스피노자의 체계에서 자연의 모습에는 신비한 느낌을 위한 자리가 없다. 대신 우리는, 자연의 가장 중요한 진리를 드러내고 어떻게 만물이 본질적으로 그리고 실존적으로 상위의 자연적 원인에 의존하는지를 보여 주는, 적합하거나 명석 판명한 지성적 인식과 같은 그러한 종류의 인식으로, 신 또는 자연을 이해하기 위해 노력해야 한다. 스피노자에게 신을 이해하고 경험하기 위한 열쇠는 철학과 과학이지 종교적 경외감이나 경건한 순종이 아니다. 후자는 단지 미신적 행동과 교회의 권위에 대한 종속을 낳을 뿐이다. 그러나 전자는 깨달음, 자유, 참된 지복(즉 마음의 평안)으로 이끈다.

분명 스피노자는 때때로 아주 종교적인 듯한 언어를 구사한다. 그는 "우리는 우리가 영원하다는 것을 경험을 통해 느끼고 안다"라고도 말하고

---

53) 베넷은 이러한 해석에 동의하지 않는다. 그가 스피노자의 범신론이라는 문제에서 중요한 부분은 신 또는 자연에 대해 취해야 할 적절한 태도에 관한 문제라고 이해한 것은 옳다. 하지만 바로 그 이유 때문에 그는 스피노자가 실제로 유신론자(범신론자)라고 주장한다. "스피노자에게는 전체로서의 자연에 '신'이라는 이름을 사용한 다른 이유가 있었다. 즉 그가 자연을 우리의 숭배, 경외, 미천한 사랑의 적합한 대상으로 보았다는 점이다. …… 그래서 그는 유대-기독교 전통에서 신에게 적용되던 형이상학적 **서술**이 자연에 가장 잘 부합한다고 간주했을 뿐만 아니라, 유대-기독교 전통에서 오직 신에게만 허락된 **태도** 또한 자연에 가장 잘 적용될 수 있다고 간주할 수 있었던 것이다"(Bennett, *A Study of Spinoza's Ethics*, pp.34~35).

(5부 정리23 주석), 덕과 완전함은 '신에 대한 사랑'amor Dei에 수반된다고도 말한다(5부 정리15, 정리32 주석, 정리33). 그러나 곧 보게 될 것처럼, 그러한 구절은 전통적인 종교적 의미를 가지고 있지 않다. 스피노자의 자연주의적이고 합리주의적인 기획을 고려할 때 우리에게는 이러한 관념을 주지주의적으로 적절하게 해석하여 제시할 것이 요구된다. 그래서 신에 대한 사랑은 기쁨의 궁극적이고 자연적 원인에 대한 단순한 자각으로 드러날 것이다. 그 기쁨은 우리의 조건이 개선되는 결과를 수반하는데, 이는 3종의 인식이 가져오는 것이다. 신을 사랑하는 것은 자연을 이해하는 것에 다름 아니다. 우리가 참여하는 영원성은 우리 정신 일부를 이루고 있는 영원한 진리에 대한 인식에 의해서만 표상된다.

18세기에 독일 철학자 프리드리히 야코비Friedrich Jacobi와 모제스 멘델스존Moses Mendelssohn 간에 **범신론 논쟁**Pantheismusstreit이라 불리는 중요한 논쟁이 있었다. 쟁점은 범신론자가 무신론자인지 여부, 특히 스피노자가 범신론자였는지, 만약 그렇다면 그는 또한 무신론자였는지 등이었다. 이 논쟁은 스피노자 철학의 실체가 무엇인지에 관한 논쟁이라기보다는, 그에게 적합한 별칭은 무엇이고 그를 어떤 지적 범주에 포함시킬 것인지에 관한 논쟁처럼 보인다. 정의가 그러하니, 나는 범신론이 무신론은 아니라고 주장하겠다. 그런데 스피노자가 사실상 무신론자임은 적어도 나에게는 극히 명백해 보인다. 낭만주의 사상가인 노발리스가 스피노자의 범신론이라고 이해했던 것에 감동받아 그를 '신에게 중독된 사람'이라고 불렀을 때, 노발리스는 잘못 본 것이었다. 스피노자는 자연을 신적인 것으로 높이지 않았다. 반대로 그는 전통적 신 개념이 일으키는 정념과 미신적 믿음의 힘을 약화시킬 수 있기를 바랐고, 신적인 것을 자연으로 격하시켰다. 즉 신을 자연화했다. 스피노자에게 유신론이 있다면, 그것은 단지 유명론적인 것일 뿐이다. 그는 '자연'을 나타내기 위해 '신'이라는 단어를 사용했다. 그러나 단지 자연이나 실체의 기본적 특징 —영원성, 필연성, 무한성—이 전통적으로 신에게 귀속된 것들이기 때문에 그렇게 했던 것이다. 그것은 세계에 신적 차원을 도입하지 않고 자연과 실체에 대한 자신의 견해를 해명하는 하나의 방법이었다.

5장

인간

5장
인간

1부에서 스피노자는 우주에 대한 광범위한 형이상학적 그림을 제시했다. 존재하는 모든 것은 단일하고 필연적으로 실존하는 무한한 실체에 속하는 바, 이 실체는 유일하며 모든 것을 포괄하는 체계로 그 바깥에는 아무것도 없으며 그 자신의 내적 역량과 원리가 절대적이고 수학적인 필연성에 따라 만물을 내재적으로 생겨나게 하는 것이다. 이 실체는 '신' 또는 '자연'이라 불릴 수 있다. 어떻게 부르든, 유대-기독교 전통이 실재의 창조자로 받아들이고 스피노자가 미신을 부추기는 신인동형론적 허구라고 거부하는, 심리적이고 도덕적인 성격이 부여된 그러한 신을 위한 여지는 전혀 없다.

2부에서 스피노자는 현행적으로 실존하는 유한한 양태들의 세계, 특히 이 지속의 영역을 이루는 '독특한 실재들' 중 하나인 인간에게로 관심을 돌린다. 스피노자의 궁극적 목표는 결정론적 우주 안에 놓인 인간 행복을 설명하는 것이기 때문에, 그는 무엇보다 인간이 정확히 무엇인지 그리고 인간이 어떻게 실재들의 형이상학적 도식과 조화를 이룰 수 있는지를 톺아볼 필요가 있다. 스피노자 인간학의 눈에 띄는 특징은 인간을 다른 모든 것을 지배하는 자연법칙에 예외적인 존재로 만들고 일종의 '국가 속의 국가'로 만드는 인간 본성 개념에 그가 반대한다는 점일 것이다. 존재론적으로 말하자면, 자연 안의 다른 특수하고 규정된 모든 양태로부터 인간을 구별하는 것은 아무것도 없다. 인간은 단지 속성들과 무한 양태들로부터 따라 나오는 무한하게 많은 유한한 실재들 중 하나일 뿐이다.

나는 이제 신 또는 무한하고 영원한 존재의 본질로부터 필연적으로 따라 나오는 것임에 틀림없는 것들에 대한 설명으로 넘어간다. 그러나 1부 정리16에서 그로부터 무한하게 많은 것들이 무한하게 많은 방식으로 따라 나옴에 틀림없다는 것을 증명했기 때문에, 실제로는 그 전부가 아니라, 이를테면 우리들을 손으로 이끄는 것처럼 인간 정신과 그 지복至福에 대한 인식으로 우리를 인도할 수 있는 것들만 다룰 것이다. (2부 서문)[1]

『에티카』 2부 앞부분 어디에선가 스피노자는 정리의 행렬을 잠시 멈추고 기존 형식에서 벗어나 독자들에게 말을 건넨다. 그는 자신의 주장이 기이한 성격을 가지고 있다는 것을 알고 있는 것처럼 보인다. 그리고 독자들에게 인내할 것을 청한다. "여기에서 아마도 독자들은 멈추어 그들을 멈추게 한 많은 것들을 생각할 것이다. 이러한 연유로 나는 독자들에게 나와 함께 천천히 한 걸음 한 걸음 나아갈 것을, 그리고 이 문제들을 꼼꼼히 읽을 때까지 그것들에 대해 판단하지 말 것을 요청한다"(2부 정리11 주석).

2부의 처음 11개 정리에는, 이 여담에 뒤이어 나오는 세 정리와 마찬가지로, 정말이지 (조심스럽게 말하자면) 사람들을 멈추게 할지도 모를 몇 가지 것들이 있다. 각 속성들에 속하는 유한 양태들의 관계에 대한 스피노자의 일반적이고 중요한 주장인 소위 평행론이 있으며, 나중에 그 주장에

---

[1] Gebhardt, *Spinoza Opera*, vol.2, p.84; Curley, *The Collected Works of Spinoza*, p.446.

서 연역해 내는 인간에 관한 특정한 주장이 있다. 스피노자는 인간이 의당 실체인 것은 아니라고 주장할 것이다(2부 정리10). 그러나 지금쯤은 이미 이러한 주장이 놀랍지는 않을 것이다. 하지만 놀라운 것은 인간 정신이 단지 인간 신체에 대한 '관념'일 뿐이라는 생각, 그리고 스피노자가 이러한 생각을 통해 심신 관계, 인간성, 자유에 관한 많은 철학적 문제들을 해결하는 특이한 방식이다.

평행론

지금까지 보았던 것처럼 그리고 스피노자가 2부의 처음 두 명제에서 다시 상기시키는 것처럼, 사유와 연장은 신의 속성들에 속하는 두 속성, 즉 우주 안에 있는 실재들의 가장 일반적 본성들에 속하는 두 본성이다. 실제로 무한하게 많은 그러한 속성들이 있지만, 이 두 속성만 우리가 어떤 인식을 가질 수 있는 것들이다. 으레 자연스럽게 제기될 수 있는 질문은 그것이 실제로 그러한 이유는 무엇인가 하는 것이다. 자연에 무한하게 많은 측면이 있다면, 우리가 그중 단 두 가지만 인식할 수 있는 것은 어째서인가?

무한하게 많은 미지의 속성이 실존한다는 것은 기실 스피노자 체계의 보다 신비로운 견해 중 하나지만, 그는 사실 이 문제에 대한 해결책 역시 가지고 있다. 우리는 일단 인간 정신 자체의 본성과 그 역량을 보다 철저하게 검토하고 난 후 곧 그 문제를 고찰할 수 있을 것이다.

실존하는 모든 것은 ─ 현재로서는 그 신비로운 미지의 영역은 무시하고 물리적 실재에 속하는 영역과 정신적 실재에 속하는 영역으로 제한하지 않으면 안 된다 ─ 우리에게 알려진 두 속성들 중 하나에 속한다. 사실 실존하는 모든 것은 각 속성들하에서 그 역량을 발현하는 하나이자 동일한 실체임이 드러난다. 이것이 실존하는 모든 것들이 단지 그 실체의 양태에 불과한 이유이다.

사유의 양태는 스피노자가 '독특한 사유'singular thoughts라고 부르는 것이다. 스피노자는 그것을 '관념'이나 '정신'이라고도 부른다. 그는 관념을 "정신이 형성한 정신의 개념"이라고 정의하는데, 이는 "정신이 사유하는 실재이기 때문이다"(2부 정의3). 사유 속성에 속하는 이러한 관념이 우리 자신의 정신 활동에 속하는 정신의 내용물과 반드시 유사한 것은 아니다. 모든 관념이 인간 정신에 속하는 것은 아니며, 모든 관념이 인간의 관념과 유사한 것도 아니다. 오히려 사유의 직접적 무한 양태, 즉 신의 무한한 지성에 대한 논의에서 보았듯이, 사유 속성 ― "모든 독특한 사유는 이 사유 속성 개념을 포함하고, 모든 독특한 사유는 이 사유 속성을 통해 파악된다" ― 을 '표현하는' 관념은 다른 무엇보다도 실재에 대한 신의 관념 또는 신의 독특한 사유이다. 신의 관념은 정신적 존재라기보다는 개념적인 것이며, 자연 안에 실존하는 그 대상에 대한 절대적이고 적합한 인식을 구성한다.

이러한 신의 관념이 인간의 정신적 상태와 공통적으로 가지고 있는 한 가지는 신의 관념도 실재**에 대한** 것이라는 점이다. 스피노자는 사유 속성에 사유 속성의 양태들을 다른 속성들의 양태들과 구별시켜 주는 특별한 무엇인가가 있음을 인지하고 있었다. 사유 속성은 특이한데, 왜냐하면 사유함은 언제나 어떤 것**에 대한** 사유함이기 때문이다 ― 즉 그것은 철학자들이 '지향성'intentionality이라고 부른 것을 갖는다. 스피노자는 "신의 무한한 본성으로부터 형상적으로 따라 나오는 것은 무엇이든 동일한 질서에서 그리고 동일한 연관을 가지고 신의 관념으로부터 신 안에서 표상적으로 따라 나온다"(2부 정리7 따름정리)라고 말한다. 17세기에 '형상적으로'formally 실존한다는 말은 실재적 또는 현행적 존재를 갖는다는 것을 뜻한다. 반면 '표상적으로'objectively 실존한다는 말은 (우리가 오늘날 이 단어를 사용하는 방식과 반대로) 정신 안에서 사유에 관한 어떤 것으로, 사유함의 대상으로, 즉 관념의 **내용**으로서 실존한다는 것이다.[2] 하늘에 있는 태양은 형상적 실재성을 갖는다. 그리고 내가 태양에 대해 생각할 때, 그렇게 함으로써 내 정신 안에 있는 태양은 또한 관념의 내용으로서 표상적 실재성을 갖는다. 사유의 양태들(또는 특수한 관념들)은 ─ 모든 유한 양태들처럼 ─ 양태로서 고유한 형상적 실재성을 가지고 있다. 하지만 사유의 양태들은 또한 (다른 속성들의 유한 양태들과는 달리) 실재들**에 대한** 것이며, 자신들〔예컨대 태양에 대한 관념〕안에 표상적으로 포함된 바로 그 실재들〔예컨대 태양〕**에 대한** 것이다.

좀더 상술해 보자면, 이러한 관념이나 사유가 **대상**으로 하거나 그것과 관련된 것은 모든 속성들의 유한 양태들뿐만 아니라 모든 속성들 그 자체이다. (위에서 사용된 전문 용어로 말하자면, 모든 속성 안에서 실재들은 유한 양태로서 형상적으로 실존한다. 그러나 이 동일한 양태는 사유의 양태 안에서, 즉 관념 안에서 표상적으로 실존한다.) 연장의 유한 양태는 독특한 물체이다. 모든 속성들, 사유와 연장뿐만 아니라 알려지지 않은 무한하게 많은 속성들도 그 고유의 양태들을 갖는다. 그리고 각각의 속성에 속하는 각각의 양태에 대해, 신 안에는 사유 속성에 포함되고 그것들에 대응하는 독특한 관념이 있다.

---

[2] 〔옮긴이〕 오늘날 'objective(ly)'라는 단어는 '객관적(으로)'이라는 뜻을 가지고 있으며, 이는 주지된 바와 같이 정신 '밖'에 있다는, 혹은 인식 주관과 무관하다는 의미이다. 그런데 17세기에 이 단어는 저자가 언급한 것처럼 정신 '안'에 있는 관념의 내용과 관련된다. 그래서 17세기 용법과 현대적 용법이 상반된다고 하는 것이다. 동일한 기표에 다른 기의가 부여된 것이니 '객관적(으로)'이라고 번역하고 의미 차이를 밝히는 방법이 하나 있겠고, 17세기 용법을 고려하여 '표상적(으로)'이라고 번역함으로써 뜻을 살리는 방안도 있겠다. 두 번역 모두 일장일단이 있지만, 이 책에서는 이미 널리 사용되는 '표상적(으로)'이라는 번역어를 선택했다.

2부 정리3 신 안에는 필연적으로 신의 본질에 대한 관념과 신의 본질로부터 필연적으로 따라 나오는 모든 것에 대한 관념이 있다.

증명 왜냐하면 신은 (2부 정리1에 의해) 무한하게 많은 실재들을 무한하게 많은 방식으로 사유할 수 있기 때문에, 즉 (동일한 것인데, 1부 정리16에 의해) 신의 본질과 신의 본질로부터 필연적으로 따라 나오는 모든 것들에 대한 관념을 형성할 수 있기 때문이다. 그런데 (1부 정리35에 의해) 신의 역량 안에 존재하는 것은 무엇이든 필연적으로 실존한다. 그러므로 그러한 관념이 필연적으로 있고, (1부 정리15에 의해) 그것은 오직 신 안에 있다. q.e.d.

다른 속성에 속하는 양태는 그것을 대상으로 하는 사유의 양태(관념)에 반영된다.

그런데 스피노자는 단순하게 속성들을 가로지르는 양태들의 일대일 대응이 있다고 말하지 않는다. 즉 연장의 모든 양태에 대해, 이 연장의 양태에 대응하는 사유의 양태를 포함하여, 그 연장의 양태에 대응하는 알려지지 않은 속성 X의 양태가 있고, 또 그 연장의 양태에 대응하는 알려지지 않은 속성 Y의 양태가 있으며, 그리고 계속 무한하게 나아간다고 말하지 않는다. 우리는 이런 식의 해석을 다음과 같이 도해할 수 있을 것이다. '물체 a'는 연장의 양태 a를 나타내고, X(a)는 물체 a에 대응하는 알려지지 않은 속성 X의 양태 a를 나타내며, Y(a)는 물체 a에 대응하는 알려지지 않은 속성 Y의 양태를 나타낸다.

속성	사유	연장	X	Y
양태	a에 대한 관념	물체 a	X(a)	Y(a)

우리는 아래에서 이것이 왜 받아들일 수 없는 해석인지 보게 될 것이다. 이는 왜 우리가 단지 두 개의 속성에 대해서만 인식하는지에 대한 질문의 대답과 관련된다.[3] 당장은 차라리 스피노자가 다음과 같이 말하고 있다는 점을 제시하고자 한다. 즉 각각의 속성에 속하는 각각의 개별적 양태 m에 대해 — "신의 본질로부터 따라 나오는 모든 독특한 실재"에 대해 — 그것에 대응하는 사유 속성의 상호배타적 개별 양태, 즉 그 대상으로 m을 가지고 있는 상관 관념(각각의 속성에 속하는 각각의 개별적 양태 m과 상관적인 관념)이 신의 무한 지성 안에 있다. 이는 스피노자 체계에서 사유 속성이 다른 속성과 비교할 때 특별한 지위, 곧 사유함의 지향성을 반영하는 지위를 가지고 있음을 의미한다. 사유 속성에는 다른 속성들에 속하는 양태들보다 더 많은 양태들이 무한하게 있다. 왜냐하면 무한하게 많은 각각의 속성들에 속하는 무한하게 많은 각각의 양태들이 사유 속성에 속하는 별개의 개별적 양태에 의해 복제되기 때문이다. 사유 속성에는 (연장의 양태인) 물체 a에 대한 관념이 있다. 그리고 연장 속성의 물체 a에 상응하는 속성 X의 양태(X(a))에 대한 다른 별개의 관념이 사유 속성에 있다. 그리고 이런 식으로 계속된다.

속성	사유	연장	X	Y
양태	물체 a에 대한 관념 X(a)에 대한 관념 Y(a)에 대한 관념	물체 a	X(a)	Y(a)

한편의 사유의 양태들(관념들)과 다른 한편의 모든 속성의 양태들 간

---

3) [옮긴이] 이 문제는 239~241쪽에서 다뤄진다.

에는 일대일 대응 관계가 있다.[4] (이 도식이 사유 속성 안에서도 마찬가지로 적용된다는 점에 주목해야 한다. 왜냐하면 사유 속성의 양태들을 포함하여 모든 속성의 모든 양태에 대응하는 사유의 양태가 있기 때문이다. 모든 사유의 양태에 대해, 이 양태를 대상으로 하며 그것에 대응하는 어떤 사유의 양태가 있다. 즉 관념에 대한 관념이 있는 것이다. 그리고 그 관념에 대한 관념을 대상으로 하는 관념ideas of ideas of ideas이 있고, 그렇게 계속된다. 따라서 위의 도표에서 '사유' 아래에는 또한 물체 a에 대한 관념을 대상으로 하는 관념과, X(a)에 대한 관념을 대상으로 하는 관념 등이 있어야만 한다.) 우리는 알려지지 않은 속성을 무시하고 있기 때문에, 우리의 목적을 달성하는 데 보다 중요한 것은 연장된 물체들에 대한 관념인 사유의 양태와 연장된 물체 자체인 연장의 양태 간에 일대일 대응 관계가 있다는 점이다.

그러나 스피노자는 한편의 사유의 양태들과 다른 한편의 모든 속성들의 양태들 간에 일대일 대응 관계가 있다는 테제를 넘어 훨씬 더 나아간다. 이것은 2부 정리7에 의해 명확해진다. "관념의 질서 및 연관은 실재의 질서

---

[4] 이러한 해석이 스피노자의 견해임은 1675년 8월 18일 그가 치른하우스에게 보낸 편지(66번째 편지)의 내용으로 보아 확실하다. 치른하우스는, 아마도 (사유가 아닌) 다른 모든 속성들의 양태들로 자신을 표현하는 것은 사유 속성 내의 어떤 단일한 양태/관념으로 표현된 것과 동일하고, 따라서 연장의 양태에 대한 그 단일한 관념의 관계는 다른 속성들의 양태들에 대한 그 관념의 관계와 똑같아야 할 터인데, 정신이 왜 연장을 제외한 다른 속성들을 인식할 수 없는지 궁금해했다(65번째 편지). "그러므로 다음과 같은 의문이 떠오릅니다. 왜 어떤 특수한 변용 — 연장에 의해서뿐만 아니라 다른 무한한 속성들을 통해서도 표현되는 그 동일한 변용 — 을 표상하는 정신은, 그러니까 제가 여쭙고자 하는 것은, 왜 정신은 연장, 곧 인간 신체를 통해 표현된 특정 양태만 지각하고 다른 속성들을 통한 다른 표현은 지각하지 않는가 하는 것입니다." 스피노자의 답변은 요컨대 다른 속성들의 모든 양태들에 대응되는 사유의 양태가 단 하나만 있다는 생각을 거부하는 것이다. 오히려 그는 "각각의 실재는 신의 무한 지성에서 무한한 양태들로 표현되지만, 그것이 표현된 무한한 관념들은 (215쪽 도표처럼) 특수한 실재의 하나이자 동일한 정신이 될 수 없고, (216쪽 도표처럼) 무한한 정신들이 됩니다. 이러한 관념들 각각은 다른 것들과 연관을 갖지 않기 때문입니다"라고 말한다(66번째 편지).

및 연관과 동일한 것이다." 스피노자는 사유에는 질서가 있는 관념들의 계열이 있는데, 그 관념들 각각은 그것의 질서 안에서 다른 속성들 중 하나에 있는 양태들의 배열에 대응한다는 더 강한 주장을 하고 있는 것이다. 좀더 상술하자면, 연장된 물체들에 대한 관념인 사유에 속하는 양태들의 질서 및 연관은, 연장된 물체들인 연장에 속하는 양태들의 질서 및 연관과 동일하다는 것이다. 물체 a가 인과적으로 물체 b에 관련되어 있고 물체 b는 인과적으로 물체 c와 관련되어 있으며 이런 식으로 계속되는 것처럼, 물체 a에 대한 관념은 인과적으로 그리고 (우리는 지금 관념의 영역에 있기 때문에) 논리적으로 물체 b에 대한 관념과 관련되어 있고 물체 b에 대한 관념은 인과적으로 그리고 논리적으로 물체 c에 대한 관념과 관련되어 있으며 이런 식으로 계속된다. 신 또는 자연 안에서, 실재들의 인과 질서는 관념들의 인과적/논리적 질서와 동일한 것이다.

이것이 스피노자의 유명한 평행론이다. 2부 정리7의 의미는 비교적 평이한 것이지만, 이 정리에 대한 스피노자의 명쾌한 논변은 너무 간결하다. 스피노자는 이 정리가 "1부 공리4로부터 명확하다. 왜냐하면 결과인 각각의 실재에 대한 관념은 원인 ― 앞의 실재는 이 원인의 결과이다 ― 에 대한 인식에 의존하기 때문이다"라고 말한다. 1부 공리4는 "결과에 대한 인식은 원인에 대한 인식에 의존하고 원인에 관한 인식을 함축한다"라고 말한다. 만약 물체 a가 물체 b의 원인이라면, 그때 물체 b에 대한 (적합한) 관념은 b에 대한 인식을 나타내기 때문에, 물체 a에 대한 관념 또는 인식에 '의존'해야 하거나 그것을 포함해야 할 것이다. 그러므로 신의 무한 지성 내의 관념에 의해 표상된 실재에 대한 온전하고 적합한 인식 측면에서 말하자면, a에 대한 관념과 b에 대한 관념 간의 인식 관계는 a와 b 간의 인과관계를 반영할 것이다. 마찬가지로, 물체 c에 대한 관념 또는 인식은, 물체 b가 c의 원인일 때 물체 b에 대한 관념 또는 인식에 준거할 것이다. 각각의 관념은 사유에 속하는 유한 양태들의 무한한 계열에 속하고 각각의 물체는 연장에 속하는 유한 양태들의 무한한 계열에 속하기 때문에, 관념들 간의 '포함' 관계는 물체들 간의 인과관계가 무한하게 확장되는 것처럼 무한하게 나아간다. 그래서 관념의 무한한 계열은 물체의 무한한 계열 안에 있는 질서와 연관에 대한 사유 속성 내의 반영이다.

평행론에 대한 이러한 인식론적 논변 외에 스피노자는 평행론의 형이상학적 토대 또한 제시한다. 궁극적으로 모든 것은 하나이자 동일한 실체, "무한하게 많은 실재들이 무한하게 많은 방식으로 따라 나와야만 하는" 어떤 실체의 역량을 표현한 것이기 때문에, 스피노자는 실체들에는 실제로 단 하나의 질서만 있다고 말한다. 그 근원을 실체에 두고 있는 실재들의 이러한 질서는 실체의 각 속성 안에서 자신을 표현함에 틀림없다. 따라서 물체들에 대한 관념과 물체들 자체는 우연히 상호관계를 맺게 된 단순히 외생적으로 관련된 계열이 아니다. 오히려 물체에 대한 각 관념은 가장 근본적인 존재론적 층위에서 그 관념의 대상이 되는 물체와 동일하다 ─ 양자는 하나이자 동일한 것(즉 실체로, 이 실체는 그것의 규정된 표현들 중 하나로 있다)으로 자신을 두 개의 다른 방식으로 현시한다.

무한 지성에 의해 실체의 본질을 구성하는 것으로 파악될 수 있는 것은 무엇이든 단 하나의 실체에만 속하며, 결과적으로 …… 사유하는 실체와 연장된 실체는 하나이자 동일한 실체이다. 그것은 어떤 때는 이 속성 아래에서 파악되고, 어떤 때는 저 속성 아래에서 파악된다. 그래서 연장의 어떤 양태와 그 양태에 대한 관념은 하나이자 동일한 것이지만 두 가지 방식으로 표현된다. (2부 정리7 주석)

사유와 연장이 하나의 실체에 속하는 두 가지 다른 본성인 것처럼, 어떤 물체에 대한 관념(사유 속성의 어떤 양태)과 그 물체 자체(연장 속성의 어떤 양태)는 단지 하나의 실체가 두 속성을 통해 보다 특수하고 규정된 방식으로 표현된 것이다. "예컨대, 자연 안에 실존하는 어떤 원과 실존하는 그 원에 대한 관념 — 그것은 또한 신 안에도 있다 — 은 하나이자 동일한 것으로, 다른 속성을 통해 설명된 것이다"(2부 정리7 주석). 속성을 가로지르는 이러한 동일성에 대한 예로, 내가 어떤 명제를 영어나 프랑스어로 표현한다고 해보자. 그 명제의 표현은 언어적으로 다르겠지만 — 이를테면 'You are beautiful'과 'Tu es belle'처럼[5] — 각 언어로 표현되고 있는 근본 명제는 동일하다.

이것으로부터 스피노자는 사유 속성 안에 있는 관념들의 계열과 연장 속성 안에 있는 물체들의 계열은 형이상학적으로 아주 긴밀하게 두 개의 다른 방식으로 자신을 표현하는 하나이자 동일한 실재들의 계열이라는 결론이 따라 나온다고 주장한다. 그리고 이는 하나의 표현 안에 있는 질서 및 연관이 필연적으로 다른 표현 안에 있는 질서 및 연관과 동일할 것임을 시사한다. "따라서 우리가 자연을 연장 속성 아래에서 인식하든 아니면 사유 속성 아래에서 인식하든 또는 다른 어떤 속성 아래에서 인식하든, 하나이자 동일한 질서 내지 하나이자 동일한 원인들의 연쇄를, 즉 서로 따라 나오는 동일한 실재를 발견할 것이다"(2부 정리7 주석).

실체의 양태가 속성 안에 놓여 있는 방식을 묘사하는 이러한 본문들에서 스피노자가 '인식하다'와 '파악된' 같은 단어를 사용했다는 사실로 인해, 스피노자에게 있어 속성은 자연의 실제적 특징이 아닌 자연이 지각되

---

5) [옮긴이] 두 문장 모두 '당신은 아름답다'는 뜻이다.

는 방식일 뿐이라는 견해가 생겨났다. 그렇다면 사유와 연장은 우주 안에 있는 실재의 실재적 본질이 아닌 우리가 실재라고 받아들이는 관점에 불과할 것이다. "지성이 실체의 본질을 구성하는 것으로 지각한 것"이라는 속성에 대한 스피노자 고유의 정의(1부 정의4)와 친구 시몬 더프리스에게 "속성은 …… 지성과 관련하여 속성이라 불립니다. 지성은 그러그러한 규정된 본성을 실체에 귀속시킵니다"(9번째 편지)[6]라고 설명한 것은 속성이 무엇인지에 대한 이러한 '주관주의적' 독해를 강화하는 것처럼 보인다. 이러한 독해를 채택한 저명한 학자 한 명 역시 신의 단순성과 분할 불가능성은 신 안에 실제적이고 다양한 본질적 속성이 있다는 것을 불가능하게 만들기 때문에 속성은 그저 **지성 안에**in intellectu 실존하는 지각된 다양성일 뿐이라고 결론 내린다.[7]

    속성의 존재론적 지위에 대한 이런 식의 해석은 여러 문헌에서 잘 논박되어 왔다.[8] 예를 들어 스피노자는 신의 통일성과 절대적 분할 불가능성을 주장하는데, 그가 또한 신이 어떠한 다양한 본성도 갖지 않음을 요구하는 신에 대한 강한 **단순성** 학설 같은 것을 표명한다는 암시는 없다. 그리고 어떻게 하나의 실체가 여러 속성을 가질 수 있는지에 대해 더프리스가 한 질문에 대한 스피노자의 답변 ── 즉, 그 문제 상황은 우리가 한 사람을 다른 이름('야곱'과 '이스라엘')으로 부를 때와 마찬가지라는 답변 ── 은 속성이 단지 우리가 실체나 자연에 투사한 명칭에 불과하다는 것을 함축하지

---

6) Gebhardt, *Spinoza Opera*, vol.4, p.46; Curley, *The Collected Works of Spinoza*, p.195.
7) Wolfson, *The Philosophy of Spinoza*, vol.1, pp.146~157.
8) Gueroult, *Spinoza*, vol.1, pp.428~461; Alan Donagan, "Essence and the Distinction of Attributes in Spinoza's Metaphysics", ed. Marjorie Grene, *Spinoza: A Collection of Critical Essays*, Notre Dame, IN: University of Notre Dame Press, 1979, pp.164~181을 보라. 〔원문의 서지 정보가 잘못되어 바로 잡았다.─옮긴이〕

않는다. 오히려 속성-이름의 복수성은 실체의 실재적이고 구별되는 측면을 나타낸다. 마지막으로 스피노자가 1부 정리9~11에서 분명히 말하는 것처럼, 실재가 더 많은 실재성을 가지면 가질수록 더 많은 속성이 그것에 속한다. 그래서 무한한 실체는 무한한 속성을 갖고 있음에 틀림없으며 그 속성들 각각은 영원하고 무한한 본질을 표현한다. 여기에서 '속한다'라는 표현이 단지 주관적이라는 의미만 가질 뿐이라고 생각할 이유는 없다. 스피노자는 속성을 실재적이고 본질적인 자연의 측면으로 간주했다고 말하는 것으로 충분하다. 속성은 실재의 객관적 본질이나 범주를 나타내는 것이지, 실재를 그저 현상적으로나 주관적으로 보는 방식이 아니다.

사유의 양태들과 스피노자가 제시하지 않는 다른 속성의 양태들 간에 평행론이 성립한다는 하나의 논변이 있음을 기억하는 게 중요하다. 우리는 관념과 물체 그리고 다른 양태 간에 **인과**관계가 있기 때문에 그것들 간에 배열되어 있는 일대일 대응 관계와 상관관계가 있다고 주장하는, 스피노자를 선호하는 철학자를 상상해 볼 수 있겠다. 즉, 물체 a는 사유 속성에 있는 그 자체에 대한 관념의 원인이 된다는 바로 그 이유 때문에, 아마도 물체 a에 대응하는 물체 a에 대한 관념이 있을 것이다. 이는 속성들을 가로지르는 양태들의 대응을 원인과 그 결과에 존재하는 평범한 대응 문제로 만들 것이다. 하지만 ── 그리고 이것이 스피노자 형이상학의 결정적 측면인데 ── 스피노자는 속성들을 가로지르는 어떤 종류의 인과관계든 간에 명백히 배제한다. 어떤 한 속성에 속하는 양태들 간에는 인과 계열이 있지만, 한 속성과 다른 속성 사이에는 그리고 한 속성의 양태와 다른 속성의 양태 사이에는 어떠한 인과적 활동도 없으며 있을 수도 없다. 어떤 속성 안에 있는 양태들은 단지 그 속성과 그 속성의 다른 양태들로부터만 따라 나온다. 그래서 물체는 연장 영역 안에 있는 다른 물체와 인과적으로 상호작용하고, 관념은 사유의 영역 안에 있는 다른 관념과 인과적으로 상호작용한다. 그러나 물체에 속하는 사건은 사유에 속하는 사건을 일으킬 수 없고, 사유에 속하는 사건은 물체에 속하는 사건을 일으킬 수 없다.

원[圓] 관념의 형상적 존재는 단지 그것의 가까운 원인인 다른 사유 양태를 통해서만 지각될 수 있다. 그리고 그 양태는 다시 다른 것을 통해서만 지각될 수 있고, 그렇게 무한히 계속된다. 그러므로 실재가 사유의 양태로 고려되는 한, 우리는 자연 전체의 질서 또는 인과 연쇄를 사유 속성을 통해서만 설명해야 한다. 그리고 실재가 연장의 양태로 고려되는 한, 자연 전체의 질서는 연장 속성을 통해서만 설명되어야 한다. (2부 정리7 주석)

이 주석이 말하는 것은 속성의 어떤 양태든 오직 그 속성의 일반 원리(무한 양태)와 그 속성 안에 있는 다른 유한 양태에 의해서만 설명되어야 한다는 것이다. 물체는 단지 연장과 운동의 원리 및 다른 물체의 이동이나 정지에 의해서만 인과적으로 설명된다. 관념이나 정신은 단지 사유의 원리 및 다른 관념이나 정신에 대한 그것의 관계에 의해서만 설명되어야 한다. 그러므로 각 속성은 인과적으로 닫혀 있고 배타적인 체계이다. 이것이 2부 정리5와 정리6의 결론이다. 먼저 정리5는 관념과 관련하여 상기한 사항을 지적한다.

관념의 형상적 존재는 신이 다른 속성에 의해 설명되는 경우가 아니라 사유하는 실재로 고려되는 경우에 한해서만 신을 원인으로 인정한다. 즉 신의 속성에 대한 관념이든 독특한 실재에 대한 관념이든, 관념은 그 대상 자체나 지각된 실재를 작용인으로 인정하지 않고, 신이 사유하는 실재인

한 신 그 자신을 작용인으로 인정한다.

그다음 정리6은 이러한 관념을 모든 속성의 양태에 적용되는 것으로 일반화한다.

각 속성의 양태들은 신이 어떤 다른 속성 아래에서 고려되는 경우가 아니라 그 양태들이 속한 속성 아래에서 고려되는 경우에 한해서만 신을 원인으로 갖는다.[9]

속성 간 인과관계를 부정하는 스피노자의 논변은 그가 인과의 인식론에 대해 확립한 것에 의존한다. 하나가 다른 하나의 원인일 때, 후자는 전자 없이 인식될 수 없다(1부 공리4: "결과에 대한 인식은 원인에 대한 인식에 의존하고 원인에 대한 인식을 함축한다"). 그래서 어떤 속성의 양태는 단지 그 양태가 속한 속성을 통해서만 인식되고 어떤 다른 속성을 통해서 인식되지 않는다. 그리고 각각의 속성은 단지 그 자신을 통해서만 인식되지 다른 속성을 통해서 인식되지 않는다. 그러나 만약 어떤 양태가 그것이 양태로 속해 있는 속성이 아닌 다른 어떤 속성의 양태에 의해 **생겨났다면**, 그때 그것의 개념은 그것이 양태로 속해 있는 속성이 아닌 다른 어떤 속성 개념을 필

---

[9] 〔옮긴이〕 신은 무한한 속성으로 구성된 실체이며 만물의 원인이다. 그런데 신의 어떤 속성의 양태들은 다른 속성의 양태들과 인과관계를 맺을 수 없다. 따라서 예컨대 신이 연장 속성에 속하는 물체 a의 원인이라고 할 때, 신은 사유 속성이나 다른 여타의 속성이 아닌 연장 속성으로 고려되는 경우에만 그 물체의 원인이라고 할 수 있다. 신을 끌어들여 속성들 간에 인과관계가 불가능하다는 주장을 하고 있는 2부 정리6의 외양을 유지하고 풀어 본다면 그렇다는 얘기다. 결국 이 정리가 말하고자 하는 바는, 어떤 한 속성의 양태들은 오직 그 속성의 다른 양태들과 인과관계를 맺을 수 있을 뿐이지 다른 속성의 양태들과는 인과관계를 맺을 수 없다는 것이다.

요로 할 것이다. 스피노자의 원리들은 이를 배제한다.

이것이 바로 스피노자가 2부에서 잠시 자연학으로 벗어났을 때 "운동하게 된 또는 정지한 물체는 다른 물체에 의해 운동과 정지로 규정되어야만 했고, 그 다른 물체 또한 다른 것에 의해 운동과 정지로 규정되었고, 다시 그것은 다른 것에 의해 규정되었고, 이처럼 무한하게 나아간다"(2부 보조정리3)라고 말할 수 있는 이유이다. 물체의 사건은 결코 사유의 사건에 의해 생겨나지 않고, 그 반대도 마찬가지이다. 이렇게 물리 영역과 사유 영역이 인과적으로 폐쇄되어 있다는 주장은 스피노자가 인간 내 정신과 신체의 관계를 설명할 때 중요한 역할을 하게 될 것이다.

정신과 신체

"인간은 정신과 신체로 이루어져 있다"(2부 정리13 따름정리)라는 인간에 대한 스피노자의 첫 정의에 놀랄 만한 것은 아무것도 없다. 대부분의 제거주의적 유물론자들(이에 대해서는 이 책의 248쪽 참고)을 제외하고는, 누구나 이 일반적 진술을 받아들일 수 있다. 이 진술은 정신의 토대가 정확히 무엇인지, 정신이 어떻게 신체와 관련된다는 것인지 상술하지 않는다. 그 주장은 우리가 어떤 존재인지에 대해 우리 모두가 직관적으로 믿고 있는 것을 포착한 것처럼 보인다. 정신과 신체에 관해 훨씬 더 많은 것을 말할 수 있든 없든 말이다.

인간에 대한 스피노자 개념의 독창성 ─ 어떤 이는 독특성이라고 말할지도 모르는 ─ 을 이해하기 위해서 그를 데카르트와 비교해 보는 게 도움이 될 것이다. 데카르트는 이 문제에 있어 스피노자에게 (긍정적으로나 부정적으로나) 막대한 영향을 끼쳤을 뿐만 아니라, 인간이 정신과 신체에 토대를 두고 있다는 그의 인간 개념은 아마도 철학사에서 가장 중요한 것이기도 하다.

데카르트는 인간 정신과 인간 신체 각각을 의당 하나의 실체라고 믿었다. 또한 이 두 실체는 실체성을 갖는다는 점을 제외하고는 공통적인 것이 전혀 없다고 믿었다. 이것이 정신(또는 영혼)과 신체의 '실재적 구별'이라는 데카르트의 학설이다. 정신은 비연장적인 사유하는 실체이고, 신체는 사유를 결여한 연장된 또는 물질적 실체이다. 데카르트가 『성찰』에서 상세하게 밝힌 것처럼, 각각은 다른 것 없이도 명석 판명하게 이해될 수 있다. 나는 사유하는 실재가 무엇인지 물체의 세계로부터 어떤 용어(예컨대 모양이나 운동 같은)를 도입하지 않고도 알 수 있다. 나는 연장된 실재가 무엇인지 어떤 심리적이거나 정신적인 관념(예컨대 신념이나 의지작용 같은)에 호소하지 않고도 알 수 있다. 이 개념적 독립성은 또한 존재론적 독립성을 반영한다. 각각의 실체는 다른 것 없이도 완벽하게 잘 실존할 수 있다. 데카르트는, 사후에 시신은 썩도록 홀로 남겨져 있는 반면, 영혼은 육체에서 분리된 채로 실존할 수 있다고 주장한다. 마지막으로 각각의 기초적 기능은 다른 것을 필요로 하지 않는다. 사실 정신과 신체가 결합한 결과로만 생기는 어떤 심적 상태(예를 들어 감각 같은)가 있긴 하지만, 신체에 전혀 의존하지 않는 정신의 순수한 지적 사유 또한 있다. 마찬가지로 정신에서 일어나는 것과 관계를 갖지 않는 (비의지적인) 신체 운동도 많다.

그래서 현대 철학자들은 데카르트를 실체 이원론자라고 부르는 것이다. 우주에는 두 종류의 실체, 즉 정신 실체와 물질 실체가 있다. 존재하는 모든 것은 정신 실체 내지 정신 실체의 특성이거나 아니면, 물질 실체 내지 물질 실체의 특성이다.

그럼에도 데카르트는 실재로 구별되는 이 두 실체가 인간 안에 결합되어 있다고 주장한다. 실제로 인간은 정신과 신체의 결합에 의해 구성된 일종의 복합 실체 그 자체이다. 그는 "정신은 실제적이고 실체적인 방식으로 신체에 결합되어 있다"라고 말한다. 정신은 단지 '자리나 배치' 또는 '우연적' 결합이라고 불릴 수 있을 법한 것에 의해 신체에 결합되어 있는 것이 아니다.[10] 이 둘에는 일종의 '뒤섞임' 같은 것이 있다. 그래서 결국 우리는 심지어 정신이 어떤 의미에서 신체 전체에 연장된 것이라고 생각할 수 있을지도 모른다. 이는 우리가 일상 경험을 통해 발견하는 것이다.

나아가 자연은, 고통, 허기, 갈증 등과 같은 감각을 통해, 선원이 배 안에 있는 것처럼 내가 그저 내 신체 속에 있는 것이 아니라 오히려 신체와 아주 밀접하게 결합되어 있고 거의 혼합되어 있어서 오히려 신체와 일체를 이루고 있음도 가르쳐 주고 있다. 그렇지 않다면, 단지 사유하는 것인 나는 신체가 상처를 입었을 때에도 고통을 느끼지 않을 것이며, 마치 선원이 자기 배의 한 부분이 부서졌을 때 시각을 통해 이것을 지각하듯 순수 지성을 통해 이 상처를 지각할 뿐이다. 그리고 신체가 음식물이나 물을 필요로 할 때도, 이를 단지 분명히 인식할 뿐 허기나 갈증과 같은 애매한 감각을 갖는 일은 없을 것이다. 왜냐하면 갈증, 허기, 고통 등과 같은 감각은 정신과 신체의 결합 및 혼합에 의해 생기는 애매한 사유 양태와 다름 아님이 확실하기 때문이다.[11]

---

10) 레기우스에게 보낸 편지, Adam and Tannery, *Oeuvres de Descartes*, vol.3, p.493; Cottingham, Stoothoff, Murdoch and Kenny, *The Philosophical Writings of Descartes*, vol.3, p.206.
11) 「여섯번째 성찰」, Adam and Tannery, *Ibid.*, vol.7, p.81; Cottingham, Stoothoff and Murdoch, *The Philosophical Writings of Descartes*, vol.2, p.56 [르네 데카르트, 『성찰 외』, 이현복 옮김, 문예출판사, 1996, 112쪽. 번역은 수정].

인간 안에 있는 정신과 신체의 결합 내에는 많은 인과적 교류 또한 있다. 심적 상태는 물리적 상태를 일으키고, 물리적 상태는 심적 상태를 일으킨다. 팔을 들어 올리려고 할 때, 데카르트는 내 의지작용이 팔을 들어 올린 원인이라고 믿는다. 압정을 깔고 앉았을 때 신체에 가해진 손상(또는 보다 정확히 말해 손상된 부분으로부터 신경에 의해 뇌로 전달된 운동)은 그 상황에서 내가 느끼는 고통의 원인이다.

이 설명은 문제투성이인 것으로 악명 높지만, 아래에서 보게 될 것처럼 어쨌든 전반적으로 볼 때는 인간이 무엇인지를 철학적으로 사유하는 데 있어 여전히 근대 초기의 지배적 패러다임이었다. 일부 철학자들은 이 설명을 전면적으로 채택했고, 일부는 그 근본적인 이원론적 전제는 받아들였지만 특정 구성 요소는 거부했다(예를 들어, 말브랑슈Nicolas Malebranche는 인간 안에 정신과 신체의 인과적 상호작용이 실제로 있다는 것을 부정한다). 또 다른 일부는 그 이론의 가장 근본적 가정조차 거부한다(예를 들어 라이프니츠나 버클리). 그러나 정신과 신체에 관한 17세기와 18세기의 모든 주요 철학적 설명은 인간에 대한 데카르트 형이상학에 어떤 식으로든 응수한 것이라 해도 과언이 아니라고 생각한다.

물론 스피노자는 실체 이원론자가 아니다. 인간이 의당 실체(또는 '실체적 결합')인 것은 아닐뿐더러 그 구성 요소 ─ 정신과 신체 ─ 또한 실체가 아니다. 오직 하나의 실체인 신 또는 자연만 있고, 따라서 인간 정신과 신체는 모든 '관념'이나 물체들처럼 단지 이 실체를 구성하는 속성의 양태임에 틀림없다. "인간의 본질은 신의 속성의 어떤 양태들로 구성된다"(2부 정리11 증명). 그러나 스피노자가 데카르트의 이원론을 거부한 데에는 데카르트가 단지 인간 정신과 인간 신체에 실체성을 부여했다는 사실 때문만이 아니라 그 이상의 이유가 있다. 그는 인간에 대한 데카르트의 모든 개념을 그 자체로는 이질적인 두 요소를 결국 통일성을 이루도록 함께 합쳐 놓은 어떤 것이라고 거부한다. 왜냐하면 스피노자에게 정신과 신체 간에는 그것들에 있을지 모를 어떤 차이보다 훨씬 더 깊은 근본적 동일성 — 따라서 인간에게는 근본적 통일성 — 이 있기 때문이다.

스피노자는 인간 정신을 특수한 신체의 관념[12]이라고 정의한다. 즉 정신은 (알려지지 않은 속성의 양태들을 대상으로 하는 사유의 양태들이 아니라) 연장의 유한 양태들을 대상으로 하는 사유의 유한 양태들 중 하나이다. 그리고 정신이 관념이나 사유-상관물이 되는 연장의 특수한 양태가 바로 인간 신체이다. 2부 정리11에서 스피노자는 "인간 정신의 현행적 존재를 구성하는 첫번째 것은 현행적으로 실존하는 독특한 실재에 대한 관념일 뿐이다"라고 말하고, 2부 정리13에서 그 '독특한 실재'가 무엇인지 상술한다. "인간 정신을 구성하는 관념의 대상은 신체, 즉 현행적으로 실존하는 연장의 어떤 양태이지 다른 어떤 것이 아니다." 따라서 인간 정신은 단지 신의

---

12) [옮긴이] '신체의 관념'은 라틴어 'idea corporis'를 번역한 것으로, 라틴어 명사의 속격은 '~의'뿐만 아니라 '~에 대한'이라는 조사를 덧붙여 새길 수도 있으므로 '신체에 대한 관념'이라고 번역할 수도 있다. 스피노자는 이 표현으로 관념과 신체가 하나이자 동일한 실체의 두 측면임을 보여 주기도 하며, 관념은 항상 어떤 대상에 대한 관념임을 나타내기도 한다(이 책 264쪽 이하 내용 참고). 영어나 프랑스어의 경우 각각 'idea of body'와 'l'idee du corpus'처럼 하나의 전치사로 두 의미를 모두 표현할 수 있지만, 우리말 사정은 그렇지 않아 번역에 어려움이 따른다. 전자의 의미를 살리려면 '신체에 대한 관념'보다는 '신체의 관념'이 나을 것이고, 후자의 경우 '신체에 대한 관념'이 좋을 것이라는 의견이 중론이다. 이를 따랐지만, 문제는 출발어가 항상 두 의미를 함축하고 있기 때문에 도착어로 무엇을 선택하든 반쪽일 수밖에 없다는 점이다. 따라서 '신체의 관념'이든 '신체에 대한 관념'이든 'idea corporis'라는 단일한 표현의 번역이며, 여기에는 신체와 그 관념이 상이한 두 속성으로 표현된 동일한 실재라는 것과 관념은 항상 어떤 대상에 대한 것이라는 관념의 지향성도 함축되어 있음을 기억해 주었으면 하는 바람이다(이는 신체가 아닌 다른 대상의 경우에도 마찬가지이다. 예를 들어 '나무의 관념'과 '나무에 대한 관념'은 동일한 표현에 대한 번역어이다). 아울러 의존격 조사 '~의'의 연이은 사용은 어색하고 어렵게 느껴지므로, '관념의 관념의 관념' 같은 번역어보다, '관념에 대한 관념을 대상으로 하는 관념'이라는 식으로 풀어 주는 편을 택했다.

무한 지성을 이루는 무한하게 많은 관념들 — 모든 속성의 양태들에 상응하는 모든 관념 — 중 하나에 불과한 것으로, 이 신의 무한 지성은 (앞서 보았던 것처럼) 사유 속성에 속하는 직접적 무한 양태 그 자체이다. "인간 정신은 신의 무한 지성의 일부이다"(2부 정리11 따름정리). 그리고 (2부 정리11이 우리에게 말해 주는 것처럼) 신체 — 그 관념이 인간 정신인 — 가 현행적으로 실존할 때, 인간 정신은 현행적으로 실존한다. 즉 사람은 지속을 갖는 삶을 향유한다.

이러한 측면에서 인간 정신은 사유의 다른 어떤 유한 양태(또는 보다 정확히 말해 연장의 양태를 그 대상으로 갖는 사유의 다른 어떤 양태)와 전혀 다를 바 없다. 물체 본연의 상태에 있는 모든 물체는 평행론 학설이 함축하듯 상응하는 사유의 양태, 즉 상관 관념을 갖는다. 그러므로 존재론적으로 말하자면 인간 정신은 단지 다른 연장된 물체에 대한 '관념들'과 다를 바 없다. 그 모든 관념들은 함께 — 알려지지 않은 속성들의 모든 양태에 대한 모든 관념들과 함께 — 신의 무한 지성을 구성한다. "우리의 정신은······ 사유의 영원한 양태인데, 그것은 다른 사유의 영원한 양태에 의해 규정되고, 이것은 다시 다른 것에 의해 규정되고, 그렇게 **무한하게**ad infinitum 계속되어, 그 결과 그 모두는 신의 영원하고 무한한 지성을 형성한다"(5부 정리40 주석). 달리 말하자면, 모든 연장된 물체는 어떤 의미에서 '정신'을 갖는다. 스피노자는 이러한 주장을 주저 없이 표명한다. 왜냐하면 이 주장은 인간도 다른 모든 것들과 마찬가지로 자연의 일부라는 것을 보여 주고자 하는 그의 핵심적 기획으로 곧장 나아가기 때문이다.

지금까지 우리가 보여 준 것은 완전히 일반적이고 다른 개체들보다 인간에게 더 속하는 것은 아니다. 모든 개체들은 다양한 정도를 가지고 있긴 하지만 활기가 있다.[13] 왜냐하면 각 실재에 대해 신 안에는 필연적으로 관념이 있고 신은 그것의 원인이기 때문이다. 그가 인간 신체에 대한 관념 [즉 인간 정신]의 원인인 것과 동일한 방식으로 말이다. (2부 정리13 주석)

이러한 주장은 그 주장을 한 사람이 스피노자라는 점에서 놀랄 만한 것으로 보일지도 모른다. 아주 다양한 방식으로 해석될 수 있는데, 어떤 이는 보편 평행론과 함께 인간 정신에 대한 스피노자의 설명이, 자연에 대한 해석과 관련하여 그가 물활론자나 범심론자와 같은 사람이었다는 것, 곧 만물을 인간 정신처럼 정신이나 영혼을 가진 살아 있고 사유하는 존재라고 믿는 사람이었다는 것을 함축하는 것으로 받아들였다. 그러나 이러한 해석은 또다시 스피노자의 관념을 심리학화하는 것으로, 이미 말했던 것처럼 잘못된 해석이다. 보다 신중하게 접근하는 다른 주석가들의 경우 스피노자가 의도한 것은 만물이 어떤 강한 의미에서 영혼을 갖는다는 것이 아니라 물질 외에도 그것들에 속하는 (그것들의 활성animateness에 따른) 다양한 수준의 어떤 것이 있다는 것일 뿐이라고 말한다. 그 무언가는 예컨대

---

13) [옮긴이] 여기서 '활기(가) 있는'이라는 번역어의 라틴어 원문은 형용사 'animata'이다(영어와 프랑스어로는 각각 'animate', 'animé'로 번역된다). 보통 '생명이 있는', '생기가 있는', '활기가 있는', '영혼이 있는' 등으로 번역되는데, '영혼이 있는'이라는 번역어는 종교적 함의가 없는 이 문맥에서는 부적절해 보이고(명사 'animus'는 '영혼 불멸', '영혼의 실존'에서처럼 '영혼'으로 번역되지만), '생명이 있는'은 '정도 차가 있다'는 스피노자의 지적을 고려했을 때 어색하다고 사료되며(생명은 있든가 없든가 둘 중의 하나이지, 더 생명이 있다든가 덜 생명이 있다는 말은 어색하므로), '생기가 있는'은 이미 생명을 가지고 있는 것의 상태나 정도를 나타내는 것 같아서 제외했다. 그래서 아쉬우나마 '활기가 있는'이라고 번역했는데, 물론 이 말의 통상적 용법과는 좀 다르지만 '活氣'라는 한자어를 고려했을 때 '활성이 없는'(inert) 것은 아니라는 의미를 잘 보여 준다고 생각했기 때문이다. 아울러 이후에 등장하는 animist(물활론자), animateness(활성), animation(활기), animate bodies(활기 있는 물체), inanimate bodies(활기 없는 물체) 등과 같은 용어 번역과의 일관성 문제도 고려한 것이었다.

질료적 물체에 통일성, 활동성, 그리고 경우에 따라서는 생명을 부여하는 아리스토텔레스의 형상과 같은 것일지도 모른다.[14] 훨씬 더 유명론적이지만 형이상학적으로 볼 때 덜 과감한 해석으로 다음과 같은 주장을 할 수 있을 것이다. 즉 어떠한 물체든 간에 연장의 양태에 상응하는 사유의 양태는 단지 신의 무한 지성 안에 있는 관념들이기 때문에, 스피노자가 의미한 바는 그저 신이 모든 물체에 대한 적합한 관념, 곧 연장에 속하는 모든 독특한 실재에 대한 참된 인식을 갖는다(또는 자연 안에 그러한 관념이나 인식이 있다)는 것일 뿐이라는 주장 말이다.[15] 이런 식으로 스피노자는 인간, 동물, 식물, 그리고 아마도 무생물조차 모두 그 물질적 구성 요소에 상응하는 사유를 어느 정도는 갖는다고 말한 것으로 해석될 수 있다. 이 주장이 반드시 위에서 말한 사례들의 '정신'이나 '영혼'이 의식적 사유 또는, 더 정확히 말하자면 지각이나 활기를 함축한다는 것을 의미하는 것은 아니다. 그것은 단지 (신 안에는 또는 자연 안에는) 모든 물체에 대한 사유나 관념이 있다는 것과, 이는 그 모든 물체에 대한 적합한 인식을 구성한다는 것을 의미할 뿐이다. (『소론』 2부 서문에서 스피노자는 실제로 "영혼"을 "사유하는 실재 안에 있는 우리 신체에 대한 관념, 인식 등"으로 언급한다.[16]) 다시 말해서, 2부 정리 13 주석에서 스피노자의 논지는 인간 정신의 특별함이 모든 존재에 확대된다는 것이 아니다. 반대로 그의 논지는, 적어도 존재론적으로 말하자면 인간 정신을 모든 물체들의 상응하는 것으로부터 구별시켜 주는, 인간 정

---

14) Wolfson, *The Philosophy of Spinoza*, vol.2, pp.58~59.
15) 훨씬 더 축소된 해석에 대해서는 Curley, *Spinoza's Metaphysics*, pp.119~127을 보라. 그의 해석에 의하면 스피노자가 말한 것은 단지 연장에 속하는 모든 '사실'에 대해 그 물질적 양태에 상응하는 명제가 있다는 것일 뿐이다.
16) Gebhardt, *Spinoza Opera*, vol.1, p.51; Curley, *The Collected Works of Spinoza*, p.95.

신과 관련된 특별한 것은 아무것도 없다는 것을 보여 주는 것이다.

하지만 일반적 존재론 너머로 나아간다면, 신 또는 자연 안에 있는 인간 정신인 생각이나 관념에는 물론 특별한 것이 있다. 연장된 물체들을 대상으로 하는 다른 모든 관념이나 '정신'과는 달리, 인간 신체를 대상으로 하며 인간 정신인 관념은 실제로 실질적 사유와 의식을 갖는다. 인간 정신을 다른 모든 정신 내지 관념과 구별시켜 주는 것은 인간 정신이 더 크고 복잡한 기능과 능력을 갖는다는 점이다. 이러한 능력으로는 기억, 상상, 자기의식이 있다. 그러나 인간 정신에 다른 모든 정신을 능가하는 우월성이 있음을 설명하는 것은 단지 그 대상인 인간 신체가 우월한 능력을 갖는다는 것일 뿐이다.

인간 정신에 관해 이야기될 수 있는 것은 무엇이든 모든 실재에 대한 관념에 대해서도 이야기될 수 있어야 한다는 주장을 한 직후, 스피노자는 다음과 같은 측면이 있다는 것도 사실이라고 인정한다.

> 하지만 우리는 또한 관념들이 대상들이 그런 것처럼 서로 다르다는 것과, 하나의 관념은 그 관념의 대상이 다른 관념의 대상보다 더 탁월하고 더 많은 실재성을 포함하는 것처럼 다른 관념보다 더 탁월하고 더 많은 실재성을 포함한다는 것을 부정할 수 없다.

정신이라는 관념의 대상은 인간 신체이다. 그래서 정신의 복잡성과 탁월함은 인간 신체의 복잡성과 탁월함과 상관적이다.

그리고 인간 정신과 다른 것들의 차이가 무엇인지, 그리고 어떻게 인간 정신이 다른 것들을 능가하는지 규정하기 위해서는, …… 그 대상, 즉 인간 신체의 본성을 인식하는 것이 필수적이다. …… 나는 일반적으로 어떤 물체가 다른 물체들보다 더 많은 방식으로 동시에 작용하거나 작용을 겪을 수 있는 소질이 많을수록 이 물체의 정신은 다른 정신들보다 실재들을 동시에 더 많이 지각할 수 있는 능력을 갖게 된다고 말한다. 그리고 어떤 물체의 작용이 자기 자신에게만 더 의존할수록, 이 물체와 함께 작용하기 위해 협력하는 다른 물체들은 더 적어지고 그 물체의 정신은 더 판명한 방식으로 인식할 수 있게 된다. 그리고 이러한 것들[진리들]로부터 우리는 다른 정신에 대한 어떤 정신의 탁월함을 알 수 있다. (2부 정리13 주석)

스피노자가 『소론』에서 간명하게 표현한 것처럼, "신체가 있는 만큼, 영혼도 있다"(『소론』, 2부 서문).[17] 그리고 2부 정리13의 주석이 보여 주는 것처럼, 그는 이를 우리가 어떤 식으로든 신체에 의존할 것이라고 자연스럽게 예상할 수 있을 영혼의 욕구 및 감각 기능과 관련해서뿐만 아니라, 영혼의 인식적이고 지적인 기능과 관련해서도 말하려고 했다!

이것으로부터 인간 정신과 그 능력에 대한 모든 탐구는 인간 신체와 그 구성 및 능력에 대한 탐구부터 시작해야 한다는 것이 따라 나온다. 이것이 2부 정리11~13에서 인간 정신의 일반적 본성을 규명한 직후 스피노자가 물체의 본성과 자연학에 대한 짧은 논의를 제시한 이유이다. 정리13과 정리14 사이에 있는 공리와 보조정리는 물체와 우리가 행동하는 방식에 대한 많은 중요한 사실과 원리를 규명한다. 아마도 이 부분에 있는 가장 중요한 주장은 어떤 특수한 물체를 지금 존재하는 바로 그 개별 물체로 만드는 것과 그것을 다른 물체들과 구별시키는 것이 무엇인지에 대한 설명일 것이

---

17) Gebhardt, *Spinoza Opera*, vol.1, p.53; Curley, *The Collected Works of Spinoza*, p.96.

다. 모든 물체는 그야말로 모두 연장의 양태라는 사실에 의해 필연적으로 많은 특징을 공유한다. 그 특징으로는 모양, 크기, 분할 가능성, 그리고 물론 '운동과 정지'가 있다. 스피노자는 또한 물체의 운동과 정지와 관련하여 관성 원리를 내놓는다. "운동 중에 있는 어떤 물체는 다른 물체에 의해 정지하도록 규정될 때까지 운동하고, …… 정지해 있는 어떤 물체 또한 다른 것에 의해 운동하도록 규정될 때까지 정지해 있다"(2부 보조정리3 따름정리).

특수한 물체들의 개별화에 대해 말하자면, 모든 물체는 본질적으로 연장이고 연장 그 자체는 모든 물체에 일양적 — 물체들은 모두 하나이자 동일한 속성의 양태이다 — 이기 때문에 연장의 한 영역을 다른 영역과 구별시켜 주는 것은 단지 두 영역 간에 있는 상대적인 운동의 차이일 수 있다. "물체는 실체의 관계에 따라 서로 구분되는 게 아니라, 운동과 정지, 빠름과 느림의 관계에 따라 서로 구분된다"(2부 보조정리1). 데카르트와 마찬가지로 스피노자는 복합 물체 — 즉 스피노자가 "가장 단순한 물체들"이라고 부른 것의 모음, 그리고 그러한 모음들의 모음,[18] 그리고 그렇게 계속되는 것들 — 의 개별화가 순전히 관계적인 것이라고 믿는다.[19] 이 물체가 저 물체와 상이한 것은 오직 이 물질 모음의 부분들이 저 물질 모음의 연속적인 부분들과 달리 연속적이면서 함께 움직이기 때문이다. 이는 한 물체

---

18) [옮긴이] 원어는 'collections'이다. 다른 번역어 후보로는 '취합', '총합', '집합', '합' 등이 있겠다. '취합'은 '취합하다'처럼 동사로 써야 어울린다. '총합'은 궁극적인 합이라는 함축이 들어 있기에 '총합의 총합'이란 표현은 어색하다. '집합'은 원소가 임의적일 수 있고 'set'의 번역어와 겹친다는 단점도 있다. 따라서 '합'이나 '모음' 정도가 적당하다고 판단했다.
19) 하지만 데카르트는 활기 없는 물체(inanimate bodies)만 운동의 상대적 차이에 의해 개별화된다고 주장하곤 했다. 활기 있는 물체(animate bodies) — 즉 인간 — 는 그것들에 생명을 불어넣는 영혼에 의해 개별화된다. 1645년 혹은 1646년에 메슬랑에게 보낸 편지를 보라. Adam and Tannery, *Oeuvres de Descartes*, vol.4, p.346; Cottingham, Stoothoff, Murdoch and Kenny, *The Philosophical Writings of Descartes*, vol.3, pp.278~279

의 구성 부분들이 반드시 서로 간에 상대적인 정지 상태에 있어야 함을 뜻하지 않는다.

크기가 같거나 다른 일정 수의 물체들이 다른 물체들에 의해 제약되어 서로 의지할 때, 또는 그것들이 같은 속도나 다른 속도로 운동하고 있어서 일정하게 규정된 방식에 따라 자신들의 운동을 서로 전달할 때, 우리는 이 물체들이 서로 연합되어 있으며 이것들 모두가 단 하나의 물체 내지 개체를 합성하고 있다고 말한다. 그리고 이 개체는 물체들 사이의 이러한 연합에 의해 다른 모든 개체들과 구분된다. (2부 보조정리3 아래의 정의)[20]

어떤 모음 안에 있는 물체들이 "자신들의 운동을 서로 전달"하는 이 "일정하게 규정된 방식"은 스피노자가 물체 안에 있는 "운동과 정지의 비율"이라고 부르는 것이다. 물체의 모든 부분들이 정확히 같은 방향과 속도로 함께 움직여야 한다는 것은 사실이 아니다. 오히려 부분들은 그것들 간에 동일한 상대적 위치나 동일한 위치 변화 및 운동과 정지의 정도 차이를 유지하기 때문에, 비교적 안정된 물체-부분의 모음을 만들어 내는 것이다. 내 신체의 한 부분 —— 이를테면 내 팔 —— 이 앞으로 움직인다고 해서, 반드시 내 신체의 다른 모든 부분이 앞으로 움직인다는 결과가 뒤따르지는 않는다. 내 발은 내 손과 달리 정지해 있을 수 있다. 그러나 손과 발은 둘 다 하나이자 동일한 신체의 부분인데, 왜냐하면 손과 발은 그것들 간에 그리고 내 신체의 나머지 부분들과도 같은 운동과 정지의 비율, 곧 외부 물체들과 관련지어 볼 때 아마도 어떤 일관된 방식으로 유지할 것 같지 않은 무엇

---

20) Gebhardt, *Spinoza Opera*, vol.2, pp.99~100.

인가를 유지하고 있기 때문이다. 손 전체는 발이 정지해 있는 동안 앞으로 움직일지 모르나, 손을 합성하는 부분은 그것들 간에 그리고 발을 합성하는 부분들 및 신체의 다른 부분을 합성하는 다른 모든 부분들과 관련하여 동일한 '내적' 운동 관계를 유지한다.

2부 보조정리5 만약 개체를 합성하는 부분들이 이전과 동일한 운동과 정지의 비율을 서로 유지할 정도로 커지거나 작아진다면, 개체 역시 어떠한 형태 변화 없이 전과 같은 본성을 유지할 것이다.

2부 보조정리7 더욱이 그렇게 합성된 개체는, 각 부분이 그것의 운동을 유지하고 서로 전과 같이 그 운동을 전달하는 한, 그 전체가 운동하든 정지해 있든 아니면 그것이 이쪽으로 운동하든 저쪽으로 운동하든, 그 본성을 유지할 것이다.

요컨대 어떤 물체는 그와 같은 일반적인 방식으로 그 모든 부분들이 서로 간에 계속 관련을 맺는다는 사실에 의해 통합성과 개별성을 얻는다. 대조적으로 어떤 것은 그 물체와 비교적 안정된 그러한 관계를 공유하지 않기 때문에 그 물체 외부의 것이다.

인간 신체는 비상할 정도로 많은 부분을 가지고 있어서 극도로 복잡하며, 다른 어떤 유의 물체보다 훨씬 더 그러하다. 그것은 셀 수 없이 많은 방식으로 다른 물체에 작용할 수 있으며 다른 물체들에 의해 작용을 받는다. 보다 친숙한 용어로 말해 보자면, 인간 신체는 — 그 신경 체계, 감각 장치, 뇌 기능, 창조적 적응력 등과 관련하여 — 다른 물체들과 달리 아주 다양한 방식으로 더 많은 것을 할 수 있고 경험할 수 있다. 그리고 이것은 인간 정신이 어떤 다른 연장된 물체의 관념보다 더 큰 사유 능력을 향유한다는 것을 의미한다. "인간 정신은 아주 많은 실재들을 지각할 수 있는 소질을 가지고 있으며, 인간 신체가 매우 많은 방식으로 배치될 수 있으면 있을수록 이러한 소질은 더욱 커진다"(2부 정리14). 이것이 그러한 이유는 인간 정신의 구조가 (연장에 속하는) 물체의 구조에 대한 (사유에 속하는) 표현이기 때문이다. 연장의 양태와 사유의 양태 간에 성립하는 평행론 때문에 — 사실, 연장의 양태와 사유의 양태 간의 근본적 동일성 때문에 — 연장의 거시적 양태(인간 신체, 나무 등과 같은 실재들)와 사유의 거시적 양태(인간 정신과 나무 등등에 대한 관념)라 부를 수 있는 것들 간에, 뿐만 아니라 거시적 물체를 이루는 작은 물체들과 거시적 관념을 구성하는 〔그 작은 물체들에〕 상관적인 '작은' 관념들 간에도 일대일 대응 관계가 있다. 거시적으로 볼 때, 스피노자에게 있어 인간 정신은 신체 전체에 대한 관념이다. 그러나 인간 정신의 대상(신체)은 작은 부분들의 합성체이므로, 정신 그 자체도 작은 부분들의 합성체이다.

2부 정리15 인간 정신의 형상적 존재를 구성하는 관념은 단순한 것이 아니라 아주 많은 관념들로 합성된 것이다.

증명 인간 정신의 형상적 존재를 구성하는 관념은 (2부 정리13에 의해) 신체에 대한 관념인데, 신체는 〔공준1에 의해〕 고도로 합성된 아주 많은 개체들로 합성되어 있다. 그러나 (2부 정리8 따름정리에 의해) 신 안에는 필연적으로 신체를 합성하는 각각의 개체들에 대한 관념이 있다. 그러므로 (2부 정리7에 의해) 인간 신체에 대한 관념은 인간 신체를 합성하는 부분들에 대한 이러한 많은 관념들로 합성되어 있다. q.e.d.

무한하게 많은 관념들(그 상당수가 인간 정신들이다)의 모음인 사유의 무한 양태가 신의 무한 지성이듯, 인간 정신은 관념들의 모음으로, 즉 그 대상이 인간 신체의 상이한 부분들인 관념들 전체로 이루어져 있다. 신체에 대한 관념인 인간 정신이 신의 무한 지성을 합성하는 무한한 관념들로 이루어진 집합의 일원인 것처럼, 인간 정신도 바로 관념들의 집합이다.

신체를 이루는 부분들이 많을수록 그리고 그 부분들의 관계가 복잡할수록, 상응하는 신체의 관념(또는 정신) 내에 있는 관념들의 수는 더 많아지고 그 관념들의 결합과 연관 또한 더 다양해지고 민감해지며 복잡해진다. 실제로 신체의 모든 부분에 대해, 신체 안에서 일어나는 모든 것에 대해, 정신 안에는 상응하는 관념이 있다. "인간 정신을 구성하는 관념의 대상(신체) 안에서 일어나는 것이 무엇이든 …… 정신 안에는 그것에 대한 관념이 필연적으로 존재하게 될 것이다"(2부 정리12). 이 말이 정신은 신체 안에서 발생하는 모든 것을 그야말로 지각하고 인식한다는 뜻인지는 다음 장까지 미뤄 두어야 할 문제이다.

인간 정신의 본성 및 지금 논의 중인 인간 정신을 구성하는 관념들에 대한 이러한 해석과 더불어, 이제 우리는 전에 제쳐 두었지만 줄곧 무대 뒤에 숨어 있던 질문으로 돌아갈 수 있다. 왜 우리는 자연의 무한하게 많은 속성들 중 단 두 속성만 인식할 수 있는가? 치른하우스는 바로 이 문제에 대해 스피노자에게 묻는다(63번째 편지). 그의 물음에 대한 스피노자의 답변은, 우리 존재의 본질을 고려해 볼 때 우리가 단지 사유와 연장에 대해서만 인식할 수 있는 것은 단지 우리의 본성에 속하는 필연적 사실이라는 것이다. 우리들 자신은 사유와 연장의 양태이다. 우리 신체는 연장 속성의 양태이고, 우리 정신은 연장된 우리의 신체에 대한(사유 속성에 속하는) 관념이다. 그런데 만약 정신이 연장된 실재에 대한 관념인 사유의 양태일 뿐이라면, 정신에는 단지 그 두 속성 — 즉, 정신이 속한 속성(사유 속성)과 신체가 속한 속성(연장 속성)(정신이 이 연장 속성에 속하는 양태(신체)에 대한 관념인) —에 대한 인식이나 관념만 있을 수 있다.

인간 정신은 단지 현행적으로 실존하는 신체에 대한 관념이 포함할 수 있는 것 또는 그 관념으로부터 추론될 수 있는 것에 대해서만 인식을 획득할 수 있습니다. 모든 실재의 역량은 오직 그 본질에 의해서만 정의되고 …… 정신의 본질은 …… 오직 그것이 현행적으로 실존하는 신체의 관념이라는 사실에 있기 때문입니다. 그러므로 정신의 이해 역량은 이 신체의 관념이 그 자체 안에 포함하고 있는 것 또는 그것으로부터 따라 나오는 것에까지만 미칩니다. 그래서 이 신체의 관념은 연장과 사유 외에 신의 다른 속성을 포함하지도 표현하지도 않습니다. (64번째 편지)

보편 평행론에 따르면, 동일한 실재가 연장에 속하는 인간 신체로 자신을 표현하기도 하고 무한하게 많지만 알려지지 않은 실체의 다른 모든 속성들 각각에 속하는 양태들로 자신을 표현하기도 한다는 것, 그리고 그것과 상관적으로 연장에 속하는 신체에 상응하는 관념(즉 인간 정신)뿐만 아니라 다른 속성 아래 있는 알려지지 않은 모든 양태적 표현에 상응하는 사유에 속하는 관념이 있다는 것은 형이상학적으로 필연적이다. 그러나 인간 정신은 인간 신체에 대한 관념이기 때문에, 그것은 사유 속성과 연장 속성에 대해서만 인식한다.

이제 우리는 또한 스피노자가 속성들 간에 성립한다고 주장하는 평행론에 대한 적절한 해석이, 왜 (사유 속성을 포함하여) 모든 속성들에 일대일 대응되는 양태들이 있다는 것일 수 없고, 정확히 말하자면 다른 모든 속성에 속하는 각 양태에 대해 사유에는 별개의 관념이 하나씩 있음에 틀림없다는 것, 그래서 사유에는 다른 속성들에 속하는 양태들의 계열 각각에 대한 일종의 복제 관념이 있음에 틀림없다(연장 속성에 대한 관념의 계열, 속성 X 등에 대한 다른 관념의 계열 등등)는 것인지 이해할 수 있다.[21] 왜냐하면 **만약** 연장된 신체에 대한 관념인 우리의 정신이 연장 속성의 인간 신체에 상응하는 속성 X의 양태에 대한 관념이기도 하고 속성 Y의 양태에 대한 관념이기도 하며 여타 다른 속성의 양태에 대한 관념이기도 하다면, 정신은 그러한 양태에 대한 관념으로서 신체에 대한 (그리고 연장에 대한) 인식에 X-양태와 Y-양태에 대한 (그리고 속성 X와 Y 그 자체에 대한) 인식을 포함해야 할 것이기 때문이다. 그러나 그렇다면 스피노자는 우리가 그 다른 속성을 알 수 없다는 처리 불가능한 주장을 방어할 수 없을 것이고, 치른하우스의 질문에 대한 답신에서 그가 제시한 특정한 설명은 쉽게 이해되지 않을 것이다.

일원론

앞서 말한 것으로부터, 스피노자가 데카르트 이원론의 가장 근본적 요소를 거부한다는 것은 명확하다. 정신과 신체는 구분되는 실체들이 아니다. 사실 정신과 신체는 전혀 실체가 아닐뿐더러 우리는 그 둘이 실제로 구분되지 않는다고 말할 수 있을지도 모른다.

    형이상학적으로 중요한 의미에서, 관념과 신체가 서로 다름은 분명하다. 사유의 양태와 연장의 양태는 각각 다른 속성에 속하고 따라서 완전히 다른 본성에 대한 표현이므로 공통적인 것이 전혀 없다. 그러므로 우리는

---

21) 〔옮긴이〕 215~216쪽 표와 전후 내용 참고.

스피노자를 이원론자나 다름없는 사람이라고 말할 수 있다. 두 종류의 실재(그 실재들이 곧 실체적인 것은 아닐지라도)가 있으므로 아마도 철학자들이 '속성 이원론자'property dualist라고 부를 수 있을 유의 사람 말이다.[22] 오직 하나의 실체만 존재하지만, 그 실체는 정신적 양태(관념)와 물리적 양태(물체)를 갖는다. 마찬가지로, 인간 내에는 정신적 측면 내지 사유하는 측면과 물질적 측면 내지 신체적 측면이 있다.

어떤 의미에서 스피노자의 이원론은 (우리가 보았던 것처럼) 정신적인 것과 물리적인 것 간에 어떠한 인과적 상호작용도 있을 수 없다고 주장하므로, 심지어 데카르트의 이원론보다 더 극단적이라고 말할 수 있을지 모른다. 어떤 사유의 양태든 — 그것이 인간 정신 그 자체이든 아니면 그것을 구성하는 관념들 중 어떤 것이든 — 그것의 인과적 역사 내에는 단지 다른 사유의 양태, 곧 다른 관념과 사유의 가장 근본 원리만 있을 뿐이다. 반면에 어떤 연장의 양태든 — 인간 신체 및 그 안에 있는 어떤 운동이든 — 그 원인으로 단지 연장의 원리 및 물리법칙과 다른 물체의 양태 및 그것의 운동만 있을 뿐이다. 따라서 인간 내에 있는 어떠한 심적 상태도 신체 상태를 원인으로 갖지 않으며, 어떠한 신체 상태도 심적 상태를 그 원인으로 갖지 않는다. "신체는 정신을 사유하도록 규정할 수 없고, 정신은 신체를 운동하거나 정지하도록 또는 어떤 다른 상태(만약 그런 다른 상태가 있다면)로 규정할 수 없다"(3부 정리2). 팔을 올리려는 내 의지작용은 내 팔이 올라간 원인이 아니다. 그 신체적 사건은 단지 물질 및 운동의 원리와 함께 앞선 신체적 사건에 의해서만 결정된다. 손가락을 베인 것은 손가락을 베

---

22) 물론 스피노자에게는 **무한하게** 많은 상이한 종류의 실재가 있다. 자연에는 무한하게 많은 속성들이 있기 때문이다. 그러나 우리의 제한된 경험 내에서 볼 때, 자연은 적어도 이원적이다.

였을 때 내가 느끼는 고통의 원인이 아니다. 그 불쾌한 심적 사건은 사유의 원리와 더불어 단지 정신의 선행 상태로부터만 따라 나오는 것이다. 스피노자는 언젠가 심신 상호작용을 부인하는 자신의 형이상학적 근거와 상관없이도, 그러한 모든 교류 관념이 터무니없음을 알게 되었다고 말한다.

> 아무도 어떻게 또는 어떤 식으로 정신이 신체를 움직이는지, 또한 정신이 신체에 어느 정도의 운동을 부여할 수 있는지, 그리고 정신이 얼마만큼의 속도로 신체를 움직일 수 있는지 모른다. 그래서 사람들이 신체의 이러저러한 행위가 신체를 지배하는 정신에서 유발된 것이라고 말할 때, 그들은 자신들이 말하는 것을 알지 못한다는 것과 그 행위의 참된 원인을 모르며 그것을 이상해하지 않는다는 것을, 듣기 좋은 말로 인정하는 것에 불과하다는 결론이 따라 나온다. (3부 정리2 주석)[23]

따라서 스피노자의 우주에는 우리가 데카르트에게서 발견하는 것보다 훨씬 더 철저한 이원론적 분할이 있는 것처럼 보일지도 모르겠다.

그러나 스피노자의 평행론 학설이 하나의 실체 안에 있는 만물의 형이상학적 통일성에 깊이 뿌리 내리고 있다는 것과 결과적으로 사유의 양태와 연장의 양태는 단지 두 가지 방식으로 표현된 하나이자 동일한 실재라고 주장한다는 점을 상기할 때, 속성과 그 양태의 세계에 이원론이 성립하는 것처럼 꾸미는 것은 실재들과 관련된 보다 근본적인 일원론을 감추는 효과를 낳을 뿐임을 알게 된다. 이와 같이 인간 정신과 인간 신체는 존재론적으로 독립된 두 개의 실재가 아니다. 인간의 정신과 신체는 하나이

---

23) Gebhardt, *Spinoza Opera*, vol.2, p.142; Curley, *The Collected Works of Spinoza*, p.495.

자 동일한 실재의 상이한 두 표현 —— 분명 공약 불가능하고 독립적인 표현 —— 이다. "정신과 신체는 하나이자 동일한 개체인데, 그것은 어떤 때에는 사유 속성 아래에서 어떤 때에는 연장 속성 아래에서 인식된다"(2부 정리21 주석). 여기에서 그러한 실재가 무엇인지 이해하기 위한 그리고 스피노자가 말하고자 하는 알속을 파악하기 위한 좋은 방법은 '어떤 사람' 또는 '어떤 인물'이라는 보다 원초적 관념에 두 속성을 **번갈아** 관련시켜 보는 것이라고 생각한다. 인간 신체는 그 사람(또는 그 인물)을 연장 속성 아래에서 표현한 것이다. 그리고 인간 신체는 자신의 물질적 측면 안에 있는 현재의 그 사람이다. 인간 정신, 즉 인간 신체에 대한 관념은 사유 속성 아래에서 그 동일한 사람을 표현한 것이다. 인간 정신은 자신의 정신적 내지 사유하는 측면 안에 있는 현재의 그 인물이다. 마찬가지로, 손가락 수준으로 내려가서 분석해 본다면, 내 손가락을 베인 것과 내가 느끼는 고통은 한 인간(내 자신) 안에서 일어난 하나이자 동일한 사건에 대한 두 개의 다른 표현이다. 내 안에서 일어난 이 사건은 연장 영역에서는 내 손가락을 베인 것으로 스스로를 표현하고, 사유 영역에서는 고통으로 스스로를 표현한다. 고통은 '손가락을 베임'이라는 내 신체 상태에 상응하는 내 정신의 관념이다. 또는 스피노자의 용어를 사용하여 보다 정확히 말하자면 고통은 내 신체 상태의 관념이다.[24]

정신과 신체 간의 인과적 상호작용을 거부한다는 사실에 의해 자연스럽게 떠오르는 의문에 대한 대답으로 스피노자가 이러한 형이상학적 일원

---

24) 이러한 설명에도 양태로 표현되는 이러한 '실재들'에 대한 스피노자의 이야기는 여전히 다소 이해하기 어려운 것으로 남는다. 이 문제에 대한 중요하고도 창의적인 접근에 대해서는 Bennett, *A Study of Spinoza's Ethics*, pp.139~149를 보라.

론을 제시한다는 점에 주목하라. 왜 내 정신의 상태와 신체의 양상 간에는 상관관계가 있는가? 왜 나는 내 손가락을 베인 바로 그 순간에 고통을 느끼는가? 왜 내 팔은 내가 팔을 들려는 의지를 갖는 그 순간에 올라가는가?

데카르트는 그러한 대응을 설명하기 위해 정신과 신체 간의 인과적 상호작용 이론을 이용했다. 고통은 손가락을 베인 바로 그때 발생하는데, 왜냐하면 손가락을 베였다는 것이 바로 그 고통의 원인이기 때문이다. 말브랑슈 — 그는 정신적인 것이든 물리적인 것이든 간에 유한한 피조물에 어떠한 인과 역량을 부여하는 것도 인정하지 않았다 — 와 같은 기회원인론자들occasionalists은, 그러한 규칙성을 설명하기 위해 신이 지속적으로 인과 활동을 한다는 이론을 이용했다. 이 선택지 중 어떤 것도 스피노자에게는 만족스럽지 않았지만, 그렇다고 그러한 선택지가 필요한 것도 아니었다. 속성들의 양태들이 근본적으로 동일하다는 테제를 가진 강한 평행론 학설은 인과적 상호작용이나 신의 개입 없이 인간의 정신과 신체 상태 간의 상관관계를 설명하기에 충분하다. 베임과 아픔(또는 팔을 들려는 의지와 팔을 듦) 간에는 상관관계가 있는데, 이는 바로 그것들이 두 개의 다른 본성으로 자신을 표현하는 하나이자 동일한 사건 — 하나이자 동일한 실체 — 이기 때문이다. 다른 색깔의 안경을 쓰고 같은 것을 보는 두 사람이 있다고 했을 때, 그들 각각에게 보이는 것에는 상관관계가 있다는 것이 하나의 비유가 될 수 있을지 모르겠다. 그들 각각에게 보이는 것은 차이가 있는데, 왜냐하면 그들은 다른 외관(색깔)을 통해 그것을 지각하고 있기 때문이다. 그러나 그들이 보고 있는 그 대상은 같은 것이기 때문에 각자가 보고 있는 외양에는 필연적으로 상관관계가 있을 것이다.

이는 인간의 심신 관계에 대한 스피노자의 설명에 '평행론'이라는 딱지를 붙이는 것이 중요한 측면에서 오해의 소지가 있다는 것을 의미한다.²⁵⁾ 평행론은 독립적이지만 똑같이 작동하는 두 외적 계열 간의 상관관계나 일치를 연상시킨다. 라이프니츠의 예정조화설에서 같은 시각에 맞춰 놓고 태엽을 감아 놓아 동시에 시계 종이 울리게 될 두 시계와 아주 유사하게 말이다. 그러나 스피노자에게 있어서 인간 내에 있는 정신과 신체 상태 간의 상관관계는 독립된 두 계열 간의 외적 관계가 아니다. 그 관계는 두 가지 다른 방식으로 펼쳐지는 하나의 같은 계열이다. 그렇긴 하지만 이 통일성이 근본적이고 다른 것에 앞선다는 사실의 결과로 한 속성 아래에서 그 계열의 전개를 표현하는 연쇄(즉 정신 안에 있는 관념들의 연쇄)가 다른 속성 아래에서 그 계열의 전개를 나타내는 연쇄(즉 신체 상태의 연쇄)와 평행하게 진행된다는 것은 사실이다. 신체가 '베임' 하고 울리면, 정신은 '아픔' 하고 울린다. 정신이 '팔을 움직임' 하고 울리면, 신체는 '팔이 움직임' 하고 울린다.

이원론과 그것의 불만족스러움

그러므로 스피노자는 데카르트적 (실체) 이원론자가 아니다. 스피노자는 기껏해야 속성 이원론자 내지 (실재에는 두 개의 양상이 있다는) 이중양상론자dual aspect theorist로 불릴 수 있는 인물일 뿐이다.

그럼에도 정신과 신체의 관계에 대한 눈에 띄게 강한 주장과, 특히 정신의 능력capacity²⁶⁾은 신체 능력과 상관적이며 정신을 이해하기 위해서는

---

25) 예를 들어 Jonathan Bennett, "Spinoza's Metaphysics", ed. Don Garrett, *The Cambridge Companion to Spinoza*, Cambridge: Cambridge University Press, 1996, p.78을 보라.
26) 〔옮긴이〕 'capacity'는 보통 양화 가능한 능력(용량, 수용량, 생산량 등)을 나타낼 때 사용된다. 스피노자의 'potentia'(역량) 개념이 양화 가능한 힘이라는 점에서 이 단어의 사용은 이해될

먼저 신체를 이해하는 것이 필요하다는 견해는 간과하기 어렵다. 관념은 그 대상, 곧 그 관념의 **대상이 되는** 것을 통해 가장 잘 이해된다. 그리고 정신의 **대상이 되는** 대상은 신체이다. 정신의 역량이 신체의 역량에 근거를 두고 있다는 이 명백한 비대칭성으로 말미암아, 한 연구자는 정신과 관련해서 볼 때 스피노자는 사실 유물론자나 다름없다고 말한다. 이 주석가는 스피노자에게서 실재의 정신적 측면과 물질적 측면이 개별성과 환원 불가능성을 갖는다는 점에 극히 민감하지만, 만약 우리가 스피노자의 심신동일성 이론의 "결론을 끝까지 따라가 본다"면 다음과 같이 말할 수 있다고 한다.

> 우리는 그 이론의 근본적 요지가 이원론적이 아니라 유물론적이라는 점을 이해하게 될 것이다. ……『에티카』 2부가 진행되는 동안 전개되는 정신에 대한 스피노자 논의의 세부 사항을 끝까지 따라가 본다면, 유물론적 기획이 아닌 무엇으로 어떻게 그 특징을 묘사할 수 있다는 것인지 나는 모르겠다.[27]

정신 일반의 역량뿐만 아니라 정신의 현행적인 일시적 기능 또한 신체의 역량과 상관적인 것으로 보인다. 강한 유물론적 견해로 보이는 3부의 다음 서술을 숙고해 보라.

수 있을 것이다. 이 점에 대해서는 에티엔 발리바르, 『스피노자와 정치』, 진태원 옮김, 이제이북스, 2005에 수록된 옮긴이의 '용어 해설' 중 '역량(potentia)-권능/권력/권한(potestas)' 항목(311~318쪽)을 참고하라.

[27] Curley, *Behind the Geometric Method*, pp.74~78.

만약 …… 신체가 활동하지 않는다면, 정신은 그와 동시에 사유할 수 없다는 것 또한 경험이 가르쳐 주지 않는가? 왜냐하면 수면 중에 신체가 움직이지 않을 때, 신체와 더불어 정신은 동시에 감각할 수 없는 채로 있게 되고 신체가 깨어 있을 때처럼 사유 능력이 있지도 않기 때문이다. 그래서 나는, 정신은 동일한 대상에 대해 늘 똑같이 사유할 수 없고, 신체가 그것 안에서 생겨나는 이런저런 대상의 이미지를 더 가질 수 있을수록 정신은 이런저런 대상을 더 많이 고려할 수 있다는 것을, 모든 사람이 경험에 의해 알고 있으리라고 믿는다. (3부 정리2 주석)[28]

스피노자는 이해의 방향이 정신으로부터 신체로 향할 수 있다고 결코 말하지 않는다. 그것은 항상 신체로부터 정신으로 간다. 그리고 신체에 근거를 두고 있지 않은 순수한 지적 관념이 있다는 데카르트의 견해와 달리, 스피노자에게 우리의 물리적 실존에 속하는 어떤 측면과 상관적이지 않은 ─ 사실 두 측면은 동일하다! ─ 그러한 정신의 상태는 없다.

물론 이는 분명 제거주의적 유물론eliminative materialism[29]이 아닐 것이다. 스피노자는 어디에서도 정신이라는 범주를 환상에 불과하다거나 불필요한 것이라고 말하지 않기 때문이다. 실제로 이 정신이라는 범주는 우주의 완전한 측면을 기술하기 위해, 즉 사유 속성에 의해 표현되는 측면을 기술하기 위해 절대적으로 요구된다. 사유의 양태들인 심적 요소와 관련하여 많은 것들이 그 연장된 대상들에 의해 설명되는 것은 사실이지만, 유심

---

28) Gebhardt, *Spinoza Opera*, vol.2, p.142; Curley, *The Collected Works of Spinoza*, p.495.
29) 〔옮긴이〕 심적 상태의 실재성을 부정하고 이에 따라 정신 범주의 불필요성을 주장하는 제거주의(eliminativism)를 말한다.

론적 용어와 기술은 물리적 용어와 기술로 환원될 수 없다(이는 속성들 간의 실재적 차이에 의해 보증된다). 스피노자 이론을 중추 상태 유물론central state materialism[30](예컨대 정신-두뇌의 동일성 테제)과 유사하다고 생각할지도 모르겠다. 이 이론에 따르면 모든 심적 상태는 신체의 상태와 동일하고(예컨대 고통은 두뇌의 화학적이고 신경학적인 특수한 상태와 동일하다), 이는 표면감각[31]에 있어서도 그러하다. 스피노자는 사유하는 양태와 연장된 양태가 궁극적으로 하나이자 동일한 것이라고 분명하게 말한다.[32] 하지만 중추 상태 유물론에 따르면, 심적 용어는 단지 물질(두뇌나 중추신경계)의 상태를 나타내는 것인데, 이는 스피노자가 동의할 수 없는 것이다. 정신과 신체는 가장 깊은 형이상학적 수준에서 궁극적으로 하나이자 동일한 것이다. 하지만 다른 속성으로 이러한 실재를 표현한 것 ― 신체와 그 신체의 관념 ― 은 구별되는 별개의 것이자 환원 불가능한 양태들이다. 그리고 그것들 중 하나를 지시하는 것은 다른 것을 지시하는 것이 아니다.

아마도 인간에 대한 스피노자의 설명은 '설명적 유물론'explanatory materialism이라 부르는 게 최선일 수 있겠다. 이는 범주적 이원론 내지 속성적 이원론을 전제하는 것으로 자연(우리가 아는 것과 같은 자연)을 실제로 두 개의 구별되고 환원 불가능한 존재 방식으로 나누지만, 나누어진 존재의 한쪽 기능에 의해 설명되거나 이해되는 다른 쪽 기능을 배제하지는 않는다.[33]

---

30) 〔옮긴이〕 '중추 상태 유물론'은 데이비드 맬럿 암스트롱(David Malet Armstrong)이 '동일론'(identity theory)보다 선호했던 표현이라고 한다. 동일론은 물이 H_2O와 동일한 것처럼 정신의 상태 및 과정이 두뇌의 상태 및 과정과 동일하다는 이론이다.
31) 〔옮긴이〕 압각, 촉각, 냉각, 온각, 통각 등 다섯 가지 피부감각으로, '표면지각'이라고도 한다.
32) 예를 들어 Allison, *Benedict de Spinoza*, p.86을 보라.
33) 〔옮긴이〕 '설명적 유물론'이라는 용어가 생소하긴 하나, 뒤이은 설명을 고려해 볼 때 두뇌의 물리적 속성과 두뇌의 비물리적 속성(심적 상태)을 구분하는 속성 이원주의 입장 중 '부수 현

하지만 결국 이런 유형의 약한 유물론조차 독자들에게 상당히 끈질긴 문제를 남긴다. 만약 정신의 작용이 신체의 작용에 의해 설명될 수 있다면, 어떻게 이러한 사실이 1부 공리5, 즉 "서로 어떤 것도 공통으로 가지고 있지 않은 실재들은 또한 서로를 통해 인식될 수 없다. 즉 하나의 개념은 다른 것의 개념을 함축하지 않는다"라는 공리를 깨뜨리지 않는 것일 수 있는가? 한 속성의 양태들은 다른 속성의 양태들과 공통적인 것이 아무것도 없다. 따라서 한 속성의 양태들은 다른 속성의 양태들과 관련하여 설명될 수 없다(2부 정리7 주석). 스피노자가 "다른 정신에 대한 어떤 정신의 탁월함을 알기" 위해서는 먼저 "신체의 본성과 관련된 몇 가지를 전제할" 필요가 있다고 말할 때(2부 정리13 주석), 그는 이 중요한 원리를 범한 것처럼 보인다. 비록 정신의 어떤 특수한 사건이나 작용에 대한 특정한 설명에 연장의 영역으로부터는 아무것도 도입되지 않지만, 여전히 인간 정신의 풍부한 능력을 포함하여 인간 정신 그 자체의 본성을 이해하는 것은 사유 속성과 그것의 무한 양태 및 유한 양태에 대한 설명 이상으로 나아갈 필요가 있다.[34] 그리고 이는 스피노자가 속성들 간에 설정한 인과적 간극 및 설명의 간극과 일치하지 않는 것으로 보인다.

스피노자는 인간 신체의 관념(정신)이 가진 탁월성이 인간 신체의 탁

상론'(epiphenomenalism)을 말하는 것 같다. 부수 현상론은 "두뇌의 물리적 속성이 두뇌의 비물리적 속성의 원인이지만, 반대 방향의 인과관계는 성립하지 않는다"는 입장이다. 이 주와 심리철학에 관한 앞의 옮긴이 주 29번과 30번은 이안 라벤스크로프트, 『심리철학』, 박준호 옮김, 서광사, 2012와 '스탠포드 철학대사전'(Stanford Encyclopedia of Philosophy, http://plato.stanford.edu)을 참고했다.

[34] 델라 로카와 베넷은 이 문제에 속하는 여러 유형들과 씨름하고 있다. Michael Della Rocca, *Representation and the Mind-Body Problem in Spinoza*, Oxford: Oxford University Press, 1996, ch.8; Bennett, "Spinoza's Metaphysics", pp.143~149.

월성에 의한 **인과적 결과**가 아니라 — 만약 그렇다면 이는 확실히 그 법칙 (1부 공리5)의 정신뿐 아니라 그 조문 또한 범하는 일일 것이다 — 오히려 오직 그 관념의 내용이 가진 탁월성과 상관적이라고 말함으로써 이 문제에 답했을지도 모른다. 정신은 인간 신체**의** 관념이기 때문에 그리고 정신과 인간 신체는 둘 다 하나이자 동일한 실재를 단지 다른 속성으로 표현한 것이기 때문에, 그 관념의 내용, 곧 그 관념 자체에 내생적인 어떤 것은 신체의 탁월성과 같은 탁월성을 갖는다. 그러므로 우리는 신체의 탁월성을 살펴봄으로써 그 관념의 탁월성을 엿볼 수 있다. 그러나 관념 그 자체의 탁월성은 스스로 갖춘 것으로, 분명 신체의 탁월성에 기인하는 것이 아니다.[35]

아무튼 인간의 정신과 신체에 대한 스피노자의 개념과 관련된 흥미로운 문제 중 하나는 우리가 '표준 모델'이라고 부를 수 있을 법한 것, 즉 데카르트의 이원론(상호작용론적 변형이든 기회원인론적 변형이든 간에)을 그가 거부한 동기와 관련이 있다.

교과서뿐만 아니라 전문적 문헌에서도 종종 이야기되는 전통적 논의에 따르면, 스피노자는 데카르트의 이원론을 괴롭혔던 철학적 문제들과 그의 이원론이 심신 상호작용 문제에 연루되어 있다는 것 때문에 표준 모델을 폐기하고 특유의 해석을 시도했다고 한다.[36] 연장적인 물질적 실체와 비연장적인 사유하는 실체 간에 있는 사실상의 근본적 차이를 고려할 때, 인간의 이 두 구성 요소가 어떻게 서로 인과적으로 관계를 맺을 수 있는지 설명할 방법이 없으며, 그렇기 때문에 상호작용을 통한 정신과 신체 상태

---

35) 돈 개릿이 이런 식으로 해석할 수 있다는 의견을 나에게 제시해 주었다.
36) Bennett, "Spinoza's Metaphysics", pp.62~63; Richard A. Watson, *The Breakdown of Cartesian Metaphysics*, Highlands, NJ: Humanities Press, 1987, p.117을 보라.

간의 상관관계를 설명할 방법이 없다고 논의는 진행된다. 엘리자베스 공주는 간결하게 이 문제를 데카르트에게 제기했다.

> 어떻게 단지 사유하는 실체일 뿐인 인간 영혼이 자발적 행위를 일으키기 위해 신체의 정기를 규정할 수 있는지요? 왜냐하면 운동을 규정하는 모든 것은 움직여진 실재에 가해진 충격에 의해, 그것을 움직인 것에 의해 밀려난 것에 의해, 또는 보다 낫게 말하자면, 그 움직인 것의 표면이 가진 성질과 모양에 의해 일어나는 것으로 보이기 때문입니다. 그리고 앞의 두 상황에는 접촉이 요구되고, 세번째 상황에는 연장이 요구됩니다.[37]

데카르트는 어떻게 정신이 신체를 움직이는지 엘리자베스가 더 잘 인식할 수 있도록 돕고자 노력했지만, 대체로 그러한 상호작용의 **가능성**에 대해 우려하지 않았던 것으로 보인다. 그는 엘리자베스와 비슷한 우려를 표명했던 철학자 피에르 가상디Pierre Gassendi에게 답하면서, "그러한 의문에 포함된 모든 문제는 단지 거짓인 가정이자 어떤 식으로도 증명될 수 없는 가정, 곧 영혼과 신체가 본성이 다른 두 개의 실체라면 이러한 사실은 그것들이 서로에게 작용하지 못하도록 막는다는 가정으로부터 생긴다"라고 간단히 말할 뿐이다.[38] 그러나 당시나 지금이나 다른 철학자들은 그 난

---

37) 1643년 5월의 편지, Adam and Tannery, *Oeuvres de Descartes*, vol.3, p.661. ('앞의 두 상황'은 충격과 충격을 받은 물체에 의해 운동이 규정되는 상황을 말하며, '세번째 상황'은 충격을 가한 물체의 표면 성질과 모양에 의해 운동이 규정되는 상황을 말한다. 그런데 '앞의 두 상황'이 성립하려면 '접촉'이 필요하고, '세번째 상황'이 성립하려면 충격을 가한 물체가 '연장'을 갖는 연장 실체이어야 한다. 결국 엘리자베스 공주는 이 편지에서 어떻게 '연장이 없는' 사유 실체인 정신이 어떻게 연장 실체인 신체와 '접촉'하여 운동을 일으킬 수 있는가 하는 의문을 제기했던 것이다.)
38) Adam and Tannery, *Ibid*., vol.9a, p.213; Cottingham, Stoothoff and Murdoch, *The*

점을 그렇게 무시하지 않는다.

스피노자는 정신과 신체를 두 개의 구분되는 실체로 만드는 게 아니라 오히려 하나이자 동일한 실체의 두 양태로 만듦으로써, 그리고 그 둘 사이에 인과적 상호작용을 배제하고 대신 공동 표현 — 연장 속성에서 신체적 상태로 자신을 표현하는 실재와 정확히 동일한, 실재에 대한 사유 속성 내의 표현에 다름 아닌 심적 상태[39] — 에 의존하는 상관관계 이론[40]을 제시함으로써, 그 문제에서 교묘하게 벗어난다는 이야기가 있다. 다시 말해서, 인간 정신에 대한 자신의 개념과 그것이 신체와 맺는 관계로 도피함으로써 고전적인 심신 문제에 답한 것으로 간주한다는 것이다.

근대철학의 역사 서술에 등장하는 이 이야기의 다른 형태 또한 조금 다르긴 하지만 관련 문제에 초점을 맞추고 있고, 그래서 역시 스피노자의 주장을 데카르트의 이원론에 의해 발생하는 긴장에 대한 반응으로 서술한다. 하지만 이번에는 이원론 학설과 인과적 상호작용 문제 간에 긴장 요소가 있는 것이 아니라 오히려 이원론과 인간 통일성 문제 간에 긴장 요소가 있다. 스피노자는 이 문제 때문에 실체 이원론과 데카르트의 정신 공존 개념을 거부한다. 정신이 신체와 정말로 구분되는 실체라면, 어떻게 정신과 신체는 함께 인간이라는 진정한 연합체를 형성할 수 있는지 이해하기 어렵기 때문이다.[41]

Philosophical Writings of Descartes, vol.2, p.275.
39) 〔옮긴이〕 요컨대 연장 속성에서 신체적 상태로 표현된 것과 사유 속성에서 심적 상태로 표현된 것은 모두 하나이자 동일한 실재의 표현이라는 것이다.
40) 〔옮긴이〕 "공동 표현에 의존하는 상관관계 이론"(theory of correlation that relies on mutual expression)이라는 압축적 서술은, 정신과 신체 간에는 인과 작용이 있을 수 없지만 '양자는 하나이자 동일한 실재를 공동으로 표현한다는 점에서 서로 관계가 있다는 이론'을 말하는 것이라고 새겨 볼 수 있겠다.

데카르트의 비판자들은, 정신과 신체처럼 근본적으로 다른 두 실재들 간에 어떻게 '실체적 연합'이 있을 수 있는지에 대한 설명이 긴절한 것은 그것들 간의 인과관계에 대한 설명이 긴절한 것과 마찬가지라고 말한다. 정신과 신체는 공간적 인접함에 의해 물체들이 결합되는 명석 판명한 방식으로 결합될 수 없다. 정신은 공간을 점유하는 존재가 아니고 그래서 문자 그대로 신체와 접촉해 있을 수 없기 때문이다. 그렇다면 그것은 어떤 종류의 연합이며 그것과 관련하여 무엇이 '실체적'인가? 처음으로 이러한 반박을 한 이는 데카르트의 『성찰』에 대한 반박을 작성한 가상디이다.

당신이 물체가 아니라면, 그래서 연장된 것도 나뉠 수 있는 것도 아니라면, 어떻게 "혼합이나 뒤섞임과 같은 그런 결합이" 당신에게 일어날 수 있는지가 설명되어야만 합니다. …… 합일은 긴밀한 접촉에 의해 일어나야 하는 것 아닙니까? 그런데 …… 어떻게 그런 합일이 물체 없이 가능합니까? 만일 비물질적인 것에는 물질적인 것이 아무것도 없어서 잡힐 것도 잡을 것도 없다면, 어떻게 물질적인 것이 비물질적인 것을 잡아 자신과 결합된 것으로서 가지고 있게 됩니까? 또는 어떻게 비물질적인 것이 물질적

---

41) 그래서 컬리는 스피노자가 "데카르트의 실재적 구분 학설과 데카르트의 실체적 연합 학설 간의 …… 긴장에 답하고 있다"라고 주장한다. 데카르트는 한편으로는 정신(따라서 의식)이 신체와 존재론적으로 구분되는 실체라고 말한다. 다른 한편으로는 컬리가 말한 것처럼 "나는 내 신체와 아주 사적인 이해관계를 맺고 있다. …… 나와 나의 신체는 하나이다. 그것이 바로 내가 하는 것에 내가 관심을 갖는 이유이며, 내가 가지고 있는 것을 내가 의식하는 이유이다"라고 말한다. 어떻게 정신과 신체 간에 밀접한 관계가 가능한가? 컬리에 따르면, 이것이 "스피노자의 심신동일성 이론 심장부에 놓여 있는 질문"이다. 컬리는 이 질문이 "스피노자적 입장이 발원한 곳이 어디인가 하는 문제와 관련하여, 구분되는 실체 간에 상호작용이 있다는 것이 이해 가능한가 하는 문제와 관련된 어떠한 관심보다 더 중요하다"라고 주장한다(Curley, *Behind the Geometric Method*, pp.59~62).

인 것을 잡아 자신과 서로 묶여 있는 것으로서 가지고 있게 됩니까?[42]

스피노자는 정신을 신체의 관념으로 만듦으로써 다시 그 문제를 간단하게 만들었다. 새로운 합성 실체인 인간을 형성하기 위해 두 개의 구분되는 실체를 하나의 연합체가 되도록 만드는 것은 더 이상 문제 되지 않는다. 오히려 통일성이 형이상학적으로 선행하는 것이다. 정신과 신체는 단지 사유와 연장이라는 다른 속성 아래에 있는 하나이자 동일한 실재(인간)의 구분되는 두 표현일 뿐이다.

심신 문제의 인과 버전이든 '실체적 연합' 버전이든, 심신 문제가 스피노자가 데카르트 이원론을 버리도록 만든 동기인가? 스피노자는 공통적인 것이 전혀 없는 두 실재들이 인과적으로 상호작용할 수 있다는 생각을 명백히 거부한다. 이러한 거부는 『에티카』에 제일 먼저 등장하는 정리들 중 하나에 나타난다(1부 정리3). 그래서 가상디의 문제 제기에 데카르트가 건성으로 대답한 것에 스피노자가 만족할 수 없었으리라는 추측에는 중요한 의미가 있다. 그리고 앞서 보았던 것처럼, 사유와 연장이라는 두 속성을 통해 양태들이 구별되는 이 이분화의 기저에 인간(그리고 실은 모든 것)의 통일성이 놓여 있으며 스피노자가 선행한다고 보았던 것을 그 통일성이라고 해석하는 것은 그가 1부 정리1~14에서 말한 내용의 많은 부분을 이해하기 위한 좋은 방법이다.

하지만 나는 스피노자의 마음에 훨씬 중요한 문제가 있었다는, 곧 이

---

42) 「다섯번째 반박」, Adam and Tannery, *Oeuvres de Descartes*, vol.7, pp.343~344; Cottingham, Stoothoff and Murdoch, *The Philosophical Writings of Descartes*, vol.2, pp.238~239 (『성찰1』, 342~343쪽).

원론 내부의 어떠한 형이상학적 문제보다 더 정신과 신체에 대한 데카르트의 상을 버리도록 스피노자를 강하게 움직인 것이 있었다는 견해를 내놓고 싶다.

데카르트는 자신의 철학이 종교에 절묘하달 정도로 중요하다는 점에 자부심을 느꼈다. 특히 부패할 수 있는 신체와 정신을 분리함으로써 자신의 철저한 이원론은 영혼 불멸을 가장 그럴듯하게 옹호하고 설명한다고 믿었다. 『성찰』을 동봉하여 소르본대학에 보낸 편지[43]에서, 데카르트는 그 책의 목적 중 하나가 영혼 불멸을 부정하는 이들과 싸우는 것이며, 영혼 불멸 학설이 진리임을 논증적으로 확립하기 위한 무장 요구를 과제로 삼는 것이라고 분명히 말한다. 실망스럽게도, 데카르트는 『성찰』에서 영혼 불멸에 대한 어떠한 상세한 증명도 명쾌하게 제시하지 않는다. 『성찰』 서두의 '요약'은 정신과 신체가 실재적으로 구분된다는 사실에서 영혼 불멸이 곧바로 따라 나온다는 것에 대한 그의 믿음을 보여 준다. 그러나 데카르트는 이 논변이 "신체가 소멸된다고 정신이 소멸되는 것은 아니라는 사실을 충분히 보여 주고, 또 이로써 죽음을 눈앞에 두고 있는 사람에게 내세의 삶에 대한 희망을 충분히 줄 수 있"지만, 그럼에도 "정신은 본성상 불멸"한다는 사실을 상세히 증명하는 것은 "전 자연학적 설명"이 필요할 것이라고 말한다.[44] 실체는 본성상 부패하지 않으며 신의 행위에 의해 무로 바뀌지 않는 한 결코 실존을 멈출 수 없다는 것, 그리고 신체는 하나의 실체이고 그래서 영혼처럼 사라질 수 없는 것이지만 물질적 부분의 합에 불과한 모든 특수한 인간 신체는 참된 실체의 온전함을 결여하고 있으며 그래서 썩기 쉽

---

43) 〔옮긴이〕 이 편지는 데카르트, 『성찰 외』, 15~22쪽에 번역 수록되어 있다.
44) 〔옮긴이〕 『성찰 외』, 29~31쪽. 번역은 수정.

다는 것을 알아야 할 필요가 있다.[45] 「『성찰』에 대한 두번째 반박 모음에 대한 답변」에서 데카르트는 "자연적 인식은 정신이 신체와 상이하며 또 실체라는 것을 가르쳐 주네. …… 이는 자연철학으로부터 인식할 수 있는 한, 정신이 불멸한다는 결론을 내리기에 충분한 것이네"라고 주장한다.[46] 비록 그가 신이 기적적으로 영혼에다가 "신체가 파괴되는 바로 그 순간에 존재를 멈추도록"[47] 하는 본성을 부여했을 수도 있다는 가능성을 확실히 배제할 수는 없지만, 그럼에도 영혼은 당연히 실체이고 신체가 해체되는 식으로 해체되지 않기 때문에 영혼은 본성상 불멸한다. 신체가 죽을 때, 영혼 — 단지 일시적으로만 신체와 결합된 — 은 분리된 실존을 향유할 것이다.

스피노자가 거부한 것은 바로 이러한 유의 강한 인격적 불멸성 학설이다. 그는 이를 형이상학적 근거에서 거부하기도 하고, 도덕적이고 정치적인 근거에서 거부하기도 하는데, 보다 중요한 것은 후자이다. 다음 장에서 명확해질 이유들 때문에, 스피노자는 불멸에 대한 믿음이 신인동형론적인 신에 대한 믿음처럼 미신을 조장할 뿐이라고 생각한다. 그가 보기에 그것은 삶을 비합리적 정념에 예속되게 만드는 유해한 학설이다. 『에티카』 5부에서 정신의 영원성에 대해 논할 때 스피노자는 불멸성 문제를 특별히 다루게 될 것이다. 그러나 기왕 『에티카』 2부에 등장한 문제에 그 뒷부분에서 논의될 내용의 의미를 부여해도 된다면, 나는 다음과 같은 사실, 곧 스피

---

45) Adam and Tannery, *Oeuvres de Descartes*, vol.7, pp.13~14; Cottingham, Stoothoff and Murdoch, *The Philosophical Writings of Descartes*, vol.2, pp.9~10 (『성찰 외』, 30~31쪽).
46) Adam and Tannery, *Ibid.*, vol.7, pp.153; Cottingham, Stoothoff and Murdoch, *Ibid.*, vol.2, pp.108~109 (『성찰 1』, 102쪽).
47) 〔옮긴이〕 『성찰 1』, 102쪽.

노자가 데카르트의 정신 개념과 정신과 신체의 관계 개념을 버리게 된 이유 중 하나는 그의 설명이 불멸성 학설을 뒷받침하기 때문이며, 나는 이 사실에 의심의 여지가 없을 것이라고 생각한다. 정신과 신체 간의 '실재적 구별'——이것이 전통적인 종교 교리의 재확립에 기여한 것이다——을 관철시키기 위해 데카르트가 이용한 바로 그 철학 외적 이유가 스피노자를 다른 형이상학적 관점(심신동일론)으로 이끈 것이다.

6장
인식과 의지

6장
인식과 의지

1665년 11월, 아마도 『에티카』 초고 완성을 목전에 두었을 때 스피노자는 올덴부르크에게 다음과 같이 말한다.

> 인간 신체는 자연의 일부입니다. 인간 정신에 대해 말씀드리자면 저는 그 역시 자연의 일부라고 주장합니다. 왜냐하면 자연 안에는 사유함의 무한한 역량 또한 실존하는데, 이 역량은 무한한 한에서 그 자체 안에 자연 전체를 관념적으로 포함하고 있으며, 그 사유는 그것의 실제 사유 대상인 자연과 동일한 방식으로 진행된다고 생각하기 때문입니다.

"그 자체 안에 자연 전체를 관념적으로 포함"하는 이 "사유함의 무한한 역량"은 분명 실체와 그것의 사유 속성에 대한, 그리고 무한 지성, 곧 만물에 대한 적합한 관념의 무한한 모음인 사유의 직접적 무한 양태에 대한 언급이다. 그래서 스피노자는 다음과 같이 말을 이어 나간다.

> 나아가 저는 그 사유함의 역량이 무한한 한에서나 자연 전체를 포착하는 한에서가 아니라 인간 신체만을 포착하는 유한한 것인 한에서, 인간 정신

은 그 동일한 사유함의 역량이라고 주장합니다. 이러한 방식으로 인간 정신은 무한 지성의 일부라고 저는 주장합니다. (32번째 편지)

무한 지성은 무한한 관념들 —— 그 각각이 이런저런 속성들의 어떤 대상**에 대한** 것이며 그 전부는 모든 속성의 모든 대상에 대한 것인 —— 로 구성되므로 "자연 전체를 포착한다". 앞서 보았던 것처럼, 인간 정신은 무한 지성을 구성하는 관념들의 부분집합, 즉 인간 신체를 그 직접적 대상으로 하는 관념들일 뿐이다. 뿐만 아니라, 모든 인간 정신은 사유 속성 아래에 있는 실체의 양태들로서 하나이자 동일한 사유 역량의 표현들이다. 이 사유 역량은 (신의) 무한 지성과 동일한 것인 사유 안에서 무한한 방식으로 자신을 현시하는 사유 역량인데, 인간의 경우 이 역량은 유한한 방식으로 자신을 현시한다.

인간 정신이 어떤 관념을 갖거나 어떤 것을 지각할 때, 그 관념을 갖고 그 실재를 지각하는 것은 사실 신(또는 자연) 그 자체라고 스피노자가 말하는 것은 바로 이러한 이유 때문이다. 하지만 이때 신은 무한한 지성으로서의 신이 아니라 유한 양태, 즉 인간 정신 그 자체에 의해 변용된 것으로서의 신이다.

인간 정신은 신의 무한 지성의 일부이다. 그러므로 인간 정신이 이것 또는 저것을 지각한다고 말할 때, 우리는 신이 무한한 한에서가 아니라 인간 정신의 본성을 통해 설명되는 한에서, 즉 그가 인간 정신의 본질을 구성하는 한에서, 신이 이 또는 저 관념을 갖는다고 말하는 것이다. (2부 정리11 따름정리)

인간 정신이 x를 생각하거나 지각할 때, 인간 정신은 절대적으로가 아니라 그 인간 정신의 굴절을 통해 x를 생각하거나 지각하는 신(또는 자연)이다.

그러나 도대체 인간 정신은 어떻게 실재를 인식하거나 지각하는 것인가? 인간 정신이 세계에 대해 그리고 자신에 대해 가질 수 있는 인식은 어떤 종류의 것인가? 어떻게 인간 정신이 소유한 관념은 무한 지성이 소유한 관념, 즉 신 또는 자연 그 자체가 소유한 관념과 관련되는가? 스피노자는 인식과 적합한 이해가 인간의 행복·자유·안녕에 열쇠가 된다고 믿었으며, 그래서 이러한 인식론적 문제에 대한 검토가 자신의 전수 도덕적 기획 내에서 중요한 단계가 된다고 믿었다.

관념

데카르트는 『성찰』과 인간 정신의 내용물을 연구하는 다른 저작들에서 자신의 '관념'idea이라는 용어의 용법이 특이하여 근대 초기의 많은 독자들에게 혼란을 일으킬 수 있다는 점을 분명히 알고 있었다. 본래 이 단어는 주로(꼭 그런 것은 아니지만) 심리학적[정신적] 항목psychological items이 아니라 형이상학적이고 논리적인 것을 나타내는 데 사용되어 왔다. 물론 플라톤에게 관념[이데아]은 영원하고 불변하는 본질로서, 항상 변화하는 이 생성의 세계와 달리 가지적 존재 영역에 실존하는 실재의 형상Forms이다. 플라톤적 전통에 있는 중세 사상가들, 이를테면 성 아우구스티누스 같은 이들에게 관념은 여전히 영원하고 불변하는 것이긴 하지만 신의 이해 내용으로 바뀌고, 오직 신의 조명 과정을 통해서만 인간에게 계시된다. 대조적으로 데카르트는 의식적으로 관념이 이러한 신의 정신이 갖는 내용물이라는 견해를 받아들여서 그것을 인간 정신으로 옮겨 놓았으며 인간 정신 고유의 변양으로 만들었다. 그래서 『성찰』에 대한 영국 철학자 홉스의 반박에 데카르트는 다음과 같이 답한다. "관념이라는 말로써 정신이 직접 지각하는 모든 것을 의미한다. …… 내가 관념이란 말을 사용한 이유는 이렇다. 이미 철학자들이 신적 정신의 지각 형상들을 지시하기 위해 그 말을 빈번히 사용해 왔고, 또 그보다 더 적합한 말을 내가 알고 있지 못하기 때문이다."[1] 여하튼 데카르트는 그렇게 함으로써 17~18세기의 많은 인식론적 논쟁의 장을 마련했는데, 이때가 바로 로크, 아르노, 말브랑슈, 라이프니츠, 버클리, 흄을 포함한 철학자들이 관념은 무엇인지, 그리고 그것이 어떻게 인간 인식에 허락되는지 이해하기 위해 애썼던 시기이다.[2]

스피노자는 일부 동시대인들을 괴롭혔던 관념에 관한 존재론적이고 인식론적인 많은 문제들에 별로 신경 쓰지 않았다. 예를 들어 데카르트가 『성찰』에서 보여 주는 것과는 달리, 스피노자는 『에티카』에서 어떻게 정신 안에 있는 관념이 세계 안에 있는 실재와 일치하거나 일치하지 않을 수 있는지를 알 수 있는가 하는 문제와 관련된 진지한 회의주의적 우려를 거의 보여 주지 않는다. 그러나 그의 관심사임이 분명한 것은 어떻게 관념이 신체, 외부 실재, 정신, 그리고 궁극적으로는 신 또는 자연 그 자체에 대한 인식을 가능케 하는지 보여 주는 것, 그리고 우리에게 참된 이해를 제공해 주는 적합하고 합리적으로 획득된 관념과 우리를 둘러싼 세계와의 우발적

---

1) Adam and Tannery, *Oeuvres de Descartes*, vol.7, p.181; Cottingham, Stoothoff and Murdoch, *The Philosophical Writings of Descartes*, vol.2, p.127 (『성찰 1』, 135~136쪽).
2) 17세기 철학에서 '관념'이라는 용어의 사용법에 대한 고찰로는 Robert McRae, "'Idea' as a Philosophical Term in the Seventeenth Century", *Journal of the History of Ideas* 26, 1965, pp.175~184; John Yolton, "Ideas and Knowledge in Seventeenth-Century Philosophy", *Journal of the History of Philosophy* 13, 1975, pp.145~166을 보라.

마주침에서 비롯되며 우리를 오류에 빠지게 만드는 단편적인 부적합한 관념 간의 차이를 검토하는 것이다.

앞서 보았던 것처럼, 스피노자 체계에는 관념의 포개짐 같은 것이 있다. 무한 지성은 실재들에 대한 관념들로 구성된다. 그리고 이 관념들은 더 작은 실재들에 대한 관념들의 모음 그 자체이며, 그렇게 계속된다. 따라서 모든 인간 정신은 어떤 인간 신체에 대한 관념이며, 그 신체에 대한 관념은 그 자체로 그 신체에 속하는 부분들에 대한 관념들의 모음이 된다. "인간 정신의 형상적 존재를 구성하는 관념은 단순한 것이 아니라 아주 많은 관념들로 합성된 것이다"(2부 정리15). 따라서 데카르트에게 인간 정신은 단순 실체이며 정신의 관념이 그 실체의 양태들인 것과 달리, 스피노자에게 인간 정신(신체에 대한 거대 관념)은 다른 관념들(그 신체의 부분들에 대한 관념인 하위 관념들)로 이루어져 있는 하나의 복합 관념에 다름 아니다.

그럼에도 인간 정신을 이루는 관념들은 여전히 중요한 측면에서 데카르트 정신 개념의 심리적 항목들과 유사하다.[3] 첫째, 위에서 논의된 것처럼 스피노자의 관념은 데카르트의 관념처럼 지향성을 갖는다. 인간 정신의 관념은 실재에 **대한** 것이다. 그것은 일차적으로 인간 신체의 부분에 **대한** 관념이다. 정신 그 자체의 직접적이고 일차적인 대상이 전쇼 신체인 것처럼 말이다. 정신 안에 있는 상태인 고통이라는 느낌은 사실 다친 신체 부분에 **대한** 관념이다. 하지만 데카르트의 관념과 달리, 관념과 그 대상 간의 관계는 두 개의 구별되는 실재 간에 성립하는 외생적 관계가 아니다. 인간 신체의 어떤 부분에 대한 관념이 인간 신체의 그 부분에 **대한** 관념인 것

---

3) 대조적인 견해에 대해서는 Curley, *Spinoza's Metaphysics*, pp.119~130을 참고하라. 그의 견해에 따르면 스피노자에게 관념은 논리적 항목이지 심리적 항목이 아니다.

은, 관념이 그 관념에 독립적인 어떤 실재와 유사하거나 아니면 그러한 실재를 표상하기 때문이 아니다. 오히려, 이제 우리가 알고 있듯이, 관념과 그 관념이 대상으로 하는 신체 상태는 궁극적으로 동일하다. 그것들은 두 개의 다른 속성을 통해 표현되는 하나이자 동일한 실재이다. 고통은 다친 신체 부위인 연장 속성으로 표현된 것과 동일한 실재에 대한 사유 속성 내의 표현이다. 이 존재론적 동일성이 이 관념을 신체 상태**에 대한** 관념으로 만드는 것이지 우리가 보통 표상 관계라고 생각하는 것이 그렇게 만드는 게 아니다. (다른 한편으로, 그리고 다소 혼란스럽게, 스피노자는 표상적인 방식으로 관념에 대한 생각을 다시 보여 주기도 하는데, 특히 **외부** 물체와 관련된 경우에 그렇다. 이를테면 관념은 신체 상태에 대한 사유 속성 아래에 있는 존재론적 상관물이기도 하고 **뿐만 아니라** 문제의 연장된 상태에 있는 어떤 것에 대한 표상이기도 하다는 식으로 말이다.[4])

그런데 평행론 학설은 인간 신체 안에서 일어나는 **모든** 상태에 대해 인간 정신 안에는 그것에 상응하는 상태가 있을 것임을 함축한다. 그런데 인간 정신의 모든 상태는 하나의 관념이다. 따라서 인간 신체의 전 상태에 대해 인간 정신 안에는 상응하는 관념이 있다. 이는 2부 정리9의 따름정리 ─ "어떤 관념의 독특한 대상 안에서 일어나는 모든 것에 대해, 신이 동

---

4) 예를 들어 2부 정리17의 주석을 보라. 그곳에서 스피노자는 관념이 우리에게 "외부 물체를 제시한다"라고 말한다(Gebhardt, *Spinoza Opera*, vol.2, p.106; Curley, *The Collected Works of Spinoza*, p.465). 일치 관계와 표상 관계 간의 관련성을 이해하고자 시도한 많은 논의가 있었다. Bennett, *A Study of Spinoza's Ethics*, pp.153~161; Della Rocca, *Representation and the Mind-Body Problem in Spinoza*, pp.49~64; Daisie Radner, "Spinoza's Theory of Ideas", *The Philosophical Review* 80, 1971, pp.338~359; Margaret Wilson, "Objects, Ideas, and 'Minds': Comments on Spinoza's Theory of Mind", *Ideas and Mechanism*, Princeton: Princeton University Press, 1996, pp.126~140 등을 보라.

일한 대상에 대한 관념을 갖는 한에서만 신 안에는 그 모든 것에 대한 인식이 존재한다"——를 인간 신체에 대한 관념이라는 특수한 경우에 적용한 것일 따름이다. "인간 정신을 구성하는 관념의 대상 안에서 일어나는 것은 무엇이든 인간 정신에 의해 지각되지 않으면 안 된다. 또는 정신 안에는 그 모든 것에 대한 관념이 필연적으로 존재하게 될 것이다. 즉 인간 정신을 구성하는 관념의 대상이 신체라면, 그 신체 내에 정신에 의해 파악되지 않는 것은 아무것도 발생할 수 없다"(2부 정리12). 스피노자에게는 다행스러운 일인데, 이 정리에 우리가 신체 내에서 일어나는 모든 것을 의식 수준에서 지각하고 인식한다는 반직관적 결과가 수반되지는 않는다. 그는 정신 안에 있는 모든 관념이 반드시 지각이 수반되는 의식적 관념인 것은 아니라고 생각했다. 그런 주장은 거짓임에 틀림없을 뿐만 아니라——내 신체 내에서, 예컨대 혈액순환이나 위가 음식을 소화하는 것처럼, 의식 수준에서 자각하지 못하는 많은 일이 일어나고 있음은 분명하다——평행론 논제가 보편적으로 적용된다는 점에서 볼 때 인간뿐만 아니라 모든 것들에 본성상 의식적 자각이 있다는 결론을 수반하게 될 것이다. 곧 보게 될 것처럼, 스피노자에게는 의식을 설명할 다른 방법이 있을 것이다[286~288쪽 참고].

그러니까 정신 및 그 관념들의 직접적 대상은 각각 신체와 신체의 상태이다. 그런데 그 신체를 통해 인간 정신은 외부 물체에 연결될 수 있고 외부 물체로 향할 수 있다.

2부 정리16 외부 물체에 의해 인간 신체가 변용되는 각각의 방식에 대한 관념은 인간 신체의 본성과 함께 외부 물체의 본성을 함축하지 않으면 안 된다.

증명 신체가 변용되는 모든 방식은 (2부 보조정리3 뒤의 공리3에 의해) 변용되는 신체의 본성으로부터, 그리고 동시에 변용시키는 물체의 본성으로부터 따라 나오기 때문이다. 그래서 그 방식에 대한 관념은 (1부 공리4에 의해) 필연적으로 각 신체/물체의 본성을 함축할 것이다. 그리고 그 결과 외부 물체에 의해 인간 신체가 변용된 각각의 방식에 대한 관념은 인간 신체와 외부 물체의 본성을 함축한다.

외부 대상 x에 대한 관념이 정신에 떠오를 때, 신체의 상태가 인간 신체의 본성과 x의 본성 둘 다를 통해서 설명되고 그 두 본성을 반영하는 것은 단지 x가 원인이 되어 인간 신체 안에 어떤 결과를 일으켰기 때문이다. 그러나 이는 변용된 신체의 부분을 사유 속성 안에서 표현한 정신 안의 관념이 그 부분에 영향을 주었던 외부 물체에 관한 것을 포착하기도 한다는 것을 의미한다. 엄밀하게 말해서, 관념은 단지 인간 신체의 상태**에 대한** 것이다. 그러나 결과**로서의** 인간 신체가 갖게 된 상태는 그 원인과 관계가 있기 때문에, 인간 신체의 상태에 대한 관념 역시 그 원인과 어떤 관계가 있을 것이다.

이로부터 스피노자는 정신의 관념은 그 정신의 신체를 향한 지향성뿐만 아니라 외부 물체를 향한 지향성 또한 갖는다는 것이 따라 나온다고 결론 내린다. "이로부터 첫번째로 인간 정신은 그 자신의 신체의 본성을 포함하여 아주 많은 물체의 본성을 지각한다는 점이 따라 나온다"(2부 정리16 따름정리1). 하지만 그렇기 때문에 외부 물체에 대해 전달된 정보는 상당히 제한적이며, 외부 물체에 관한 것보다 사실 우리 자신의 신체에 관해 더 많은 것 — 그것이 어떤 다른 것에 의해 초래된 이러저러한 상태에 있다는 것 — 을 말해 준다. "둘째로 우리가 외부 물체에 대해 갖는 관념은 외부 물체의 본성보다는 우리 신체의 상태를 더 많이 가리킨다는 점이 따라 나온다"(2부 정리16 따름정리2). 일상 경험에서 알 수 있듯이, 실제로 외부 대상에 대한 우리의 모든 관념은 인간 신체에 의해 매개되고, 따라서 외부 대상에 관한 부분적이고 상대적인 정보, 즉 그것들이 우리 자신의 신체에 일으킨 특정 상태 이상의 것을 제공할 수 없다. 차후 우리는 인식의 종種에 대한 스피노자의 분류를 고찰할 때 이 논의로 되돌아갈 것이다.

초기 근대철학자들, 특히 데카르트 전통 내에서 논의된 문제 중에 정신의 관념이 대상인지 아니면 활동인지에 관한 문제가 있다. 관념은 정신이 포착한 심상 같은 것(대상)인가 아니면 포착함이라는 심적 활동인가? 관념은 (표상적 관념을 통해 간접적이고 매개적으로만 지각되는 외부 대상을 가진) 직접적이고 비매개적으로 지각된 실재(대상)인가 아니면 실재에 대한 지각(활동)인가?[5] 데카르트 자신은 관념을 상기한 두 방식 모두로 취급하는 것처럼 보인다. 그는 자주 관념을 정신이 직접 지각한 것이라고 말하는 한편, 관념을 "지성의 작용"이라고 서술하며[6] 관념이 "활동 그 자체와는 다르다"는 것을 부정하기도 한다.[7]

이런 논쟁에 대한 인내심이 거의 없었던 것으로 보이긴 하지만, 스피노자는 관념을 심적 활동이라고 보는 이들 편에 자신을 확고히 위치시킨다. 그는 데카르트가 『성찰』에서 말하는 것처럼 관념은 "흡사 사물의 이미지와 같은"tanquam rerum imagines[8] 것임을 인정하고 싶어 하지 않는 것처럼 보인

---

[5] 이는 아르노와 말브랑슈의 위대한 논쟁 가운데 철학적 측면을 가진 주제들 중 하나이다. Steven Nadler, *Arnauld and the Cartesian Philosophy of Ideas*, Princeton: Princeton University Press, 1989를 보라.

[6] 「네번째 반박에 대한 답변」, Adam and Tannery, *Oeuvres de Descartes*, vol.7, p.232; Cottingham, Stoothoff and Murdoch, *The Philosophical Writings of Descartes*, vol.2, p.163 (『성찰 1』, 201쪽).

[7] 1641년 1월 28일 메르센 신부에게 보낸 편지, Adam and Tannery, *Ibid.*, vol.3, p.295.

다. 그는 "관념은 어떤 것의 이미지에 있지도 않고 말에 있지도 않다"라고 말한다(2부 정리49 주석2). 그는 관념이 '그림'과 같은 것, 곧 정신에 포착되기 위해 거기에 있는 죽어 있고 불활성적인 대상이라는 관념을 거부한다.

참인 관념을 갖고 있다는 것은 실재를 완벽하게, 즉 가장 잘 인식하고 있다는 것일 따름이다. 그리고 아무도 이를 의심할 수 없음은 물론이다. 관념을 도판 위의 그림처럼 침묵하는 것이라고 생각하지 않는 한, 그리고 관념을 사유의 양태, 즉 바로 그 지성[의 활동]이 아니라고 생각하지 않는 한 말이다. (2부 정리43 주석)

스피노자가 이러한 입장을 갖게 된 이유 중에는 모든 관념이 본질적으로 심적 활동을 수반한다는 그의 견해가 들어 있다. '관념'을 처음 정의할 때, 그는 관념을 "정신이 사고하는 실재이기 때문에 형성하는 정신의 개념이라고 파악한다"라고 말한다(2부 정의3). 그 정의에 대한 해명에서, 그는 "나는 지각이라기보다는 개념이라고 말하는데, 지각이라는 말은 정신이 대상에 의해 수동적으로 작용받는pati 것을 가리키는 것으로 보이기 때문이다. 하지만 개념은 정신의 활동/능동을actionem 표현하는 것으로 보인다"라고 지적한다. 모든 관념이 활동/능동을 수반하는 이유는 모든 관념이 어떤 긍정 내지 부정과 같은 것을 수반하기 때문이다. 빨간색 공에 대한 관념을 갖는 것은 무엇인가를 긍정하거나 부정하는 어떤 주장을 하지 않고 그냥 무심코 어떤 생각을 품는 것이 아니다. 빨간색 공에 대한 관념을 갖는

---

8) Adam and Tannery, *Ibid.*, vol.7, p.37; Cottingham, Stoothoff and Murdoch, *Ibid.*, vol.2, p.25 [『성찰 외』, 60쪽. 번역은 수정].

것은 활동적/능동적으로 그 공이 빨갛다고 정신 내부에서 긍정하는 것이다. 마찬가지로 유니콘에 대한 관념을 갖는 것은 이마에 뿔이 달린 하얀색 말이 있다는 것을 정신 내부에서 긍정하는 것이다. 비록 그것이 그러한 어떤 실재가 실제로 정신 바깥에 실존한다는 것을 반드시 긍정하는 것은 아닐지라도 말이다. 그러므로 스피노자에게 비활동적 관념은 없다. 모든 생각은 그 내용 —— 그 자체로 상상적이라기보다는 명제적이라 보이는 어떤 내용 —— 에 대한 어떤 태도를 수반한다. "날개 달린 말을 지각한다는 것은 말에 날개가 있다는 것을 긍정한다는 것 외에 무엇이겠는가?"(2부 정리49 주석).[9] 그는 관념에 대한 우리 개념을 대상-이미지나 "그림으로 격하"시키지 말라고 주의를 준다(2부 정리48 주석). 스피노자는 "관념은 외부 물체와의 우연한 접촉을 통해 우리 안에 형성된 이미지에 있다고 생각하는" 이들에 대해 말하면서, "그들은 관념을 도판 위의 침묵하는 그림이라고 본다. 그리고 이러한 편견에 사로잡힌 이들은 관념이 관념인 한에서 긍정이나 부정을 함축한다고 보지 않는다"라고 말한다(2부 정리49 주석2). 관념 그 자체의 내용 안에 이러한 긍정과 부정이 함축되어 있다는 것은 스피노자의 의지 개념에서 중요한 역할을 하게 될 것이다.

진리와 적합성

스피노자에 따르면, 인간의 궁극적 행복은 인간의 인식과 이해 수준에 달려 있다. 특히 그것은 인간 정신이 참이자 적합한 관념을 얼마나 늘려 나가는지, 그래서 실재들에 대한 신(자연)의 무한하고 영원한 적합한 관념들의

---

9) Gebhardt, *Spinoza Opera*, vol.2, p.134; Curley, *The Collected Works of Spinoza*, p.489.

모음인 무한 지성과 보다 유사한 지성으로 얼마나 더 가까이 다가가는지에 좌우된다.

관념의 참은 그 대상과 외생적 관계에 있다. 어떤 관념이 그 대상을 어떻다고 묘사한 바대로 그 대상이 존재한다면, 그 관념은 참이다. 이것이 바로 스피노자가 "관념과 그 대상의 일치"(2부 정의4)라 부르는 것이며, 이는 명확하게 진리대응설에 해당된다. 반면 거짓인 관념은 대상이라 일컬어지는 것과 일치하지 않는 관념이다. 따라서 참인 관념과 거짓인 관념의 차이는 결코 관념 그 자체의 내용이나 본성에 있는 것이 아니라 오직 이 '외생적 특징'에 있다. "참인 관념이 거짓인 관념보다 더 많은 실재성이나 완전함을 갖는 것은 아니다"(2부 정리43 주석). 단순히 정신의 양태로만 고려된 관념은 그것이 무엇이든 관념일 뿐이다. "관념 안에는 그것 때문에 그 관념이 거짓이라 불리는 실정적인 것이 아무것도 없다"(2부 정리33).

사유와 연장 간에 평행론이 성립한다는 스피노자의 견해를 고려해 볼 때, 과연 어떻게 관념이 거짓일 수 있는가에 관한 질문이 자연스럽게 떠오른다. 사유의 모든 양태, 곧 모든 관념은 그것과 일치하는, 상응하는 연장의 양태를 갖지 않는가? 두 양태 모두 다른 속성으로 자신을 표현하는 본질적으로 하나이자 동일한 실재이니 말이다. 이 물음에 대한 답변은 어떤 의미에서 모든 관념이 사실 필연적으로 참이라는 것이다. 관념이 무한 지성에 속하는 한, 관념은 연장에 속하는 그 대상과 일치할 수밖에 없다.

2부 정리32 모든 관념은 신에 관련되는 한 참이다.

증명 왜냐하면 (2부 정리7 따름정리에 의해) 신 안에 있는 모든 관념은 그 대상과 완전히 일치하며, 그래서 (1부 공리6에 의해) 관념은 모두 참이기 때문이다.

연장된 대상에 대한 신의 관념은 반드시 대상 그 자체의 본질과 일치할 것이다. 왜냐하면 연장된 대상과 그것에 대한 관념은 하나이자 동일한 실재를 다른 속성 아래에서 표현한 것이기 때문이다. 하지만 인간 정신이 가진 모든 관념이 필연적으로 참이라는 것은 사실이 아니다. 예를 들어 사람들이 유니콘 관념을 갖고 있으므로 유니콘이 실제로 존재한다는 것이 따라 나오지는 않는다. 여러 측면에서 인간 정신 안에 있는 관념은 그 대상과 일치하지 않을 수도 있다. 먼저, 사실 정신 안에 있는 모든 관념은 필연적으로 상응하는 연장된 양태를 갖겠지만 ─ 평행론이 이를 충분히 보증한다 ─ 그것이 그 관념에 상응하는 연장된 양태가 그 관념이 표상한다고 주장하는 대상일 것임을 의미하지는 않는다. 따라서 나의 유니콘 관념에 상응하는 연장의 양태가 있긴 하지만, 그것이 실제 유니콘은 아니다. 정확히 말하자면 그것은 내 신체의 상태, 즉 내 정신 안의 상상적 관념에 상응하는 내 두뇌 상태이다. 두번째로 어떤 대상에 대한 나의 관념은 다른 대상에 대한 관념에 관련되지 않을지도 모르고, 그래서 그 대상에 관한 적절한 인과적 정보를 제공하지 않을지도 모른다. 이런 식으로 연장된 대상에 대한 나의 관념은 그 불완전성으로 인해 거짓일 수 있다. 아래에서 보게 될 것처럼, 관념에 무엇인가가 결핍되어 있다는 이러한 특징이 바로 스피노자가 '부적합성'이라고 부르는 것이다.

사람들은 자신이 참인 관념을 가지고 있음을 어떻게 아는가? 또는 그렇지 않으면 사람들은 자신이 참이라고 믿는 관념이 실제로 참이고 정신 바깥의 실재가 존재하는 방식과 일치한다는 것을 어떻게 확신할 수 있는가? 이는 데카르트가 『성찰』에서 아주 진지하게 다루는 회의적 문제이다. 어째서 관념의 진실성에 대한 주관적 확신이 그 관념의 객관적 진리 지표임에 틀림없는가? 데카르트는 관념의 명석 판명함을 그 관념의 진리 기준의 후보와 동일시한다. "모든 명석 판명한 관념은 참이다"라는 원리는 그가 정식화한 것이다. 그러나 그는 또한 자신의 사유 능력이 전능하고 속이지 않는 신에 의해 창조되었다는 것을 밝히지 못하는 한, 그 사유 능력이 올바르게 사용될 때 그 능력이 산출한 명석 판명한 관념은 그 대상과 실재로 일치한다는 것을 지속적으로 확신할 수 있는 어떠한 보장도 없을 것이라고 믿었다. 데카르트는 이성 능력의 본유적이고 체계적인 확실성에 대한 그런 증명이 필요하다고 주장했다. 그렇지 않으면 모두 알다시피 그 능력은 기만적인 악마에 의해 우리에게 주어진 것일지도 모른다. 그래서 우리가 그 능력을 완벽하게 잘 사용할 때조차 그것이 만들어 낸 명석 판명한 관념은 거짓일지도 모른다.

대조적으로 스피노자는 참인 관념이 일으키는 확신을 유효화하거나 정당화하기 위해 신의 보증에 호소할 필요를 느끼지 않는다. (추정컨대 이는 적잖이, 신의 은총에 호소하려는 온갖 시도에 목적론적 신인동형론의 냄새가 나기 때문일 것이다.) 그는 참인 관념의 참이 그것이 스스로 드러내는 어떤 것이라고 믿었다. 참인 관념은 그것을 가진 사람에게 자명하게 참이다. 그래서 참인 관념 앞에, 일상적 의심이든 데카르트가 품었던 형이상학적 의심이든 의심의 여지는 있을 수 없다. "참인 관념을 가진 사람은 동시에 그가 참인 관념을 가지고 있음을 알며 그것의 진리를 의심할 수 없다"(2부 정리43). "어떻게 인간은 자신이 대상과 일치하는 관념을 가지고 있음을 알 수 있는가? ······ 이는 오직 그가 대상과 일치하는 관념을 가지고 있다는 사실로부터만 나온다. 즉 진리는 그 자신의 기준이다"(2부 정리43 주석). 스피노자에게 확실성과 진리 간의 의심스러운 간극은 단지 우리가 관념의 참된 본성을 알지 못하는 경우에만 발생할 수 있는 것 같다(2부 정리43 주석). 하지만 여기에서 우리는 필요 이상의 강한 관점을 가지고 스피노자를 보지 않도록 조심해야 한다. 이 정리들에서 그가 밝힌 모든 견해는 진리의 **투명성**transparency, 곧 우리가 참인 관념을 갖고 있다면, 우리는 우리가 참인 관념을 갖고 있다는 것을 확실히 안다는 것에 관한 주장이다. 나는 그가 진리 주장의 **개정 불가능함**incorrigibility, 곧 만일 우리가 어떤 관념이 참임을 믿는다면 그 관념은 참임에 틀림없다는 것을 설명하는 것이라고 생각해야 할 어떠한 이유도 알지 못한다. 물론 문제는 단지 우리가 어떻게 참인 관념이 일으키는 신뢰할 수 있는 확신과, 신뢰할 수는 없지만 아마도 빈번하게 오류로 이끄는 똑같이 강한 확신을 식별할 수 있는가이다. 그는 참인 관념에 의해 생기는 확신과 거짓인 관념을 수반하는 확신에 현상적 차이, 그래서 충분히 주의 깊은 사람이라면 언제나 그 둘을 구분할 수 있는 그러한 차이가 있다고 믿는 것인가?

스피노자는 그런 신뢰할 수 있는 진리의 표식이 있으며, 그것은 관념의 적합성에 있다고 답할 것이다. 이는 적어도 그가 적합한 관념에 대해 처음 제시한 정의가 암시하는 것이다. "나는 적합한 관념을 대상과 관계없이 그 자체로 고려되는 한 참인 관념의 모든 특성 또는 내생적 특징을 가지고 있는 관념이라고 파악한다"(2부 정의4).

관념은 그 대상에 대한 완벽하고 완전한 인식을 포함할 때 엄밀한 의미에서 적합하다. 적합한 관념은 실재의 '모든 특성'을 포함하며, 그 각각의 특성에 대해 그것이 해당 대상에 속한다는 것을 '연역'할 수 있도록 해준다(예를 들어 60번째 편지를 보라). 원에 대한 적합한 관념은 어떤 특성이 원의 필연적 특성(예를 들어 모든 원 중심에서 원둘레까지의 모든 반지름은 똑같다)인지 이해할 수 있게 해준다. 무엇보다 스피노자는 그러한 인식이 인과 이해와 아주 밀접한 관련이 있다고 주장한다. 1부 공리3과 공리4에서 알 수 있듯이, 어떤 실재를 아는 것은 그 원인을 아는 것이고 그 실재가 그 원인으로부터 필연적으로 따라 나오는 방식을 아는 것이다. 이러한 적합성, 특성 연역, 그리고 원인 간에 존재하는 연관은 치른하우스에게 보낸 편지에 잘 요약되어 있다. 그 편지에서 스피노자는 다음과 같이 말한다.

> 어떤 실재에 대한 많은 관념들 중 어떤 관념이 그 대상의 모든 특성이 연역되도록 만들 수 있는지 알기 위해, 저는 이 한 가지 규칙, 곧 실재에 대한 관념이나 정의는 그것의 작용인을 표현해야 한다는 규칙을 따릅니다.
> (60번째 편지)

따라서 x에 대한 적합한 관념은 x에 대한 완전한 설명을 가능하게 만드는 관념이다. 적합한 관념은 x가 그것의 전 인과적 논리적 근거에 관련되는 방식을 보여 주며 x의 절대적 필연성과 x에 관한 모든 것을 드러낸다. 대조적으로 부적합한 관념은 "단편적이고 혼란스러운" 관념이다. 부적합한 관념에는 결여된 것이 있는데, 그것은 곧 그 실재에 대한 개념을 규정되고 완전한 것으로 만드는 관련된 인과 정보이다. 따라서 부적합함은 무지 혹은 "인식의 결핍" 문제이다. 이것이 스피노자가 부적합한 관념은 "전제 없는 결론 같다"(2부 정리27)라고 말한 이유이다. 우리는 실재에 대한 무엇인가를 알지만, 왜 그것이 그러한 것인지를 정확히 말할 수 있을 만큼 충분히 알지는 못한다. 부적합한 관념으로 인해 우리는 종종 실재들을 필연적인 것이 아니라 우연적인 것으로 간주하는데, 이는 실재들의 충분하고 정합적인 인과 내력에 대한 인식 결여로 말미암아 우리가 그것을 원인에 의한 필연적인 것으로 보지 않기 때문이다(2부 정리44).

모든 참인 관념은 적합한 관념이며, 그 반대도 마찬가지이다. 스피노자는 치른하우스에게 "저는 참인 관념과 적합한 관념 간에 '참인'이라는 명칭은 오직 관념과 그 대상 사이의 일치와 관계하는 데 반해 '적합한'이라는 명칭은 관념 자체의 본성과 관계한다는 차이 외에 어떠한 차이도 인정하지 않습니다. 따라서 이 외생적 관계를 제외하면, 이 두 종류의 관념 간에는 어떠한 실질적 차이도 존재하지 않습니다"라고 말한다(60번째 편지). 마찬가지로 거짓인 관념은 부적합한 관념이다. 관념의 참 거짓에 대해 말하는 것은 그 관념이 대상과 일치하는가 하는 문제를 고려하는 것이다. 관념의 적합성에 대해 말하는 것은 단지 관념 그 자체의 내생적 특징만 고려하는 것이다.

엄밀히 말하자면 오직 신만이 모든 것에 대한 완전히 적합한 관념을 가지고 있다. 이는 오직 신만이 무한 지성 내의 그 관념 안에 모든 것을 인과적으로 규정하는 무한한 조건을 포함할 수 있기 때문이다. 앞서 보았듯이, 모든 독특한 실재는 두 개의 인과적 결합에 위치해 있다. 무한하고 영원한 원인들의 유한한 계열(속성들과 그것들의 무한 양태)과 유한한 원인들의 무한한 계열(다른 독특한 실재들)이 그것이다. "신이 모든 것에 대한 관념을 가지고 있는 한에서 실재가 구성되는 방식에 대한 적합한 인식은 신 안에 있다"(2부 정리30 증명). 사실 신의 모든 관념은 필연적으로 적합하며 참이다. 왜냐하면 (평행론이 요구하는 것처럼) 무한 지성은 실재의 무한한 계열과 동일한 질서와 연관을 가진 관념의 무한한 계열을 포함하고 있기 때문이다. "신의 [현행적] 사유 역량은 신의 현행적 행위 역량과 동일하다. 즉 신의 무한한 본성으로부터 형상적으로 따라 나오는 것은 무엇이든 동일한 질서 안에서 동일한 연관을 가지고 신의 관념으로부터 신 안에서 표상적으로 따라 나온다"(2부 정리7 따름정리). "모든 관념은 신과 관련되는 한 참"이라고 스피노자는 말한다(2부 정리32).

인간 정신은 사유의 유한 양태로서 아무리 해도 관념과 원인의 무한한 계열을 포함할 수 없다. 하지만 이는 인간 정신이 평생 부적합한 인식만 가질 운명이라는 것을 의미하지 않는다. 축약된 종류의 적합한 인식은 손에 넣을 수 있다. 이는 모두 어떻게 인간 정신 안에서 관념이 질서를 갖게 되는가 하는 문제이다. 실재에 대한 관념이 그것의 인과적/논리적 결합에 올바르게 위치하는 한, 실재에 대한 우리의 부분적 인식은 그러한 결합에 대한 우리의 파악이 아무리 불완전하다 하더라도 여전히 적합할 수 있다. (스피노자의 형이상학에 따르면) 무한한 원인이 있기 때문에 나는 특수한 사건의 모든 선행 원인을 알 수 없을지도 모른다. 그러나 나는 확실히 적어도 그것을 현재의 그것으로 규정했던 유한한 원인과 무한한 원인에 대한 부분적 인식을 가질 수 있다. 그러한 부분적 인식을 갖는다는 것은 사실 무한 지성 안에 있는 적절한 질서를 갖는 관념들의 부분집합을 정신 안에 있는 관념들로 하여금 재현하게 하는 것과 다름없다. 아래 도식은 축약된 것이기는 하나 (스피노자의 도덕심리학적 기획 측면에서) 적합하다 할 수 있는 것이 무엇인지 담아낸 것이다.

- 연장의 인과 계열

  ⋯ ⇒ 물체 A ⇒ 물체 B ⇒ 물체 C ⇒ **물체 D** ⇒ 물체 E ⇒ 물체 F ⇒ ⋯

- 무한 지성 안에 있는 D에 대한 적합한 인식

  ⋯ ⇒ A에 대한 관념 ⇒ B에 대한 관념 ⇒ C에 대한 관념 ⇒ **D에 대한 관념** ⇒ E에 대한 관념 ⇒ F에 대한 관념 ⇒ ⋯

- 유한 지성 안에 있는 D에 대한 적합한 인식

  [B에 대한 관념 ⇒ C에 대한 관념 ⇒ **D에 대한 관념** ⇒ E에 대한 관념]

- 유한 지성 안에 있는 D에 대한 부적합한 인식

  [B에 대한 관념 ⇒ C에 대한 관념] [**D에 대한 관념** ⇒ E에 대한 관념] **또는** [A에 대한 관념 ⇒ **D에 대한 관념** ⇒ F에 대한 관념]

스피노자가 적합한 인식과 부적합한 인식 간의 차이를 설명하기 위해 제공한 예는 그에게 극히 중요한 문제와 관계가 있다. 인간 의지의 본성을 적합하게 인식하는 것은 우리의 모든 의지작용이 정신 안에서 일어나는 모든 사건과 마찬가지로 선행 원인에 의해 규정된다는 **사실**을 이해하는 것이고, 그러한 원인이 무엇인지 어느 정도 이해하는 것이다. 인간의 자유가 어떠한 조건에 의해서도 규정되지 않는 의지작용을 갖고 있으며 자생적이라는 거짓 믿음은 실상의 중요한 부분을 놓치고 있다. 이러한 오류는 부적합한 관념에 근거하는 것이다(2부 정리35 주석).

2부 정리35 거짓은 부적합한, 즉 단편적이고 혼란스러운 관념들이 함축하는 인식의 결핍에 있다.

주석 2부 정리17의 주석에서 나는 어떤 방식으로 오류가 인식의 결핍에 있는지를 설명했다. 하지만 이 문제를 보다 충분히 설명하기 위해 예를 들어 보겠다. 사람들은 스스로를 자유롭다고 생각한다〈즉 그들은 자신의 자유의지에 대해 어떤 것을 할 수 있거나 하는 것을 삼갈 수 있는 것이라고 생각한다〉[10]는 점에서 속고 있는데, 이런 견해는 그저 그들이 자신의 행위는 의식하면서도 자신의 행위를 규정하는 원인에는 무지하다는 데서 성립할 뿐이다.

---

10) 〔옮긴이〕『에티카』는 스피노자 사후에 *Opera posthuma*와 *Nagelate Schriften*라는 라틴어와 네덜란드어 유고집에 포함되어 출판되었다. 이 두 유고집은 동시에 출판되었는데(출판년도는 1677년이라 되어 있지만, 실제로는 이듬해 1월에 출판되었다), 이로써 후자가 전자의 번역이 아닌 라틴어 필사본 번역임을 알 수 있다. 이에 스피노자 전집 고증본인 *Spinoza Opera*(1925)를 펴낸 게브하르트는 네덜란드어 번역본의 중요성을 고려하여 두 유고집을 대조하고 *Nagelate Schriften*에 있는 상이한 부분을 꺾쇠(〈 〉) 안에 넣어 밝혀 주었는데, 위 인용문의 꺾쇠 부분이 바로 그 부분이다(이후 인용문에 등장하는 꺾쇠 역시 마찬가지이다). 참고

그런데 인간 정신이 실재에 대한 적합한 관념을 갖는 경우는, 인간 정신 안에 있는 그 실재에 대한 관념과 다른 관념에 대한 그 관념의 논리적이면서 인과적인 관계가, 신 또는 자연 안에 있는, 곧 무한 지성 안에 있는 관념들 간의 논리적이면서 인과적인 관계를 반영할 때이다. "우리 정신은 실재를 올바르게 지각하는 한, (2부 정리11 따름정리에 의해) 신의 무한 지성의 일부이다. 그러므로 신의 관념이 참인 것과 마찬가지로 정신의 명석 판명한 관념이 참인 것은 필연적이다"(2부 정리43 주석). 실재를 적합하게 지각함으로써 우리는 신의 정신과 일종의 인식적 동일화를 달성한다. 우리 관념의 질서와 연관은 동일한 관념이 무한 지성 안에서 질서를 갖고 연관되는 방식과 동일하다. 요컨대 인간 정신에게 있어 어떤 것을 적절하게 인식하는 것은 신 또는 자연이 그것을 인식하는 것처럼 인식하는 것이다. 반대로 인간 정신이 어떤 실재에 대한 적합한 인식을 가질 때, 신은 "그가 무한한 한에서가 아니라 그가 인간 정신의 본성을 통해 설명되는 한에서, 또는 그가 인간 정신의 본질을 구성하는 한에서" 그 실재를 적합하게 지각한다(2부 정리11 따름정리). "우리 안에 있는 참인 관념은, 신이 인간 정신의 본성을 통해 설명되는 한 신 안에 있는 적합한 것이다"(2부 정리43 증명).

관념의 적합성과 부적합성 간의 차이를 살펴보는 다른 방식은 정신 안에 있는 관념의 원인 측면에서 이 주제를 고려해 보는 것이다. 관념의 선행 원인이 정신이 소유한 다른 적합한 관념에 있다면, 그 관념은 적합하다. 어

로 게브하르트가 스피노자 전집 고증본을 만들 당시 『에티카』는 위의 두 유고집에 포함된 출판본밖에 없었지만, 몇 해 전 『에티카』 필사본이 바티칸 서고(Apostolic Vatican Library)에서 발견되었다. 이에 관한 연구로는 Leen Spruit and Pina Totaro, *The Vatican Manuscript of Spinoza's Ethica*, Leiden-Boston: Brill, 2011; Pina Totaro, "Notes and Discussions On the Recently Discovered Vatican Manuscript of Spinoza's Ethics", *Journal of the History of Philosophy*, vol.51, no.3, 2013, pp.465~476을 참고하라.

떤 대상(이를테면 직각삼각형)에 대한 관념이 내가 소유한 다른 인식(직각삼각형이 대상인 경우 기하학적 인식)으로부터 따라 나온 것이라면, 다시 말해 정신 자체가 그 대상에 대한 관념의 원인이라면, 그 관념은 적합한 관념이다. 나는 이러한 조건 아래에서 실재를 적합하게 인식한다. 그 실재에 대한 **내** 개념이 **내** 관념들 가운데 인과적으로나 논리적으로 올바르게 놓여 있기 때문이다. 반면에, 만약 외부 물체에 대한 내 관념이 내 지성 안에 있는 다른 관념이 아니라 나의 감각 경험에 의해 내 안에 생긴다면 — 즉, 내 신체에 대한 관념(즉 나의 정신)과 그 외부 물체에 대한 관념과의 상호작용에 의해 내 안에 생긴다면. 여기에서 관념의 상호작용은 단지 내 신체와 다른 물체의 상호작용에 대한 사유 속성 내의 반영일 뿐이다 — 그때 외부 물체에 대한 관념은 참이면서 적합한 이해로부터 본질적으로 단절되고 말 것이다. 이것이 2부 정리11의 따름정리의 의미이다.

신이 인간 정신의 본성을 구성하는 한에서뿐만 아니라 또한 인간 정신과 함께 다른 실재에 대한 관념을 갖는 한에 있어서도 신이 이런저런 관념을 갖는다고 우리가 말할 때, 우리는 인간 정신이 실재를 단지 부분적으로 또는 부적합하게 지각한다고 말한다.

신이 인간 정신의 본성을 구성하는 한에서만 — 즉 신이 인간 신체에 대한 관념을 갖는 한에서만 — 특수한 관념(예를 들어 인간 신체의 부분에 대한 관념)을 갖는다고 말하는 것은, 그 특수한 관념이 인간 정신 고유의 지적 자원에서 나왔다고 말하는 것이다. 신이 인간 정신인 관념을 갖는 한에서뿐만 아니라 다른 어떤 것에 대한 관념을 가지고 있기 때문에 특수한 관념을 갖는다고 말하는 것은, 그 관념이 인간 정신/신체에 대한 관념으로부터만 나온 것이 아니라 인간 신체와 다른 물체의 상호작용에 대한 정신적 반영이라고 말하는 것이다.

또한 신 관념의 필연적 적합성은 무한 지성이 모든 관념을 포함한다는 사실과 상관적이다. 따라서 무한 지성 안에 있는 어떤 관념이든 필연적으로 무한 지성 안에 있는 다른 관념으로부터 따라 나와야 한다. 하지만 인간 정신의 경우, 우리의 관념은 흔히 적합한 인식이 아니라 세계 안에 있는 실재들과의 우발적 마주침에서, 그리고 그것들이 우리 신체에 영향을 미치는 방식에서 나온다. 이 경우 정신 안에 있는 관념은 정신 그 자체에서 따라 나온 것이 아니라 외부 실재에 대한 관념과 신체에 대한 관념〔정신〕이 결합함으로써 초래된다(관념만이 다른 관념을 일으킬 수 있기 때문이다).

이 모든 것을 명료하게 만드는 방법은 일반적으로 우리가 알게 되는 다양한 실재들을 고려해 보는 것이다. 실제로, 현세에서 우리가 적합하게 인식한 것은 극소수이다. 스피노자는 2부에서 정신의 외부 물체에 대한, 자신의 신체에 대한, 그리고 그 자신에 대한 인식에 대해 숙고한다. 세 경우 모두 우리의 통상적인 인식적 지식은 지성이 아닌 경험을 통한 것이고, 그 결과 외부 물체, 우리 자신의 신체, 그리고 심지어 우리 자신의 정신에 대한 우리의 관념은 대부분 부적합하다.

앞서 보았듯이, 외부 물체는 주로 우리 자신의 신체를 통해 경험된다. 감각 경험이 작동하는 방식은 바로 이런 것이다. 우리를 둘러싼 세계 내 실재들에 대한 우리의 관념은 신체에 의해 매개된다. 정신 내의 어떤 관념이든 간에 그 직접적 대상은 신체의 상태이다. 신체의 상태가 어떤 외부 물체에 의해 생겨날 때, 정신 안에 있는 그 신체 상태에 대한 관념은 사실 인간 신체와 외부 물체 둘 다에 의해 설명되는 복합적인 연장된 양태에 대한 관념이다. 마치 봉인封印의 성질이 밀랍과 각인된 모양을 가진 인장 둘 다에 의해 설명되는 것처럼 말이다. 그런데 이는 그러한 관념이 외부 물체를 반영하는 만큼 우리 자신의 신체를 반영한다는 것을 의미한다(2부 정리16). 그러므로 외부 실재에 대해 그러한 관념이 전달하는 정보는 아주 제한되어 있고 관점 의존적이다. 이러한 관념은 우리에게 외부 대상에 대한 상대적 인식 — 그것이 하나의 특수한 관점에서는 어떻게 보이는지 그리고 우리 신체를 통해 우리에게 어떻게 영향을 미치는지 — 만을 줄 뿐이다. 우리는 대상과 인간 신체와의 인과적 충돌에서 생겨나는 인간 신체의 양태에 그 대상이 반영되는 한에 있어서만 그 대상을 안다. 그러므로 그러한 감각에 기초한 또는 지각적인 관념은 외부 실재에 대한 적합한 인식을 제공하지 못한다. "인간 신체의 어떠한 변용에 대한 관념도 외부 물체에 대한 적합한 인식을 함축하지 않는다"(2부 정리25). 스피노자는 이러한 인식이 실제로는 단지 실재에 대한 '상상적' 포착일 뿐이라고 말한다. 그것은 외부 실재에 의해 생겨난 신체 내 이미지에 의해 매개되기 때문이다. 그는 "인간 정신이 외부 물체를 상상하는 한, 인간 정신은 외부 물체에 대한 적합한 인식을 갖지 못한다"라고 덧붙인다(2부 정리26 따름정리).

일상 경험은 우리 자신의 신체에 대한 적합한 관념 또한 우리에게 제공하지 못한다. 우리는 본질적으로 오직 신체와 다른 물체의 상호작용을 통해서만 경험 내에서 신체를 인식하며, 이는 우리에게 신체가 무엇인지 그리고 신체가 어떻게 존속하는지에 대한 부분적이고 '단편적인' 인식만을 제공할 수 있을 뿐이다. "인간 정신은 오직 신체가 변용되어 생긴 변용들에 대한 관념들을 통해서만 인간 신체 그 자체를 인식하며, 그것이 실존한다는 것을 알게 된다"(2부 정리19). 스피노자가 의미하는 것은, 정신이 자극되어 자신의 신체와 그 상태를 인식하게 될 때 이는 주로 그 신체와 다른 물체의 인과적 상호작용에 상응하는 감각적 상관물을 통해서라는 것이다.

그러나 그렇다면 우리가 실제로 갖는 모든 인식은 신체에 대한 상관적 인식 — 신체가 다른 물체에 의해 변용되는 방식에 대한 인식 — 이지, 신체 그 자체인 것에 대한 적합한 인식이 아니다. 신체에 대한 이러한 상관적 인식조차 아주 제한되어 있다. 정신의 관심이 단지 신체의 특수한 변용에 집중되는 한 — 그 변용에 대한 관념을 통해 — 정신은 그 신체가 존재하는 다른 많은 방식 또는 그 신체가 변용될 수 있는 다른 많은 방식에 대해 모르고 있거나 무관심한 상태에 있을 수밖에 없다. 2부 정리27에서 스피노자가 말하는 것처럼 이것이 바로 "인간 신체의 변용에 대한 관념은 인간 신체 그 자체에 대한 적합한 인식을 함축하지 않는" 이유이다. 실제로 스피노자는 우리가 신체의 어떠한 특수한 변용에 대해서도 적합한 인식을 갖지 못한다고 단언한다.

> 왜냐하면 인간 신체의 변용에 대한 관념은 (2부 정리16에 의해) 인간 신체의 본성만큼이나 외부 물체의 본성을 함축하며, 〈전체로서의〉 인간 신체뿐만 아니라 그 부분의 본성 또한 함축하지 않을 수 없기 때문이다. 왜냐하면 (요청3에 의해) 인간 신체의 변용은 인간 신체의 부분이, 결과적으로는 전 신체가 변용된 양태이기 때문이다. 그러나 (2부 정리24와 정리25에 의해) 외부 물체와 인간 신체를 구성하는 부분에 대한 적합한 인식은, 신이 인간 정신으로 변용된 것으로 고려되는 한에서가 아니라 신이 다른 관념으로 변용된 것으로 고려되는 한에 있어서, 신 안에 있다. (2부 정리28 증명)

그 자체로 고려된 정신은 오직 인간 신체에 대한 관념일 뿐 어떠한 외부 물체에 대한 관념도 아니기 때문에, 그리고 외부 원인에 의해 생겨난 인간 신체의 모든 변용 또한 (부적합하게 인식된) 외부 물체의 본성을 함축하기 때문에, 정신 그 자체는 인간 신체의 변용에 대한 적합한 인식을 함축하고 있지 않다. 스피노자는 "이 변용에 대한 관념"이 "오직 인간 정신에 관계되는 한 전제 없는 결론과 같은" 것이라고 결론 내린다(2부 정리28 증명). 우리는 우리 신체 내에 있는 결과만 알 뿐 그 원인에 대해서는 모른다. 그러므로 그 결과에 대한 우리 관념은 "혼란스러운" 것이다.

여기서 스피노자의 요지는 대략 물체든 인간이든 그 외 다른 어떤 것이든 자연의 일부이며, 따라서 다른 물체와의 인과관계의 그물망을 통해서만 실존한다는 것이다. "인간 신체는 자신을 보존하기 위해 아주 많은 수의 다른 물체들을 필요로 하며, 이 다른 물체들에 의해 말하자면 지속적으로 재생된다"(2부 요청4). 인간 신체가 아주 본질적으로 다른 물체에 인과적으로 의존한다면, 그리고 우리가 부적합하게만 그러한 다른 물체들을 알 수 있을 뿐이라면, 인간 신체에 대한 우리의 인식은 부적합할 수밖에 없을 것이다. 게다가 흔히 정신이 즉각 주목하는 것은 (그 관념을 통해) 다른 물체와의 상호작용에서 생긴 인간 신체 내의 결과이지, 다른 물체들 자체도 그리고 법칙의 지배를 받고 인과적으로 필연적인 그것들과 인간 신체 간의 관계도 아니다. 시원한 물 한 잔을 들이킬 때 나는 먼저 내가 느끼는 쾌감에 주목하지 그 관계나, 물을 마시는 행위가 내 신체의 실존을 유지시켜 주는 원리에 주목하지 않는다. 이 문제를 이해하는 데 도움이 되는 설명이 하나 있다. 인간 정신이 인간 신체에 대한 관념이고 인간 신체의 재생에 인과적 원인이 되는 다른 물체에 대한 관념이 아닌 한, 실재에 대한 정신의 관점은 필연적으로 제한된다. 정신의 관념에는 보통 적합한 관념이 함축하는 광범위한 인과 내용이 결여되어 있을 것이다. 따라서 한편으로는 단순히 "신이 인간 정신의 본성을 구성하는 한에서"가 아니라 "아주 많은 다른 관념" — 특히 다른 물체에 대한 관념 — 에 의해 "변용되는 한에서 인간 신체에 대한 관념을 갖거나 인간 신체를 인식"하고 그러므로 인간 신체를 적합하게 인식한다는 것은 사실이지만, 다른 한편으로는 인간 정신이 단지 인간 신체에 대한 관념일 뿐이고 다른 물체에 대해 부적합한 관념만을 소유하는 한 인간 신체를 적합하게 인식하지 못한다는 것도 사실이다.

마지막으로 신체에 대한 우리의 인식이 적합하지 않은 것처럼 인간 정신 자체에 대한 우리의 인식도 적합하지 않다. 필연적으로 그러한데, 정신은 단지 신체에 대한 관념일 뿐이고 우리는 신체를 적합하게 인식하지 못하기 때문이다. 신 안에 인간 신체에 대한 관념(즉 정신)이 있는 것처럼, 또한 신 안에는 인간 정신 자체에 대한 관념이 있다. (사유 속성 아래에 있는) 신 안에는 모든 속성에 대한 그리고 모든 속성의 양태에 대한 관념이 있기 때문이다(2부 정리20). 그리고 인간 정신이 인간 신체와 결합되는 것과 동일한 방식으로 이러한 인간 정신에 대한 관념은 인간 정신과 결합된다. 그것들은 두 가지 다른 방식으로 표현되는 하나이자 동일한 것이다. 이 경우 그 두 표현이 사유라는 하나의 속성에 들어간다는 점만 제외한다면 말이다. 그러므로 인간 정신에 대한 관념은 관념에 대한 관념이며 그 대상인 관념[인간 정신]의 일부를 구성한다. 다시 말해서, 인간 정신에 대한 관념 내지 인식은 그 자신[인간 정신]의 변용에 대한 관념이나 인식이 그런 것처럼 인간 정신 자체에 속한다(2부 정리21). 하지만 인간 정신이 자신에 대해 갖는 관념[인간 정신에 대한 관념]이 적합하지 않은 것은 그 대상[인간 정신, 곧 신체에 대한 관념]이 적합하지 않은 것과 마찬가지이다. 그리고 그 대상 — 그것은 신체에 대한 관념[인간 정신]이다 — 은 알다시피 그 대상[신체]에 대한 적합한 관념이 아니다. 스피노자의 결론은 인간 정신의 자기 인식이 신체 인식과 상관적인 한, "인간 정신은 스스로를 알지 못한다"라는 것이다(2부 정리23). 즉 정신의 자기 자신에 대한 인식이 일상 경험에 의해 자극되고 규정되는 한, 정신이 단지 신체에 대한 그 자신의 감각적 인지를 반영한 것일 뿐인 한, 그것은 정신이 변용되는 다양한 방식에 대한 인식일 뿐이다. 일상 경험이 정신에 신체가 변용되는 다양한 방식에 대한 인식만을 제공하는 것처럼 말이다. "인간 신체의 모든 변용에 대한 관념을 대상으로 하는 관념은 인간 정신에 대한 적합한 인식을 함축하지 않는다"(2부 정리29).

스피노자의 '관념에 대한 관념' 이야기 — 인간 정신 자체인 관념이든 정신을 이루는 하위 관념들 중 하나이든 간에, 모든 사유의 양태는 사유의 이차 양태second-order mode의 대상이라는 주장 — 를 의식의 본성을 기술하는 방식으로 받아들이는 것은 솔깃한 일이다. 무엇보다, 관념에 대한 관념을 갖는 것을 정신과 그 활동을 **의식**하는 것이라고 가정하는 것은 자연스러운 일일 것이다.[11] 그럼에도, 만약 이것이 의식에 대한 스피노자의 설명이라면, 그는 다시 한번 자신의 심리철학이 가진 아주 반직관적인 어떤 예기치 못한 결과에 직면할 것임에 틀림없다. 우리는 앞서 사유에 속하는 관념과 연장에 속하는 물체 간에 성립하는 스피노자 평행론의 보편적 범위를 모든 연장된 실재 역시 인간과 같은 정신을 갖는다는 함축으로 읽어서는 안 된다는 것을 보았다. 그러나 평행론은 확실히 (사유 속성의 양태를 포함하여) 모든 속성의 모든 단일한 양태에 대한 사유의 양태가 있다는 것을 함축한다. 따라서 연장의 모든 물체가 사유에 상응하는 관념을 갖는 것과 마찬가지로, 모든 물체에 상응하는 사유의 모든 관념은 상응하는 관념을 갖는다. 모든 관념에 대해 그 관념에 대한 관념이 있고, 그 관념에 대한

---

11) 예를 들어 Curley, *Spinoza's Metaphysics*, pp.126~129를 보라.

관념이 있으며, 그렇게 계속된다. 그런데 이 '관념에 대한 관념'이라는 개념이 스피노자가 의식을 설명하는 방식이라면, 모든 물체에 상응하는 모든 관념은 의식을 함축한다는 것이 따라 나온다. 이는 스피노자가 받아들일 수 없는 결론이라고 확신한다.

해결책은 '관념에 대한 관념' 학설을 스피노자가 의식을 설명한 것이라고 생각하지 않는 것이다. 그렇지만 의식을 설명하는 것이 **정말로** 무엇인가 하는 문제는 스피노자 철학에서 여전히 수수께끼 같은 것이다. 최선의 처리 방법은 (평행론을 통해) 인간 신체 특유의 복잡성에 상응하는 인간 정신 내의 특유의 복잡성을 의식과 자기인식이라고 생각하는 것이리라 믿는다. 인간 신체를 다른 물체와 구별시켜 주는 것은 인간 신체가 가진 작용하거나 작용을 겪을 수 있는 더 큰 능력이라는 것, 인간 신체는 — 보다 복잡한 신경 체계, 두뇌, 감각 장치를 통해 — "다른 물체들보다, 더 많은 방식으로 동시에 작용하거나 작용을 겪을 수 있"다는 사실을 상기해 보라. 신체의 이러한 차원은 인간 정신이 연장된 물체들에 상응하는 다른 모든 관념을 '능가한다'는 사실에 필연적으로 반영된다. 그래서 인간 정신 또한 더 큰 능력을 갖는 것이다. "이러한 것[사실]들로부터 우리는 다른 것들에 대한 우리 정신의 탁월함을 알 수 있다"(2부 정리13 주석). 나중에 『에티카』에 나오는 구절 하나는 더 명확하게 이러한 더 큰 능력을 의식과 연결시킨다.

인간 신체는 아주 많은 것들을 할 수 있기 때문에, 신체가 자기 자신에 대한…… 많은 인식을 가진 정신과 관련된 본성을 가질 수 있다는 것은 의심의 여지가 없다.

그는 구체적인 예를 들며 논의를 이어 나간다.

실제로 젖먹이나 어린이처럼 아주 적은 것들에 대한 능력만을 지니고 있는…… 이는 그 자체로만 고려했을 때 자기 자신에 대해 …… 거의 아무 것도 의식하지 못한다. 반면에 아주 많은 것들에 대한 능력을 지닌 신체를 가진 이는 그 자체만 고려했을 때 자기 자신 …… 에 대해 아주 많은 것을 의식하고 있다. (5부 정리39 주석)

이러한 해석에 근거할 때, 정신의 보다 큰 복잡성에 해당되는 것은 바로 의식 자체이다.[12]

인식의 방식

이 모든 것의 결론은 일상 경험 가운데 정신이 적합하게 인식하는 것은 실제로 아무것도 없다는 것이다. 우리가 감각과 상상을 통해 획득하는 관념들은 관념들이 무한 지성 안에 있을 때처럼 실재에 대한 신 또는 자연의 절대적 인식에 따라 연결되는 게 아니라, 우리를 둘러싼 대상에 의해 우연히 변용되는 무작위적이고 상대적인 방식에 따라 연결된다. 우리가 외부 물체, 우리 자신의 신체, 우리의 정신에 대해 갖는 관념은 특정한 시간과 공간을 차지하는 지속하는 존재로서 우리가 세계를 경험하는 방식에 따라 질서를 갖게 된다. 인간은 이러한 실재가 자신의 신체와 맺는 관계에 따라 그것을 인식할 것이며, 그의 신체가 시간 속에 있는 다른 물체/신체와 상호작용하는 방식에 따라 인식할 것이다. 이것이 바로 스피노자가 "자연의 공통

---

[12] 하지만 윌슨은 이러한 해석이 의식에 대한 스피노자의 설명이 될 수 있다고 보지 않는다 (Wilson, "Objects, Ideas, and 'Minds'", pp.126~140).

질서로부터" 실재를 인식하는 것이라고 부르는 것이다.

자연의 공통 질서로부터 실재를 지각하는 한, 인간 정신은 자기 자신과 자신의 신체 그리고 외부 물체에 대한 적합한 인식을 갖지 못하고 단지 혼란스럽고 단편적인 인식만을 가질 뿐이다. 왜냐하면 정신은 (2부 정리23에 의해) 신체의 변용에 대한 관념을 지각하는 한에서만 자기 자신을 인식하기 때문이다. 그리고 정신은 (2부 정리19에 의해) [신체의] 변용에 대한 바로 그 관념 자체를 통해서만 자신의 신체를 지각하며, 또한 (2부 정리26에 의해) 그 변용에 대한 관념을 통해서만 외부 물체들을 지각한다. (2부 정리29 따름정리)

내 경험에서 볼 때 A에서 B가 따라 나온다 — 이는 A, B와 관련하여 내 신체 C가 시공간상 어디에 위치하는가와 상관적이다 — 는 이유만으로, 단언컨대 A와 B가 그러한 특수한 방식으로 연관되어 있다는 사실이 따라 나오지는 않는다.

이와 대비되는 것은, 비시간적 관점에서 실재의 올바른 — 즉 논리적이고 인과적인 — 질서를 인식하는 것이며, 그렇게 함으로써 다음과 같은 정신을, 곧 그 관념들이 무한 지성 내 무한한 관념들의 유한한 특정 하위집합에 해당하는 정신을 갖게 되는 것이다.

정신이 여러 가지 실재들을 동시에 고려한다는 사실로부터 실재들 간의 일치·차이·대립을 파악하도록 규정되는 한에서가 아니라, 정신이 자연의 공통 질서로부터 실재들을 지각하는 한에서, 곧 정신이 실재들과의 우발적인 마주침으로부터 외적으로 이것 또는 저것을 고려하도록 규정되는 한에서 정신은 단지 자신에 대한 혼란스러운〈단편적인〉인식만을 가질 뿐이라고 나는 분명히 말한다. 왜냐하면 정신이 이런저런 방식으로 내적으로 배열될 때마다, 그것은 실재를 명석 판명한 것으로 간주하기 때문이다. (2부 정리29 주석)

그렇게 '내적으로' 규정된 관념들은 그 배치 원리가 감각 경험의 변화에 있거나 실재들이 일상생활 가운데 우리와 우연히 충돌하는 방식에 있는 것이 아니라 사유의 논리적 원리에 있는데, 이 사유의 원리는 연장의 절대적인 물리적·인과적 원리를 반영하는 것이다. 그렇다면 그러한 관념은 감각·상상·기억에 의해 확립된 연관을 통해 시간적으로 다른 관념으로부터 따라 나오는 것이 아니라, 지성에 의해 확립된 연관을 통해 추론적으로 다른 관념으로부터 따라 나올 것이다. (수학적 증명이므로 삼각형 내각의 합이 180도라는 것을 믿는 것과, 2부 정리19의 주석에 나오는 스피노자의 예를 사용해 보자면 사과를 보면서 '사과'라는 단어를 자주 들었으므로 사과라는 단어를 들으면 사과를 떠올리는 것 간에는 차이가 있다.) 나는 실재들을 시간 속에서 내 실존과 연관될 수 있을 법한 방식에 따라 상대적이고 지속과 관련된 관점으로부터 알게 되는 것이 아니라, 지성에 의해 절대적이고 무無시간적 관점으로부터 알게 되는 것이다. 이것이 바로 스피노자가 실재를 'sub specie aeternitatis', 곧 '영원의 관점에서' 인식하는 것이라고 부르는 것이다. 그것은 신 또는 자연 자체가 실재를 인식하는 것처럼 실재를 인식하는 것이다. 인간 정신은 그렇게 함으로써 "신체의 변용의 질서와 연관에 따라 일어나는" 연쇄와 달리 "지성의 질서에 따라 일어나는 관념의 연쇄"를 달성한다. "그것에 의해 정신은 실재를 그 제일 원인을 통해 지각하고, 그것은 모든 인간에게 동일하다"(2부 정리18 주석)

하지만 『에티카』 2부 중반 단계에서 그러한 지성적 이해가 가져올 윤리적 보상은 고사하고 지성적 이해 자체도 요원해 보인다. 조금이라도 실제적 확실성을 가지고 있는 어떠한 것도 — 심지어 자기 자신에 대해서도 — 인식할 수 없는, 부적합한 관념에 둘러싸인 인간 정신은 구제할 수 없을 정도로 길을 잃은 것처럼 보인다. 그렇지만 희망은 2부 정리38과 함께 스피노자가 이른바 '공통 통념'이라 부르는 것의 형식으로 수평선 위에 모습을 드러낸다. 공통 통념은 모든 인간 정신이 인식하는 요소이며, 단순히 정신이 지금 존재하는 바와 같은 그러한 것이기 때문에, 즉 신체에 대한 관념이기 때문에 적합하게 인식하는 요소이다.

필연적으로 모든 물체들에는 공통적인 어떤 것들이 있는데, 이는 그것들이 모두 연장의 양태이고, 그러므로 동일한 기본적 본성을 공유하며 동일한 유의 변용을 겪기 때문에 그런 것이다. 스피노자가 자세히 논하지는 않지만, 아마도 이러한 것들은 모양(어떤 특수한 모양이 아니라 모양을 갖는다는 의미에서의 모양), 크기, 분할 가능성, 운동 가능성, 그리고 또한 기하학의 원리와 운동과 정지의 법칙 — 요컨대 연장 속성과 그것의 무한 양태에 포함되는 모든 것 — 일 것이다. 그런데 이는 그러한 공통 특징이 모든 물체에 상응하는 모든 관념에서 표현될 것임을 의미한다. 신체의 많은 측면들은 그 신체와 다른 물체와의 특수한 상호작용에 의해 결정되기 때문에 상응하는 정신에 의해 단지 부적합하게 인식될 수 있을 뿐이지만, 그러한 신체의 많은 측면들과 상관없이 물체 내의 이러한 공통적인 것은 그것의 상관물로 적합한 관념을 가질 것이다. "모든 것에 공통적이며, 부분에도 전체에도 똑같이 존재하는 것들은 적합하게 인식될 수밖에 없다"(2부 정리38). 그것들은 신체의 정신에 의해 적합하게 인식되는데, 왜냐하면 신체가 그것들을 소유한 것은 그 신체가 어떤 특수한 변용을 갖기 때문이 아니라 단지 그것의 신체됨에 기인하기 때문이다.

따라서 인간 신체 및 인간 정신이 적합하게 인식할 외부 물체의 어떤 일반적 특징이 있다. 이는 어떤 외부 물체와 인간 신체의 규정된 인과관계 때문이 아니라, 이러한 인간 신체의 특징이 연장의 일부분으로서 인간 신체 자체의 본성으로부터 따라 나오기 때문이다. 스피노자가 말하는 것처럼, 이러한 특징에 대한 관념은 "신이 인간 정신을 구성하는 한에서 또는 신이 인간 정신 안에 있는 관념을 갖는 한에서, 신 안에서 필연적으로 적합할 것이다"(2부 정리38 증명). 또한 사유 속성 아래에 있는 공통 통념도 있는데, 정신이 단지 사유의 양태이기 때문에 사유 그 자체의 본성과 그것의 가장 일반적인 원리를 포함하여 모든 정신에 공통적인 특징에 대한 적합한 인식을 가질 수 있다는 결론이 따라 나온다고 볼 수 있을 것이다.

그러므로 공통 통념은 감각 경험을 통해 아는 것과는 무관한 (수학적·도덕적·형이상학적) 인식을 우리가 어떻게 가질 수 있는지 설명하기 위해 데카르트나 라이프니츠와 같은 17세기의 다른 사상가들이 사용하는 본유 관념과 다소 유사하다. 물론 스피노자에게는 본유적인 관념과 감각 경험에서 외부 실재가 원인이 되는 관념을 구분할 권리가 없다. (1부를 통해 아는 것처럼) 어떠한 관념도(어떠한 사유의 양태도) 외부 실재(연장의 양태)가 원인이 되어 생겨나지 않기 때문이다. 본유 관념을 주장하는 이론가들에게 그렇듯 스피노자에게도 감각 자극은 실제로 실재의 공통 특징에 대한 이러한 관념을 생각하도록 정신을 자극하기 위해 요구될지도 모른다. 그러나 그는 공통 통념이 다른 물체가 원인이 되어, 즉 세계와 인간 신체의 상호작용이 원인이 되어 생겨난 신체 변용의 심적 상관물이라는 의미에서 경험으로부터 도출된다는 것을 부정한다. 정확히 말하자면 공통 통념은 정신(신체에 대한 관념) 자체의 본성에서 따라 나온다.

공통 통념을 보편자와 혼동해서는 안 된다고 스피노자는 우리에게 경고한다. 보편자는 보통 실재들의 많은 관념들 중 공통적인 특정 측면에 주목하고, 다른 것(즉 관념이 서로 다른 것들)은 무시하며, 그럼으로써 단지 그러한 공통 특성들 중 판명하지만 반드시 명석하지는 않은 관념을 형성하는 것에서 유래하는 추상 개념이다.

그들이 **보편자**라 부르는 인간, 말, 개 등과 같은 관념들은······ 아주 많은 이미지들(예컨대 인간)이 인간 신체 안에 동시에 형성되어 상상 능력을 넘어서기 때문에 생겨났다. 물론 완전히 넘어서는 것은 아닐지라도, 어느 정도, 즉 정신이 독특한 것[인간]의 작은 차이(각각의 색깔이나 크기 등과 같은 것)도 상상할 수 없고 그들의 명확한 수도 상상할 수 없으며, 그저 그들이 인간 신체를 변용하는 한에서 그들 모두의 일치점만을 정신이 판명하게 상상할 수 있을 정도로 넘어서기 때문에 생겨난 것이다. 왜냐하면 각각의 독특한 것이 [이러한 특성에 의해] 신체를 변용시켜 신체는 [공통적인 것]에 의해 대부분 〈강제로〉 변용되었기 때문이다. 그래서 〈정신은〉 **인간**이라는 말로 이것을 표현하고 그것으로 무한하게 많은 독특한 것을 서술한다. (2부 정리40 주석1)

보편자들은 상이한 방식으로 상이한 인간들에 의해 형성되는바, 우리는 실재들에 의해 완전히 상이한 방식으로 변용되고 실재들 사이에서 상이한 공통성에 주목할 터이기 때문이다. 따라서 보편자들은 모두 우연적이고 상대적으로 형성된다는 문제점을 지니고 있는데, 이는 자연의 공통 질서에서 끌어낸 구체적 관념들을 오염시킨다. 대조적으로 공통 본성에 대한 관념은 특수한 것들로부터 추상되지 않는다. 그것들은 직접적으로 알려진다. 그리고 그것들은 모든 사람들에게 동일하며 모든 정신에 있다.

이로부터 모든 사람에게 공통적인 특정 관념, 즉 통념이 있다는 것이 따라 나온다. 왜냐하면 (보조정리2에 의해) 모든 물체는 어떤 점들에서 합치하며, 그러한 점들은 (정리38에 의해) 모든 사람들에 의해 적합하게, 즉 명석 판명하게 지각되지 않으면 안 되기 때문이다. (2부 정리38 따름정리)

따라서 공통 통념은 스피노자 기획의 인식론적 부분에 있는 중요한 단계를 보여 준다. 공통 통념은 자연의 공통 질서 대신 그 자신의 자원으로부터 '내적으로 규정된' 것을 통해 특정한 관념을 갖게 되는 정신의 첫번째 예로 설정되어 있기 때문이다. 공통 통념은 정신이 이용할 수 있는 가장 접근하기 쉽고도 중요한 적합한 관념이다. 게다가 공통 통념으로부터 다른 적합 관념을 연역하는 것이 가능하다. "정신 안의 적합한 관념으로부터 정신 안에 따라 나오는 관념은 무엇이든 또한 적합"하기 때문이다(2부 정리40). 이런 방식으로, "인간 신체 변용의 질서와 연관"이 아니라 지성의 질서에서 따라 나오는 관념을 통해 실재에 대한 인식은 획득될 것이다. 결국 우리는 특수한 실재의 본질을 적합하게 인식할 수 있을 것이다. 곧 **영원의 관점에서**, 그리고 시간적 규정의 문맥이 아닌 무한하고 영원한 원인과의 관계에서 파악할 수 있을 것이다.

2부 정리40의 주석2에서 스피노자는 인식 방법을 위계적으로 정리한 세 가지 분류, 곧 감각기관을 통한 부적합한 관념의 습득과, 공통 통념과 그것으로부터 도출될 수 있는 이성을 통한 적합한 관념의 발견, 그리고 마지막으로 특수한 실재의 본질에 대한 직관적 포착 간의 차이를 반영한다고 가정되는 분류를 제시한다.

1종의 인식, 즉 "우리가 많은 것들을 지각"하는 방식은 "감각을 통해 단편적이고 혼란스러운 방식으로, 그리고 지성의 방향으로 진행되는 질서 없이 우리에게 표상되는 독특한 실재들로부터" 온다. "그러한 까닭에 나는 이러한 지각을 모호한 경험에 의한 인식이라고 부른다." 『소론』에서 이 분류의 초기 형태를 제시한 스피노자는 감각 경험으로부터 도출된 관념은 물론, '풍문', 즉 다른 사람의 증언이나 간접 증거에 기초한 의견으로부터 도출된 것 역시 첫번째 범주에 포함시킨다(『소론』, 2부 1장).[13] 『지성교정론』에서 인식의 종류는 "풍문으로부터 또는 어떤 자의적 기호로부터 얻는 지각"을 포함하는 첫번째 범주와 "모호한 경험으로부터 곧 지성에 의해 규정되지 않는 경험으로부터 얻는 지각"을 포함하는 두번째 범주와 함께 총 네 가지로 분류된다.[14] '풍문에 의해' 알려진 것의 예는 어떤 이의 생일이나 어떤 이의 부모가 누구인지 같은 것이다. 한편, 나는 죽게 될 것이라는 믿음은 단지 "나는 나와 유사한 다른 사람의 죽음을 보았다"는 사실에 근거하는 것일지라도 모호한 경험을 통해 알게 되는 것이다.[15] 1종의 인식(그리고 『소론』에서 1종과 2종의 인식)은 "오류의 유일한 원인"unica falsitatis causa이다(2부 정리41). 1종의 인식 그 자체만으로는 적합한 관념의 원천이 되지 못한다.

2종의 인식은 스피노자가 '이성'ratio이라 부르는 것으로, 『에티카』에서 "우리가 실재의 특성에 대해 공통 통념 및 적합한 관념을 갖고 있다는 점으로부터 …… 많은 것을 지각하는" 방식으로 묘사된다. 3종의 인식은 그가 '직관적 인식'scientia intuitiva이라 부르는 것으로 "신의 어떤 속성들의

---

13) Gebhardt, *Spinoza Opera*, vol.1, p.54; Curley, *The Collected Works of Spinoza*, p.97.
14) Gebhardt, *Ibid.*, vol.2, p.10; Curley, *Ibid.*, p.13 [『지성교정론』, 15쪽. 번역은 수정].
15) Gebhardt, *Ibid.*, vol.2, p.10; Curley, *Ibid.*, p.13.

형상적 본질에 대한 적합한 관념으로부터 실재의 〈형상적〉 본질에 대한 적합한 인식으로 나아가는" 것으로 묘사된다. 2종의 인식과 3종의 인식에 대한 정의는 모두 좌절감을 줄 정도로 빈약하고, 스피노자는 이 두 종류의 인식 각각에 정확하게 무엇이 포함되는지 거의 설명하지 않는다. 특히 3종의 인식은 상당히 신비로워 보여서, 종종 스피노자는 결국 일종의 신비주의자 아닌가 하는 생각을 불러일으켰다. 내가 보여 주고 싶은 것이기도 한데, 그것은 전혀 사실이 아니다. 스피노자는 속속들이 합리주의자이다.

2종의 인식과 3종의 인식 둘 다 "필연적으로 참"(2부 정리41)이고, 적합한 관념에 근거한다. 양자는 또한 실재의 필연성에 대한 참인 지각을 함축한다. 하지만 둘의 차이가 정확히 무엇인지 그리고 특히 스피노자가 2종의 인식에 포함시키고자 의도한 것이 무엇인지는 그리 명확하지 않다. 적어도 그는 이 범주에 공통 통념에 대한 정신의 인식과 그것으로부터 연역적으로 따라 나오는 어떤 일반 원리에 대한 정신의 인식 또한 집어넣길 원했다. 그러나 스피노자가 2종의 인식은 개체들에게까지 미치므로 특수한 실재들에 대한 적합한 관념들을 포함한다고 생각한 것인지, 그리고 그렇다면 어떤 식으로 그렇게 생각한 것인지와 관련하여 학자들 간에 벌어진 몇 가지 논쟁이 있다.

한 가지 해석은 2종의 인식에 대한 『에티카』의 정의가 **단지** 공통 통념과 실재의 특성 일반(예를 들어 정사각형이란 것이 어떤 것인지)에 대한 정신의 포착과 관련되는 것이지, 그러한 특성을 예증하는 특수한 실재에 대한 어떤 인식에 관련되는 것이 아니라는 해석이다.[16] 이러한 해석에 속하는

---

16) 예컨대 헨리 앨리슨은 "이성의 본령은 보편적으로 있으며 특수한 어떠한 개체에도 속하지 않는 일반적 진리 — 이를테면 공리 같은 — 이다"라고 주장한다(Allison, *Benedict de*

좀더 자유로운 견해에 따르자면, 2종의 인식이 특수한 것들로 확장될지라도 이는 단지 다음과 같은 인식을 포함하는 한에서, 곧 2종의 인식은 공통 통념 아래 광범위하게 특수한 것들을 포괄하고, 그래서 모든 개별 실재들은 실체에 의존하는 양태이자 그것들 각각의 속성들이 가진 일반 원리에 지배되는 양태들이라는 일반적 인식을 포함하는 한에서만 그런 것이다.[17] 이 견해에서, 2종의 인식에 의해 특수한 것을 인식한다는 주장은 단지 그것이 (모든 유한 양태들처럼) 무한한 원인 및 유한한 원인에 의한 필연적인 것임을 인식한다는 것이지, 어떻게 그렇게 된다는 것인지를 인식한다는 주장은 아니다.

이 학설에 대한 보다 관대한 독해(그리고 나는 이러한 독해가 좀더 그럴 듯하다고 믿는다)는 2종의 인식과 3종의 인식 둘 다 개체에 대한 적합한 인식을 포함하며, 그래서 실재를 그것의 적절한 인과적 문맥에 위치시키는 실재에 대한 관념으로 이끈다는 것이다. 즉, 두 인식 방법 모두 특수한 실재를 그것과 다른 실재가 맺고 있는 지속 및 변화 관계와 독립적으로 고려하고, 명백하게 속성과 그 속성의 모든 양태를 지배하는 영원한 원리와 관련하여 평가한다. 그 결과 우리는 그 실재가 필연적이라는 것뿐만 아니라 어떻게 그렇게 된 것인지 이해한다.

예를 들어 인간 신체에 대한 인식을 생각해 보라. 1종의 인식에서 우리는 시간의 흐름에 따라 겪을 수 있는 변용 방식에 따라 신체를 부적합하게

Spinoza, p.117). 대조되는 견해에 대해서는 Yovel, *Spinoza and Other Heretics*, vol.I, ch.6을 보라.

17) 이 해석은 로이드가 제안한 것이다. Genevieve Lloyd, "Spinoza's Version of the Eternity of the Mind", eds. Marjorie Grene and Debra Nails, *Spinoza and the Sciences*, Dordrecht: D. Reidel, 1986, pp.227~228.

인식할 뿐이다. 반면에 2종의 인식은 어떻게 그리고 왜 신체가 지금 존재하는 것처럼 존재하는지 연장의 본성과 자연과학의 원리(또는 더 구체적으로 말하자면 생물학, 생리학, 화학 등의 원리)를 참고하여 보여 준다. "인간 신체는 이를테면 그것을 끊임없이 재생시키는 아주 많은 물체를 필요로 한다"(2부 정리19 증명)라는 것을 우리는 알고 있으므로, 인간 신체에 대한 적합한 인식 또한 반드시 다른 연장의 양태(다른 물체)를 참조해야 한다. 그런데 이는 연장과 그 무한 양태에서 도출될 수 있는 법칙에 의해 인간 신체가 필연적이고도 본질적인 방식으로 다른 물체와 관련되는 방식을 보여 줌으로써 가능한 것이지, 어떤 특수한 인간 신체가 자연의 흐름에 따라 경험할 수 있는 시간적(그리고 일시적) 변용을 살펴봄으로써 가능한 것이 아니다. 비교적 느슨한 비유를 해보자면, 허기·갈증·쇠약함을 경험하기 때문에 신체에 영양분이 필요하다는 것을 인식하는 것과, 신체를 유지함에 있어 단백질, 탄수화물, 액체의 역할을 과학적으로 파악함으로써 신체에 영양분이 필요하다는 것을 인식하는 것은 완전히 다른 것이다.

다시 말해서, 2종의 인식은 신체의 본성과 특성에 대한 참이자 적합한 설명을 제공한다. 인식자의 정신에서, 신체에 대한 관념은 실재와 그 관념이 무한 지성 안에서 법칙적으로 영원히 관련되는 방식을 반영하면서 자연법칙(인과관계의 수직적 차원)을 통해 다른 물체(인과관계의 수평적 차원)에 대한 관념과 관련된다. "우리의 정신은, 그것이 실재를 참되게 파악하는 한 신의 무한 지성의 일부이다"(2부 정리43 주석). 1종의 인식, 곧 실재가 서로 우발적으로 연관되는 것처럼 보이는 — 그래서 우연성을 믿게 만드는 — 인식과 달리, 이성은 실재를 있는 그대로 이해하는데, 이는 실재를 그 포괄적 법칙하에서 보고 그렇게 함으로써 필연성을 도입하기 때문이다. "실재를 우연적인 것이 아니라 필연적인 것이라고 간주하는 것은 이성의 본성에 속한다"(2부 정리44). 동시에 이성은 물체가 시간 속에서 다른 물체와 인과적으로 상호작용하기 때문에 겪을지도 모를 특수한 변용들을 추출해 낸다. 그렇게 함으로써 2종의 인식은 **영원의 관점에서** 대상에 대해 이해한 바를 우리에게 제공한다.

실재를 우연적인 것이 아니라 필연적인 것이라고 간주하는 것은 (2부 정리44에 의해) 이성의 본성에 속한다. 그리고 이성은 실재의 이러한 필연성을 (2부 정리41에 의해) 정확히, 즉 (1부 공리6에 의해) 있는 그대로 지각한다. 그러나 (1부 정리16에 의해) 실재의 이러한 필연성은 신의 영원한 본성의 필연성 바로 그것이다. 그러므로 이러한 영원의 관점에서 실재를 보는 것은 이성의 본성에 속한다. (2부 정리44 따름정리2 증명)

2종의 인식에 대한 논의에서, 스피노자는 종종 독특한 실재들에 대한 관념을 언급한다(예를 들어 2부 정리45[18]). 그렇게 함으로써 2종의 인식이 공통 통념에 대한 또는 자연법칙에 의해 특수한 실재들이 규정된다는 일반적 사실에 대한 인식일 뿐만 아니라, 그것들을 그러한 "이성의 토대" 아래 개별적으로 포함시키는 특수한 실재들에 대한 인식이기도 하다는 점을 강하게 암시하면서 말이다. 스피노자가 말하는 것처럼, 공통 통념은 많은 것들에 공통적인 것이기 때문에, "어떤 독특한 실재든 그 본질을 설명하지는 않는다"(2부 정리44 따름정리2 증명). 그러나 공통 통념은 독특한 실재의 진리가 포착될 수 있는 개념적이고 설명적인 틀을 제공한다.

---

18) 〔옮긴이〕 "각각의 물체 또는 현행적으로 실존하는 각각의 독특한 실재에 대한 각각의 관념은 필연적으로 신의 영원하고 무한한 본질을 함축한다."

3종의 인식 또한 실재들의 필연성에 대한 견해와 실재들 각각에 대해 영원의 관점에서 볼 수 있는 시각을 제공한다. 2종의 인식과 3종의 인식의 방법에 따라 어떤 것을 인식하는 것은 그것을 영원한 것으로 인식하는 것이다. 그렇다면 두 인식 간의 차이는 사실 내용이나 정보 측면에서가 아니라 각각의 인식 방식 측면에서 표현되어야 한다. 이성 내지 2종의 인식은 논증적이며, 결론이 전제로부터 논리적으로 도출되는 것이긴 하지만 원인 — 그리고 특히 더 높은 영원한 원인 — 으로부터 결과를 추론하는 것을 의미한다. 반면에 직관 내지 3종의 인식은 결과적으로 실재의 본질에 대한 독특한 개념(스피노자가 우리에게 말했던 것처럼 그것은 실재의 원인에 대한 인식을 포함해야 한다)으로 귀결되는 원인과 결과 간의 연관에 대한 직접적 지각인 것으로 보인다. 직관은 정보의 인식적 압축 같은 것이다. 직관은 그 항들 간의 인과적이고 논리적인 관계에 대한 직접적 포착을 함축하는 것이다. 그 결과 정보는 단 한 번의 정신 작용으로 파악된 것으로 통합된다.[19] 따라서 2종의 인식과 3종의 인식의 차이는 『정신 지도를 위한 규칙』에서 데카르트가 도출한 연역과 직관의 차이와 다르지 않다.[20] 연역과 직관은 모두 정신이 실재들 간의 필연적 연관을 명석 판명하게 지각하는 것을 의미한다. 그러나 직관이 단일한 실재나 두 실재들 간의 단일한 연관을 파악할 때 "순수하고 주의를 집중하는……정신의 단순하고 명백한 파

---

[19] Yovel, *Spinoza and Other Heretics*, vol.I, pp.154~165를 보라. 그는 이전에는 단지 '외적으로'만 연관되었던 내용을 '내부화'하는 '직관의 빛'에 대해 말한다.
[20] 『정신 지도를 위한 규칙』은 스피노자가 죽고 난 후 출판되었다. 하지만 스피노자가 살아 있을 때 몇몇 데카르트 연구 모임에서 회람되던 필사본 중 하나를 보았을 가능성은 있다. 라이프니츠는 1670년에 암스테르담에서 구입한 자기 소유의 『규칙』 필사본을 1676년에 헤이그에 있던 스피노자를 찾아보았을 때 그에게 보여 주었을지도 모른다. 하지만 그랬더라도 『에티카』에 어떤 실질적 영향을 끼치기에는 너무 늦은 때였을 것이다.

악"[21]이라면, 반면에 연역에는 이어지는 추론의 연쇄 내에 있는 일련의 직관이 수반된다.

> 그러므로 정신의 직관은 확실한 연역과 차이가 있다. 연역에 있어서는 어떤 운동 혹은 연속이 감지되고 있는 반면에, 직관은 그렇지 않다는 점이고, 나아가 직관과는 달리 연역에서는 현전하는 명증성이 요구되지 않으며…….[22]

스피노자가 말한 2종의 인식에서 인식자는 하나를 다른 하나로부터 추론한다. 이런 식으로 그것이 그 원인(들)과 결부되어 있다는 것을 설명하면서 말이다. 그것의 상태로부터 인과적으로 얼마나 먼 실재가 있는지, 또는 얼마나 많은 원인이 포함되는지에 따라, 이것은 많은 단계를 함축할지도 모른다. 3종의 인식에서 이 모든 인과 정보는 실재 자체에 대한 적합한 관념으로 종합되고 그것에 내장된다. 이런 식으로 스피노자가 실재의 '본질'이라고 부르는 것을 제시하면서 말이다. 『지성교정론』에서 스피노자는 3종의 인식을 "실재가 그 본질을 통해서만 또는 그 근접 원인에 대한 인식을 통해서만 지각될 때 우리가 갖는 지각"이라고 정의한다.[23] 따라서 2종의 인식은 3종의 인식을 위한 필요조건이다. 2종의 인식은 정신이 결국 직

---

21) 〔옮긴이〕 『규칙』에서 '직관'을 정의할 때 나오는 구절이다. "내가 이해하는 직관이란……순수하고 주의를 집중하는 순수한 정신의 단순하고 판명한 파악이며, 그래서 이렇게 인식되는 것에 대해서는 그 어떤 의심도 품을 수 없는 것이다"(Adam and Tannery, *Oeuvres de Descartes*, vol.10, p.368 [『정신 지도를 위한 규칙들』, 26쪽]).
22) *Ibid.*, vol.10, p.370 [『정신 지도를 위한 규칙들』, 27~28쪽].
23) Gebhardt, *Spinoza Opera*, vol.2, p.10; Curley, *The Collected Works of Spinoza*, p.13 [『지성교정론』, 16쪽. 번역은 수정].

관을 통해 지각하게 될 재료를 제공하기 때문이다(데카르트는 연역 과정 전체가 정신 앞에 일거에 포착될 수 있을 만큼 매우 빈번하게 연역을 연습함으로써 연역이 직관으로 변형될 수 있다고 주장하긴 하지만).[24]

스피노자가 3종의 인식을 설명하기 위해 사용한 네번째 비례수에 대한 수학적 예는 두 인식 간의 이러한 유형상 차이를 잘 보여 준다. 문제는 첫번째 수와 두번째 수의 비율과 동일한 비율을 가진, 세번째 수와 관련된 (미지의) 네번째 수를 찾는 것이다. 다시 말해서, 12:16 = 75:x 같은 등식에서 x에 해당하는 것을 푸는 것이다. 1종의 인식에서는 사실 수학적 원리를 통해 문제를 이해하지 않고 그저 다른 사람이 보여 준 실용적 방법에 의존할 뿐이다. 그래서 예를 들자면 "상인들은 주저하지 않고 두번째 수와 세번째 수를 곱하고 그 결과를 첫번째 수로 나눈다." 2종의 인식에서 우리는 특정한 수량들 간의 관계와 관련된 유클리드의 관련 증명(『기하학 원론』 7권 정리7[25])을 보고 이해했기 때문에, 문제의 답을 안다. 3종의 인식에서는 어떠한 증명 없이도 해답을 즉각 간파한다. 이를테면 문제에 아주 간단한 수가 포함되었을 때 해답이 즉각 떠오르는 것처럼 말이다.

1, 2 그리고 3이라는 수가 주어졌을 때, 누구나 네번째 비례수는 6이라는 것을 이해한다. 그리고 우리는 이를 훨씬 더 명확하게 아는데, 한눈에 첫번째 수가 두번째 수에 대해 갖는 비례로부터 네번째 수를 추론하기 때문

---

24) Adam and Tannery, *Oeuvres de Descartes*, vol.10, pp.387~388; Cottingham, Stoothoff and Murdoch, *The Philosophical Writings of Descartes*, vol.1, p.25 (『정신 지도를 위한 규칙들』, 48~50쪽).
25) [옮긴이] "어떤 수가 어떤 수의 몫이라고 하자. 다른 어떤 수가 다른 어떤 수의 같은 몫이라고 하자. 그러면 몫에서 몫을 뺀 것은 곱에서 곱을 뺀 것에 대해 앞에서 말한 것과 같은 몫이 된다"(유클리드, 『기하학 원론 (나) 비율수』, 이무현 옮김, 교우사, 1997, 109쪽).

이다. (2부 정리40 주석2)[26]

2종의 인식과 3종의 인식 간 차이에 대해 내가 제안한 해석을 지지하는, 고려해야 할 다른 사항이 하나 있다. 만약 독특한 실재에 대한 적합한 관념이 3종의 인식, 즉 (스피노자가 주장하듯) 성취하기 극히 어렵고 보기 드문 그러한 인식 — 요벨의 말로 "운 좋은 소수의 문제"[27] — 으로 제한된다면, 1종의 인식인 단편적 관념을 넘어서는 것 중에서 인류 대다수가 실제로 기대할 수 있는 대부분의 것은 공통 통념과 자연nature 안에 있는 모든 것의 필연성에 대한 모호한 인식일 것이다. 이것이 스피노자가 생각한 바라는 해석이 가능한 것은 분명하지만 나는 이러한 해석이 의문스럽다. 특수한 실재에 대한 유일한 종류의 유효한 적합한 인식이 3종의 인식인 직관적 이해라는 해석은 그럴듯해 보이지 않는다. 이성과 직관 간의 그러한 내용상의 간극은 사실 스피노자를 다소 신비주의적인 인물로 만들어 버린다. 합리적 증명이 접근할 수 있는 것을 넘어서 일종의 '도약'에 의해서만 달성될 수 있는 어떤 실질적 정보 — 특수한 것에 대한 적합한 이해 — 영역이 있을 수 있기 때문이다.

한편 여기 제시된 세 종류의 인식에 대한 해석은 우리에게 다음과 같은 질문을 남긴다. "2종의 인식(그리고 궁극적으로 3종의 인식)은 얼마나 구체적이고 세부적이며 완전해야만 하는가?" 2종의 인식이 일반적 인식, 곧 특수한 실재들은 실체의 양태들로서 법칙이라는 필연적 틀에 들어맞는다

---

[26] 같은 수학의 예가 『지성교정론』과 『소론』에 나온다. 전자는 Gebhardt, *Spinoza Opera*, vol.2, pp.11~12; Curley, *The Collected Works of Spinoza*, pp.13~14 (『지성교정론』, 17~18쪽. 번역은 수정), 후자는 Gebhardt, *Ibid.*, vol.1, pp.54~55; Curley, *Ibid.*, pp.97~98 (『소론』, 2부 1장).
[27] Yovel, *Spinoza and Other Heretics*, vol.I, p.154.

는 인식 이상의 것이라 할지라도, 특정 유형의 어떤 특수한 실재가 속성의 본성과 그 속성에서 도출 가능한 원리들 및 다른 유한 양태들에 의해 정확히 **어떻게** 결정되는지 이해하는 과학자만 가질 수 있는 인식이라고 밝혀질 정도로 그렇게 상세하고 정밀한 인식이어야 하는가?

2종의 인식과 3종의 인식이 함축하는 아주 특별한 종류의 인과 내용을 포함하여, 핵심들 중 하나인 궁극적 인식에 대한 『에티카』 내의 개념이 그의 초기 작품에도 나타난다는 사실은 주목할 만하다. 하여 『지성교정론』에서 우리는 스피노자가 다음과 같이 말한 것을 발견한다.

> 독특하고 가변적인 실재들의 본질은 그 실재들의 계열, 즉 실존의 질서로부터 도출되는 것이 아니다. 그것은 우리에게 외생적 특징, 관계, 또는 기껏해야 환경만을 제공해 주기 때문이다. 이 모두는 결코 실재의 가장 깊숙한 본질이 아니다. 그 본질은 불변하며 영원한 것들로부터만, 동시에 이 실재들의 진정한 법칙처럼 이 실재들에 새겨진 법으로부터만 발견될 수 있는 것으로, 그것에 따라 모든 독특한 실재들은 존재하게 되고 질서를 갖게 된다. 사실 이러한 독특하고 가변적인 실재들은 아주 긴밀하게 그리고 (말하자면) 본질적으로 불변하는 실재들에 의존하는데, 그것들 없이 그 독특하고 가변적인 실재들은 존재할 수도 없고 인식될 수도 없다.[28]

결국 인식의 두 상위 종 — 2종의 인식과 3종의 인식 — 모두는 신 또는 자연 그 자체에 대한 인식을 의미한다. 실재를 적합하게 인식하는 것은

---

28) Gebhardt, *Spinoza Opera*, vol.2, pp.36~37; Curley, *The Collected Works of Spinoza*, p.41 (『지성교정론』, 50쪽. 번역은 수정).

그것을 개념적으로 그것의 최고 원인에, 곧 실체와 특수한 실재가 표현인 특정한 속성에 관련시키는 것이다. "만물은 신 안에 있고 신을 통해서만 인식된다." 따라서 어떤 것에 대한 적합한 관념은 반드시 신의 속성들 중 하나에 대한 관념을 포함해야 한다. 그것이 물체에 대한 적합한 관념이라면 연장 개념을 포함한다. 그것이 정신 또는 관념에 대한 적합한 관념이라면 사유 개념을 포함한다.

2부 정리45 현행적으로 실존하는 각각의 물체 또는 각각의 독특한 실재에 대한 각각의 관념은 필연적으로 신의 영원하고 무한한 본질을 함축한다.
증명 현행적으로 실존하는 독특한 실재에 대한 관념은 (2부 정리8 따름정리에 의해) 그 실재의 본질과 그 실존 둘 다를 함축한다. 한편 독특한 실재들은 (1부 정리15에 의해) 신 없이 인식될 수 없다. 그런데 (2부 정리6에 의해) 독특한 실재들은 신이 그것들이 양태들인 속성 아래에서 고려되는 한 신을 원인으로 갖기 때문에, 그것들에 대한 관념은 (1부 공리4에 의해) 그것들의 속성 개념을 함축해야 한다. 즉 (1부 정의6에 의해) 영원하고 무한한 신의 본질을 함축해야 한다.

『신학정치론』에 실재 이해에서 신 인식이 수행하는 역할에 대한 생각을 표현한 특히 훌륭한 구절이 있다.

있을 수 있는 모든 의심을 사라지게 만드는 우리의 모든 인식과 확실성은 오직 신에 대한 인식에 의존하기 때문에 — 왜냐하면 첫째로 신 없이는 아무것도 존재할 수 없거나 인식될 수 없기 때문에, 둘째로 우리가 신에 대한 명석 판명한 관념을 가지고 있지 않은 한 모든 것에는 의문이 제기될 수 있기 때문에 ── 우리의 최고선과 완전함은 오직 신에 대한 인식에 의존한다는 것이 따라 나온다. 또, 신 없이는 아무것도 존재할 수 없거나 인식될 수 없기 때문에, 자연 안에 있는 모든 것이 그 본질과 완전성에 비례하여 신 개념을 함축하고 표현한다는 것은 분명하다. 그러므로 우리는 자연현상에 대한 더 많은 인식을 얻는 만큼 신에 대한 더 크고 더 완전한 인식을 획득한다. 다시 말해서, 원인을 통해 결과를 인식하는 것은 그 원인의 특성을 인식하는 것에 다름 아니므로, 자연현상에 대한 우리 인식이 확대되면 될수록 모든 실재의 원인인 신의 본질에 대한 우리의 인식은 더 완전해진다.[29]

이러한 생각으로 인해 스피노자는 한 쌍의 특이한 주장을 하게 되는데, 이는 비평가들을 진땀 나게 만들었음에 틀림없는 것들이다. 즉 "각각의 관념이 함축하는 신의 영원하고 무한한 본질에 대한 인식은 적합하고 완전하다"는 것이 그 하나요(2부 정리46), "인간 정신은 신의 영원하고 무한한 본질에 대한 적합한 인식을 갖는다"는 것이 다른 하나이다(2부 정리47). 물론 스피노자는 우리가 신에 대한 완전하고 적합한 인식을 갖는다고 말하지 않는다. 절대로. 신은 무한한 속성을 갖고 있는데, 무한하게 많은 그 속성이 우리의 유한한 정신에 알려지지 않는 것은 불가피하기 때문에, 스피노자가 의도한 것은 도저히 우리가 신에 대한 완전하고 적합한 인식을 갖는다는 것일 수 없다. 정확히 말하자면 그는, 신체와 정신에 대한 적합한 인식을 거쳐 적어도 우리가 갖게 되는 인식은 이 유한 양태들이 표현하는

---

29) Gebhardt, *Spinoza Opera*, vol.3, pp.59~60; Shirley, *Theological-Political Treatise*, p.51 [『신학정치론』, 80~81쪽. 번역은 수정].

두 개의 무한한 속성, 즉 사유와 연장에 대한 적합한 인식을 우리에게 제공해 준다고 말한다. 사실 그는 공통 통념에 대한 우리의 적합한 인식처럼 신의 본질에 대한 그와 같은 적합한 인식은 적합한 관념이든 부적합한 관념이든 우리의 **모든** 관념에 내재한다고 말하며, 그러므로 "신의 무한한 본질과 그의 영원성은 모두에게 알려진다"라고 결론 내린다(2부 정리47 주석). 대부분의 사람들은 너무 많은 관심을 감각과 상상에 쏟고 있다는 분명한 이유 때문에 이러한 사실을 알지 못한다. 적어도 2종의 인식을, 그리고 이상적으로는 3종의 인식을 달성하는 방식으로(2부 정리47 주석), 이러한 인식을 명백하게 만드는 것은 우리의 행복과 안녕에 극히 중요하다.

자유와 의지

2부의 마지막 두 정리 ― 2부 정리48과 긴 주석이 있는 정리49 ― 에서 스피노자는 인간 의지의 자유에 관심을 돌린다. 스피노자는 이미 신의 자유에 관한 논의뿐만 아니라 인간 정신의 본성에 대한 설명으로 이 문제를 논의하기 위한 토대를 준비했다. 스피노자는 정신이 너무나 자주 정신 자신에게까지 '국가'로 간주된다는 것을 놀랄 만한 일이라고 생각한다. 아무도 신체 ― 지금 그러한 것처럼 자연의 결정론적 법칙에 종속되는 ― 가 신체에 일어나는 일과 관련하여 어떤 자유를 갖는다고 생각하지 않는다. 그럼에도 정신은 ― 정신과 신체가 다른 속성 아래 표현된 하나이자 동일한 실재라는 것을 알지 못하는 이들에 의해 ― 적어도 그 의지작용과 관련하여 자신이 하는 모든 일에 있어서 그러한 법칙들에 종속되지 않으며, 따라서 절대적 자유를 갖는다고 보통 가정된다. 사람들은 무엇을 선택하거나 단언하거나 여타 다른 의지적 활동을 하는 데 있어서 "스스로를 자유롭다고 생각한다". 그리고 그들이 그렇게 생각하는 것은 철학자들이 '자유의지론자'의 자유 개념이라 부르는 것에 따른 것이다. 자유의지론자의 관점에서 볼 때, 어떤 사람의 의지는 그것이 규정되지 않을 때 자유로운데, 그가 선택을 하고 나서도 모든 조건이 그대로라면 다른 선택을 할 수도 있었다는 점에서 그렇다. 아이스크림 가게에서 나는 바닐라 아이스크림을 주문한다. 그러나 내 선택은 (예컨대 바닐라가 제일 맛있다는) 내 믿음과 (만족스럽게 아이스크림을 먹고 싶은) 욕구를 배경으로 한 것이지만, 그러한 배경 조건에 의해 아주 절대적으로 규정되어 다르게 될 수 없었던 것은 아니다. 나는 초콜릿 아이스크림을 선택할 수도 있었다.

스피노자는 이러한 우리의 자유 개념이 그릇된 것이며 부적합한 관념의 특징인 인식의 결핍에 근거를 둔 것이라고 주장한다.

> 사람들은 스스로를 자유롭다고 생각한다〈즉 그들은 자신의 자유의지에 대해 어떤 것을 할 수 있거나 그것을 하는 것을 삼갈 수 있는 것이라고 생각한다〉는 점에서 속고 있는데, 이런 견해는 그저 그들이 자신의 행위는 의식하면서도 자신의 행위를 규정하는 원인에는 무지하다는 데서 성립할 뿐이다. 그러므로 이것이, 곧 그들은 자신들의 행위 원인에 대해 조금도 알지 못한다는 것이 그들의 자유 개념이다. (2부 정리35 주석)

『소론』에서 스피노자는 '참된 자유'의 특징이 "무엇을 할 수 있거나 하지 않을 수 있는 것" —— 일체의 원인 없이 스스로 발생하는 것처럼 —— 에 있지 않다고 주장한다(『소론』, 1부 4장).[30] 그의 결정론적 우주에 자생적 사건은 없다. 연장된 물체들뿐만 아니라 사유 영역 내 실재들도 확실히 그러하다. 사유 내에서 일어나는 사건은 연장 내에서 일어나는 사건과 동일한 질서와 연관을 따름에 틀림없기 때문에, 이는 필연적으로 사실이다. 앞서 보았던 것처럼, 신의 자유조차 의지하거나 의지하지 않을 수 있는 어떤 능력, "어떤 것을 하기도 하고 하지 않기도" 할 수 있음에 있지 않다. 우리가 무엇인가 의지하는 행위는 자연의 다른 모든 것들처럼 다른 유한 양태들(사실 무한한 수의 유한 양태들)과 자연의 원리들 둘 다에 의해 규정된다.

2부 정리48 정신에는 절대적이거나 자유로운 의지가 없으며, 정신은 어떤 원인에 의해 이것이나 저것을 의지하도록 규정된다. 그리고 그 원인 또한 다른 것에 의해 규정되며, 이것은 다시 다른 것에 의해 규정되고, 그런 식으로 무한하게 나아간다.

증명 정신은 (2부 정리11에 의해) 일정하고 규정된 사유의 양태이며, 그래서 (1부 정리17 따름정리2에 의해) 자기 행위의 자유 원인일 수 없다. 즉 의지함과 의지하지 않음의 절대적 능력을 가질 수 없다. 오히려 그것은 (1부 정리28에 의해) 어떤 원인에 의해 이것 또는 저것을 의지하도록 규정됨에 틀림없다. 그리고 그 원인 또한 다른 원인에 의해 규정되고, 이 원인은 다시 다른 원인에 의해 규정되고, 그렇게 계속된다.

치른하우스를 염두에 두고 쓴 편지에서 스피노자는 "모든 사람이 가지고 있다고 자랑하는 인간의 자유는 …… 단지 이것, 곧 인간은 그들 욕망은 의식하고 그들이 규정되는 원인은 알지 못한다는 것에 있을 뿐입니다"라고 말한다. 규정의 부재라고 생각된 자유는 "어린아이가 자유롭게 우유

---

30) Gebhardt, *Spinoza Opera*, vol.1, pp.37~38; Curley, *The Collected Works of Spinoza*, pp.82~83.

를 원한다고 생각하고 …… [또는] 마치 술에 취한 사람이, 정작 나중에 술에서 깨어나게 되면 숨기고 싶어 할 게 뻔한 것을 자신은 자유로운 결정을 통해 말한다고 믿을" 때와 마찬가지로 "상상적"인 것이다(58번째 편지).[31]

스피노자는 인간의 자유에 대한 거짓 개념을 그것이 의존하는 의지작용 관념을 약화시킴으로써 해체하기 시작한다. 그는 의지 및 의지와 이해의 관계에 대해 데카르트가 제시한 것을 분명하게 거부한다. 『성찰』의 「네 번째 성찰」에서 데카르트는 의지를 이해와 다르며 이해와 독립적인 정신의 능력이라고 구분한다. 의지작용과 관념은 둘 다 정신의 양태지만 서로 구분된다. 특히 관념은 의지와 관련된 어떠한 요소 없이도 정신에 나타날 수 있다. 의지작용은 항상 관념을 향해 있지만, 의지작용은 관념 내부에 있지 않다. 인간의 판단과 선택에 일어나는 것은 이해가 의지에 고려해야 할 것으로 관념을 제시한다는 것이다. 그래서 의지는 관념을 인정하거나 부정하거나 판단을 중지하거나 할 수 있다. (이상적으로 본다면, 의지는 명석판명한 관념만을 인정할 것이다. 이것이 오류를 피하는 방법이다.)

스피노자는 '이해'라 불릴 수 있는 어떤 능력 이상의, '의지'라 불릴 수 있으며 능력과 같은 어떤 것이 있다는 주장은 사실이 아니라고 말한다(2부 정리48 주석). 어떤 현행적 관념 내지 특수한 정신의 활동과 구분되는 그러한 능력은 순전히 추상, 곧 '완전한 허구'이다. 정신 안에 있는 것은 개별 관

---

31) [옮긴이] 58번째 편지는 슐러(Georg Hermann Schuller)에게 보낸 것이지만, 내용은 그가 전달해 준 치른하우스의 편지(57번째 편지)에 대한 답변이라 할 수 있다(편지 63~64, 편지 70과 그 답변인 편지 72에도 슐러를 매개로 치른하우스와 스피노자가 나눈 질의응답이 들어 있다. 슐러와 치른하우스는 스피노자 연구 모임의 일원이었다). 내들러의 "치른하우스를 염두에 두고 쓴 편지에서"라는 표현은 이러한 사연에 연유한 것이다. 슐러의 소개로 치른하우스와 스피노자는 서신 교환을 시작하게 되고, 이후 수차례 더 이어지게 된다(59~60, 65~66, 80~81, 82~83번째 편지). 내들러, 『스피노자: 철학을 도발한 철학자』, 605~608쪽을 참고하라.

념이다. 그러나 앞서 본 것처럼, 관념은 긍정이든 부정이든 활동적 요소를 항상 포함한다. 스피노자에게는 모든 관념에 수반되지만 어떤 능력이라 할 수 없는 이러한 활동적 요소가 의지함의 장소이다. "의지작용 그 자체는 실재에 대한 바로 그 관념 이상의 어떤 것"이 아니라고 스피노자는 주장한다(2부 정리48 주석). 그는 "정신에는 관념이 관념인 한에서 포함하는 것 외에 어떠한 의지작용도, 즉 어떠한 긍정과 부정도 존재하지 않는다"라고 주장한다(2부 정리49). 요컨대 x에 대한 관념을 갖는 것은 x 혹은 x의 어떤 측면에 대한 의지적 태도를 갖는 것이며, x에 대해 무엇을 긍정하거나 부정하는 것이다. 그러나 만일 의지작용이 관념 이외의 다른 어떤 것이 아니라면, 의지는 관념이 실체의 유한 양태로서 종속되는 동일한 인과적 규정에 종속된다(이 인과적 규정은 이러한 관념의 대상 — 물체 — 이 종속되는 인과적 규정과 동일한 것이다. 비록 다른 법칙을 통한 것이기는 하지만 말이다). 다시 말해서, 의지의 자유나 선택의 자유는 없다. "정신의 자유로운 결단으로 말을 하거나 침묵하거나 어떤 것을 한다고 믿는 이들은 …… 눈을 뜨고 꿈을 꾸는 것이다"(3부 정리2 주석).[32]

스피노자는 인간 존재가 어떤 종류의 자유에 이를 수 있다는 것을 부정하지 않는다. 실제로 『에티카』 뒷부분은 대개 인간 자유가 근거하는 것과 자유에 이를 수 있는 방법을 보여 주는 것에 할애된다. 그러나 스피노자가 자유를 어떤 식으로 생각하든 어떻게 자유가 결정론과 양립 가능한지 보여 주어야 할 것이다. 그는 명확하게 이러한 주장이 내포하는 도전을 알고 있었다. "'필연적인' 것과 '자유로운' 것이 모순된다는 주장은 …… 불합리하고 이성에 반하는 것처럼 보입니다"라고 휘고 복셀에게 보낸 편지에

---

32) Gebhardt, *Spinoza Opera*, vol.2, p.144; Curley, *The Collected Works of Spinoza*, p.497.

서 말한 것처럼 말이다. 오히려 적절한 구분은 "제약 또는 강제와 필연성" 간에 있다(56번째 편지).[33] 어떤 것은 그것의 인과적 규정자가 그것 바깥에 있다면 제약되거나 강제되어 있다. 치른하우스에게 그는 다음과 같이 적는다.

> 돌은 외부 원인의 충돌로부터 고정된 운동량을 받습니다. 그것에 의해 외부 원인이 충돌한 후 돌은 필연적으로 운동을 계속할 것입니다. 돌이 운동을 계속하는 것은 제약된 것인데, 이는 그것이 필연적이기 때문이 아니라 그것이 외부 원인으로부터 받은 충돌에 의해 정의되어야 하기 때문입니다. (58번째 편지)[34]

그러고 나서 스피노자는 치른하우스에게 1부 정리28의 주장을 반복하면서 모든 유한 양태는 "필연적으로 외부 원인에 의해 실존하고 불변하며 규정된 방식으로 작업하도록 규정"된다는 것을 상기시킨다. 돌의 운동처럼, 인간 정신 내 모든 관념뿐만 아니라 인간 정신 그 자체인 관념도 사유의 다른 양태인 다른 관념에 의해 규정된다. 따라서 엄밀하게 말한다면 오직 신만이 전혀 제약되지 않는다는 의미에서 자유로운 셈이다. 인간은 결코 외부 원인으로부터 완전히 벗어날 수 없다. 그러나 이러한 결정론적 세계 안에서조차 인간에게 유효한 일종의 자유가 있다. 이 자유는 조금도 인간 정신 안에 있는 의지의 자유나 사유의 자유에 근거하지 않는다. (그렇지 않다면) 오히려 자유로운 인간이 있음을 증명하는 편이 더 적절하다. 그

---

33) Gebhardt, *Spinoza Opera*, vol.4, p.259; Shirley, *Spinoza: The Letters*, p.276.
34) Gebhardt, *Ibid.*, vol.4, p.266; Shirley, *Ibid.*, p.284.

런데 이러한 자유의 근거는 규정의 부재가 아니라 능동성이다. 인간은 그가 하는 것이 그의 내부로부터, 즉 그가 소유한 인식으로부터 나오는 범위를 증대시키는 한 능동적이고 자유롭다.

하지만 '자유로운 인간'과 그러한 인간이 향유하는 행복을 소개하기 전에, 스피노자는 우리에게 먼저 '예속'적 삶을 보여 줄 필요가 있다. 이러한 삶이 세계에 대한 다양한 정념적 반응에 종속된 우리가 흔히 살아가는 방식인데, 이는 우리의 욕망이 자주 모순적으로 움직이고 그로 인해 우리의 행복이 실재가 우리를 변용시키는 방식에 휘둘리는 탓이다. 그러한 우리 자신의 모습에 직면할 때에만, 이성적이고 덕 있는 삶의 어렵지만 놀라운 유익을 진정으로 인식할 수 있을 것이다.

7장

정념

7장
정념

『에티카』 3부에서 스피노자는 인간 심리학으로 관심을 돌린다. 정신과 그 내용의 본성을 연구하고 참이자 적합한 인식이 무엇인지 규명한 그는, 이제 정신이 다양한 상태 속에서 관념 연합과 정서에 의해 움직이는 역동적 방식을 분석한다. 특히 주목하는 것은 세계에 대한 우리의 정념적 반응, 즉 우리의 감정이다. 3부의 진행 양상으로 볼 때, 논의는 완전히 기술적인descriptive 듯 보인다. 분명 (4부와 5부에서 도출될) 우리가 우리 삶을 이끌어 가야 할 방식에 영향을 미치게 될 내용인데도 말이다. 게다가 3부의 정리들은 『에티카』의 이전 요소들과 마찬가지로 (단지 자기 성찰을 통한 경험적 결과로서가 아니라) 연역적으로 제시되지만, 스피노자가 정념에 대해 말한 많은 부분은 우리가 실재들에 대해 생각하고 느끼는, 그리고 다른 사람을 바라보는 방식에 관한 어떤 명백하고 직관적인 진리를 포착한 것처럼 보인다. 그의 생경한 형이상학 영역과 달리, 3부의 심리학적 분석은 그 엄격한 스피노자적 용어법에도 불구하고 이상하게(그리고 거북하게[1]) 익숙해 보인다.[2]

---

1) 〔옮긴이〕 1, 2부와 달리 갑자기 친근한 내용이 나온다는 점에서 오히려 거북함을 느낀다는 뜻일 수도 있고, 인간 심리에 대한 적나라한 분석에 불편함을 느낀다는 뜻일 수도 있겠다.

기하학적 심리학

스피노자는 철학자들이 일반적으로 정신 및 정신과 나머지 세계의 관계를 다뤄 왔던 —— 어쩌면 단순히 일반인의 소박한 관점을 명쾌하게 만든 것에 불과할 —— 방식을 고발하면서 3부를 시작한다.

> 정서와 인간 삶의 방식에 대해 쓴 대부분의 사람들은 자연의 공통 법칙을 따르는 자연적 실재에 대해 다루는 것이 아니라 자연 바깥에 있는 실재를 다루는 것처럼 보인다. 사실 그들은 자연 안에 있는 인간을 국가 속의 국가인 것처럼 인식하는 것으로 보인다. 왜냐하면 그들은 인간이 자연의 질서를 따르기보다는 어지럽히고, 자신의 활동에 대한 절대적 역량을 가지고 있으며, 자기 자신에 의해서만 규정된다고 믿기 때문이다. (3부 서문)[3]

정신을 '국가 속의 국가'라고 간주한다는 말로 스피노자가 의미하는 바는, 그들이 정신을 자율적 존재로, 곧 다른 모든 실재들의 작용을 규제하는 동일한 원리에 의해 지배되지 않는 존재로 취급한다는 것이다. 이러한 잘못된 관점에서 볼 때, 정신은 모든 자연적 실재가 종속되는 결정론적이

---

2) 3부에 대한 연구로는 Michael Della Rocca, "Spinoza's Metaphysical Psychology", ed. Don Garrett, *The Cambridge Companion to Spinoza*, Cambridge: Cambridge University Press, pp.192~266; Yirmiyahu Yovel ed., *Desire and Affect: Spinoza as Psychologist*, New York: Little Room Press, 1999를 보라. 다마지오는 감정과 느낌에 대한 최근의 신경과학적 작업의 맥락에서 감정과 느낌에 대한 스피노자의 견해에 접근하는 방법을 제공한다. Antonio Damasio, *Looking for Spinoza: Joy, Sorrow, and the Feeling Brain*, New York: Harcourt, 2003 [안토니오 다마지오, 『스피노자의 뇌: 기쁨, 슬픔, 느낌의 뇌과학』, 임지원 옮김, 사이언스북스, 2007].

3) Gebhardt, *Spinoza Opera*, vol.2, p.137; Curley, *The Collected Works of Spinoza*, p.491.

고 법칙적인 필연성에 종속되지 않는다는 의미에서 '자연적'이지 않다. 오히려 정신은 초자연적인, 곧 (신에 의해) 신체에 이식된 것이며, 자연에 둘러싸여 있지만 정신의 많은 여러 가지 작동에서 정신을 비규정적인 것으로 만드는 의지의 자유가 부여된 것이다.

여기에서 스피노자가 공격하는 주요 대상은 데카르트이다. 스피노자는 데카르트를 "정신이 자신의 활동에 대해 절대적 역량을 갖는다고 믿었으며 …… 정신이 자신의 정서들에 대해 절대적인 지배권을 가질 수 있는 방식을 보여 주고자 했던" 인물이라고 언급한다(3부 서문).[4] 확실히 데카르트는 이해 작용에 의해 제시된 관념을 의지가 고려할 때 그 관념에 동의하거나 동의하지 않는 문제에 있어서 의지가 작동하는 방식을 설명하고자 했고, 또한 신체 상태와 정념의 인과관계를 보여 주는 정념에 대한 설명을 제공했다.[5] 그러나 데카르트는 또한 의지가 자연법칙(엄밀하게 이해한다면 자연법칙은 단지 물체만 지배한다) 바깥에 있기 때문에 그 의지작용에 있어서는 인과적으로 규정되지 않으며(비록 의지의 동의가 명석 판명한 관념에 의해 강하게 영향받을지라도 말이다), 정신은 감정에 대한 완전한 통제에 이를 수 있다고 믿었다.[6]

스피노자가 『에티카』 1부와 2부에서 보여 준 것처럼, 인간 정신은 다

---

4) Gebhardt, *Spinoza Opera*, vol.2, pp.137~138; Curley, *The Collected Works of Spinoza*, pp.491~492.
5) 각각 『성찰』에서 「네번째 성찰」과 『정념론』(*Les Passions de l'âme*, 1649)을 보라(데카르트, 『성찰 외』; 르네 데카르트, 『정념론』, 김선영 옮김, 문예출판사, 2013).
6) 특히 Descartes, *Les Passions de l'âme*, I.50을 보라(『정념론』, 62~63쪽). 데카르트의 의지의 자유 개념에 대한 논의로는 Vere Chappell, "Descartes's Compatibilism", ed. John Cottingham, *Reason, Will and Sensation: Studies in Descartes's Metaphysics*, Oxford: Clarendon Press, 1994, pp.177~190을 보라.

른 모든 것과 마찬가지로 확실히 자연의 일부이다. 따라서 우리 역시 우리 삶의 모든 차원에서 자연의 모든 것이 생기는 법칙적 결정론에 종속된다. 우리가 가진 생각과 우리가 느끼는 것들은 모두 우리 신체 및 우리를 둘러싼 물체들의 운동과 마찬가지로 원인을 갖는 자연적 사건이다. 우리 정신의 상태들 — 관념, 욕망, 정념, 판단, 느낌, 심지어 의지함 — 각각은 모든 다른 양태들처럼 "규정된 실존을 가지며, 다른 원인에 의해 실존하고 작업하도록 규정되지 않는 한 실존하고 작업하도록 규정될 수 없"는 유한 양태이다(1부 정리28). 사실 우리 정신의 상태를 지배하는 법칙은 연장 속성이 아닌 사유 속성을 통해 인식되는 것일지라도 물체의 운동을 지배하는 법칙과 동일한 것 — 자연의 동일한 역량 — 이다.

> 왜냐하면 자연은 항상 똑같으며 어디에서든 하나의 동일한 힘과 행위 역량을 갖고 있기 때문이다. 즉 자연의 법칙과 규칙 — 모든 것이 그것에 따라 일어나고 한 형태에서 다른 형태로 변화하게 되는 — 은 어디에서든 항상 동일하며, 이에 따라 어떤 실재들이든 간에 실재들의 본성을 이해하는 방식 또한 하나이자 동일한 것이어야 한다. 곧 자연의 보편적 법칙과 규칙에 따라 이루어져야 한다. (3부 서문)[7]

자연법칙에 예외란 없다. 물체/신체의 영역이든 정신의 영역이든 말이다.

그러므로 스피노자는 데카르트 학파의 과학자들이 물체의 물리학을 다루는 것과 동일한 방식으로 인간 심리학을 다루자고 제안한다. 사실

---

[7] Gebhardt, *Ibid.*, vol.2, p.138; Curley, *Ibid.*, p.492.

이는 정신의 모든 상태가 신체의 모든 상태 — 이 신체의 표현이 정신이다 — 와 동일하다는 사실에 의해 요구된다.

실로 이 모든 것들은 정신의 결단과 욕구 및 신체의 규정이 본성상 함께 실존한다는 것을, 더 정확히 말하자면 양자가 하나이자 동일한 실재이며, 사유 속성 아래에서 고려되고 설명될 때는 결단이라 불리고, 연장 속성 아래 고려되고 운동과 정지의 법칙으로부터 도출될 때는 규정이라고 불린다는 것을 명확하게 보여 준다. (3부 정리2 주석)[8]

그 결과가 결정론적 심리학 — **기하학적 방법에 의한** 심리학 — 이다. 거기에서 신체가 외부 실재에 의해 변용되는 방식을 반영하는 모든 정신의 상태와 그 상태들 간의 정서적이고 연상적인 이행은, 물리학자가 물체 간 운동의 전이를 계산하고 기하학자가 평면도형의 특성을 고찰하는 수학적으로 엄밀한 방식과 아주 똑같이 취급된다.

그러므로 그 자체로 고려된 미움, 노여움, 질투 등의 정서는 다른 독특한 실재들과 마찬가지로 동일한 자연의 필연성과 힘으로부터 따라 나온다. 그러므로 이러한 정서에는 어떤 원인이, 곧 그것을 통해 정서가 이해되는 그러한 원인이 인정되며, 또한 어떤 특성이, 곧 숙고하는 것만으로도 우리를 기쁘게 하는 어떤 것의 특성처럼 우리가 인식할 만한 어떤 특성이 있다. (3부 서문)[9]

---

8) Gebhardt, *Spinoza Opera*, vol.2, p.144; Curley, *The Collected Works of Spinoza*, p.497.

따라서 스피노자는 더 깜짝 놀랄 만한 『에티카』의 진술 중 하나에서 다음과 같이 결론 내린다. "나는 정서의 본성과 힘, 그리고 정서에 대한 정신의 힘을 이전 장에서 신과 정신을 다루었던 방법과 동일한 방법으로 다룰 것이다. 그리고 인간 행동과 욕구[10]를 마치 선, 면, 물체에 대한 문제인 것처럼 고찰할 것이다"(3부 서문).[11]

능동과 수동

스피노자의 철학적 심리학에서 가장 기본적인 구분은 정신의 능동action과 수동passion의 구분이다. 이 구분이 정신의 원인과 정신의 결과 간의 단순한 구분과 완전히 일치하는 것은 아니다. 능동도 결과일 수 있고 수동도 원인일 수 있기 때문이다. 능동 정신 또한 인과적으로 규정된 정신이다. 그리고 나는 이것이 3부 정리2에 나오는 긴 주석의 핵심이라고 생각한다. 물론 능동은 무엇을 하는 것과 연관되고, 수동은 (수동성 자체가 그렇듯) 무엇을

---

9) Gebhardt, *Ibid.*, vol.2, p.138; Curley, *Ibid.*, p.492. 또한 『신학정치론』 4장을 보라. "인간이 어떤 것을 기억하는 경우, 즉시 그것과 유사한 다른 것이나 그것과 함께 보았던 것을 마음에 떠올린다는 사실은 인간 본성으로부터 필연적으로 따라 나오는 법칙이다"(Gebhardt, *Ibid.*, vol.3, p.58; Shirley, *Theological-Political Treatise*, p.48 [『신학정치론』, 78쪽. 번역은 수정]).

10) [옮긴이] 여기서 '욕구'는 라틴어 'appetitus'의 번역어이다. 보통 영역자들은 'appetite'(컬리, 셜리)로, 불역자들은 'appétit'(포트라Bernard Pautrat, 미즈라이Robert Misrahi 등)로 번역한다. 스피노자의 'appetitus' 개념은 그의 '코나투스'(conatus) 개념과 관련되는데(이 개념에 대해서는 이 장의 다음 절인 '코나투스' 절을 참고하라), 후자가 근대 물리학의 '관성 원리'를 개체 일반에 적용하여 그것의 자기 보존 원리로 정식화한 것이라면, 'appetitus'는 이 코나투스 개념을 인간에 적용하여 도출해 낸 개념이다. 'appetitus'는 물체에서 관성이 작용하는 방식이 물체의 의도나 의지와 무관한 것과 마찬가지로 인간 행동에 영향을 미치는 의도나 의지를 갖기 이전의 무의식적 힘과 같은 것이다. '충동'이라 옮기기도 한다.

11) Gebhardt, *Ibid.*, vol.2, p.138; Curley, *Ibid.*, p.492.

겪거나 당하는 것과 연관된다. 그러나 정신의 능동과 수동에 있는 중요한 차이는 정신의 특정 상태에 대한 인과적 원천의 장소와 관련된다. 정신의 상태를 설명하는 적합한 또는 전체적인 원인이 완전히 정신 그 자체 안에 있다면, 즉 그러한 상태의 본성과 발생이 다른 어떤 것을 참조하지 않고 그 정신만을 통해서 적합하게 이해될 수 있다면(3부 정의1), 이는 정신이 능동적인 경우이다. 반면에 정신이 단지 정신이 갖는 상태의 부분적 원인이고 정신 바깥에서 비롯된 인과적으로 그 상태에 기여한 다른 원인을 갖는다면, 그때 정신의 상태는 수동이다.

3부 정의2 나는 우리가 적합한 원인인 어떤 것이 우리 안에 또는 우리 바깥에 생겨날 때, 즉 (3부 정의1에 의해) 우리의 본성으로부터 우리 안에 있는 또는 우리 바깥에 있는 어떤 것이 따라 나올 때, 그런데 그것이 우리의 본성만으로 명석 판명하게 파악될 수 있을 때, 우리가 능동적이라고 말한다. 한편 나는 우리 안에 어떤 것이 생겨날 때 또는 우리의 본성으로부터 어떤 것이 따라 나올 때, 그런데 그것에 대해 우리가 단지 부분적 원인일 때, 우리가 수동적이라고 말한다.

정신은 그 자신의 본성과 법칙에 따를 때, 정신의 상태가 그 자신의 인식 자원으로부터 따라 나올 때 능동적이다. 그리고 정신의 상태가 정신 자신의 인식 자원으로부터 따라 나오는 것은 그것이 정신의 적합한 관념으로부터 따라 나올 때이다. 반면 정신의 상태가 정신 안의 적합한 관념이 아니라 현재 인간 신체에 어떤 결과를 일으키는 어떤 외적 실재에 대한 부적합한 관념과 함께 인간 신체에 대한 부적합한 관념으로부터 따라 나올 때, 그 정신의 상태는 정신 자신의 자원으로부터 따라 나오지 않으며, 결과적으로 수동이다.

3부 정리1 우리의 정신은 [능동적으로] 어떤 것을 하고 [수동적으로] 어떤 것을 겪는다. 즉 정신은 적합한 인식을 가지고 있는 한 필연적으로 어떤 것을 하고, 부적합한 관념을 가지고 있는 한 필연적으로 어떤 것을 겪는다.

3부 정리3 정신의 능동은 적합한 관념으로부터만 나오지만, 수동은 부적합한 관념에만 속한다.

수동/정념passion[12]은 사유의 논리적 질서로부터 생겨나지 않고 자연의 공통 질서로부터 생겨난다. 정신의 상태가 다른 어떤 것에 의해 신체가 변용되는 방식을 반영하는 것이라면, 그때 정신의 상태는 인간 신체에 대한 관념(즉 정신)뿐만 아니라 인간 신체의 변용을 야기한 그 외부 물체에 대한 관념으로부터도 따라 나온다. 그러한 상태가 정신의 수동이다. 예를 들어 내가 눈송이를 보고 감탄할 때, 그러한 감탄이 수증기의 속성, 대기의 상황, 결정結晶의 원리에 대한 나의 적합한 인식으로부터 따라 나온다면, 그때 나의 정신은 능동이다. 반면 내가 눈송이에 감탄할 때, 그러한 감탄이 단지 나의 감각적 경험에서, 내 신체가 눈송이를 보거나 만짐으로써 우연히 변용되는 방식에서 파생된 것이라면, 그때 나의 정신은 수동이다. 그렇다면 우리의 능동성 증대 — 이는 나중에 보게 될 것처럼 우리의 자유와 자율성 증대와 밀접한 관계가 있다 — 는 적합한 관념의 축적량 증대와 상관적일 것이다. "정신은 부적합한 관념을 가지면 가질수록 더 수동적이 되

---

[12] [옮긴이] 라틴어 'passio'를 옮긴 말이다. 이후 논의되겠지만, 스피노자에게 'passio'는 '수동'을 의미하기도 하고, 수동적으로 생겨난 정서인 '정념'을 의미하기도 한다. 문맥에 따라 가급적 두 번역어 중 하나를 취사했으나 불가피하게 두 의미를 모두 드러내야 할 때는 '수동/정념' (혹은 '정념/수동')으로 옮겼다.

기 쉽고, 반대로 적합한 관념을 가지면 가질수록 더 능동적이다"(3부 정리1 따름정리).

'코나투스'

3부에서 스피노자가 주목하는 정신의 능동성과 수동성에는 그 중심에 그가 어떤 때는 '행위 역량'potentia agendi이라 부르고 어떤 때는 '실존하는 힘' vis existendi이라고 부르는 것의 변화가 있다. 앞서 보았던 것처럼, 모든 유한 양태는 부분적이고 제한적으로 하나이자 동일한 신/자연/실체의 무한한 역량을 표현하는 것으로, 정신의 경우에는 사유 속성을 통해, 물체의 경우에는 연장 속성을 통해 자신을 현시한다. 따라서 모든 특수한 정신은 사유함을 통해 신 또는 자연의 무한한 역량을 유한하게 표현하는 실재이며, 마찬가지로 모든 특수한 물체는 질료와 운동으로 신 또는 자연의 무한한 역량을 유한하게 표현하는 실재이다. 각각의 실재 자체라고 간주되는 이러한 역량의 유한한 양이 바로 스피노자가 **코나투스**conatus라고 부르는 것이다. 라틴어인 코나투스는 노력striving,[13] 경향tendency, 추구endeavor[14]로

---

13) 〔옮긴이〕 표준 영역본으로 통용되는 컬리본이 'conatus'를 'striving'으로 옮긴다. 네들러는 번역하지 않고 라틴어 'conatus'를 그대로 쓰기도 하고 컬리의 'striving'이라는 번역을 따르기도 한다. 우리말로는 보통 '코나투스'로 음역하거나 '노력', '추구', '경향' 등으로 번역된다. 이 책에서는 네들러가 번역하지 않은 경우 음역했고, 'striving'이라 번역한 경우에는 '노력'이라 번역했다. 사실 '노력'이나 '추구' 등의 번역어는 '코나투스' 개념을 왜곡할 수도 있다(그 이유에 대해서는 본문에서 곧 충분히 해명될 것이다)는 점에서 음역이 불가피한 측면이 있다. 아울러 동사 'conor, conari'는 명사 'conatus'와의 관련성을 고려하여 '노력하다'로 번역했다 (컬리는 각각 'striving'과 'strive'로 번역하고, 불역자들 중 포트라, 미즈라이, 롤랑 카유아Roland Caillois 등 또한 'effort'와 'efforcer'로 번역하여 두 단어의 관련성을 드러내고 있다).

14) 〔옮긴이〕 대표적으로 홉스가 'conatus'를 'endeavor'라 번역한다. 그에게 'endeavor'는 "눈에 보이는 행동이 일어나기 전에" 의지와 상관없이 일어나는 "운동의 작은 단서들(small

다양하게 번역될 수 있다.

모든 특수한 유한한 실재에서 역량에 대한 이러한 규정은 〔그 실재를〕 그 실재로 보존하기 위한 노력으로 나타난다.

3부 정리6 각 실재는 할 수 있는 한 자신의 존재 안에 존속하고자 노력한다.

증명 왜냐하면 독특한 실재들은, (1부 정리25 따름정리에 의해) 신의 속성이 일정하고 규정된 방식으로 표현되는 양태들, 즉 (1부 정리34에 의해) 신이 존재하고 행위하는 신의 역량을 일정하고 규정된 방식으로 표현하는 실재들이기 때문이다. 어떤 실재도 그 실재가 파괴될 수 있는, 즉 그 실재의 실존을 빼앗는 것을 그 자체 안에 가지고 있지 않다. 반대로 그것은 (3부 정리5에 의해) 그것의 실존을 빼앗을 수 있는 모든 것과 반대된다. 그러므로 할 수 있는 한 그것은 자기 자신 안에 놓여 있으며, 자기 존재 안에 존속하고자 노력한다.

모든 것 ─ 물체와 정신 ─ 에는 일종의 실존적 관성이 있다. 이 실존

---

beginnings)"이다(Thomas Hobbes, *Leviathan*, ed. Richard Tuck, Cambridge: Cambridge University Press, 1996, p.38; 토마스 홉스, 『리바이어던: 교회국가 및 시민국가의 재료와 형태 및 권력』 1권, 진석용 옮김, 나남출판, 2008, 77쪽). 한국어로는 보통 '의도'(김용환, 양선이), '추구'(진태원), '노력'(진석용) 등으로 번역된다(김용환, 『홉스의 사회·정치사상』, 철학과현실사, 2001; 김용환, 『리바이어던: 국가라는 이름의 괴물』, 살림, 2005; 양선이, 「정념: 경험론에서 정념의 문제」, 서양근대철학회 엮음, 『서양 근대철학의 열 가지 쟁점』, 창작과비평사, 2004; 진태원, 「스피노자 철학에 대한 관계론적 해석」, 미간행 박사학위논문, 서울대학교, 2006; 진석용 옮김, 『리바이어던』). 공허 의지와 무관한 활동이라는 점을 드러내기에는 한계가 있어 보이나(이는 홉스의 번역어 'endeavor'도 마찬가지이다), 이 중 '의도'는 의식적 활동으로 오해될 소지가 다분하므로, 아쉬운 대로 '추구'나 '노력'이 낫다고 생각된다.

적 관성으로 모든 실재들은 그것을 파괴하고 약화시키려는 시도에 저항한다. 그것은 일시적이거나 우연적인 실재의 특징, 곧 그것 없이도 실재가 있을 수 있는 그러한 것이 아니라, '무한정한 지속'을 포함하는 것이며, 정확히 실재의 개체화론 심장부에 해당되는 것이다(3부 정리8). 그것은 이 역량의 다발이 서로 구분되고(3부 정리57 증명) 종종 서로 투쟁하는 한 하나를 다른 하나로부터 구분하기 위한 실질적인 형이상학적 기초를 제공한다. 실제로 스피노자는 이 코나투스가 모든 것의 '현행적 본질'이 된다고 주장한다(3부 정리7).[15] 스피노자는 코나투스가 실재 그 자체와 전혀 다른 것이 아님을 시사한다.[16] 그것은 또한 세계의 역동적 특징에 속하는 많은 것을 설명한다. 그것은 왜 돌은 깨뜨리기 어려운지, 왜 정지해 있거나 운동하고 있는 물체는 외부 힘과 마주치지 않는 한 정지해 있거나 운동하려고 하는지, 왜 인간 신체는 질병과 싸우고, 왜 우리는 우리가 하는 많은 것들을 욕망하는지를 설명해 준다.[17] 이 학설은 고대 스토아학파가 주장했던 것과 상당히 유사하다. 적어도 키케로가 한 다음과 같은 말을 볼 때 그렇다.

---

15) 스피노자는 『에티카』 2부에 속한 '자연학 소론'(보조정리5)에서 어떤 특수한 물체의 본질이 그 부분들 사이에 운동과 정지를 전달하는 특정한 비율에 있다고 주장한 바 있다(Gebhardt, *Spinoza Opera*, vol.2, pp.99~100; Curley, *The Collected Works of Spinoza*, p.460). 이제 그는 어떤 특수한 물체의 본질이 "(자기 존재를) 존속하려는 노력"에 있다고 말한다. 여기에서 이러한 불일치는 단지 외견상의 문제일지도 모른다. 어떤 물체의 본질은 운동과 정지의 비율을 유지하려는 그것의 노력에 있다고 말할 수 있기 때문이다.
16) Spinoza, "Metaphysical Thoughts", Gebhardt, *Ibid.*, vol.1, p.248; Curley, *Ibid.*, p.314.
17) 결과적으로 이 학설 또한 스피노자가 데카르트 자연학의 중심 요소, 곧 물체는 어떠한 역동적 역량도 없는 연장에 불과하며 그러므로 완전히 수동적이라는 이론을 거부한 것이 된다. 스피노자에게 물체들은 그것들의 코나투스를 통해 본유적인 활동성 원리를 갖는 것으로 보인다.

태어나자마자 …… 살아 있는 피조물은 자신에 대해 애착을 느끼고, 자신을 보존하고자 하는 욕구를 느끼며, 그 자신의 구조와 그 구조를 보존하는 데 이바지하는 실재에 대해 애정을 느낀다는 것을 느낀다. 반면에 이와 반대로 살아 있는 피조물은 파괴와 위협적인 파괴로 보이는 실재들에게 반감을 갖는다.[18]

자기 보존에 관한 이 중요 정리(3부 정리6)를 증명하기 위해 스피노자가 펼친 논변은 주석가들로부터 다소 공격을 받았다.[19] 스피노자는 그 자체로 고려된 어떠한 실재도 그 자신의 본질적 조건하에서는 그리고 다른 어떤 것과 관련시키지 않는다면, 그 자체 안에 그 존재에 반하는 어떤 것도 절대 포함할 수 없다는 것을 밝히고 나서 시작한다. 이는 어떤 실재의 정의나 개념이 "실재의 본질을 긍정하지, 부정하지는 않기" 때문이다. 실재의 본질은 그 실재의 본성을 오직 정립할 뿐이다. 그리고 그것은 확실히 그 본성을 부정하기 위한 어떤 것도 할 수 없다. 따라서 "외부 원인이 아닌 오직 실재 그 자체에 주목하는 동안, 우리는 그 실재를 파괴할 수 있는 어떤 것도 발견할 수 없을 것이다"(3부 정리4 증명). 스피노자는 3부 정리5에서 어떤 실재 안에는 그 실재의 본성에서 파생된 것이면서 서로 반대되는, 그래서 서로를 파괴할 수 있는 두 요소는 있을 수 없다고 설명한 후 자신의 주

---

18) Cicero, *De finibus bonorum et malorum*, III.5 [마르쿠스 툴리우스 키케로, 『키케로의 최고선 악론』, 김창성 옮김, 서광사, 1999, 127쪽. 번역은 수정].
19) 이 주장에 대해 제일 소리 높여 비판하는 이는 아마도 베넷일 것이다. 그는 스피노자가 수많은 오류를 가지고 있다고 비난한다. Bennett, *A Study of Spinoza's Ethics*, pp.231~246을 보라. 베넷의 비난에 대한 반응에 대해서는 Don Garrett, "Spinoza's Conatus Argument", eds. Olli Koistinen and John Biro, *Spinoza: Metaphysical Themes*, Oxford: Oxford University Press, 2002, pp.127~158을 보라.

장을 좀더 상술한다. 그러한 요소가 있을 수 있다는 것은 그 실재의 본질에 비일관성을 허용하게 될 것인데, 이는 그 본질 자체를 모순적인 것으로 만들 것이고 그 실재를 불가능한 비실재로 만들 것이다. 그래서 어떠한 실재도 자신의 자원이 자신이 파괴되는 근원이 될 수는 없다. 모든 쇠퇴와 파괴적 충동은 그 실재 자체의 외부에서 비롯되는 것임에 틀림없다.

그런데 사람들은 직관적으로 그리고 경험적으로 이러한 주장이 잘못된 것 같다고 생각할지도 모르겠다. 우리 모두가 아주 잘 알고 있는 것처럼, 모든 살아 있는 피조물은 그냥 내버려 둘지라도 외견상으로는 내부로부터 결국 이울고 쇠락할 것이다. 스피노자는 이 이울고 마는 쇠퇴 과정이 실제로는 외부 힘의 결과, 중력처럼 오랜 시간 동안 신체에 작용하는 외부 힘의 결과라고 대답했을지도 모르겠다. 하지만 자살이라는 현상이 있지 않은가. 자기 목숨을 스스로 버리는 일은 3부 정리6에서 스피노자가 주장하는 것에 대한 가장 중요한 반증 사례로 보일 것이다. 그러나 스피노자는 굽히지 않고 자살이 강한 의미에서 개인이 '능동적인' 경우에 해당된다는 생각을 부정한다. 강한 의미에서 능동적으로 생겨나는 것은 그 전체적이고 적합한 원인이 그 개인 내부에서 발견될 수 있는 것이다. 하지만 자살은 오히려 어떤 사람으로 하여금 적합한 관념만으로는 결코 하지 않았을 어떤 것을 하도록 압도한 외부 원인의 결과이다. 다시 말해서, 사람들은 불가항력적인 그리고 인식이 극복할 수 없는 상황의 힘으로 인해 자기 자신을 죽이게 되는 것이다.

아무도 …… 외부 원인에 굴복하고 자기 본성에 반하지 않는 한, 자기 이익을 추구하는 일, 즉 자기 존재를 보존하는 일을 도외시하지 않는다. 나는 아무도 자기 본성의 필연성으로부터 음식을 피하거나 자신을 죽이지 않는다고 말한다. 그러한 일을 하는 이들은 외부 원인에 의해 압도된 것이다. …… 사람이 자기 본성의 필연성으로부터 실존하지 않기 위해 또는 다른 모습으로 변화되기 위해 노력하는 게 당연하다는 생각은 어떤 것이 무로부터 생겨나는 것이 당연하다는 생각만큼이나 불가능하다. (4부 정리20 주석)

그런데 노화와 자살이라는 경험적 문제는 제쳐 두더라도, 학자들을 괴롭혔던 논리적 문제가 하나 있다. 3부 정리4와 정리5는 요컨대 어떤 것도 자신의 본질적 자원으로부터는 자신의 파괴나 비실존의 근원이 될 수 없다는 것만을 함축하는 듯 보일 수 있는 부정 명제이다. 하지만 모든 것이 실존을 위한 본유적이며 명백하게 능동적인 노력을 가지고 있다는 사실, 보다 강하고 보다 긍정적인 것으로 보일지 모를 이 주장(3부 정리6)이 어떻게 이들 정리로부터 따라 나오는가?

이를 이해하는 한 방법은 3부 정리5를 다음과 같은 정리로, 곧 개체가 그 실재의 본질적이고 내생적인 특징 중 하나에 반하는 요소, 즉 그 실재를 파괴하는 경향이 있는 요소를 도입하려고 하는 어떤 외부 힘에 능동적으로 저항할 것이라는 주장을 함축하는 정리로 보는 것이다. 이러한 해석이 스피노자에게 부여하는 권한으로 보이는 모든 것은 실재의 실존적-관성적 성격 — 실재는 그 존재를 끝내거나 심지어 바꾸려는 모든 시도에 저항한다는 것 — 에 관한 주장이다. 그러나 다시 주석가들은 어떻게 이것으로부터 자기 보존을 위한 목적론적 노력과 비슷한 것이 있다는 결론이 따라 나오는가라고 묻는다. 한 주석가가 지적했듯이, A가 S의 보존을 도울 수 없다면 S는 A를 하지 않을 것(또는 이와 같은 것인데, 만약 S가 A를 한다면 A는 S를 보존할 그러한 것이다)이라고 말하는 것과, 만약 A가 S를 보존할 어떤 것

이라면 S는 A를 할 것이라고 말하는 것은 완전히 다른 것이다.[20]

    이제 여기에서 논쟁점 중 하나는 스피노자 논변의 타당성 문제, 곧 그가 3부 정리4와 정리5를 전제로 삼고 단지 그것에 근거하여 능동적 노력에 관한 어떤 주장을 할 자격이 있는지 여부이다. 그러나 더 광범위하고 더 흥미로운 문제는 지금까지 『에티카』의 교훈이라고 생각되는 것과는 반대로, 스피노자가 은밀하고도 변칙적으로 자연에 목적론을 도입하는 것은 아닌가 하는 것이다. 개체가 자기 보존에 좋기 때문에 어떤 것을 하려고 노력한다고 말하는 것은 개체에 목적 지향적 행동을 도입하는 것처럼 보인다. 하지만 여기에는 아무 문제가 없다고 주장할 수도 있다. 즉, 스피노자가 모든 자연 실재에 있는 목적론, 특히 인간 행동의 영역으로부터 목적론을 제거하고자 했다고 생각할 이유는 없다. 정확히 말하자면 그의 관심은 주로 목적론적으로 작동하는 자연(신) 자체를 사고하는 것에 있는 것처럼 보인다. 무생물이나 대부분의 동물과는 달리, 그리고 확실히 전체로서 고려된 자연과는 달리, 인간은 스스로 목적을 설정하고 그것을 달성하려고 시도한다(물론 이것이 만물을 지배하는 인과적 결정론에서 벗어난다는 것을 함축하지는 않더라도 말이다). 스피노자는 분명하게 그렇게 말한다. "인간은 항상 목적 때문에, 즉 그들이 원하는 이익 때문에 행위한다"(1부 부록).[21]

    하지만 이러한 접근이 가진 문제점은 스피노자에게는 인간이 행위하는 방식과 무생물과 동물이 행위하는 방식 간에 차이를 부여할 자격이 없을

---

20) 여기에서 이 문제를 비판하는 이 역시 베넷이다. Bennett, *A Study of Spinoza's Ethics*, pp.240~251. 부분적이지만 스피노자에 대한 변호는 리처드 매닝의 글에 나타난다. Richard Manning, "Spinoza, Thoughtful Teleology, and the Causal Significance of Content", eds. Olli Koistinen and John Biro, *Spinoza: Metaphysical Themes*, Oxford: Oxford University Press, 2002, pp.182~209.

21) Gebhardt, *Spinoza Opera*, vol.2, p.78; Curley, *The Collected Works of Spinoza*, p.440.

지도 모른다는 점이다. 보편 평행론을 고려해 볼 때, 목적이 있는 행위가 다른 정신에는 없고 인간 정신에만 있다는 것이 어떻게 정당화될 수 있는가? 이는 그가 인간 정신을 고려한다면(아마도 다른 정신을 고려해 본다면 그렇지 않다 할지라도) 의식을 받아들여야 한다고 이의를 제기하는 것이나 마찬가지이다. 때로는 적어도 그가 1부 부록에서 말한 것으로 판단해 보건대, 인간이 아닌 실재에 목적성을 귀속시키는 것은 그가 피하려는 것처럼 보이기도 한다. "내가 여기에서 드러내고자 하는 모든 편견은 다음과 같은 것에 의존하고 있다. 사람들은 보통 자연 만물이 인간이 그런 것처럼 어떤 목적 때문에 활동한다고 가정한다."[22] 반면에 그는 사실 완전히 **모든** 것에, 곧 인간과 그 밖의 다른 것에 기꺼이 목적 지향적 행위를 귀속시키고 싶어 하는 것인지도 모른다. 목적 지향적 행위라는 것이 스피노자적 방식으로 적절히 — 즉 선택의 자유나 의식적 추구를 함축하지 않고[23] — 이해된 것인 한, 그리고 그것이 신 또는 자연 자체가 목적을 위해 행위한다는 것을 의미하지 않는 한에서 말이다.[24] 이런 식으로 **모든** 개체가 자기 존재를 가장 잘 보존하는 것을 하려고 노력하는 한, 모든 개체에는 기본적인 유의 목적론적 행동이 있다. 이는 신념이나 지향을 포함할 필요가 없고, 단지 자신의 역량 아래에서 어떤 도움도 받지 않고 어떤 것을 하는 개체의 자연적 경

---

22) Gebhardt, *Ibid.*, vol.2, p.78; Curley, *Ibid.*, p.439.
23) 하지만 스피노자는 정말로 인간 정신이 필연적으로 "그것이 가진 이러한 노력을 의식하고" 있다고 말한다(3부 정리9). 그래서 사람들은 인간의 정신 구조가 가진 이러한 독특한 특징의 근거가 무엇인지 궁금해한다.
24) 이 주제에 대한 논의로는 Edwin Curley, "On Bennett's Spinoza: The Issue of Teleology", ed. Edwin Curley, *Spinoza: Issues and Directions*, Leiden: E. J. Brill, 1990, pp.39~52; Don Garrett, "Teleology in Spinoza and Early Modern Rationalism", eds. Rocco Gennaro and Charles Huenemann, *New Essays on the Rationalists*, Oxford: Oxford University Press, 1999, pp.310~335를 보라.

향만 필요할 뿐이다. 인간의 경우 그런 것처럼, 의식이 혼합될 때, 이 근본적인 목적론적 장치는 다른 무엇, 즉 스스로 목적을 설정하고 그것을 달성하기 위해 노력하는 것을 포함하는 지향적 행위가 된다.

3부에서 스피노자는 주로 인간 안에 있는 코나투스 또는 노력의 발현을 다룬다. 그리고 그가 주목하는 것은 인간 내부의 정신적 현상에 관한 것이다. 모든 정신적 표현은 (평행론에 의해) 필연적으로 그 신체적 상관물을 갖겠지만 말이다. 정신 안에서 개인의 코나투스는 의지 — 앞서 본 것처럼 의지함의 추상적 능력이 아니라 사유하는 우리의 삶의 많은 부분을 이루는 특수한 긍정 내지 부정 — 로 나타난다. 인간을 정신과 신체로 구성된 합성체로 고려할 때, 인간의 코나투스는 욕구에 근거한다. 어떤 사람이 자신의 정신과 신체의 노력을 동시에 의식할 때, 그가 어떤 욕구를 자각하고 있을 때, 그것은 욕망이 된다. 정신과 정신-신체의 합성물 두 경우 모두에서, 코나투스는 인간의 모든 추구 근저에 있는 동기를 부여하는 힘이다.

> 이 노력이 단지 정신과 관련될 때는 의지라 불린다. 그러나 정신과 신체에 동시에 관련될 때는 욕구라 불린다. 그러므로 이 욕구는 다름 아닌 인간 본질 자체이며, 그 본성으로부터 필연적으로 그의 보존을 증진시킬 수 있는 것들이 따라 나온다. 따라서 인간은 그러한 것들을 하도록 규정되어 있다. 다음으로 욕구와 욕망 간에는, 일반적으로 욕망이 자신의 욕구를 의식하고 있는 한에서의 인간과 관련된다는 점을 제외한다면, 아무런 차이도 없다. 그렇기 때문에 욕망은 욕구에 대한 의식을 가지고 있는 욕구라고 정의될 수 있다. (3부 정리9 주석)

인간 신체에서 코나투스는 아마도 그 부분들 간에 성립하는 운동과 정지의 비율을 소멸시킬 정도로 그 비율을 변화시키려는 모든 시도에 대한 인간 신체의 물리적 저항으로 나타날 것이다. 정신에서 코나투스는 (그것이 식별할 수 있는 한) 정신의 안녕과 정신의 실존이 의존하는 신체의 안녕을 증진시키는 것들을 좇는 의식적 노력이다.

정서

모든 개체의 본질인 역량 내지 노력은 한 사람의 생애를 통해 항상 '계속되고' 한결같이 존재하는 것이지만, 바뀌지 않은 채 남아 있는 것이 아니라 지속적으로 변화된다. 특히 역량은 증대나 강화를 향유할 수도 있지만, 축소나 감소를 겪을 수도 있다. (역량의 완전한 절멸 내지 그에 상응하는 급진적 변형은 물론 죽음이다.) 더 좋게 변한 것이든 더 나쁘게 변한 것이든, 개체가 가진 행위 역량의 그러한 모든 변화가 바로 스피노자가 '정서'affect라고 부르는 것이다.

3부 정의3 나는 정서를 신체의 변용이자 이 변용에 대한 관념이라고 파악한다. 이 신체의 변용에 의해 신체의 행위 역량은 증대되거나 감소하고 촉진되거나 저해된다.

정서(예컨대 감정)는 위에서 말한 그러한 변화의 **원인**이 아니라, 정확히 말하자면 하나의 상태에서 다른 상태로 이행함 그 자체라는 점에 유의해야 한다 — 이는 스피노자 자신도 강조하는 내용이다. 우리는 정서를 경험하거나 겪는다. 스피노자는 이를 '이행'transitio이라 한다.[25] 정서는 더 나은 상태에서 더 나쁜 상태로 가는 움직임, 혹은 더 나쁜 상태에서 더 나은 상태로 가는 움직임이다. 그리고 정서는 그 움직임의 최종 결과가 아니다. 정신의 경우, 그것은 더 크거나 작은 사유 역량으로 바뀔 수 있다. 정신에 대한 스피노자 형이상학의 유물론적 취지를 고려해 볼 때, 우리는 이것이 의미하는 바가 정신은 신체에 대한 관념으로서, 그 사실에 의해 신체가 더 크거나 더 작은 행위 역량으로 이행하는 것을 표현한다는 것임을 안다. "우리 신체의 행위 역량을 증대시키거나 감소시키고 촉진하거나 저해하는 모든 실재에 대한 관념은 우리 정신의 사고 역량을 증대시키거나 감소시키고 촉진하거나 저해한다"(3부 정리11). 또는 3부 마지막에서 스피노자가 좀더 직접적으로 말한 것처럼, "위에서 정신의 사유 역량이 증대되거나 감소한다고 말했을 때, 나는 정신이 [이전에] 자신의 신체에 대해 긍정했었던 것보다 더 크거나 작은 실재성을 표현하는, 자신의 신체에 대한(또는 신체의 어떤 부분에 대한) [새로운] 관념을 형성했다는 것을 말하고자 했을 따름이다".[26]

정신이나 신체가 "행위 역량에 있어 '증대'[또는 축소]"를 경험한다고 말하는 것은 무슨 의미인가? 스피노자가 가리키는 것은 단지 자기를 보존하고 외부 힘들에 저항하는 정신이나 신체의 코나투스 내지 능력의 강도를 포함하는, 정신이나 신체 상태의 쇠퇴나 증진일 따름이다. 신체의 경우, 쇠퇴는 부상, 병, 노화, 내지 신체가 어떤 것을 하는 능력이 감소되는 보다 덜 중요한 다른 수많은 방식에 의해 초래된 신체 역량의 약화일 수 있다. 또는 증진은 훈련이나 영양 공급, 곧 신체를 더 강하고 더 유연하게 만들고, 그것을 약화시키려고 하는 외부 힘에 더 저항할 수 있게 만드는 활

---

25) Gebhardt, *Spinoza Opera*, vol.2, p.191; Curley, *The Collected Works of Spinoza*, p.541.
26) Gebhardt, *Ibid.*, vol.2, p.204; Curley, *Ibid.*, p.543.

동 — 일반적으로 "아주 많은 방식으로" 좀더 "변용될" 수 있거나 "아주 많은 방식으로" 좀더 "외부 신체를 변용할" 수 있는 — 을 통해서 생겨난 개선일 수 있다(4부 정리38). 정신의 능력은 신체의 능력을 반영하기 때문에, 정신 또한 사유하는 실재로서의 그 기능에 있어 신체와 상관적인 개선이나 감소를 경험할 것이다. 정신의 인식 능력에서, 정신의 능동성 내지 수동성에서, 정신의 최고선에 해당되는 인식을 얻고자 애쓰는 노력에서, 정신의 능력에는 변동이 있을 것이다. "인간 신체는 상이한 본성을 지닌 아주 많은 부분으로 구성된다. 그것은 신체 전체가 그것의 본성으로부터 따라 나올 수 있는 모든 것을 똑같이 할 수 있도록, 그래서 그 결과 정신 또한 똑같이 많은 것을 인식할 수 있도록 지속적이고도 다양한 음식을 필요로 한다"(4부 부록).[27]

개체의 역량이 커지거나 작아지는 일은 외부 실재의 작용을 통해 또는 내부로부터 발생할 수 있다. 수동적 정서, 즉 정념/수동은 그 변화의 적합한 원인이 개체 자체에 있는 것이 아니라 부분적으로 외부 실재에 있는 개체 역량의 변화이다. 수동은 개체가 겪거나 당하는, 역량의 변양이다. 반면에 능동적 정서는 그 적합한 원인이 온전히 개체 자체 안에 있는 개체 역량의 변화이다(3부 정의3). 만약 내 상태가 다른 사람이나 사물과의 상호작용에 의해 개선되거나 나빠진다면, 그때 내가 겪는 이행은 수동이다. 만약 내 상태가 개선된 것이 완전히 내 자신의 자원으로부터 그리고 나에게 좋은 것에 대한 나의 인식 때문에 생겨난다면, 그때 내가 경험하는 이행은 능동이다.

수동 내지 외부에 의해 생겨난 변화는 그것으로 인해 더 좋은 상태가

---

[27] Gebhardt, *Ibid*., vol.2, p.274; Curley, *Ibid*., pp.592~593.

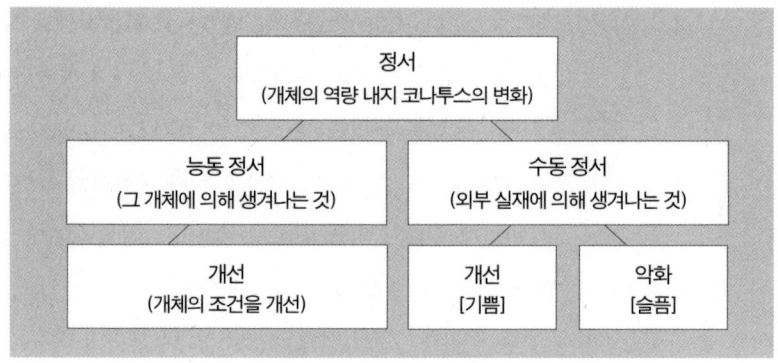

되거나 더 나쁜 상태가 되는 것이 가능하지만, 능동은 항상 개체의 역량이 개선되는 것이다. 이는 코나투스 학설 자체에서 알 수 있듯이, 모든 개체의 의지는 자신의 능력을 통해 오직 자신의 존재를 보존하고 자신의 역량을 증대시키리라고 믿는 것만을 할 것이기 때문이다. 그리고 어떤 이성적 존재가 적합한 인식에 의해 추동되는 한에서 진정으로 능동적일 때, 그가 하는 것은 자기 자신에게 이익이 되는 것에 대한 참된 인식에 의해 지배되며, 따라서 그의 상태는 개선된다.

위 도표는 정서 분류의 일반적 도식을 제시한 것이다.

정념

『에티카』 3부에서 스피노자는 대부분 정념에, 그리고 인간의 상태 ― 주로 정신적인 상태. 하지만 또한 상관적으로 물리적이기도 한 상태 ― 가 인간이 거주하는 물리적이고 사회적인 세계와의 인과적 상호작용에 의해 변용되는 방식에 관심을 쏟는다. 정념은 실재에 대한 모든 감정적이고 기질적이며 의지적인 반응을 포함한다. 우리의 기쁨, 사랑, 연민, 증오의 감정, 욕망, 성향, 혐오감, 마음의 동요는 모두 사물과 사람에 의해 우리 역량이 커지거나 작아지는 방식과 상관적일 뿐만 아니라, 정신이 관념과 연관되는 방식 그리고 정신이 하나의 사유에서 다른 것으로 옮겨 가는 방식과도 상관적이다.

스피노자는 세 개의 주요 정서가 있으며, 다른 모든 정서는 주요 정서의 기능이거나 그것으로부터 파생될 수 있는 것이라고 생각한다. 그 주요 정서가 기쁨, 슬픔, 그리고 욕망이다. 기쁨laetitia은 "정신이 좀더 커다란 완전성으로 이행하게 되는 정념"이거나 개체 바깥의 어떤 것에 의해 생겨난 좀더 커다란 행위 역량으로의 이행이다. 그것은 다른 것에 의해 우리 상태가 개선되었다는 느낌이다. 정신/신체의 복합체에서 이 기쁨에 상응하는 정서가 쾌락titillatio이다. 한편 슬픔tristitia은 "정신이 좀더 적은 완전성으로 이행하게 되는 정념"이다. 그것은 우리 상태가 악화되었다는 느낌이다. 슬픔에 상응하는 정신/신체의 정서는 예상할 수 있는 것처럼 고통dolores이다.

스피노자의 평행론에 따르면 기쁨과 슬픔(뿐만 아니라 쾌락과 고통)은 모두 외부 원인에 의해 생긴 인간 신체의 변용[28]에 대한 정신의 상관물을 나타내는바, 이 평행론이라는 보다 넓은 문맥에서, 그 대부분은 특히 그것이 스피노자의 전문 용어로부터 일상의 경험적 언어로 번역될 때 이해된

---

[28] 〔옮긴이〕 'affect/affectus'는 보통 '정서'로 번역되며 사유 속성의 양태들을 가리키기 위해 사용되는 반면, 'affection/affectio'는 '변용'으로 옮기고 연장 속성의 양태들과 관련하여 사용된다. 따라서 본문에서 "affects of the human body"(인간 신체의 정서)는 문맥을 고려한다면 "affection of the human body"(인간 신체의 변용)의 오기로 볼 수도 있을 것이다. 그러나 스피노자도 2부 정리17, 3부 정리14의 증명, 정리18의 증명에서 'affection/affectio'(변용)가 와야 할 것 같은 자리에 'affect/affectus'(정서)를 쓴 바 있으며, 이는 단순한 실수가 아님이 지적되었다. 이 문제에 관해서는 진태원, 「스피노자 철학에 대한 관계론적 해석」, 225~226쪽 각주 283번, 340~345쪽 참고.

다. 신체에 상처를 입었을 때, 즉 신체의 행위 역량이 신체가 아닌 다른 무엇(예컨대 칼)에 의해 감소되었을 때, 그것에 상응하는 정신적 사건과 정신적-신체적psycho-somatic 사건이 각각 슬픔과 고통이다. 그것들은 정신 및 정신/신체 복합체의 역량을 똑같이 감소시키는 것이다. 정신은 고통을 느낄 때 고통을 느끼는 것 이상을 하지 못한다. 신체가 개선될 때, 신체를 더 낫게 만드는 어떤 것이 있을 때, 그것에 상응하여 정신에서 일어나는 사건이 기쁨이고, 그에 상응하여 인간 전체에서 일어나는 사건이 쾌락이다. 하지만 스피노자에게 신체적 상해는 정신이 경험하는 고통의 **원인**이 아니라는 것을 기억하라. 정확히 말하자면 하나이자 동일한 사건이, 곧 연장에서 신체 역량의 감소(상해)로 자신을 드러내는 하나이자 동일한 사건이 사유에서는 또한 정신 역량의 감소(슬픔과 고통)로 자신을 드러내는 것이다.

욕망이 정서의 일종이라는 스피노자의 말은 이상하다. 적어도 욕망이 처음 정의되었을 때에(3부 정리9 주석에서)[29], 욕망은 사실 단지 역량 내지 코나투스 자체 ── 그 이행이 정서라고 간주되는 ── 였기 때문이다. 아마도 그가 의도한 바는 모든 수동 정서가 (그가 보여 주게 될 것처럼) 기쁨이나 슬픔 중 어느 하나에 속하는 종인 것처럼, 모든 정서는 행위 역량의 증대나 감소인 한에서 일반적으로 욕망에 속한다는 점이었을 것이다. 따라서 일차적 정서는 엄밀하게 말하자면 기쁨이나 슬픔인 것처럼 보인다. 그리고 기쁨이나 슬픔은 욕망의 강도가 외부 원인에 의해 증대했거나 감소했다는 것을 보여 준다. 그는 3부 정리57의 증명에서 동일한 내용을 말한다.

---

29) [옮긴이] 해당 주석에서 코나투스는 욕구와, 욕구는 다시 욕망과 같은 것으로 정의되고 있기 때문이다. 이 책 332쪽 인용문 참고.

기쁨과 슬픔은 정념인데, 이 정념에 의해 자기 존재 안에서 존속하기 위한 각 사람의 역량, 즉 코나투스는 (3부 정리11과 그 주석에 의해) 증대되거나 감소하고 촉진되거나 저해된다. 그러나 우리는 자신의 존재 안에서 존속하기 위한 코나투스를 그것이 정신과 신체 둘 다에 관련되는 한 욕구나 욕망이라고 이해한다(3부 정리9 주석을 보라). 그래서 기쁨과 슬픔은 외부 원인에 의해 증대되거나 감소되고 촉진되거나 저해되는 한 욕망 내지 욕구 자체이다.

다른 모든 정념은 그 근저에 기쁨이나 슬픔 중 하나를 가지고 있거나, 기쁨이나 슬픔의 변형이다. 예를 들어 사랑은 기쁨에 다름 아닌데, 이 기쁨은 그 기쁨의 원인인 대상 개념에 수반되는 것이다. 사람들은 자신의 상태를 개선하는 대상이나 자신에게 도움이 되는 사람을 사랑한다. 마찬가지로 미움은 슬픔으로, 슬픔의 원인인 대상 개념에 수반되는 것이다. 사람들은 자신의 상태를 악화시키는 대상이나 해를 끼치는 사람을 미워한다(3부 정리13 주석). 이러한 정념에 상응하여 개체가 가진 코나투스에는 변양이 일어난다. 욕망은 사랑받는 대상이나 사람을 소유하는 것(경우에 따라서는 혼자만 소유하는 것)에 집중되거나 또는 미워하는 대상이나 사람이 파괴되는 것에 집중된다.

이것으로부터 스피노자는 어떻게 각각의 정념들이 가장 기본적인 정념들과 관련되는지, 그리고 어떻게 그것이 우리의 행위를 변용시키는지 보여 주면서, 일련의 인간 정념에 대한 논의를 시작한다. 여기에서 스피노자가 한 설명을 세세하게 논의할 필요는 없다. 그러나 보다 중요한 수동 정서들과 그것들이 만들어 낸 현상에서 이끌어 낸 대표적 표본은 정념의 수렁에 빠진 삶이 무엇과 비슷한지에 대한 적절한 상을 전달하기에 충분할 것이다.

이렇게 3부 정리16은 보통 우리의 역량을 증대시키거나 감소시키는 (그래서 사랑이나 미움의 주요 대상인) 것과 본질적이지 않은 방식일지라도 공통점이 있는 대상에 대한 우리의 동조적 반응을 묘사한다.

우리는 정신을 보통 기쁨 또는 슬픔으로 변용시키는 어떤 대상과 어떤 실재가 다소 유사하다고 상상한다는 사실만으로, 그 실재를 사랑하거나 미워한다. 그 실재가 그 대상과 유사하다는 바가 이 정서의 작용인이 아님에도 말이다.

반면에, 만일 우리가 생각하는 대상이 우리 역량을 보통 감소시키는 것임에도 마찬가지로 역량을 보통 아주 증대시키는 대상을 닮았다면, 우리는 동시에 그것을 미워하기도 하고 사랑하기도 할 것이다. 스피노자는 이것을 '마음의 동요'라고 말한다(3부 정리17 주석). 한편, 보통 자신의 역량을 증대시키고 그래서 사랑하는 어떤 대상이 파괴되었다고 생각하는 사람의 경우, 그때 이러한 생각은 행위 역량의 감소를 나타내고 그는 슬픔을 느끼겠지만(3부 정리19), 미워하는 대상이 파괴었다고 믿는 사람은 기쁨을 느낄 것이다(3부 정리20). 이는, 우리가 가진 기본적 코나투스 내지 존속을 위한 노력의 결과로서, 우리가 우리 신체의 역량을 증진시키는 것(즉 우리가 사랑하는 것)에 대해 생각하거나, 우리 신체에 해가 되는 다른 것(즉 우리가 미워하는 것)을 파괴하는 것에 대해 생각하려고 하기 때문이다. 따라서 "정신이 미워하는 것의 실존을 배제하는 것에 대한 이미지는 정신의 이러한 코나투스를 촉진한다. 즉 (3부 정리11 주석에 의해) 정신을 기쁨으로 변용시킨다"(3부 정리20).

아마도 이차적 정념들 중 가장 중요한 것은 희망과 두려움일 것이다.

스피노자는 희망을 "우리가 그 결과를 의심하는 미래나 과거의 이미지로부터 생겨난 비지속적 즐거움에 다름 아닌 것"으로 정의한다. 반면에 두려움 "역시 의심스러운 것의 이미지로부터 생겨난 비지속적 슬픔이다"(3부 정리18 주석2). 우리는 아직 불확실한 것이지만 그 존재가 기쁨을 일으키는 어떤 것을 희망한다. 하지만 우리는 마찬가지로 불확실한 것이지만 그 존재가 슬픔을 일으키는 어떤 것을 두려워한다. 그 의심스러운 결과가 확실해졌을 때, 희망은 안도가 된다. 반면에 두려움은 절망이 된다. 희망과 두려움의 중요성은 이 두 정념이 『에티카』가 해결책을 제공한다고 가정되는 그러한 삶의 기초라는 사실에서 나온다. 희망과 두려움에 따라 삶을 사는 것은 우리의 행복에 유해한 결과를 가져오는 기대나 무서움이라는 불안 상태에 지배되는 것이다. 스피노자는 세네카와 기본적으로 일치한다. 희망과 두려움은 모두

> 초조해하는 마음에, 먼 일을 생각하는 탓에 걱정하는 상태의 마음에 속하지요. 희망과 두려움은 모두 대부분 우리 자신을 현재에 맞추는 대신 먼 장래에 우리 생각을 투사하기 때문에 생기는 것입니다. 그래서 가장 축복받은 인간에게 부여된 예지력이 저주로 바뀌는 것이지요. 야생동물은 자신이 실제로 본 위험으로부터 도망쳐 일단 그 위험으로부터 벗어나고 나면 더 이상 걱정하지 않습니다. 하지만 우리는 지난 것과 도래할 것에 의해 똑같이 고통당합니다.[30]

이 두 감정은 우리의 일상생활에서 중대한 역할을 하며, 영속적 '예속'

---

30) Seneca, *Epistulae Morales ad Lucilium*, Letter V (『루킬리우스에게 보낸 도덕에 대한 편지』).

상태에 우리를 붙잡아 두는 원인이 된다. 희망과 두려움으로 우리는, 우리 바깥의 실재들, 곧 우리가 아주 높이 평가하지만 그것의 오고 감이 궁극적으로 우리의 통제를 벗어나 있는 대상들이나 개체들의 노예가 된다. 또한 희망과 두려움으로 이 본래적이고 '자연적인' 노예 상태를 보충하는 이차적이고 관습적인 유의 예속이 가능해진다. 희망과 두려움은 편협한 기성 종교의 근저에 위치하기 때문이다. 희망과 두려움으로 우리는 성직자들 — 어떻게 이러한 감정을 조작할 수 있는지를 아는 자들 — 이 궁극적 보상과 처벌로 제시한 것을 복종적으로 기대하는 상태에 있게 된다. 우리는 4부와 5부에서 정념의 이러한 도덕적 측면으로 돌아갈 것이다.

정념의 구조는 풍부한 사회적 문맥이 도입될 때 더 정치해진다. 정념은 한 개인을 변용시키는 독특한 실재들에 대한 그의 반응을 나타낼 뿐만 아니라, 타인과 그가 맺고 있는 사회적 관계의 특징을 나타낸다. 그리고 인간이 그러한 관계에 더 관계될수록, 정서의 망은 더 복잡해진다. 어떤 사람과 사물 내지 어떤 사람과 다른 사람 간의 이중적 관계였던 것이, 이제 두 사람과 어떤 사물 내지 세 사람 간의 삼중적(또는 사중적 등등) 관계가 된다. 따라서 우리는 우리가 사랑하는 사람을 기쁨으로 변용시키는(즉 개선시키는) 이를 사랑하게 되고, 사랑하는 사람을 슬픔으로 변용시키는 이를 미워하게 된다(3부 정리22). 또한 이러한 정념의 사회적 차원으로 새로운 정념, 예컨대 연민·질투·부러움·오만함·동정·자기만족으로 나아가는 문이 열린다. 스피노자는 실재에 대한 한 사람의 태도가 타인이 그 실재를 생각하는 방식에 어떻게 영향받을 수 있는지 아주 친숙한 방식으로 상술한다.

3부 정리31 만약 우리가 사랑하거나 욕망하거나 미워하는 어떤 것을 어떤 이가 사랑하거나 욕망하거나 미워하는 것을 상상한다면, 그 결과 우리는 더 변함없이 그것을 사랑하거나 욕망하거나 미워할 것이다. 그러나 만약 우리가 사랑하는 것을 그가 미워하거나 또는 반대의 것〈우리가 미워하는 것을 그가 사랑하는 것〉을 상상한다면, 그때 우리는 마음의 동요를 겪을 것이다.

그는 또한 "인간이 연민을 갖는다는 것이 따라 나오는 인간 본성의 동일한 특성으로부터" 어떻게 "동일한 인간이 질투하고 잘 보이려는 욕망을 갖는다는 것 또한 따라 나오는"지를 보여 준다. 왜냐하면 다른 이가 어떤 것을 사랑하는 것을 봄으로써 사람들이 그 동일한 것을 사랑하게 되는 것과 마찬가지로 "만약 우리가 어떤 이가 단 한 사람만 소유할 수 있는 모종의 것을 향유한다고 상상한다면, 우리는 그가 그것을 소유하지 못하도록 노력할 것"이기 때문이다(3부 정리32).

우리를 변용시키는 대상과 그 대상이 우리를 변용시키는 방식들의 종류만큼이나 각기 다른 많은 종류의 정념이 있다고 스피노자는 말한다.

우리를 변용시키는 많은 종류의 기쁨, 슬픔, 욕망이 있는 데다, 뒤이어 이것들로 합성된 많은 종류의 정서(예컨대 마음의 동요) 혹은 이것들로부터 파생된 많은 종류의 정서(예컨대 사랑, 미움, 희망, 두려움 등)가 있으며, 이 모두는 우리를 변용시키는 대상들의 종류만큼이나 많다. (3부 정리56)

감정과 관련된 우리네 삶은 어마어마하게 풍부하고 다양하며, 기본 정서에 종속되는 변형에는 끝이 없는 것 같다. 관련 요소에는 그것과 관련된 많은 사람이나 대상뿐 아니라 각 요소들의 특성 또한 포함된다. 각각의 사람들은 각각의 실재들에 각각의 방식으로 반응한다. 동일 인물조차 동일한 것에 다른 시간에는 다른 방식으로 반응할지도 모른다. 이는 정념에 어떤 종류의 인과적 비결정성이나 선택 내지 자발성이 있다는 것을 의미하지 않는다. 스피노자의 결정론은 이를 배제한다. 그러나 이는, 관련된 다른 인과적 요소가 있을 때, 결과가 필연적으로 달라질 것임을 의미한다. 사람들의 정념에 차이가 있는 가장 중요한 원인은 그들 신체 구성constitutions에 차이가 있기 때문인데, 물론 이 차이는 각 정신의 차이, 곧 그 양태가 그 신체의 변용을 반영하는 그러한 정신의 차이와 평행할 것이다.

3부 정리51 동일한 대상에 의해 상이한 사람이 상이한 방식으로 변용될 수 있다. 그리고 동일한 대상에 의해 동일한 사람이 상이한 시점에 상이한 방식으로 변용될 수 있다.

증명 인간 신체는 (2부 요청3에 의해) 외부 물체에 의해 아주 많은 방식으로 변용된다. 그러므로 두 사람이 동일한 시점에 상이한 방식으로 변용될 수 있고, 그래서 (2부 정리13 뒤의 보조정리3 밑에 나오는 공리1″에 의해) 동일한 대상에 의해 상이한 방식으로 변용될 수 있다.

다음으로 (같은 요청에 의해) 인간 신체는 어떤 때는 이런 방식으로 어떤 때는 저런 방식으로 변용될 수 있다. 결과적으로 (같은 공리에 의해) 인간 신체는 동일한 대상에 의해 상이한 시점에 상이한 방식으로 변용될 수 있다. q.e.d.

결론은 "어떤 이가 사랑하는 것을 다른 이는 미워하고, 어떤 이가 두려워하는 것을 다른 이는 두려워하지 않으며, 동일한 사람이 어떤 때는 그가 전에 미워했던 것을 사랑할지도 모르고, 어떤 때는 그가 전에 아주 두려워했던 것을 감히 시도할지도 모른다"는 것이다(3부 정리51 주석).

이기주의

정념과 정념이 나타내는 역량의 변화는 인간이 하는 일들에 대한 동기의 근간이 된다. 우리가 무엇을 추구하고 기피하는 것, 우리의 선택 행위, 그리고 선한/좋은 것과 악한/나쁜 것[31]에 관한 우리의 판단은 모두 기쁨이나 슬픔, 사랑이나 미움, 쾌락이나 고통에 의해, 즉 실존 안에 존속하기 위한 우리 노력의 변양에 의해 추동된다. 우리가 지금 추구하는 것을 추구하는 이유는 그것을 좋아하기 때문이고, 우리가 그것을 좋아하는 이유는 그것이 우리 능력을 증대시키는 방식을 우리가 의식하고 있기 때문이다. 마찬가지로, 우리가 지금 기피하는 것을 기피하는 이유는 그것을 싫어하기 때문이고, 우리가 그것을 싫어하는 이유는 그것이 우리 능력을 감소시키는 방식을 알고 있기 때문이다. "우리는 기쁨이 될 것이라고 상상하는 모든 것의 발생을 촉진하기 위해 노력하고, 그것과 반대되는, 즉 슬픔이 될 것이라고 상상하는 것을 피하고 파괴하기 위해 노력한다"(3부 정리28).

그렇다면 스피노자의 관점에서 볼 때 인간은 철저하게 이기적인 행위자이다. 인간은 어떤 실재가 자신의 상태에 미친 긍정적이거나 부정적인 영향에 의해서만, 곧 자기 보존이라는 목표에 그것이 기여한 바에 근거해서만 이것이나 저것을 추구하거나 기피한다. (이는 다음 장에서 보게 될 것처

---

[31] [옮긴이] 여기에서 '선한/좋은'은 영어 'good'의 역어이고 '악한/나쁜'은 'bad'(또는 evil)를 옮긴 말이다. 라틴어의 'bonum'과 'malum' 및 영어의 'good'과 'evil/bad'은 도덕적으로 옳거나 그르다는 의미의 '선'과 '악'은 물론, 이를 포괄하는 '좋음'과 '나쁨'이라는 뜻 또한 내포하고 있다. 우리말에는 이 두 의미를 모두 견져 올릴 수 있는 단어가 없기에, 부득불 양자를 병기하거나 문맥에 따라 각각 택일하였다. 그러나 기실 같은 단어의 도착어라는 점이 간과되어선 안 될 것이다. 스피노자는 이들 개념을 『에티카』 3부와 4부에서 새롭게 정의하는데, 이 문제는 이 절과 8장의 '선/좋음과 악/나쁨' 절(357~366쪽)에서 다뤄진다.

럼 어떤 한 사람이 다른 이의 행복을 간절히 바랄 때조차 사실이다.) 보존을 위한 노력이 가장 중요하다. 그것은 "인간의 본질 바로 그것"으로, "그의 본성으로부터 필연적으로 그의 보존을 증진하는 것이 따라 나온다". 따라서 "인간은 [그의 보존을 증진하는] 그러한 것들을 하도록 규정되어 있다"(3부 정리9 주석). 스피노자의 심리학적 이기주의는 홉스의 그것과 유사한데, 스피노자는 1660년대에 『에티카』를 집필하는 동안 이 영국 철학자의 작품을 읽었으며, 홉스는 『리바이어던』에서 "모든 자발적 행위는 자신의 이익을 목적으로 한다"라고 주장했다.[32]

스피노자는 정념 이론 및 정념의 동기부여적 역할에 대한 이론으로, 이성적 행위자의 가치판단과 욕망 사이에 일정한 관계가 있다는 사람들이 흔히 생각할 법한 것을 뒤집었다. 소박하게 생각해 보자면 욕망은 판단을 따르는 것처럼 보인다. 사람들은 자신이 볼 때 추구할 가치가 있는 것을 욕망하고 추구한다. 나는 어떤 행동을 하고 싶어 하는데, 내가 그 행동을 하면 좋으리라고 판단했기 때문이다. 그런데도 스피노자는 독자들에게 반직관적이라는 인상을 줄 수도 있음을 알고 있었던 어떤 주장에서, 우리는 어떤 것을 좋은 것이라고 판단했기 때문에 그것을 얻고자 노력하거나 욕망하는 게 아니라, 오히려 그것을 욕망하기 때문에 그것을 좋은 것이라고 판단하고, 그것이 우리를 적절한 방식으로 변용시키기 때문에 그것을 욕망하는 것이라 역설한다. "우리는 어떤 것을 좋은 것이라고 판단하기 때문에 그것을 얻고자 노력하거나 의지하거나 원하거나 욕망하는 것이 아니다. 반대

---

[32] Hobbes, *Leviathan*, XIV.8(『리바이어던』 14장, 180쪽). 이 문제에 대해 스피노자와 홉스를 비교한 것으로는 Curley, *Behind the Geometric Method*, ch.3을 보라. 정념에 대한 홉스의 논의(그것은 스피노자의 분석과 주요 측면에서 눈에 띌 정도로 유사하다)는 개괄적으로 『리바이어던』 6장을 보라.

로 우리는 어떤 것을 얻고자 노력하고 의지하고 원하고 욕망하기 때문에 그것을 좋은 것이라고 판단한다"(3부 정리9 주석). 마찬가지로 우리는 어떤 것을 나쁜 것이라 판단하기 때문에 그것을 피하는 게 아니다. 욕망에 의해, 곧 단지 그것이 우리를 부정적으로 변용시키는 방식의 반영인 증오에 근거한 욕망에 의해, 자연스럽게 그것으로부터 벗어나도록 이끌리기 때문에 우리는 그것을 나쁜 것이라고 판단하는 것이다. 이러한 이유로 가치판단은 필연적으로 이기적이게 된다. 가치판단은 자기 보존을 위한 노력의 변양으로부터 따라 나오기 때문이다. 어떤 것은 그것이 **나에게** 이익이 된다면 '선/좋은 것'이고, 그것이 **나에게** 해가 된다면 '악/나쁜 것'이다.

정념에 기초한 가치판단은 어떤 식으로든 신체가 외부 실재에 의해 변용되는 방식에서 파생되는 욕망에 독립적일 수 없기 때문에, 좋은 것과 나쁜 것에 관한 가치판단에는 개인주의적 상대주의, 심지어 주관주의가 있음에 틀림없다. 우리가 실재에 의해 변용되는 방식이 서로 간에 차이 난다는 점을 고려할 때, 그래서 우리의 정념적 욕망이 결과적으로 차이 난다는 점을 고려할 때, 정념으로부터 파생되는 좋은 것이나 나쁜 것에 관한 판단은 한 사람 한 사람 다를 것이다.

> 나는 여기에서 선/좋은 것을 모든 종류의 기쁨과 기쁨으로 이끄는 모든 것, 그리고 특히 그것이 무엇이든 어떤 종류의 갈망을 충족시키는 것이라고 이해한다. [나는 여기에서] 악/나쁜 것을 모든 종류의 슬픔, 그리고 특히 갈망을 좌절시키는 것이라고 [이해한다] …… 그래서 각 사람은 자신의 정서로부터 좋은 것과 나쁜 것, 더 좋은 것과 더 나쁜 것, 마지막으로 가장 좋은 것과 가장 나쁜 것이 무엇인지 판단, 즉 평가한다. (3부 정리39 주석)

선/좋음과 악/나쁨에 대한 우리의 판단이, 그들이 실재에 의해 변용되는 방식에 따른 정념에 근거하여 각 사람이 욕망하는 것으로 제한되는 한, 모든 인간이 가져야 할 선/좋음과 악/나쁨의 절대적 기준은 없다.

각 사람은 그 자신의 정서에 따라 좋은 것과 나쁜 것, 더 좋은 것과 더 나쁜 것을 판단하기 때문에, 사람들은 정서에서만큼 판단에서 다양할 수 있다는 것이 따라 나온다. 그 결과는 우리가 한 사람을 다른 사람과 비교할 때, 그들을 단지 정서의 차이에 의해 구분하고, 어떤 이를 용기 있다 하고, 다른 이를 소심하다 하며, 또 다른 이를 다른 명칭으로 부른다는 것이다. (3부 정리51 주석)

다음 장에서 보게 될 것처럼, 우리가 경험 속에서 실재에 변용되는 방식이 아니라 적합한 인식에 근거해서 하는 가치판단이라면, 문제는 완전히 달라질 것이다.

능동

3부를 벗어나기에 앞서, 간략하게나마 (수동/정념과 대조적인) 능동에 관해 이야기할 필요가 있다. 스피노자가 "인간이 수동인 한에서 인간과 관련된 정서에 대해서는 이것으로 충분할 것이다. 인간이 능동인 한에서 인간과 연관되는 정서에 대해서는 몇 마디 덧붙일 것이 남아 있다"(3부 정리57의 주석)라고 말한 것을 보면, 그 자신은 3부의 마지막 두 정리(정리 58, 59)에서 능동 개념을 거의 보충 부분으로 여기는 것 같다. 하지만 능동 개념이 보다 충분히 논의되는 4부를 보면, 정신의 능동성이 스피노자 도덕철학의 모퉁잇돌이자 인간의 자유와 행복의 열쇠라는 것은 명확하다.

어떤 것은 그 상태가 그것의 본유적 역량이 외부 실재에 의해 변용되는 방식으로부터 따라 나오는 것이 아니라, 오직 그것의 본유적 역량이나 코나투스, 곧 존재를 존속하기 위한 그것의 내생적 노력으로부터 따라 나올 경우 **능동이다**.[33] 이는 능동 정서가 항상 어떤 사람의 역량을 **증대**시킴에 틀림없다는 것을 의미한다. 보존을 위한 어떤 개인의 노력이 스스로 자신의 역량을 감소시킬 수 있다고는 생각할 수 없기 때문이다. "정신이 능동인 한에서는 어떤 슬픔의 정서도 정신과 관계될 수 없고, 기쁨과 욕망의 정서만 정신과 관계될 수 있다"(3부 정리59 증명).

정신 안에서, 노력은 혼란스러운 관념이나 명석 판명한 관념 둘 다와 관련이 있을 수 있다. 우리가 보았던 것처럼, 수동/정념의 경우 노력은 혼란스러운 또는 부적합한 관념과 연관된다. 신체의 수동 정서는 항상 외부 실재의 본성뿐만 아니라 우리 자신의 신체의 본성을 포함하기 때문에, 정신 내 상응하는 관념은 항상 부적합한 관념이다.

마음의 수동/정념이라 불리는 정서는 혼란스러운 관념으로, 이것을 통해 정신은 그것의 신체 내지 그것의 신체 일부가 가진 실존의 힘이 이전보다 더 크거나 작다고 긍정하며, 그것은 그것이 주어졌을 때 정신이 저것보다 이것을 사고하도록 규정한다. …… 정신의 정서 내지 정념/수동은 혼란스러운 관념이다. 왜냐하면 우리는 (3부 정리3에서) 정신이 부적합한 또

---

33) 스피노자에게는 능동에도 본질적이라 할 정도의 수동성과 외부 원인에 의한 작용받음이 수반된다고 라이스는 주장한다. Lee Rice, "Action in Spinoza's Account of Affectivity", eds. Yirmiyahu Yovel and Gideon Segal, *Spinoza on Reason and the Free Man*, New York: Little Room Press, 1999, pp.155~168.

는 혼란스러운 관념들을 가지는 한에서만 수동적이라는 것을 보여 주었기 때문이다. (3부 '정서들에 대한 일반적 정의')[34]

한편 능동에서 욕망이나 욕구는 적합한 관념과 연관된다. 그것은 정념적 욕망이 아니라 합리적 욕망이다.

우리 정신은 어떤 것[작용]을 하고, 어떤 것을 겪는다. 즉 정신이 적합한 관념을 가지고 있는 한 정신은 필연적으로 어떤 것을 하고, 정신이 부적합한 관념을 가지고 있는 한 정신은 필연적으로 어떤 것을 겪는다. (3부 정리1)

능동에서, 정신의 능력이 증대되는 것은 그 자신의 인식으로부터 도출된다. 즉 정신의 버팀perseverance을 위한 노력(욕망)이 외부 대상이 신체를 변용시키는 무작위적 방식에 좌우되는 것이 아니라 지성에 좌우될 때, 정신은 능동적이다. 그 차이는, 외부 대상이 우리가 그것을 좋게 느끼도록 만들었기 때문에 그것을 추구하는 것과 우리가 그것이 정말로 우리에게 좋다는 것을 알기 때문에 그것을 추구하는 것 간에 있는 차이와 유사하다. 정념으로 내 욕망이 잘못 이끌려서가 아니다. 욕망은 사실 신체의 역량을 증가시키는 실재를 향해 있기 때문이다. 그러나 신체에 이로운 이러한 좋은 것이 4부에서 곧 보게 될 것처럼 가장 좋은 것은 아니다. 우선, 그것은 예측할 수 없는 것이고 우리의 통제를 벗어나 있다. 게다가 그것이 가져오는 이

---

34) Gebhardt, *Spinoza Opera*, vol.2, pp.203~204; Curley, *The Collected Works of Spinoza*, p.542. (3부 정리59 뒤의 '정서들에 대한 정의'가 끝나고 나서 나오는 부분이다.)

익은 오래가지 못한다. 반면에 욕망이 적합한 관념에 의해 인도될 때, 그 결과 갖게 된 욕망과 판단은 진정으로 이성적 존재로서의 인간에게 가장 이익이 되는 것을 향해 있다.

인간의 모든 감정은 수동/정념인 한에서, 실재들 쪽으로 그리고 우리를 이러저러하게 변용시키는 그 사물들의 성향 쪽으로 항상 밖을 향해 있다. 우리의 정념과 그것이 만들어 낸 욕망이 원인이 되어, 우리는 기쁨을 일으킨다고 믿는 것을 좇거나 슬픔을 일으킨다고 믿는 것으로부터 도망친다. 우리의 희망과 절망은 우리가 욕망하거나 혐오하는 대상을 멀리 있다고 여기는지 가까이 있다고 여기는지, 필연적인 것이라고 여기는지 가능한 것이라고 여기는지, 혹은 있음직하지 않은 것이라고 여기는지에 따라 동요한다.

하지만 우리가 너무나 자주 잊어버리는 것은 우리의 감정을 휘젓는 외부 실재가 우리의 의지에 답하지 않는다는 사실이다. 나는 싫어하는 대상을 가까이 있게 하거나 멀리 있게 하는 일, 또는 사랑하는 사람이 살거나 죽거나 하는 일을 마음대로 할 수 있는 실질적 힘을 가지고 있지 않다. 우리가 가진 정념의 대상은 완전히 우리의 통제를 벗어나 있다. (물론 이는 스피노자가 기술하는 절대적으로 결정론적인 우주에서 더욱더 그러하다.) 따라서 우리가 스스로를 — 그것들의 오고 감에 따라 — 이러한 대상에 지배되도록 놔두면 놔둘수록, 우리는 정념에 동요되기 쉽고 덜 능동적이며 덜 자유롭게(즉 덜 자기 통제적이게) 된다. 그 귀결은 정념의 수렁에 빠진 그리고 정념을 야기하는 가변적이며 순식간에 사라지는 대상을 좇기도 하고 그것으로부터 도망치기도 하는, 자못 애처로운 삶의 실상이다. 3부에서 보여 주려고 했던 것을 요약하면서 『에티카』의 보다 시적인 어떤 순간들 중 하나에서 스피노자가 말하는 것처럼, "우리는 외부 원인에 의해 여러 방식으로 이리저리 내몰리고, …… 역풍에 의해 내몰린 바다의 파도처럼 우리의 결말과 운명을 알지 못한 채 이리저리 흔들린다"(3부 정리59 주석).

3부에서 스피노자가 정념에 관해 말하는 모든 것은 완전히 기술적 descriptive이다. 그는 단지 자연의 한 부분인 정신 안에서 일어나는 것을 보여 줄 뿐이다. 그는 참으로 좋은 것과 나쁜 것, 또는 올바른 것과 잘못된 것에 관한 규범적normative 주장을 하지 않는다. 그럼에도 『에티카』의 궁극적 목표는, 실재가 우리를 변용시키는 방식에 따라 — 즉 정념에 따라 — 실재를 판단하는 것으로부터 적합한 인식에 기초해서 실재를 판단하는 것으로 우리를 돌려 세우는 것이다. 정념은, 그것이 비록 우리의 행위 역량의 증대를 나타내는 것일지라도, 참된 인식과 궁극적으로는 행복에 장애가 된다. 그렇다면 목표는 정념을 어느 정도 통제할 수 있게 되는 것이고, 단순히 외부 실재가 오고 가는 것에 단순히 반응하는 개인이 아니라 능동적이고 자립적인 개인이 되는 것이다. 우리가 정념을 완전히 제거할 수 없다는 것은 분명하며, 심지어 정념을 완전히 지배할 수도 없다. 그렇지만 우리는 정념을 "완화하고 억제하는 …… 역량"을 갖는 지점에 이를 수 있다. 4부에서 스피노자는 이러한 상태에 도달할 수 있는 방법과 그러한 상태가 가져오는 유익함에 대해 설명한다.

8장
덕과 '자유로운 인간'

8장
덕과 '자유로운 인간'

4부와 함께 스피노자의 『에티카』는 마침내 에티카(윤리학)라는 제목을 쓸 수 있는 자격을 획득하고, 고전적 의미에서 인간 행복과 좋은 삶에 대한 고찰이라고 이해되는 도덕철학의 영역으로 들어간다.[1] 올바른 형이상학적·인식론적·심리학적 기초를 세우고, 자연에 기하학적 필연성이 있다는, 그리고 그 자연 내부에 인간의 자리가 있다는 근본적 주장을 확립했기 때문에, 이제 스피노자는 인간을 괴롭히고 인간이 완전함에 도달하지 못하도록 막는 것들에 대한 치료법을 발견하겠다는 궁극적 목표를 가지고, 인간이 보통 자신의 삶을 살아 나가는 방식에 대한 분석과 평가를 시작할 수 있다.

그 분석 결과는 '인간 예속 또는 정서의 힘에 관하여'라는 4부 제목이 시사하듯 그다지 매력적이지 않다. 대부분 인간의 삶은 이성이 아닌 정념에 의해 인도된다. 쾌락이 이리저리 끌고 다니며 고통이 산란케 하는 욕망

---

[1] 스피노자의 도덕철학에 대한 연구는 많지 **않다**. Edwin Curley, "Spinoza's Moral Philosophy", ed. Marjorie Grene, *Spinoza: A Collection of Critical Essays*, Notre Dame, IN: University of Notre Dame Press, 1973, pp.354~376; Bennett, *A Study of Spinoza's Ethics*, ch.12; Don Garrett, "Spinoza's Ethical Theory", ed. Don Garrett, *The Cambridge Companion to Spinoza*, Cambridge: Cambridge University Press, 1996, pp.267~314; Yovel and Segal eds., *Spinoza on Reason and the Free Man*의 일부 논문들을 보라.

으로, 우리는 일시적이고 거짓된 것들(예를 들어 물질적 소유, 명예, 세속적 권력 같은)을 추구하고 우리의 행복을 그것을 지키는 일에 둔다. 그러는 동안, 모든 사람이 가진 ——어느 정도 노력은 필요하겠지만—— 파악 능력, 즉 인식과 이해에 있는 보다 영속적이고 가치 있는 참된 선/참으로 좋은 것은 무시하면서 말이다. 스피노자는 자신이 말하는 삶에 대해 소상히 알았는데, 이는 한때 그 자신이 그러한 삶의 격통 속에 있었기 때문이다. 그러한 삶이 담고 있는 가치에 대해 느꼈던 환멸감으로 인해, 스피노자는 철학으로 그리고 진정한 행복을 찾는 삶으로 전회하게 되었다.

일상생활에서 흔히 일어나는 모든 일이 공허하고 헛되다는 것을 경험을 통해 배우고 난 후, 내 두려움의 원인이나 대상이었던 모든 것들이 그것들로 인해 [내] 마음이 동요되는 경우를 제외하고는 그 자체로 선하거나 악한 어떤 것도 가지고 있지 않다는 것을 이해하고 난 후, 나는 마침내 참된 선일지도 모르는 어떤 것, 즉 그 자체가 명확하게 드러날 수 있는 어떤 것, 다른 것을 배제할 만큼 홀로 정신에 영향을 줄 수 있을 어떤 것이 존재하는지, 그리고 일단 발견하고 획득하고 나면 지속적으로 가장 큰 기쁨을 영원히 줄 수 있을 어떤 것이 존재하는지 찾아내 보기로 결심했다.[2]

그래서 스피노자가 4부에서 언급한 '예속'은 다른 인간의 노예 상태라는 전통적 의미가 아니라, 우리 삶에서 정신과 관련된 아주 많은 부분을 차지하는 정념에 대한, 뿐만 아니라 그러한 정념을 야기한 외적 실재에 대한

---

2) Gebhardt, *Spinoza Opera*, vol.2, p.5; Curley, *The Collected Works of Spinoza*, p.7 (『지성교정론』, 9~10쪽. 번역은 수정).

자연적 종 노릇 상태를 말한다.

> 나는 정서를 완화하고 억제하는 인간 역량의 결여를 예속[노예 상태]이라 부른다. 왜냐하면 정서에 종속된 사람은 자기 자신이 아닌 운의 지배 아래 있기 때문인데, 그러한 사람은 그 운의 힘 아래 아주 강하게 놓여 있어서 자신에게 더 좋은 것을 알고 있지만, 그럼에도 흔히 더 나쁜 것을 따르도록 강제된다. (4부 서문)[3]

『소론』에서 스피노자는 이러한 일상적 상태를 상당히 가혹하게 기술한다. 그는 그러한 상태가 "슬픔, 절망, 시기, 두려움, 그리고 다른 나쁜 정념들"에 속한 삶, 요컨대 "진짜 지옥 그 자체"라고 주장한다(『소론』, 2부 18장).[4] 우리가 자유롭고 행복하며 궁극적으로 복이 있다고 주장할 수 있는 것은 바로 스스로를 이러한 수동성의 황량한 상태로부터 능동적이고 자기 충족적인 실존과 같은 어떤 존재로 변형시킬 수 있을 때뿐이다.

스피노자가 4부에서 언급하는 '예속'servitus은 (바울은 말할 것도 없고) 플라톤이나 아우구스티누스 같은 고전적 도덕철학자의 사상에서 흔히 발견되는 영혼의 '노예 됨'과 아주 다르다는 점을 기억하는 게 중요하다. 스피노자의 정신은 육체라는 덫에 걸린 영혼과 같은 것이 아니며, 정신의 모든 이성적 욕망이 육체적 욕구에 의해 꼼짝 못한다는 것도 아니다. 정념을 통제하기 위한 싸움은 영혼과 육체 간의 싸움이나 육체의 영향으로부터 영혼을 해방시키기 위한 싸움이 아니다. 1, 2, 3부를 통해 알게 된 것처럼,

---

3) Gebhardt, *Spinoza Opera*, vol.2, p.205; Curley, *The Collected Works of Spinoza*, p.543.
4) Gebhardt, *Ibid.*, vol.1, p.88; Curley, *Ibid.*, p.128.

스피노자에게 '해방'을 위한 그러한 (이성적) 욕망은 영혼이 신체와 맺는 관계에 대한 잘못된 개념에 근거하고 있음에 틀림없다. 오히려 그것은 더 능동적이고 덜 수동적이 되기 위한(3부에서 논의된 것처럼, 스피노자가 이 용어들에 부여한 의미에서), 그리고 정신과 신체 둘 다에 있는 어떤 종류의 힘을 획득하기 위한, 개체 그 자체의 싸움이다. 무엇보다 그것은 삶에서 더 큰 합리성과 자율성을 달성하고 운명의 부침浮沈으로부터 더 큰 독립성을 달성하기 위한 시도이다.

선/좋음과 악/나쁨

스피노자는 4부를 서문으로 시작하는데, 이 서문에서 약간의 기본적인 윤리적 언어를 고찰한다. 선/좋음과 악/나쁨, 완전과 불완전이 그것이다. 스피노자는 그러한 용어가 실재의 절대적이거나 객관적인 특징, 즉 그것이 다른 어떤 것(특히 인간 지각자)에 대해 독립적으로 갖는 특성을 나타내는 것이 아니라고 주장한다. 어떤 것도 그 자체로 고려한다면 선하거나 악하지 않고, 완전하거나 불완전하지 않다. 특히 이 말들이 규범적 의미로 이해될 때는 조금도 그렇지 않다. **존재하는 것은 무엇이든 그냥 존재할 뿐이다.** 더 이상 말할 필요 없다. 환언하자면, 단독으로 고려할 때 실존하는 모든 것은 어느 정도는 완전하다. 여기에서 '완전'은 단순히 실재성이라고, 또는 실존 안에 존속하기 위한 역량(즉 코나투스)이라고 이해된 존재론적 용어이기 때문이다. 그러나 이러한 기술적 의미에서 어떤 것이 완전하다고 말할 때 거기에 함축된 평가적 요소는 없다. "이러한 측면에서 모든 것은 동등하다"고 스피노자는 서문 마지막 부분에서 말한다.

'선/좋음'과 '악/나쁨'(그리고 '완전'과 '불완전')이 객관적이고 정신으로부터 독립적인 세계의 특징이 아니라면, 규범적 의미에서 그러한 말들은 단지 실재가 어떤 약정적 준거나 모범에 상응하는지 그 정도를 가늠하는 평가 척도와 관련될 뿐이다. 이 점이 그렇다는 것을 보여 주는 가장 명확한 사례는 인공물에 대한 평가이다. 예컨대 건물은 건축가의 본래 관념, 곧 완성된 결과와 비교되는 준거 관념에 일치하는 정도에 따라 더 완전하거나 덜 완전하다고 간주된다. "만약 어떤 이가 어떤 것을 하기로 결심하고 그것을 끝냈다면, 그는 그가 한 것을 완전하다고 부를 것이다. 그리고 그 작품의 작자가 가진 생각과 목적을 올바르게 알고 있거나 안다고 생각하는 모든 이들도 그럴 것이다."[5] 대조적으로 제작자가 만들려고 의도한 것에 대한 관념을 가지고 있지 않은 사람이라면, 그 인공물이 얼마나 '완전'한지 평가할 방법이 없을 것이다. 결과물을 비교할 그러한 모델 없이 그 용어는 무의미하다.

  이러한 평가 습관은 인간이 자연 안에 있는 여러 실재에 대한 보편적 관념을 형성할 때 자연의 대상으로 확장된다. 예를 들면 우리는 경험으로부터 말[馬]이나 나무의 어떤 이상적 모델을 — 물론 모든 추상이 그런 것처럼 부적합한 관념에 기초해서 — 생각해 낸다. 그리고 나서 우리는 어떤 특수한 말 또는 나무가, 우리가 닥치는 대로 만들고 임의로 채택된 모델과 얼마나 잘 일치하는가에 따라 그것을 '완전'하다거나 '불완전'하다고 부른다. "그들이 자연 안에서 같은 종류의 것이라고 생각했던 모델과 일치하지 않는 어떤 것이 생겨나는 것을 볼 때, 그들은 자연 자체가 실수했거나 잘못해서 실재가 불완전하게 되었다고 믿는다." 인공의 세계에서 자연의 세계

---

5) [옮긴이] 다른 전거가 제시된 경우를 제외하면, 이 절의 인용문은 모두 『에티카』 4부 서문에서 발췌된 것이다.

로 규범적 용어의 이러한 확장을 조장하는 것은 자연 안에서 목적론을 보려고 하는 인간의 경향이며, 그러한 경향은 다시 목적을 가지고 행위하는 전통적인 신인동형론적 신 개념으로부터 나온다. 따라서 신이 실재들을 창조한 이유라고 상상되는 목적을 달성하는 데 있어 실재들이 성공하거나 실패한다는 점에서 실재들은 '완전'하거나 '불완전'한 것이 된다. 그러나 물론 스피노자의 신은 어떤 목적을 달성하기 위해 행위하지 않는다. "자연이 어떤 목적을 달성하기 위해 하는 일은 아무것도 없다." 스피노자는 4부 서문에서 독자들에게 상기시킨다. "우리가 신, 즉 자연이라고 부르는 그 영원하고 무한한 존재는 필연성에 따라 실존하는 것과 마찬가지로 필연성에 따라 행위한다."

문제는, '완전'이니 '불완전'이니 하는 것의 실제 지위는 선택적이거나 아주 주관적인 기준과 관련되는 것일 뿐인데, 우리는 이를 간과하고 실재에 대한 우리의 지각을 실재 자체에 투사하는 경향이 있다는 점이다. 우리는 실재가 의당 완전하거나 불완전한 것이라고 생각하고 "완전과 불완전이 …… 단지 사유의 양태일 뿐이라는, 즉 우리가 같은 종이나 유에 속하는 개체를 서로 비교하기 때문에 만들어 내는 데 익숙한 관념일 뿐"이라는 사실을 간과한다. 따라서 자연의 실재에 '완전'하다거나 '불완전'하다는 명칭을 붙이는 우리의 통상적 접근 방식은 "그러한 실재에 대한 참된 인식보다는 편견으로부터" 나온 것이다.

동일한 분석이 '선/좋음'과 '악/나쁨'이라는 용어에도 적용된다. 이러한 평가적 명칭 또한 언제나 실재가 전형이나 모범과 갖는 관계라는 문맥에서 이해되어야 한다. 어떤 것은 선택된 목적을 이루는 수단이 된다면 '선하다'. 좀더 구체적으로 말하자면, 만약 전형에 비추어 보았을 때, 그것이 개체의 행복이라고 생각되는 것을 증진하고 약정적인 이상적 조건에 더 가까이 다가가는 데 도움이 된다면, 그것은 선하다. 그리고 만약 그것이 개인의 행복이라고 이해되는 것에 유해하다면, 그것은 악하다. 결론은 '선'과 '악'이 '완전'과 '불완전'처럼 완전히 상대적인(즉, 어떤 개인이 가진 이익이라는 개념과 관련된) 용어라는 것이며, 한 사람에게 선한 것이 다른 사람에게 선한 것은 아닐 수도 있다는 것이다.

선/좋음과 악/나쁨의 경우, 그것들 또한 그 자체로 고려된 실재 안에 있는 실정적인 어떤 것도 나타내지 않으며, 사유의 양태 내지 우리가 실재들을 다른 것과 비교해서 형성하는 관념일 뿐 다른 어떤 것도 아니다. 왜냐하면 동일한 것이 동시에 선할/좋을 수도 있고 악할/나쁠 수도 있으며 또한 선하지도/좋지도 악하지도/나쁘지도 않은 것이 될 수도 있기 때문이다. 예를 들어 음악은 우울한 사람에게는 좋지만 슬픔에 빠진 사람에게는 나쁘고, 귀머거리에게는 좋지도 나쁘지도 않기 때문이다. (4부 서문)[6]

이러한 주장은 마치 여기에서 스피노자가 앞서 『에티카』에서 제시했던 '선/좋음'과 '악/나쁨'에 대한 분석 이상을 제시하는 것처럼 보일지도 모르겠다. 3부 정리9에서 본 것처럼(이 책 346~348쪽 참고), 우리는 사람들이 어떤 것을 욕망하기 때문에 그것을 좋은 것이라고 판단한다(그리고 사람들은 그것이 우리의 행위 역량을 증진시키기 때문에 그것을 욕망한다)고 들었다. 따라서 'x는 좋다'는 주장은 '나는 x를 욕망한다'는 것임에 틀림없다. 그러므로 그러한 판단은 상대화된 것일 뿐 아니라 주관화된 것으로도 보일 것이다. 하지만 4부 서문에서 '선/좋음'과 '악/나쁨'은 여전히 상대화되

---

[6] Gebhardt, *Spinoza Opera*, vol.2, p.208; Curley, *The Collected Works of Spinoza*, p.545.

어 있는 반면, 이제 그것은 어떤 것이 모범과 일치하는지 아닌지에 관한 또는 어떤 개인에게 이익이 되리라고 간주되는 것에 도움이 되는지 아닌지에 관한 객관적 사태가 된 것처럼 보인다. 하지만 어떤 것이 '선한지' 또는 '완전한지'를 규정하는 데 보통 사용되는 기준 자체는 여전히 아주 주관적이다. 이상적 나무나 이상적 인간이 되는 것이 무엇인지에 대한 한 사람의 개념은 다른 사람의 개념과 다를 것이다. 그들 경험의 차이와, 따라서 그들이 자신들의 일반 관념을 추상해 낸 특수한 것들 간의 차이뿐만 아니라, 그들이 그러한 일반 관념을 만들 때 주목하는 특징의 차이 또한 고려한다면 말이다. 내가 지금까지 어떤 이의 이익과 관련하여 '~인 것으로 이해된' 또는 '~인 것으로 보이는' 것에 대해서만 말했다는 사실에 주목하라. 그래서 이상적 삶과 개인의 이익에 대해 내가 믿는 바를 고려할 때, 만약 내가 어떤 것이 (그 이상에 이르는 수단으로서) 선한 것이라고 믿는다면 그것이 '선'이 될 것임은 여전히 사실이다. 사실 표준과 모범을 만드는 것은 개인의 매우 특수한 욕망에 강하게 의존하며, 따라서 선한/좋은 것과 완전한 것이 무엇인지에 대한 판단 역시 그러할 것이다.[7]

만약 이것이 스피노자가 '선/좋음'과 '악/나쁨'에 관해 말하고자 한 전부였다면, 그에게는 사실 그러한 중요한 도덕적 용어를 주관주의적으로 분석했다는 책임이 따를 것이다. 하지만 스피노자는, '선'과 '악'이 세계의 실재적 특성과 관련되지는 않더라도, 이 말들의 상대주의적 의미를 포기하지 않으면서 "우리는 이러한 말들을 계속 가지고 있어야 한다"라고 지적

---

[7] "우리의 가치판단이 모델에 기초한다는 논제는 가치판단이 우리의 느낌과 욕망에 지배된다는 이전 논제와 충돌하지 않는다. 오히려 이 두 논제는 단일한 통합된 설명 — 우리의 느낌과 욕망이 우리로 하여금 모델을 선택하도록 이끎**으로써** 가치판단을 하도록 이끈다는 견해가 되는 일관된 요소 — 의 양면이다"(Bennett, *A Study of Spinoza's Ethics*, p.292).

한다. 스피노자는 그 말들이 여전히 문맥에 따라 상대적이긴 하지만 보다 객관주의적인 부담 또한 짊어질 수 있다고 생각하기 때문이다. 스피노자는 명확한 이상, 곧 인간에게 정말로 '선한/좋은 것'인지 실재들을 판단할 수 있는 객관적 기준이 실제로 있다고 믿는다. 인간 본성의 완전함을 나타내는 특정한 유의 사람과 삶이 있다.

우리는 인간 본성의 모범이라고 볼 수 있는 것을 인간의 이상으로 만들고 싶어 하기 때문에, 내가 보여 주었던 의미를 갖는 전술한 이 말들(선/좋은 것, 악/나쁜 것)을 유지하는 것이 우리에게 도움이 될 것이다. 따라서 나는 이하에서 우리 앞에 세워 놓은 인간 본성의 모범에 좀더 가까이 다가갈 수 있게 해주는 수단이라고 우리가 확실히 아는 것을 선/좋은 것이라고 이해할 것이다. 이러한 모범처럼 되는 것을 방해한다고 우리가 확실히 아는 것은 악/나쁜 것이라고 이해할 것이다. 다음으로 우리는 사람들이 이러한 모범에 보다 많이 혹은 덜 다가가는지에 따라 보다 완전하다거나 보다 불완전하다고 말할 것이다.[8]

이는 '선/좋음'과 '악/나쁨'이 상대적인 용어가 아님을 의미하는 게 아니다. 어떠한 것도 그 자체로 본다면 그리고 어떤 표준이나 모델과 비교하지 않고 또는 그것에 대한 유용성을 보지 않는다면, 그것이 선한 것도 악한 것도 아니라는 것은 여전히 사실이다. 하지만 3부의 선과 악에 대한 설명으로 도입된 주관주의와 4부 서문에서 '선'과 '악'이 (인간을 포함한) 다양한 종류의 실재들에 모델로 쓰일 수 있는 단지 우발적으로 형성된 개념에

---

[8] Gebhardt, *Spinoza Opera*, vol.2, p.208.

불과한 것이라고 상대화되었을 때 관철된 주관주의는, 이제 보다 객관적인 모델로 대체된다. '선'은 더 이상 단지 사람들이 욕망하는 것을 의미하지 않는다. 선은 단지 '동류의 완전한 표본이라고 사람들이 어쩌다가 믿을지도 모를 것에 어떤 것으로 하여금 접근하도록 하는 데 유용한' 것만을 의미하지도 않는다. 오히려 그것은 이제 '인간을 진정으로 인간성의 보다 완전한 표본인 것에 가까워지도록 만드는 데 유용한' 것을 의미한다. 인간성의 보다 완전한 표본이 근거하는 것은 곧 보게 될 것처럼 존속함의 최대 역량, 최대한의 능동성을 가진 사람이다.

인간에게 선한/좋은 것 또는 악한/나쁜 것이 무엇인지 우리가 판단할 수 있게 만드는 모범에 대한 이러한 탈주관화de-subjectivization는, 스피노자가 4부에서 '선'을 "우리에게 유용하다는 것을 우리가 확실히 아는 것"(4부 정의1)이라고, 또한 '악'은 "어떤 선의 소유를 방해한다고 우리가 확실히 아는 것"(4부 정의2)이라고 정의할 수 있게 해준다. 그것은 또한 스피노자가 단지 "선과 악에 대한 하나의 인식"(예를 들어 4부 정리8을 보라)에 불과한 것이 아니라 4부 정리14에서 "선과 악에 대한 참된 인식"에 대해 말하기 시작할 때 염두했던 것이기도 하다. 전자는 내 신체 능력의 어떤 측면에서 어떤 증대를 유발하는 것인(그래서 내 정신 능력의 어떤 측면에서 어떤 증대를 유발하는 것인) 어떤 것에 대한 나의 파악을 나타낸다. 어떤 실재는 기쁨과 즐거움의 원천이기 때문에 '선'이라고 판단된다. 하지만 이러한 판단은 단지 정념/수동에 기초를 둔 것이며, 따라서 실재와 우리 자신에 대한 부적합한 인식에 근거한다. 그러나 "선과 악에 대한 참된 인식"은 보다 완전하고 본질적인 방식으로, 나를 온전한 개체로서 진정으로 보다 강한 상태에 있게 하는, 나에게 유익한 것에 대한 이성적 파악 — 그저 무질서한 경험에서 나오는 것이 아니라 적합한 관념으로부터 나오는, 단지 어떤 것이 내 신체를 변용하는 실정적 방식에 근거한 것이 아니라 이해에 근거한 — 이다. 스피노자는 그 차이를 4부 정리35의 증명에서 다음과 같이 요약한다. "우리가 이성의 명령에 따를 때, 우리가 선이나 악이라고 판단하는 것은 선이나 악임에 틀림없다."

물론 선/좋음과 악/나쁨에 대한 이러한 객관화는 스피노자가 주장할 내용이 이상적 인간 — 그가 4부에서 나중에 '자유로운 인간' 또는 이성의 명령에 따라 사는 사람이라고 부르게 될 것 — 에 대한 어떤 객관적 타당성을 제공할 수 있어야만 작동할 것이다. 도대체 왜 **이** 인간 개념, 곧 스피노자의 '**인간 본성의 모범**'naturae humanae exemplar이 특권을 갖는가? 도대체 왜 스피노자의 그 개념이 우리가 생각해 보았을지도 모를 다른 인간 모델 이상의 이점을 갖는가? 스피노자가 이 문제에 만족스러운 대답을 제시할 수 없는 한, 그는 '선'과 '악'을 '사유의 양태'로 상대화하는 것에 내재하는 것처럼 보이는 주관주의를 피할 수 없다. 유감스럽게도 스피노자는 이러한 도전에 대한 어떠한 대답도 명쾌하게 내놓지 않는다. 그러나 스피노자를 대신해서 그 문제에 답하는 한 가지 그럴듯한 방식은, 정념/수동의 영향을 받지 않고 이성에 의해 인도되는 개인이 스피노자의 **모범**을 포함한 인간 본성에 대한 많은 가능한 모델 앞에 놓여 있을 때, 인식에 따라 행위하는 그러한 이성적 인간이 (자신의 행위 역량을 증대시키려는 노력으로부터) 필연적으로 욕망하고 달성하고자 노력하게 될 것은 스피노자의 모델이라는 것이다.[9] 이는 문제를 회피하는 것〔논점 선취의 오류〕처럼 보일 수도 있을 것이다. 이번에는 도대체 왜 정념으로부터 행동하는 개인의 욕망과 선택보다 (어쨌든 우리가 정당화를 시도하는 중인 모델 자체에 해당하는)

---

9) Curley, "Spinoza's Moral Philosophy"; Curley, *Behind the Geometric Method*, p.123을 보라.

이성적 개인의 욕망과 선택에 특권이 주어져야 하는지 물을 수 있기 때문이다. 그러나 정념으로부터 행동하는 개인은 사실 전혀 행동하는 것이 아니라 오히려 **반응**하는 것이라는 점을 기억하라. 오직 적합한 관념이 욕망과 선택을 이끄는 사람만 그 자신의 본성이 행동을 일으키는 사람이고, 따라서 그러한 사람만 단지 자신의 코나투스로부터 자연적이고 필연적으로 따라 나오는 것을 하고 있는 것이다. 그래서 선과 악은 여전히 어떤 기준과 관련이 있겠지만, 그 기준 자체는 단지 선한 삶이 무엇인가에 대한 누군가의 개념과 관련 있는 것이 아니라 인간 본성 자체와 일치하는 것이라고 스피노자는 말할 수 있다.

인간의 목표를, 할 수 있는 한 어떤 특정한 이상적 모델(그리고 상관적으로 그 목표를 촉진하거나 방해하는 것인 그의 '선/좋음'과 '악/나쁨'에 대한 개념)에 근접하는 것이라고 보는 스피노자의 견해는 현존하는 그의 초기 작품에 나타난다. 그래서 『지성교정론』에서 스피노자는 다음과 같이 말한다. "인간은……자신이 가진 것보다 더 강하고 더 지속하는 인간 본성을 생각하고, 동시에 아무것도 그러한 본성을 획득하는 것을 막지 않는다고 보기 때문에, 자신을 그러한 본성에 이끌 수단을 찾기 위해 박차를 가한다."[10] 『소론』에서 우리는 그가 다음과 같이 주장하는 것을 볼 수 있다.

우리는 앞서 만물은 필연적이며 **자연 안에는 선이나 악이 없다**고 이미 말했다. 따라서 우리가 인간에게 요구할 수 있는 모든 것은 단지 자신이 속한 유와 관련되어 있음에 틀림없으며, 인간이 속한 유는 단지 **이성적 존재**

---

10) Gebhardt, *Spinoza Opera*, vol.2, p.8; Curley, *The Collected Works of Spinoza*, p.10 (『지성교정론』, 13쪽. 번역은 수정).

라는 것일 뿐이다. 그리고 우리가 우리의 지성 안에 완전한 인간이라는 관념을 갖게 되었을 때, 그것[그 관념]은 (우리가 우리 자신을 검토해 볼 때) 우리에게 그러한 완전함에 도달하는 어떤 수단이 있는지 이해하는 원인이 될 수 있을 것이다. (『소론』, 2부 4장)[11]

초기 작품들에서 스피노자는 이러한 완전함을 달성 가능한 무엇이라고 믿었을지도 모르지만, 『에티카』에서 그것은 분명 우리가 접근할 수는 있지만 결코 달성할 수는 없는 이상이다.

정서 대 정서

스피노자에 의하면, 실존은 끊임없는 투쟁이다. 우리는 이러한 주장이 4부 시작 부분의 하나밖에 없는 공리에 명확하게 포착되어 있음을 발견한다. "자연 안에 더 힘 있고 강한 다른 것이 없는 독특한 실재는 없다. 어떤 것이든 하나가 주어지면 그것을 파괴시킬 수 있는 더 힘 있고 강한 다른 것이 있다"(4부 공리1). 자연 안에는 무한하게 많은 코나투스, 즉 그 자체의 개체를 존속시키기 위한 각각의 노력이 있다. 이 코나투스들이 실존을 유지하고 우위를 차지하기 위해 싸울 때, 그것들은 서로 대립하게 되고 서로에게

---

11) Gebhardt, *Spinoza Opera*, vol.1, p.60; Curley, *The Collected Works of Spinoza*, p.103. 실제로 베넷은 4부 서문에만 등장하는 『에티카』의 'naturae humanae exemplar'(인간 본성의 모범)라는 표현을 "사람들이 선호하는 인류의 모범이라는 개념으로 스피노자가 4부 본문에서 어떤 작업을 하려고 계획했을 당시의 흔적"이라고 말한다(Bennett, *A Study of Spinoza's Ethics*, p.296). 하지만 나는, 이후 4부에 'exemplar'(모범)라는 용어가 재등장하지는 않지만, 그럼에도 그 용어가 표상하는 "사람들이 선호하는 …… 모델" 개념은 "자유로운 인간"이라는 형태로 다시 등장한다고 말하겠다.

인과적으로 영향을 준다.

인간 삶에서 투쟁은 개인과 그 외부의 힘들 간에 일어나기도 하고, 개인 내부의 내적 힘들 사이에서 일어나기도 한다. 정신이 그 자신의 행위 역량을 증대하기 위해 작업하는 동안, 그 자신의 코나투스를 가진 인간의 신체는 자신을 파괴하거나 약하게 만드는 것들에 대항하여 싸운다. 성공은 항상 정도 차는 있어도 거의 일시적 사건이며, 어떠한 실재도 영원히 살아남지 못한다 ─ 4부 공리가 말하는 것처럼, 종국에는 나타나 그것을 극복할 더 강한 어떤 것이 항상 있다. 지속을 갖는 자연의 부분 중에 불멸하거나 영속적인 존재는 없다. "인간이 실존 안에 존속하는 힘은 외적 원인의 역량에 의해 제한되고 무한하게 능가된다"(4부 정리3). 자연의 일부이기 때문에, 우리는 최적의 환경에 둘러싸여 있을 때조차 항상 작용을 받으며(4부 정리2), 어떠한 사람도 외적 원인의 연쇄로부터 자신을 완전히 자유롭게 만들 수 없다. 즉, 우리는 자연의 일부가 아닐 수 없으며, 이러한 지속적 투쟁, 곧 고대 그리스인들이 **아곤**agon이라 불렀던 것에 연루되지 않을 수 없다.

4부 정리4 인간이 자연의 일부가 아닐 수 있다는 것, 그리고 그가 자신의 본성을 통해서만 이해될 수 있는 변화와 그가 적합한 관념인 변화만 겪을 수 있다는 것은 불가능하다.

이것이 사실이 아니라면, 만일 어떤 사람이 완전히 능동적일 수 있고 (즉 모든 수동 정서로부터 자유로울 수 있고) 자신에게 작용하는 힘에 저항할 수 있다면, 그는 결코 죽지 않을 것이다. "만약 인간이 인간 본성을 통해서만 이해될 수 있는 변화만 겪을 수 있다는 것이 가능하다면, (3부 정리4와 정리6에 의해) 그는 사라지지 않고 필연적으로 항상 실존하리라는 결론이 따라 나올 것이다"(4부 정리4 증명). 그러나 이는 불합리하다고 스피노자는 주장하는데, 왜냐하면 그것은 개별 인간이 자연의 원인으로부터 일어날 수 있는 모든 가능한 악화를 피할 수 있다는 것을 의미하거나, 아니면 자연 자체가 그 사람이 자신의 보존에 도움이 되는 변화만 겪도록 실재를 통제했다는 것을 의미할 것이기 때문이다. 그러므로 스피노자는 "인간이 그 자신이 적합한 원인인 변화만 겪을 수 있다는 것은 불가능하다"라고 결론 내린다(4부 정리4 증명). 4부 정리4의 이러한 결론은 단지 3부 기획의 연장일 뿐인데, 이 3부를 통해 스피노자는 인간이 어떤 '국가 속의 국가'가 아니며, 나머지 자연을 지배하는 힘의 외부에 있지 않다는 것을 보여 주고자 했다.

그래서 인간은 "항상 정념/수동에 종속되고, …… 자연의 공통 질서를 따르고 복종하며, 실재의 본성이 요구하는 만큼 자연의 공통 질서에 자신을 맞춘다"(4부 정리4 따름정리). 이러한 정념/수동은 때로는 사람을 이 방향으로 움직였다가, 때로는 저 방향으로 움직이고, 심지어 반대 방향으로도 움직인다. 3부를 통해 알고 있듯이, 사람을 움직이는 것은 정서 — 코나투스 내지 존속을 위한 노력의 강도가 더 강해지거나 약해지는 변화 — 이다. 우리는 우리를 개선하고 기쁨의 원인이 되는 것을 추구하며, 우리에게 해가 되고 슬픔의 원인이 되는 것을 피한다. 이미 보았듯이, 그러한 것들이 우리 욕망 안에 만들어 내는 정서와 변양은 인간 행동의 원인이 되는 첫번째 요소이다.

어떤 특수한 정념이든 그것의 힘은, 실존 안에 존속하려는 인간 자신의 역량에 정념/수동을 일으키는 외적 실재의 역량 비율과 상관적이다(4부 정리5). 인간의 존속하려는 역량이 외적 원인의 역량에 의해 능가될 수 있음은 분명하다. 그럴 경우 "[수동] 정서는 인간에게 단단하게 고착"되고,

없애기 어렵다(4부 정리6). 게다가 정서의 강함이나 약함은 그 정서의 대상인 외적 실재에 대한 우리 개념에 상당히 의존한다. 4부 정리9~13에서 스피노자는 정서의 상대적 강도를 개관하는데, 그 강도는 정서의 대상과 시간적으로 얼마나 가까운지, 그 대상의 실존 양상[12]이 무엇인지에 근거한다. 현존하는 대상에 대한 정서는 부재하거나 존재하지 않는 대상에 대한 정서보다 더 강하다(4부 정리9). 반면에, 필연적이라고 생각되는 것에 의해 생겨난 정서는 단지 가능하거나 우연적이라고 보이는 것에 대한 정념보다 "더 강하다"(4부 정리11). 우리는 시야 바깥에(정신 바깥에) 있는 것보다 우리 바로 앞에 있는 것에 의해 더 많이 추동된다. 그리고 (우리 관점에서) 그 현존이 불확실한 것보다 일어날 것임을 확실히 아는 것에 의해 더 많이 변용된다.

    삶을 경쟁하는 정서들 간의 투쟁이라고 보는 스피노자의 견해는 인식 영역으로도 이어진다. 인식조차 정서적 구성 요소를 가지고 있지 않는 한, 사람을 바꿀 수 없다. 참인 관념의 현존 그 자체만으로는 ― 그것이 **진리**라는 사실만으로는 ― 거짓인 관념과 그것으로부터 생겨나는 욕망을 정복하기에 충분하지 않다. 불쾌한 일이지만 그럼에도 나에게 좋다는 것(예컨대 쓴 약을 먹는 것)을 내가 아는 것만으로는 그 일을 하는 것에 대한 나의 정념적 저항을 이기지 못할 것이다. 감각과 상상에서 생겨나는, 부적합한 관념에 기초한 정서를 극복할 수 있는 것은 오직 참인 믿음을 수반하는 정

---

12) 〔옮긴이〕 사물 양상(de re modality)에는 '가능', '우연', '필연', '불가능' 등 네 가지가 있다. 이어지는 본문에서 '현존하는 대상'이나 현존하지만 '부재하는 대상'의 양상이 '우연'이라면, '존재하지 않는 대상'의 양상은 '가능'이다. 그러나 '부재하는 대상'(예컨대 결석한 학생)과 '존재하지 않는 대상'(이를테면 유니콘)을 하나로 묶은 것은 이 둘 모두 내 앞에 없는 대상으로, 그것에 대한 정서는 내 앞에 현존하는 대상에 대한 정서보다 약하다는 것을 지적하기 위함일 것이다.

서의 힘일 뿐이다. "선과 악에 대한 참인 인식은 그것이 참인 한에서는 어떠한 정서도 억제할 수 없고, 그것이 정서로 고려되는 한에서만 억제할 수 있다"(4부 정리14). 참인 것에 대한 인식이 정신의 행위 역량 증대를 보여 주는 것이라면, 그 인식은 "정신을 속인 다른 상상"을 수반하는 정서와는 반대되는 정서적 차원을 동반할 것이다. 다시 말해서, 오직 정서만 정서를 대항할 수 있다. "정서는 억제되어야 할 정서와 반대되고 더 강한 정서에 의해서만 억제되거나 제거될 수 있다"(4부 정리7).

그래서 인식과 정념 간의 충돌은 플라톤이 묘사하는 것처럼 순전한 지성과 감정 간의 충돌이 아니다. 오히려 그것은 정서의 투쟁, 곧 각기 근원이 다른 경쟁하는 욕망에 의해 그 성격이 규정되는 투쟁이다. "선과 악에 대한 참인 인식으로부터 나온 욕망은 우리를 괴롭히는 정서들로부터 나오는 다른 많은 욕망에 의해 소멸되거나 억제될 수 있다"(4부 정리15). 그리고 인식은 인식적 탁월성은 가지고 있지만, 정서적 구성 요소라는 측면에서 볼 때는 보통 우리를 빈번히 '예속' 상태에 묶어 두는 정념적 정서보다 약하다.

무엇이 선하고 옳은 것인지 아주 잘 인식하고 있지만 그럼에도 그것을 하지 않는 일이 있을 수 있는 것은 어째서인지 해명하기 위해, 스피노자는 인간 내부의 정서 투쟁에 대한 이러한 설명을 활용한다. 이는 도덕심리학의 주제, 곧 소크라테스, 플라톤, 아리스토텔레스, 그리고 다른 많은 철학자들에게 아주 중요했고 그들이 격렬하게 충돌하기 일쑤였던 주제이다. 소크라테스 자신은 만약 어떤 사람이 선한/좋은 것을 참으로 인식한다면 그는 그것을 추구할 것이라고 믿었다. 아리스토텔레스의 견해는 좀더 모호하지만, 근본적으로 그가 주장하는 바는 인간은 해야 할 옳은 것이 무엇인지는 인식할 수 있지만, 그럼에도 그것을 하지 않는다는 것이다.[13] 이 현상은 (고대 그리스 용어로) **아크라시아**akrasia라 불리며, 보통 '의지의 약함' 또는 '자제심 없음'이라 번역된다. 이 문제는 다소 비슷한 이슈인 동기부여 문제, 즉 사람이 선한/좋은 것 또는 옳은 것을 인식하고 있지만 그것을 추구할 동기부여가 되지 않는 게 가능한지 여부를 묻는 것과 구별되어야 한다("나는 x가 해야 할 옳은 것임을 안다. 하지만 내가 왜 그것을 해야 하는가?"). 사람들은 선/좋음을 추구하고 옳은 것을 할 동기가 부여되었지만, 아크라시아 때문에 어떻게든 그 동기를 실천에 옮기지 못한다.

스피노자는 분명 모든 개인이 항상 선한/좋은 것, 즉 자신의 이익을 가장 잘 증진하는 것과 존속을 위한 자신의 노력을 돕는 것을 하도록 **동기가 부여된다**고 믿었다. (에고이즘의 이점 중 하나는 결코 동기를 설명하는 데 있어서 어떠한 문제점도 없다는 점이다.) 그러나 그 또한 우리가 때때로 적절하게 행위하지 못한다는 사실에 부딪힌다. 스피노자는 이를 설명하는 것이 '인간 역량의 결여', 특히 정서를 통제하고 완화하는 인간의 무능력이라고 말한다.

> 나는 정서를 완화하고 억제하는 인간 역량의 결여를 예속[노예 상태]이라 부른다. 왜냐하면 정서에 종속된 사람은 자기 자신이 아닌 운의 지배 아래 있기 때문인데, 그러한 사람은 그 운의 힘 아래 아주 강하게 놓여 있어서 자신에게 더 좋은 것을 알고 있지만, 그럼에도 흔히 더 나쁜 것을 따르도록 강제된다. (4부 서문)[14]

---

13) 그렇다 하더라도, 그런 식의 행동에 대한 아리스토텔레스의 설명에는 보통 그런 사람이 결여한 어떤 중요한 인식의 부분이 얼마나 많은지 보여 주는 내용이 포함된다. Aristotle, *Nicomachean Ethics*, VII.3(아리스토텔레스, 『니코마코스 윤리학』, 김재홍·김상진·이창우 옮김, 이제이북스, 2006, 7권 3장, 240~244쪽)을 보라.
14) Gebhardt, *Spinoza Opera*, vol.2, p.205; Curley, *The Collected Works of Spinoza*, p.543.

이성은 그것이 가진 정서적 힘의 도움으로도, 외적 실재가 원인이 되는 정서, 특히 우리 행위 역량의 어떤 측면이 직접적으로 증대됨을 보여 주고, 따라서 아주 강한 기쁨인 정서의 상대가 되지 못한다. "선/좋음과 악/나쁨에 대한 참인 인식으로부터 나온 욕망은, 그 인식이 미래와 관련되는 한, 순간의 즐거움을 위한 욕망에 의해 아주 쉽게 억제되거나 소멸될 수 있다"(4부 정리16). 마찬가지로 실존할지도 실존하지 않을지도 모르는 어떤 것을 위한 ("선/좋음과 악/나쁨에 대한 참된 인식"에 기초한) 이성적 욕망은 현재하는 어떤 것을 위한 욕망에 의해 쉽게 압도된다(4부 정리17). 스피노자는 이를 불행한 상황이라고, 후회와 갈망으로 가득 찬 것이라고 말한다.

이로써 나는 왜 사람들이 참된 이성보다 의견에 의해 더 많이 움직이는지, 왜 선/좋음과 악/나쁨에 대한 참된 인식은 정신의 장애를 불러일으키고, 자주 모든 종류의 욕정에 굴복하는지 그 원인을 보여 주었다고 믿는다. 그러므로 시인[오비디우스]의 시는 말한다.

video meliora, proboque,   더 나은 것을 보고 그렇다고 시인하면서도
deteriora sequor   나는 더 못한 것을 따르고 있어[15]

전도자가 다음과 같이 말했을 때, 그 또한 마음속에 같은 생각을 품었던 것 같다. "아는 것이 많으면 걱정도 많아지는 법이다"(「전도서」, 1장 18절).

---

15) 〔옮긴이〕 Ovid, *Metamorphoses*, VII.20~21 (오비디우스, 『원전으로 읽는 변신이야기』, 천병희 옮김, 숲, 2005, 311쪽). 앎과 삶, 인식과 행동의 괴리를 잘 보여 주는 탄식으로, 자유의지 문제와 관련하여 흄스, 데카르트, 스피노자, 로크 등에게 널리 인용되던 구절이다.

(4부 정리17 주석)

무엇이 그러한 사람을 이러한 정서적 예속으로부터, 곧 흔히 자신에게 가장 이익이 되는 것에 반하여 행동하도록 강제하는 것으로부터 자유롭게 할 수 있으며, 정념이 비합리적으로 강요하는 상황을 개선할 수 있는가?

덕

마침내 이제 우리는 『에티카』의 윤리학에 이르렀다. 상황은 4부 정리18과 함께 상당히 밝아지기 시작한다. 정리18과 그 이하 정리들에서 스피노자는 정념에 사로잡힌 삶의 애처로운 상 너머로 이동하며, 모범적인 인간의 삶, 즉 인간 본성의 완전함과 그 존속 역량의 최대화를 나타내는 'exemplar'(모범)에 대한 소묘를 시작한다. 그것은 이성에 의해 인도되는 삶이며 인식과 지성에 기초한 삶으로, 이러한 삶에서 개인은 오직 자기 자신에게 진정으로 도움이 되는 것만을 하지만 또한 다른 사람들이 그들 자신의 완전함을 추구하도록 돕는다. 결과적으로 스피노자의 도덕철학은 덕 지향적이다. 가장 문제가 되는 것은 우리가 하는 행위나 심지어 우리가 가진 의도가 아니라, 우리가 어떤 부류의 사람인지 그리고 우리가 가진 성격이 어떠한지이다. 스피노자 이전의 소크라테스, 플라톤, 아리스토텔레스, 그리고 스토아학파처럼, 스피노자의 모범적 인간은 덕을 지닌 자이자 어떤 것을 하기 위한 그리고 규정된 방식으로 행동하기 위한 안정된 기질을 지닌 자이다. 스피노자의 '덕'이 고대 그리스 철학자들의 **아레테**areté — 즉 어떤 것이 그 특징적 기능을 **탁월하게** 수행하도록 만드는 특성 — 와 정확히 동일한 것은 아니다. 정확히 말하자면, 4부 정의8에서 스피노자는 덕을 역량potentia이라고 정의한다. "나는 덕과 역량을 동일한 것이라고 파악한다. 즉 (3부 정리7에 의해) 인간과 관계되는 한에 있어서의 덕은, 인간이 자신의 본성의 법칙을 통해서만 이해될 수 있는 어떤 것을 일으키는 역량을 갖는 한에 있어서, 인간의 본질 내지 본성 그 자체이다." 이 정의에는 많은 것이 포함되어 있어서, 스피노자에게 있어 덕에 따라 사는 삶을 구성하는 다양한 요소들이 무엇인지 분리하는 것이 중요하다.

 4부 정리18의 주석에서 스피노자는 — 덕을 "본성에 따라 행위하는 것"으로 보는 고대 스토아학파 학설을 강하게 떠올리게 하는 서술에서 — 덕에 대한 보다 간결한 정의를 제시한다. "덕은 …… 단지 자신의 본성의 법칙으로부터 행위하는 것일 뿐이다." 하지만 모든 실재의 본성은 단지 그것의 코나투스, 즉 실존 안에 존속하려는 노력일 뿐이다. 따라서 모든 실재 본성의 법칙은 실재가 자신의 존재를 보존하기 위해 노력한다고 규정한다. 그러므로 스피노자가 결론 내리는 것처럼 "덕의 토대는 자신의 존재를 보존하기 위한 노력 바로 그것이다." 덕 있는 사람은 그 자신의 본성의 법칙을 잘 따르는 사람이며, 그 자신의 존재를 보존하기 위해 행위하는 사람이다. 다시 말해서, 덕은 자기 보존을 위한 성공적 노력이다. "각 사람이 자신의 존재를 보존하기 위해 노력할수록, 그리고 자신의 존재를 보존할 수 있을수록, 그는 더 많은 덕을 갖게 된다"(4부 정리20 증명). 반면 덕의 반대 — 그것은 아마도 악덕일 것이다. 스피노자는 이 용어를 사용하지 않고 대신 '역량의 결여'라는 어구를 사용하지만 말이다 — 는 그 자신의 본성에 따라 행위하는 것이 아니라 자기 바깥에 있는 실재의 본성에 따라 행위하는 것이다. 덕 또는 역량을 결여한 사람은 "그 자체로 고려된 자신의 본성이 요구하는 것이 아닌 외적 실재의 공통 구조가 요구하는 것을 하도록, 자기 바깥의 것에 의해 인도되고 그것에 의해 규정되도록 자신을 내버려 둔다"(4부 정리37 주석1). 이는 친숙하게 들릴 터인데, 정념과 정념을 야기하는 외적 실재에 사로잡힌 사람이 바로 그러할 것이기 때문이다.

지금까지 스피노자는 덕에 대한 다분히 형식적인 설명, 아직 아무런 실질적 내용도 없는 설명을 제시했다. "각 사람이 자신의 이익을 추구하기 위해, 즉 자신의 존재를 보존하기 위해 노력할수록, 그리고 그렇게 할 수 있을수록, 그는 더 많은 덕을 갖게 된다"(4부 정리20)라는 주장에는 자기 보존을 위해 가장 잘 노력하는 사람이 어떤 유의 사람인지, 또는 자기 본성의 법칙을 따르는 것과 같은 방식으로 행위하는 것은 **어떻게** 하는 것인지에 관한 어떠한 실체적 정보도 포함되어 있지 않다. '자신의 본성의 법칙을 따르는 것'과 '자신의 이익을 추구하기 위한 노력'이라는 모호한 관념이 함축하는 것은 무엇인지, 그리고 어떻게 삶에서 그러한 것이 작동하게 만들 수 있는지에 대해 말할 필요가 있다.

스피노자의 합리주의가 다시 작동하는 영역이 이 부분이다. 다만 이번에는 형이상학적·인식론적 원리가 아니라 도덕적 원리로 작동한다. 스피노자는 '자신의 본성에 따라 사는 삶'과 '이성의 인도에 따라 사는 삶'을 동일시한다. 이는 인간이 하는 것의 적합한 원인이 외부 실재가 그를 변용시키는 방식에 있는 것이 아니라 자신의 본성에 있을 때, 인간은 자신의 본성에 따라 사는 것이기 때문이다. 즉 인간은 수동적이 아니라 능동적일 때 자신의 본성에 따라 사는 것이다. 그리고 앞서 보았던 것처럼, 인간은 그가 하는 것이 부적합한 관념이나 정념으로부터 따라 나오는 것이 아니라, 자신의 적합한 관념으로부터, 실재에 대한 자신의 합리적 인식으로부터 따라 나올 때 능동적이다.

이성의 인도는 스피노자가 (4부 정리18에서) '이성의 명령'dictamina rationis이라고 부르는 것에서 구체화된다. 이러한 이성적 명령은 개인의 코나투스에 근거를 두고 있으며, 그러한 본성적 노력을 일종의 계몽적 방식으로 진술한 표현에 해당한다. 이성의 명령은 다음의 것을 요구한다.

> 모든 사람이 자신을 사랑하고, 자신의 이익, 곧 자신에게 정말로 유용한 것을 추구하며, 인간을 정말로 더 큰 완전성으로 이끌 것을 바라는 것, 모든 사람이 할 수 있는 한 그 자신의 존재를 보존하기 위해 노력해야 한다는 것. (4부 정리18 주석)

보다 중요한 것은 이성이 이러한 목표를 달성하는 방법에 대한 지침도 제공한다는 점이다. 이성은 개인의 특수성을 고려하지 않고 보편적이고 객관적으로 그렇게 한다. 칸트의 범주적(도덕적) 명령처럼, 이성의 명령은 개인의 차이를 초월하며 인간 행동에 보편적으로 요구된다. 이는 4부 정리 72에 나타나는 스피노자의 주장을 볼 때 명확한데, 그 정리에서 그는 이성에 의해 인도된 사람이 기만적으로 행동할 것인지 아닌지, 즉 "만일 이성이 그것을 권한다면, 이성은 그것을 모든 사람에게 권할 것"인지 아닌지에 대해 고찰한다.

이성이 요구하는 가장 중요한 것들 가운데 "우리는 덕 그 자체를 위해 덕을 원해야 하며, 덕보다 더 좋은, 또는 우리에게 더 유용한 것은 아무것도 없다"라는 것이 있다. 그러나 우리는 필연적으로 언제나 자연의 일부이며 "우리 존재를 보존하기 위해 외부의 어떠한 것도 필요로 하지 않거나, 외부 실재와 관계없이 사는" 일은 결코 있을 수 없기 때문에, 이성은 우리가 "우리에게 유용한 우리 외부의 많은 실재"를 갖기 위해 노력해야 한다고 처방한다(4부 정리18 주석). 다시 말해서, 스피노자의 덕은 세상으로부터 금욕적으로 물러나는 삶으로 이어지지 않고, 오히려 세계 안에서 보다 식견이 있고 성공적으로 항해하고 세계 내에 있는 것들을 보다 효율적으로 사용하는 삶으로 이어진다. 덕 있는 사람은 자신의 행복에 **진정으로** 좋은 것과 좋지 않은 것을 알아낼 수 있다. "절대적으로 덕에 의해 행위한다는 것은 자신의 이익을 추구함이라는 토대로부터 이성의 인도에 따라 행위하고 살고 우리 존재를 보존하는 것(이 세 가지는 같은 것을 의미한다)일 뿐 우리 안에 있는 다른 어떤 것도 아니다"(4부 정리24).

이것이 그러한 이유는, 덕 있는 사람은 인식으로부터 행위하기 때문이다. 그는 적합한 관념을 지니고 있으며, 이러한 관념들은 그가 무엇인가 하고자 노력할 때 그를 이끌어 준다. 정념이 아닌 이해가 그의 욕망과 선택을 규정한다. 물론 모든 사람은 자기 본성의 법칙에 따라 자신이 선/좋은 것이라고 판단한 것을 원하고, 자신이 악/나쁜 것이라고 판단한 것에 혐오감을 느낀다(4부 정리19). 이성에 의해 인도되는 덕 있는 사람은 그가 선/좋은 것과 악/나쁜 것 — 우리의 역량을 촉진하거나 감소시키는 것이라는 이 용어에 대한 스피노자의 정의에서 — 이라고 판단한 것이 실제로 그러하다는 이점을 갖는다. 그의 판단은, 그의 어떤 신체적 측면이 존속하기 위한 노력의 일시적인 증대나 감소를 경험하기 때문에 겪게 되는 즐거움이나 고통이 아니라, 보다 안전하고 능동적인 토대에 근거한다. (스피노자가 언젠가 말한 것처럼 우리는 "수동인 정서에서 생겨난 욕망"을 "맹목적"이라고 부른다[4부 정리59 주석].) 그가 욕망하는 것은 단지 자기 존재의 한 부분이든 아니면 심지어 몇 부분이든, 부분에 관계되는 것이 아니라 "전체의 이익"(4부 정리60)에 도움이 되는 것이다. 목전의 만족감이 잘못된 것이나 일시적인 것이나 부분적인 것을 추구하도록 그를 오도하지 못한다. 그러므로 덕 있는 사람의 인식적 이점을 고려해 볼 때, 그는 단지 자신의 코나투스에 있어 진정으로 성공적이기 때문에 덕이 있는 것이다.

4부 정리23 인간이 부적합한 관념을 갖고 있기 때문에 어떤 것을 하도록 규정되는 한 인간은 덕으로부터 행위한다고 전혀 말할 수 없고, 단지 그가 이해하기 때문에 〔어떤 것을 하도록〕 규정되는 한에서만 인간은 덕으로부터 행위한다고 말할 수 있다.

어떤 사람이 부적합한 관념을 갖는 한, 그는 수동적이다. 그러므로 그가 하는 것은 자신의 본성으로부터만 따라 나오지 않고, 외적 원인의 본성과 결합된 자신의 본성으로부터 따라 나온다. 그러나 어떤 사람의 행동이, 외적 실재가 그를 변용시키는 방식에 의해 규정되지 않고 자신의 적합한 관념에 의해서만 규정된다면, 그 사람은 진정으로 능동적이다. 그러므로 그가 하는 것은 오직 그 자신의 본성에서 따라 나오며, 자신을 보존하기 위한 그의 본성의 노력에 부합하기 마련이다.

이는, 어떤 사람에게 진정으로 이익이 되는 것, 존속하기 위한 그의 노력에 가장 도움이 되는 것, 그의 역량을 최대화하는 것이 인식 내지 이해 그 자체일 뿐이라는 사실의 귀결이다. "우리가 이성을 통해 얻으려고 노력하는 것은 이해일 뿐이다. 정신도 이성을 사용하는 한, 이해로 이끄는 것만을 자신에게 유용한 것이라고 판단할 뿐이다"(4부 정리26). 이성적인 사람, 곧 덕 있는 사람은 인식보다 자신에게 더 유익한 것이 아무것도 없음을 안다. 따라서 인식은 최고선/가장 좋은 것인데, 그것이 우리를 인간의 완전한 상태 —— 그것은 이해 상태 그 자체이다 —— 로 더 가까이 가게 하는 것이기 때문이다. 그래서 그는 또한 오직 이해로 이끄는 것만 선/좋은 것이며, 반면에 오직 우리가 이해에 이르는 것을 막는 것만 악/나쁜 것이라고 판단한다(4부 정리27).

혹자는 무엇에 대한 이해를 말하는 것인지 물을지 모르겠다. 물론, 이러한 이해로서 특히 자연nature에 대한 이해가 2종의 인식과 3종의 인식에 포함된다. 우리가 보았던 것처럼 2종의 인식과 3종의 인식은 실재를 그것의 영원하고 보편적인 원인인 속성 및 속성의 무한 양태와 관련시킨다. 즉 그것은 실재가 영원의 관점에서 어떻게 신 또는 자연 그 자체와 관련되는지를 보여 준다. 그러나 이는 결국 덕 있는 사람이 추구하는 인식이 바로 신(스피노자적 의미에서 신)에 대한 인식임을 의미한다.

4부 정리28 정신의 최고선/가장 좋은 것은 신에 대한 인식이며, 정신의 최고 덕은 신을 인식하는 것이다.

증명 정신이 이해할 수 있는 최고의 것은 신, 즉 (1부 정의6에 의해) 절대적으로 무한한 존재인데, 그것 없이는 (1부 정리15에 의해) 아무것도 존재할 수도 없고 인식될 수도 없다. 그러므로 (4부 정리26과 정리27에 의해) 정신의 최고의 이익, 즉 (4부 정의1에 의해) 선/좋음은 신에 대한 인식이다.

다음으로 (3부 정리1과 정리3에 의해) 정신은 이해하는 한에서만 행위하는(능동인) 것이며, (4부 정리23에 의해) 전적으로 덕으로부터 행위하는 것이라고 이야기될 수 있다. 그렇다면 정신의 절대적 덕은 이해이다. 그러나 정신이 이해할 수 있는 최고의 것은 (우리가 이미 증명한 것처럼) 신이다. 그러므로 정신의 최고 덕은 신을 이해하는 것 또는 인식하는 것이다. q.e.d.

스피노자가 4부 말미의 부록에서 덕 있는 사람이 자신을 위해 원하는 것은 다음과 같다고 결론 내릴 때, 이 모든 것은 세련되게 하나로 합쳐진다.

[덕 있는 사람이 자신을 위해 원하는 것은] 할 수 있는 한, [자신의] 지성, 즉

이성을 완성하는 것이다. …… 지성을 완성하는 것은 단지 신과 신의 속성, 그리고 신의 본성의 필연성으로부터 따라 나오는 신의 활동을 이해하는 것일 뿐이다. 그래서 이성에 의해 인도되는 사람의 궁극적 목적, 즉 그로 하여금 다른 욕망들을 완화하고자 노력하도록 만드는 최고의 욕망은 자기 자신과 그의 지성에 포함될 수 있는 모든 것을 적합하게 인식하도록 그를 인도하는 일이다.[16]

신(또는 자연)에 대한 인식 — 인간과 관련된 것이든 아니든, 자연nature의 모든 다양한 현상들 중 근본적으로 그 자연nature에 대한 가장 깊은 과학적 인식 — 과 더불어, 덕 있는 사람은 자신의 방편을 통해 달성할 수 있는 것, 영속적이자 운의 변덕에 영향을 받지 않는 선/좋은 것을 발견한다. 무한하게 많은 개인들이 다툼이나 경쟁 없이 똑같이 소유할 수 있는 것 또한 선/좋은 것인데, 이는 그것이 유한하고 재생할 수 없는 자원이 아니기 때문이다. 사실 덕 있는 사람은 신에 대한 인식이 선/좋은 것이며 다른 사람들도 추구하도록 장려해야 할 것임을 안다. 그러므로 덕은 평화적이고 협력적인 사회관계를 위한, 뿐만 아니라 타자를 위한 윤리적 지원 행동을 위한 견고한 토대를 제공한다(아래 내용을 보라).

'자유로운 인간'

이제 우리는 스피노자가 근본적으로 역량, 덕, 이성, 합리성, 능동성을 동일시한다는 것을 알 수 있다. 덕이 있다는 것은 우리의 역량을 증대시키려

---

16) Gebhardt, *Spinoza Opera*, vol.2, p.267; Curley, *The Collected Works of Spinoza*, p.588.

는 추구 내지 존속하려는 노력이 성공적이라는 것이다. 역량이 있다는 것은 능동적이라는 것, 곧 자신이 자기 존재 상태의 적합한 원인이라는 것이다. 그런데 우리의 존재 상태가 단지 우리의 적합한 관념으로부터만 따라 나올 때, 우리는 (우리가 하는 것을 포함한) 우리 자신의 존재 상태의 적합한 원인이다. 그리고 우리의 활동이 우리의 적합한 관념으로부터만 따라 나올 때, 우리는 이성에 의해 인도된다. 따라서 덕 있는 사람은 이성적 삶이라 불릴 수 있을지 모를 그런 삶, 역량과 능동성이 증대된 삶을 산다.

덕 있는 사람은 또한 더 큰 자유를 획득한 개인이다. 이는 결정의 부재나 의지의 자유 —— 그 두 가지 모두 스피노자에게는 가상이다 —— 가 아니라 외부 실재에 대한 자율성과 인과적 독립성의 정도로 이해되어야 한다. 덕 있는 사람에게 일어나는 일은 그 자신의 본성으로부터 따라 나온다. 따라서 덕 있는 사람, 곧 자신의 지성을 개선하여 이성의 명령에 따라 사는 사람은 스피노자가 '자유로운 사람'homo liber이라는 명칭을 붙인 사람이다. 고대 스토아학파의 '현자'sophos/sapiens —— 스피노자는 이따금 이 표현을 사용한다(예를 들어 4부 정리45의 주석) —— 처럼, 자유로운 사람은 일종의 이상적 인간을 나타낸다.[17] 내 생각에, 그것이 바로 스피노자가 4부를 시작하며 사용한 개념인 naturae humanae exemplar[인간 본성의 모범]이다. 이 모범에 따라 인간의 영역 안에 있는 것들은 우리가 그 이상적 상태에 더 가까이 가는 것을 가능하게 하는(아니면 막는) 한에서 선/좋은 것 (또는 악/나쁜 것)으로 그리고 완전한(또는 불완전한) 것으로 판단된다.

스피노자는 4부 후반부의 많은 부분(정리67~73)을 자유로운 사람의 삶을 묘사하는 데 할애한다. (그렇게 함으로써 덕 있는 삶에 대한 우리 이해에

---

17) Wolfson, *The Philosophy of Spinoza*, vol.2, pp.255~259를 보라.

약간의 세부 사항을 덧붙인다.) 자유로운 사람은 정념과 무작위적 경험이 아니라 인식에 의해 인도되는 사람이다. 따라서 (외적 실재가 아닌) 그가 자기 자신을 통제한다.

우리의 본성을 통해서만 파악될 수 있는 방식으로 우리의 본성에서 따라 나오는 욕망들은, 적합한 관념으로 이루어진 것이라고 인식될 수 있는 한에서의 정신과 연관된 것들이다. 나머지 욕망들은 실재를 부적합하게 인식하는 한에서의 정신과만 관계된다. 그리고 그 나머지 욕망의 힘과 성장은 인간 역량이 아니라 반드시 우리 바깥에 있는 것들의 역량에 의해 정의되어야만 한다. (4부 부록)[18]

이성적 삶은 정념이 잘 억제되는 삶이다. 자유로운 사람은 외적인 것과 그것이 원인이 되는 쾌락에 지나친 사랑이나 욕망을 느끼지 않고, 언젠가 닥쳐올지 모를 악한/나쁜 것들에 지나친 미움을 느끼지도 않는다. 그리고 탐욕, 잘 보이려는 욕망, 욕정, 시기, 질투, 그리고 다른 유사한 것들로 이끄는 것은 이러한 감정이기 때문에, 자유로운 사람은 그러한 '골치 아픈' 태도를 경험하지 않는데, 그는 그것을 '일종의 광기'로 간주할 것이다(4부 정리44 주석). 그는 슬픔도 우울함도 모르며, 그의 유쾌함은 과도하진 않지만 견고하게 자기 상황의 전체적인 행복에 근거한다(4부 정리42). 요컨대 그러한 삶은 절제하는 삶이다. 그는 분별없고 과도하게 감각적 즐거움을 추구하지는 않지만, 금욕주의자들이 그럴 법한 것처럼 감각적 즐거움에 영향받지 않는 것도 아니다. 사실 그는 좋은 삶을 위해 그것들이 불가피하

---

18) Gebhardt, *Spinoza Opera*, vol.2, p.266; Curley, *The Collected Works of Spinoza*, p.588.

다는 것을 인정한다.

기분 좋은 음식과 음료, 향, 녹색식물의 아름다움, 장식, 음악, 운동, 연극, 그리고 다른 사람에게 해가 되지 않으면서 누구나 즐길 수 있는 것, 이러한 유의 다른 것들로 적당히 생기를 되찾고 회복하는 것은 현자의 일부라고 나는 말한다.

그는 인간 전체, 곧 신체와 정신 모두에 좋은 것과 인간의 일부분에 일시적으로만 좋은 것을 구분한다.

왜냐하면 인간 신체는 다른 본성을 가진 아주 많은 부분들로 이루어져 있는데, 이 부분들은 신체 전체가 그 본성으로부터 따라 나올 수 있는 모든 것들을 똑같이 할 수 있도록, 따라서 정신 또한 아주 많은 것들을 똑같이 이해할 수 있도록, 새롭고 다양한 영양분을 끊임없이 필요로 하기 때문이다. (4부 정리45 주석)

자유로운 사람은 동일한 행위를 할 때조차 정념/수동이 아닌 이성에 의해 추동된다(4부 정리59: "우리는 정념/수동인 정서로부터 규정되는 모든 활동에 대해, 그러한 정서 없이도 이성에 의해 규정될 수 있다"). 자유로운 사람은 실재를 선한/좋은 것에 대한 참인 인식으로부터 추구할 것이고, 그가 선한/좋은 것이라고 인식한 실재에 대한 그의 이성적 욕망은 "결코 과도하지 않다"(4부 정리61). 자유로운 사람은 희망이나 두려움(예를 들어 기분 좋거나 기분 나쁜 결과)으로부터가 아닌 진정으로 자신에게 가장 큰 이익이 되는 이해로부터 옳은 것과 선한/좋은 것을 한다.

실재들에 대한 그의 인식은 2종과 3종의 인식이기 때문에, 자유로운 사람은 **영원의 관점에서** 그리고 그것들의 필연성에 대한 적실한 판단과 더불어 실재를 평가할 수 있다. 따라서 감각 경험 내에서 실재들의 실제적인 시간적 배열은 그 실재들에 대한 그의 평가나 욕망과 무관하며, 그래서 그는 순간의 판단에 쉽게 추동되지 않기 때문에 순간의 판단으로 장기적 이익을 희생시키지 않을 것이다. 자유로운 사람은 ─ 영원의 관점에서 볼 때 현재와 미래는 같은 것으로 드러나므로 ─ 현재를 주시하는 것만큼 미래도 똑같이 주시하며, 그래서 아직 실존하지 않는 어떤 선/좋은 것에 이성적으로 천착하는 상태가 즉각적 쾌락의 유혹에 압도되지 않도록 할 것이다.

4부 정리62 정신은 이성의 명령에 따라 실재를 인식하는 한, 관념이 미래나 과거 실재에 대한 것이든 아니면 현재하는 실재에 대한 것이든 간에, 똑같이 변용된다.

증명 정신은 이성의 인도 아래 인식하는 모든 것을 (2부 정리44 따름정리2에 의해) 동일한 영원성, 즉 필연성의 관점하에서 인식하며, (2부 정리43과 그 주석에 의해) 동일한 확실성으로 변용된다. 그래서 관념이 미래나 과거에 대한 것이든 아니면 현재에 대한 것이든 간에, 정신은 실재를 동일한 필연성을 가진 것으로 인식하며 동일한 필연성으로 변용된다. 그리고 관념이 미래나 과거 실재에 대한 관념이든 현재의 것에 대한 관념이든 간에, 그럼에도 그것은 (2부 정리41에 의해) 똑같이 참일 것이다. 즉 (2부 정의4에 의해) 그럼에도 그것은 항상 적합한 관념에 속하는 동일한 특성들을 가질 것이다. 따라서 정신은 이성의 명령에 따라 실재를 인식하는 한, 관념이 미래나 과거 실재에 대한 것이든 아니면 현재하는 실재에 대한 것이든 간에, 동일한 방식으로 변용된다. q.e.d.

다시 말해서, 자유로운 사람은 결코 아크라시아나 의지의 약함을 경험하지 않을 것이다.

만일 우리가 실재의 지속에 대한 적합한 인식을 가질 수 있어서 이성에 의해 실재가 실존하는 시간을 규정할 수 있다면, 우리는 현재의 것과 동일한 정서를 가지고 미래의 것을 볼 것이며, 정신이 현재의 것이라고 생각하는 선/좋은 것을 원하는 것처럼 미래의 것이라 생각하는 선/좋은 것을 원할 것이다. 그러므로 정신은 미래의 더 큰 선/좋은 것을 위해 현재의 더 작은 선/좋음을 무시할 것이다. …… (4부 정리62 주석)

실재의 필연성에 대한 지각으로 인해, 자유로운 사람은 희망이나 두려움 ─ 양자 모두 일어날 일의 우연성과 불확실성에 대한 감각에 의존한다 ─ 의 정서에 덜 민감하다(4부 정리47). 동일한 이유로, 그는 타자에 대한 어떤 흔한 행동 방식 ─ 조롱, 무시, 비난, 칭찬, 분노, 복수 ─ 도 보여주지 않을 것이다.

모든 실재가 신의 본성의 필연성으로부터 따라 나오고 자연의 영원한 법칙과 규칙에 따라 일어난다는 것을 올바로 인식하는 사람은 미워하거나 조롱하거나 무시할 만한 것이 아무것도 없고, 연민을 느낄 아무도 없음을 확실히 알게 될 것이다. 대신 그는 인간의 덕이 허락하는 한, 이른바 잘 행위하고 기뻐하기 위해 노력할 것이다. (4부 정리50 주석)

자유로운 사람에게는 또한 강한 자기만족self-esteem/acquiescentia in se ipso[19]이 있을 터인데, 이는 자신의 행위 역량에 대한 반성으로부터 그리고 자신에 대한 정직하고 적합한 평가로부터 나오는 것이다. 그것은 덕에서 '생긴' 이성적 자기만족이며 자신의 강화된 능력에 대한 관념에 수반되는 기쁨(존속의 역량이 증대되는 것)을 포함한다. 그것은 다른 사람들이 자신을 어떻게 여기는가를 의식하는 것에서 유래하는 '공허한' 자기만족과 구별될 필요가 있다. "다중의 의견"은 일시적이고 예측 불가능한 것이어서, 그것이 멈추면 그것에 의존하는 자기만족도 멈춘다. "다중의 존경을 받는 것에 기뻐 어쩔 줄 모르는 이는 명성을 유지하기 위해 끊임없이 불안해하고 노력하며 희생하고 책략을 꾸민다. 다중은 변덕스럽고 일정치 않기 때문이다. 그래서 명성은 지키지 않으면, 빠르게 소멸되고 만다"(4부 정리58 주석). 자유로운 사람은 자신의 통제 너머 아주 멀리 떨어져 있는 자기만족 — 또는 실제로 어떤 선/좋은 것 — 에 전혀 신경 쓰지 않을 것이다.

요컨대, 자유로운 사람은 "이성의 자유로운 판단에 의해 자기 자신 …… 을 이끌고, …… 자신이 가장 탁월한 것이라고 인식한 것만을" 한다(4부 정리70 증명). 그는 할 수 있는 한 무지자들의 찬양과 호의를 피할 것이고(4부 정리70), 항상 정직하게 행동하고 결코 속이지 않으며(정리72), 손에 쥔 것들에 감사하며(정리71), 항상 두 개의 선/좋은 것 중에 더 큰 것을 따르거나 두 개의 악/나쁜 것 중에 더 작은 것을 따른다(정리65). 스피노자는 또한 **완전히** 자유로운 사람 — 즉 능동적일 뿐 결코 수동적이지 않은 사람 — 에게는 악/나쁜 것의 개념이 없을 것이라고 말한다. 악/나쁜 것의

---

19) 〔옮긴이〕 4부 정리52에 나오는 표현이다. 라틴어를 직역하면 '자기 자신에 만족함', '자기 자신에 대한 만족' 정도 되겠다. 오역이라고까지 할 수는 없겠지만 컬리가 이를 'self-esteem'(자부심, 자존심)으로 번역하는데, 내들러는 표준 영역본으로 통용되는 컬리의 번역을 따르면서도 아쉬운 감이 있었는지 라틴어 원문을 병기한 것이다. 참고로 셜리는 'self-contentment'(자기만족)로, 불역자 포트라는 'satisfaction de soi-même'(자기 자신에 대한 만족), 미즈라이는 'satisfaction de soi'(자기만족)라고 옮긴다. 이에 self-esteem은 모두 '자기만족'으로 옮겼다.

인식은 단지 슬픔의 의식(즉 자신의 행위 역량을 감소시키는 의식)일 뿐이고, 슬픔은 단지 외적 실재에 의해서만 생겨나기 때문이다. 완전히 자유로운 사람 — 그는 적합한 관념만 가지며, 따라서 자신의 존재 상태에 속하는 모든 것의 원인이다 — 은 결코 행위 역량이 감소되는 일을 겪지 않을 것인데, 이는 그가 활동하는 동안 어떠한 것도 결코 그의 완전성을 감소시킬 수 없을 것이기 때문이다. "만일 인간 정신이 적합한 관념만 갖는다면, 악의 관념을 형성하지 않을 것이다"(4부 정리64 따름정리). 무엇보다 스피노자는 가장 기억에 남을 만한 『에티카』의 구절 중 하나에서 자유로운 사람은 죽음에 대해 가장 덜 생각한다고 말한다. "자유로운 사람이 죽음보다 더 적게 생각하는 것은 아무것도 없고, 그의 지혜는 죽음이 아닌 삶을 성찰하는 것이다"(4부 정리67). 처형 전날 밤의 소크라테스처럼, 자유로운 사람은 죽음을 두려워하지 않는다. 그는 자신의 지속하는 실존의 끝에 머물러 있거나 일어날지 일어나지 않을지 모를 일에 대해 걱정하거나 하지 않을 것이다. 반대로 자유로운 사람은 자신의 존재를 보존하고 자신의 이익을 추구하는 데 주력한다. 그는 역량 있고 능동적이며 자기 충족적인 삶이 일으키는 기쁨에 사로잡혀 있다.[20]

그런데 스피노자가 자유로운 사람에 대해 논할 때, 그가 염두에 두었던 자유가 어떤 자유인지 궁금해하는 것은 자연스러운 일이다. 워낙에 이전 내용의 대의는 독자들로 하여금 인간은 사실 조금도 자유롭지 않다는 것을 믿게 만들었으니 말이다. 스피노자의 결정론적 우주에서 인간에게

---

20) 스피노자가 삶의 기쁨에 대해 어떠한 견해를 가졌는가에 관한 논의로는 Steven B. Smith, *Spinoza's Book of Life: Freedom and Redemption in the Ethics*, New Haven: Yale University Press, 2003을 보라.

자유는 무엇을 의미하는가?

이 문제에 대한 비교적 쉬운 해답이 하나 있다. 다시 스토아학파의 현자 개념에 귀를 기울이는 것이다. 스피노자의 자유로운 사람은 키케로의 **현자**sapiens처럼 불행과 불안과 절망의 원인이 되는 많은 방해가 자유로운 사람의 삶에 부재하는 한에서 '자유롭다'.[21] 이러한 의미에 따르면 '자유'는 '~에 대해 자유로운' 것 내지 어떤 것에 의한 방해가 없는 것을 의미한다. 스피노자는 『소론』에서 자유로운 사람을 이끄는 인식은 "슬픔, 절망, 시기, 두려움, 다른 악한/나쁜 정념, 곧 진짜 지옥 그 자체인 것으로부터 우리를 자유롭게 한다"라고 주장한다(『소론』, 2부 18장).[22]

하지만 우리는 그것이 스피노자가 자유로운 인간이라고 할 때 거기에 있는 자유의 전부가 아님을 안다. 다른 한편으로, 우리는 또한 그 자유로운 인간이, 자유의지론적 경향을 가지고 인간의 자유를 생각하곤 하는 이들이 말하는 강한 의미에서, 즉 규정의 부재인 원인 없는 의지를 요구하는 것이라는 의미에서 자유로울 수 없다는 것을 안다. 스피노자에 따르면 아무것도 그러한 의미에서 자유롭지 않다. 심지어 신조차도.

자유로운 사람은 우리가 신은 자유롭다고 이해하는 것과 같은 의미에서 '자유'로운가? 더 나아가 『에티카』에 일의적이고 일관된 '자유' 개념이 있는가? 신 또는 자연은 자유로운데, 왜냐하면 그것은 완전히 자기-규정적 실체이기 때문이다. 다른 것이 아닌 이 결과를 일으키도록 인과적으로 규정할 수 있는 어떠한 것도 그것 바깥에 없다. "자신의 본성의 필연성으로부터만 실존하고, 자기 자신에 의해서만 행위하도록 규정된 실재는 자유

---

21) Cicero, *Tusculanae Disputationes*, IV.27, 58 section(『투스쿨룸 대화』, 김남우 옮김, 아카넷, 2014).
22) Gebhardt, *Spinoza Opera*, vol.1, p.88; Curley, *The Collected Works of Spinoza*, p.128.

롭다고 불린다"(1부 정의7). 하지만 자유로운 사람이 어떻게 **이러한** 의미에서 자유로울 수 있는가? 어쨌든 자유로운 사람도 유한 양태이다. 따라서 우리가 들은 바대로 모든 유한 양태처럼, 자유로운 사람도 "역시 유한하고 규정된 실존을 가지고 있는 다른 원인에 의해 실존하고 작업하도록 규정되지 않는 한, 실존할 수도 없고 작업하도록 규정될 수도 없다"(1부 정리28). 이는 자유로운 사람이 내린 **자기** 결정이라는 관념을 배제하지 않는가? 나는 그렇게 생각하지 않는다. 그것이 배제하는 것은 의지의 자유/자기 결정이다. 보다 정확히 말하자면 의지작용에 있는 자유/자기 결정이다. 모든 의지작용은 (여느 심적 상태든 마찬가지로) 다른 심적 상태가 원인이 되어 생겨나며, 그래서 (그 의지 상태와 관련하여) 외적으로 규정된다 ─ 어떤 의지의 심적 원인은 그 의지작용과 구별되고 그 의지작용에 외적이다. 둘 다 동일한 정신 안에서 일어날 때조차 말이다. 그러나 자유로운 인간의 모든 특수한 상태는 인과적으로(외적으로) 그 사람의 어떤 다른 상태에 의해 규정되지만, 이는 그 자유로운 사람 자신이 자기 규정적이 아님을 의미하지 않는다. 다시 말해서, 우리는 의지의 자유를 자유로운 사람의 자유와 구별할 필요가 있다. 스피노자의 자유로운 사람에게 의지의 자유는 없을지 모르나, 여전히 1부 정의7[23]의 자유 개념이 갖는 의미에서 자유로울 수 있다.[24] 그의 자유는 그가 생각하는 것, 그가 욕망하는 것, 그리고 그가 하는 것의 적합한 원인이 바로 그의 내부에 있다는 사실, 즉 그의 적합한 관념과 그의 존속 역량 내부에 있다는 사실에 있다.

---

23) 〔옮긴이〕"자신의 본성의 필연성으로부터만 실존하고 자기 자신에 의해서만 행위하도록 규정된 실재는 자유롭다고 한다. 그러나 일정하고 규정된 방식으로 다른 것에 의해 실존하고 작업하도록 규정된 실재는 필연적이라고 또는 오히려 제약되어 있다고 한다."
24) Bennett, *A Study of Spinoza's Ethics*, pp.315~317에 있는 이 문제에 관한 논의를 보라.

나는 이성에 의해서만 인도된 사람을 자유롭다고 부른다. 그러므로 자유롭게 태어나고 자유로운 상태에 있는 사람은 단지 적합한 관념만 갖는다. …… (4부 정리68 증명)

우리는 정서, 즉 의견에 의해서만 인도되는 사람과 이성에 의해 인도되는 사람 간의 차이가 무엇인지 쉽게 이해할 것이다. 왜냐하면 전자는 그가 원하든 원하지 않든 간에 그가 거의 아는 바 없는 것들을 하는 반면, 후자는 누군가의 바람이 아니라 그 자신의 바람을 따르며 그가 삶의 가장 중요한 것이라고 인식하고 그러므로 매우 욕망하는 것만을 하기 때문이다. 이러한 이유로 나는 전자를 노예라 부르지만 후자는 자유로운 인간이라고 부른다. (4부 정리66 주석)

자유로운 것은 능동적인 것이다. 자유로운 것은 외적 실재와 관련하여 자율적인 것이다. 자유로운 것은 이성에 따라 사는 것이다. 이는 우리가 무언가 의지하거나 무언가 하는 것이 규정되지 않은 것임을 의미하지 않는다. 오히려 그것은 무엇을 의지하거나 하는 것이 자신의 본성 ― 존속하기 위한 자신의 내적 노력 ― 과 이성에서 따라 나온다는 것을 의미한다. 자유로운 사람의 자유는 신(또는 자연)의 자유와 다르지 않다.

물론 완전히 자유로운 사람 같은 그러한 사람은 없으며 있을 수도 없다. 스피노자가 여러 번 우리에게 상기시킨 것처럼, 인간은 결코 자연의 일부가 아닐 수 없으며, "인간이 자신의 본성을 통해서만 이해될 수 있는 변화와 인간이 적합한 관념인 변화만 겪을 수"는 없다(4부 정리4). 보다 정확하게 말하자면, 자유로운 사람은, 이성이 좋다고 생각하고 그래서 이성에 의해 인도되기 시작한 사람의 코나투스가 이르고자 필연적으로 노력할 이상적 모델이다. 이성적으로 행위하는 개인은 자유로운 사람을 모방하기 위해 노력할 것이다. 자유로운 사람이라는 개념은 어느 학자가 지적한 것처럼 하나의 극단적 상태이다.[25] 그러나 다소 정도 차이는 있지만 우리는 자유로운 인간의 본성에 가까워질 수도 있다. 따라서 사람은 이상적 자유의 조건에 접근하는 정도나 모자라는 정도에 따라 보다 자유롭거나 덜 자유롭다.

사람들이 자유로운 사람처럼 되기 위해 노력**해야 한다**는 말은 실정적인 진술인가? 우리는 이성적인 삶을 살기 위해 노력**해야 하는가**? 이는 『에티카』가 제기하는 가장 골치 아픈 문제 중 하나이다. 스피노자가 독자들에게 어떤 종류의 '당위'나 '의무'를 제시하는 일은 어려워 보일지 모른다. 결국 비결정론적 의미의 의지의 자유 없이, 정념/수동에 예속되어 있는 누군가가 자신의 삶을 변화시키기 위해 의도적 선택을 한다는 것은 불가능해 보일지도 모른다. 그가 그렇게 하거나 하지 않는 것이 자신의 통제 아래 있는 것이 아닐 때, 어떻게 사람이 어떤 것을 '해야 한다'고 할 수 있는가? 존재하거나 행위하도록 규정된 것이 무엇이든 필연적으로 바로 그렇게 존재하거나 행위하도록 규정될 것이라면, 이는 규범성의 여지를 거의 남겨 놓지 않는 것처럼 보일 것이다.

그러나 이러한 반응은 도덕적 처방이 결정론과 양립 불가능하다고 가정한다. 그리고 그것은 자유의지론자에게는 옳은 것처럼 보일지 모르나, 양립 가능론자, 곧 자유와 책임이 결정론과 공존할 수 있다고 보는 이들에

---

25) Bennett, *A Study of Spinoza's Ethics*, p.317. 〔여기에서 베넷은 '실제 기체'와 대비되는 '이상 기체'(ideal gas)처럼 스피노자의 '자유로운 인간' 개념은 '실제 인간'과는 다른, '이론적으로 편리한 극단적 상태'(theoretically convenient limiting case)라고 지적한다.〕

게는 옳은 것으로 보이지 않을 것이다. 일부 학자들은 적어도 어느 정도는 스피노자의 결정론이 그가 제시한 '권고 윤리'hortatory ethic와 모순되지 않는다고 주장한다.[26] 나는 자유로운 사람처럼 되기 위해 노력하고, 이성에 따라 살며, 또한 그러한 목적을 달성하는 데 도움이 되는 것을 **해야 하는가?** 물론이다. 그렇게 하는 것은 나 자신의 자기 이익에 속하고, 그래서 본성은 나에게 자기 이익을 추구하라고 말해 주기 때문이다. 만약 '당위'가 '가능'을 함축한다면, 그리고 '가능'이 단지 '불가능하지 않음'을 의미한다면, 비록 내 현재 상황을 고려할 때 내가 x를 하지 않을 것이라 하더라도, 내가 x를 해야 한다는 것은 여전히 실정적일지도 모른다. 다른 학자들은 스피노자가 할 수 있었던 것은 인간에게 '선'은 무엇이고 '악'은 무엇인지에 대한 자연주의적이고 기술적인 설명을 독자들에게 제시하는 것뿐이었다고 주장한다. 이러한 것들에 관한 진리를 정확히 파악한 모든 이들 — 곧 『에티카』를 읽고 이해한 모든 이들 — 은 그로 인해 필연적으로 덕을 추구하며 인식을 얻기 위해 노력하게끔 규정될 것이라고 자못 기대하면서 말이다.[27] 도덕철학은 우리에게 자연과학이 제시한 진리와 같은 '자연적인' 진리를 제공한다. 실제로 인간은 자연의 일부이기 때문에, 도덕철학은 자연에 대한 연구의 하위 분야이다. 도덕철학이라는 이 하위 분야는 자연 내부에 있는 원인-결과 관계의 특정한 하위 영역, 즉 인간 행복에 특히 중요한 것들에 관계된다.

---

26) 예를 들어 컬리는 촉구된 일이 전혀 불가능하지 않다면, "특정 유의 행동을 피하도록 사람들에게 일반적인 처방전을 교부하는 일은, 우리가 비록 그 행동들 중 일부가 어떤 상황에서는 적용될 수 없음을 알고 있을지라도 완전히 합리적"이라고 주장한다(Curley, "Spinoza's Moral Philosophy", p.372).

27) 비규범적 독해 내지 자연주의적 독해의 사례에 대해서는 Garrett, "Spinoza's Ethical Theory", p.286을 보라.

윤리학

물론 사람들이 보통 생각하는 윤리학이 단지 자기 발전에 관한 것만은 아니다. 윤리학은 또한 다른 사람을 어떻게 대해야 하는지에 관해 말해야 한다. 그것조차 자기 이익의 추구가 동기가 된 것이라고 밝혀질지라도 말이다. 스피노자는 이를 알고 있었고, 그래서 4부에서 이성에 의해 인도되는 개인이 다른 사람을 대하는 방식에 대해 간단히 논의한다. 제한 없이 자기 이익을 추구하여 다른 사람의 행복을 짓밟는 것을 방임하는 윤리학을 받아들이는 일이 가능한 것은 분명하지만, 스피노자는 현명하게 자기 체계의 심장부에 있는 이기주의가 사실 다른 인간을 대하는 자애롭고 사려 깊은 방식, 곧 우리가 직관적으로 '윤리적'이라 인식하는 방식을 지지한다고 주장한다.

스피노자는 본래 자신의 개체 형이상학에, 그리고 개체의 특징인 이기적 노력에 속하는 주장과 더불어 인간의 사회성sociability에 대한 논의를 시작한다. 스피노자는 "실재가 우리 본성과 일치하는 한, 그것은 필연적으로 선/좋은 것"(4부 정리31)이라고 말하는데, 이는 그것이 우리 본성의 보존을 촉진할 것이기 때문이다. 이는, 나와 본성을 공유하는 실재는 여느 것과 마찬가지로 자신의 본성을 보존하기 위해 노력할 것임에 틀림없기 때문이고, 그 자신의 본성이 나의 본성과 같은 경우 그로 말미암아 그것은 필연적으로 **나의** 본성을 보존하기 위해 노력할 것이기 때문이다. 한편 어떤 실재가 나의 본성과 다르거나 반대될 경우, 그것은 나와 무관하거나(좋지도/선하지도 나쁘지도/악하지도 않거나) 나에게 (내 본성과 내 본성과 일치하는 것에 반대되는 것으로서, 그 실재는 필연적으로 내 본성의 보존에 역으로 작용하기 때문에: 4부 정리31) 악할/나쁠 것이다.[28] 따라서 스피노자는 "우리의 본성과 완전히 일치하는 그러한 것들보다 더 훌륭한" 어떠한 것도 없으며, 본성을 공유하는 것 — 즉 자신과 아주 유사한 다른 인간 — 과 연합하는 것보다 자신의 존재를 유지하기 위해 더 좋은 아무것도 없다고 결론 내린다 (사실 이전 정리에 이 주장이 나타나긴 한다).

예컨대 만일 완전히 동일한 본성을 가진 두 개체가 서로 연합한다면, 그 둘은 각자보다 두 배 더 강한 하나의 개체를 구성하기 때문이다. 그래서 사람에게 사람보다 더 이로운 것은 아무것도 없다. 나는 모든 인간의 정신과 신체가, 이를테면 하나의 정신과 하나의 신체를 구성할 만큼 모든 점에서 일치하고, 할 수 있는 한 자신의 존재를 보존하기 위해 함께 노력하며, 모두 함께 모든 이들의 공통된 이익을 추구하는 것보다, 인간 자신의 존재 보존에 더 도움이 되는 어떠한 것도 바랄 수 없다고 말한다. (4부 정리18 주석)

스피노자는 이 구절에서 많은 것을 말하지 않고 남겨 두었지만, 두 사람은 하나이자 동일한 역량이 (배가됨으로써) 강화된다는 것을 보여 준다고 주장하는 것으로 보인다. 마치 두 개의 강장 음료가 두 배 많은 탄수화물을 제공하므로 신체에 두 배 많은 에너지원을 제공하는 것처럼, 또는 자동차를 미는 두 사람은 한 사람보다 더 많은 힘을 줄 수 있는 것처럼 말이다. 이는 "우리의 행위 역량은 …… 우리와 공통점이 있는 다른 독특한 실재의 역량에 의해 규정될 수 있고, 이런 이유로 촉진되거나 저해될 수 있

---

28) 4부 정리30~31에 대한 가혹하지만 내 생각에 정당하다고 사료되는 평가에 대해서는 Bennett, *A Study of Spinoza's Ethics*, pp.299~302를 보라.

다"(4부 정리29 증명)라는 그의 주장에 암시되어 있는 것처럼 보인다. 동일한 본성을 가진 두 실재, 따라서 동일한 목표(즉 그 본성의 보존)를 위해 노력하는 두 실재는 그 목표를 위해 작업하는 역량을 증대시킬 것이므로 그것의 성공적 성취 가능성을 높일 것이다.

물론 인간은 서로 유사하지 **않은** 한에 있어서도 서로에게 이롭다. 목수들로만 구성된 사회는 상호 보완적인 다양한 재능과 기술을 지닌 사람들로 구성된 사회보다 훨씬 덜 능률적으로 기능할 것이다. 그러나 여기에서 보다 깊은 스피노자의 알속은 인간이 본성상 서로 일치하고 그래서 공동의 목표와 문제에 대한 공동의 비전을 공유하는 한에 있어서만 인간은 서로에게 좋고 유익하다는 점이다. 우리를 분열시키고 서로 반목하게 만드는 것은 우리의 공통성이 아니라 우리의 차이와 특수성이다. 그리고 정념보다 우리를 더 차이 나게 만드는 것 — 시간이 흐르면서 동일 인물 내에서 생기는 (정념의) 차이와 변화는 말할 것도 없고 — 은 아무것도 없다. 가장 큰 차이와 불일치는 우리가 실재를 지각하고 느끼는 방식에 있다. "사람들이 정념의 지배를 받는 한, 그들은 본성상 일치한다고 이야기될 수 없다"(4부 정리32). "수동인 정서에 의해 고통당하는 한, 사람들은 본성상 서로 다를 수 있으며, 그만큼 한 사람의 동일 인물 또한 달라질 수 있고 변하기 쉽다"(4부 정리33). 우리의 신체적 차이 및 우리가 접촉하게 되는 대상의 차이 그리고 그 대상이 우리를 변용시키는 방식의 차이 — 이 차이는 어떤 한 개인이 평생 동안 겪는 변화를 포함할 수 있다 — 가 세계를 지각하고 그것에 반응하는 다른 방식을 만들어 낸다. 인간의 불일치는, 우리가 부적합한 관념을 통해 평가하는 실재와 관련된 기본적 사실에 근거하는 것과 마찬가지로, 실재에 대한 우리의 정념적 욕망에 근거한다. 즉 모든 사람이 똑같이 그들이 가진 것을 공유할 수는 없다. 정념적 욕망은 흔히 단 한 사람이나 몇몇 사람만이 손에 쥘 수 있는 유한하고 변화하기 쉬운 것들을 향하는 경향이 있다. 그래서 정념적 욕망은 (그리고 결과적으로 그 주체는) 자주 충돌한다.

> 어떤 사람, 이를테면 베드로는 바울이 슬픔을 느끼게 된 원인이 될 수 있다. 왜냐하면 (3부 정리16에 의해) 베드로가 바울이 싫어하는 것과 유사한 것을 가지고 있거나, 아니면 베드로 혼자 바울도 사랑하는 어떤 것을 소유하고 있거나(3부 정리32와 그 주석을 보라), 아니면 다른 원인들 때문이다. …… 그래서 그 결과 (3부 '정서들에 대한 정의' 7에 의해) 바울은 베드로를 싫어하게 될 것이고, 결과적으로 (3부 정리40과 그 주석에 의해) 반대로 베드로도 바울을 싫어하게 되기 십상이며, 그래서 (3부 정리39에 의해) 그들은 서로 손해를 끼치려고 노력할 것이다. 즉 (4부 정리30에 의해) 그들은 서로 반대될 것이다. 그런데 (3부 정리59에 의해) 슬픔의 정서는 항상 수동/정념이다. 그러므로 사람들은 수동/정념인 정서가 그들을 분열시키는 한 서로 반대될 수 있다. q.e.d. (4부 정리34 증명)

한편 이성에 따라 사는 덕 있는 인간은 "본성상 일치한다"(4부 정리35). 이는 부정적 의미와 긍정적 의미 둘 다로 이해되어야 한다. 부정적 의미에서 덕 있는 인간은 인간에게 공통적인 것 외에 차이 나게 하는 요소들 — 즉 정념 — 이 줄게 되므로 본성이 일치한다. 긍정적 의미에서 이성에 따라 사는 개인들은 동일한 실재를 가치 있게 생각하고 동일한 것을 추구한다. 하지만 베드로와 바울처럼 경쟁자인 경우와 달리, 덕 있는 이성적인 사람이 가치 있게 평가하고 추구하는 선/좋은 것은 유한한 것이 아니라 영원하고 소멸되지 않는 것이자 모든 사람에 의해 똑같이 공유될 수 있는 것이다.

4부 정리36 덕을 추구하는 이들의 최고선은 모든 이들에게 공통적이며, 모든 사람이 똑같이 향유할 수 있는 것이다.

증명 덕으로부터 행위하는 것은 (4부 정리24에 의해) 이성의 인도에 따라 행위하는 것이며, 우리가 이성으로부터 얻으려고 노력하는 모든 것은 (4부 정리26에 의해) 이해이다. 이런 이유로 (4부 정리28에 의해) 덕을 좇는 이들의 최고선은 신을 인식하는 것, 즉 (2부 정리47과 그 주석에 의해) 모든 사람에게 공통적이고 그들이 동일한 본성을 가지고 있는 한 모든 사람이 똑같이 소유할 수 있는 선을 인식하는 것이다. q.e.d.

어떤 사람이 이성에 의해 인도되는 한, 그는 자신의 본성, 즉 인간 본성에 좋은 것만을 한다. 그렇지만 이는 틀림없이 그가 다른 모든 사람과 공통으로 가진 것이다. 따라서 덕 있는 사람이 얻으려고 노력하는 것은 자신에게뿐만 아니라 모든 사람에게 좋은 것이다. "사람들이 이성의 인도에 따라 사는 한, 그들은 반드시 인간 본성에 좋은 것만을, 결과적으로 각 사람에게 좋은 것만을, 즉 (4부 정리31 따름정리에 의해) 각 사람의 본성과 일치하는 것만을 하고 있음에 틀림없다"(4부 정리35 증명). 덕 있는 사람은 모든 이들에게 좋은 이성적인 것들을 추구하고, 존속을 위한 인간의 노력을 돕는 방식으로 행위한다. 이것이 스피노자가 "자연 안에 이성의 인도에 따라 사는 사람보다 사람에게 더 이로운 독특한 실재는 없다"(4부 정리35 따름정리1)라면서, "사람들은 [이성의 인도에 따라] 각자 자신의 이익을 최대한 추구할 때 서로에게 가장 이로울 것"(4부 정리35 따름정리2)이라고 결론 내리는 이유이다.

하지만 덕 있는 사람이 나에게 유익한 것은 그가 추구하는 것이 모든 사람에게 좋은 것이고 그러므로 나에게 좋은 것이라는 일반적이고도 다소 모호한 사실을 넘어선다. 스피노자의 설명에는 다른 사람의 덕과 내 자신의 행복 간에 훨씬 더 직접적인 관계가 있다. 먼저 이성에 의해 인도되는 사람은 질투, 시기, 증오처럼 불화를 일으키고 심지어 해로운 정념 —— 내 노력과 관련하여 그를 나와 대립하게 만들지도 모를 정서 —— 에서 자유로울 것이기 때문에, 존속을 위한 내 자신의 이성적 노력과 관련하여 나에게 유익할 것이다. 실제로 이성에 의해 인도되는 사람은 나 자신과 동일한 것(인식)을 얻으려고 노력하기 때문에, 그는 이러한 목표에 있어 나에게 긍정적 도움이 될 공산이 크다. **내가** 더 이성적이 되면 될수록 나는 불화를 일으키는 정념에서 더 자유로워질 것이고, 그래서 **그에게** 더 유익한 존재가 될 것이라는 점을 그는 명확하게 이해하고 있을 터이니 말이다. 둘째로, 스피노자는 또한, 자기 주변에 항상 합리적이고 덕 있는 개인들을 두는 일이 분명 이성에 따라 살고자 하는 나 자신의 욕망과 결국 완전해지고자 하는 나 자신의 추구를 긍정적으로 강화하는 데 많은 역할을 할 것이며, 이는 좋은 일이라고 믿는 것처럼 보인다. 그는 "만일 우리가 사랑하거나 욕망하거나 미워하는 어떤 것을 누군가 사랑하거나 욕망하거나 미워하는 것을 상상한다면, 우리는 그로 인해 더 변함없이 그것을 사랑하거나 욕망하거나 미워할 것"이라고 말한다(3부 정리31). 덕을 사랑하고 인식을 욕망하는 다른 이들을 보는 일은 나로 하여금 더욱더 덕과 인식을 사랑하고 욕망하도록 만들 것이다. 따라서 다른 사람으로 하여금 덕을 사랑하고 인식을 욕망하게 만드는 일은 나에게 그리고 내 이익과 관련해서 유익할 것이다.[29]

---

29) 이 논변에 대한 분석으로는 Michael Della Rocca, "Egoism and the Imitation of Affects in

인간이 자신을 위해 원하고 사랑하는 선/좋은 것을 다른 사람도 사랑하는 것을 보게 되면 (3부 정리31에 의해) 그는 그것을 더욱 끊임없이 사랑할 것이다. 그래서 (3부 정리31 따름정리에 의해) 그는 다른 이들이 그 동일한 것을 사랑하도록 노력할 것이다. 그리고 (4부 정리36에 의해) 이 선/좋은 것은 모든 이들에게 공통적이며 모든 이들이 그것을 향유할 수 있는 것이기 때문에, 그는 (같은 이유에 의해) 모든 사람이 그것을 향유하도록 노력할 것이다. (4부 정리37 다른 증명)[30]

자신과 유사한 존재가 개선되는 것을 보는 일 ― 즉 다른 사람이 덕을 통해 드러내는 참된 기쁨을 경험하는 것(또는 행위 역량이 증대되는 것)을 보는 일 ― 은 우리가 교감적 기쁨을 느끼고 우리 역량도 비슷하게 증대되는 것을 겪는 원인이 된다. "만일 우리와 유사하고 그것에 대해 우리가 아무런 정서도 갖고 있지 않은 실재가 어떤 정서로 변용되는 것을 우리가 상상한다는 사실로부터, 우리는 그로 인해 유사한 정서로 변용된다"(3부 정리27). 따라서 다시, 덕 있는 다른 사람들이 있다는 것은 나 자신에게 좋은 것이다.

물론 스피노자의 주장은 아주 역설적이다. 스피노자의 주장은 사람이 이성적으로 자기 이익을 추구할 때 다른 사람에게 가장 유익하다는 것을 의미한다. "각 사람이 자신을 위해 자기 이익을 최대한 추구할 때, 사람들은 서로에게 가장 이로울 것이다"(4부 정리35 따름정리2). 다시 말해서, 계

Spinoza", eds. Yirmiyahu Yovel and Gideon Segal, *Spinoza on Reason and the Free Man*, New York: Little Room Press, 2004, pp.123~148을 보라.
30) Gebhardt, *Spinoza Opera*, vol.2, p.237; Curley, *The Collected Works of Spinoza*, p.565.

몽된 이기주의는 서로에게 가장 큰 유익이 될 것이다. 그렇지만 스피노자는 이 결론이 연역적으로 확실할 뿐만 아니라 실제로도 "일상 경험에 의해 확인된다"라며, 이 결론은 모든 이들에게 명백하다고 주장한다. 그는 우리 모두가 "인간에게 인간은 신"임을 알고 있다고 암시한다(4부 정리35 주석).

이 모든 것의 결론은, 이성에 의해 인도되는 사람은 자신에게 진정으로 이익이 되는 것이 무엇인지 아는 사람으로, 다른 사람이 자신과 동일한 수준의 이성적 완성에 이르도록 노력할 것이라는 점이다. 이성에 의해 인도되는 사람은 다른 사람 역시 이성에 의해 인도되는 것과 선/좋은 것, 곧 인식을 추구하는 것을 보호하기 위해 행동할 것이다. 이러한 행동은 그가 완전해지기 위해 노력하는 한 다른 사람의 유익함을 자신에게 최대화하는 행동이기 때문이다. "덕을 추구하는 모든 사람들은 자신을 위해 추구하는 선/좋은 것을 다른 사람을 위해서도 욕망한다"(4부 정리37). 다시 말해서, 덕 있는 사람은 다른 사람 또한 덕 있는 존재가 되도록 행위할 것이다. 그는 그들 스스로 이성적 삶을 성취할 수 있게 돕는 방식으로 그들을 대할 것이다. 그러나 이성적이고 덕 있는 존재가 되는 것은 **다른 사람**에게도 가장 이익이 되는 것이기 때문에, 이는 모두 단지 다음과 같이, 곧 이타적인 동기가 아닌 이기적인 동기에서 나온 것이긴 하지만, 이성에 의해 인도되는 사람은 다른 사람의 이익을 확대하고 그들에게 진정으로 이로운 방식으로 행위하기 위해 노력할 것이라고 말하는 것일 뿐이다.

이것이 스피노자의 이기주의가 우리가 보통 윤리적 행동이라고 생각하는 것이 되는 방식이다. 다른 이들에게 좋은 일을 하고 그들의 자기 보존 노력에 있어 그들을 도우려는 욕망은 이성에 따라 사는 우리 자신의 삶에 의해 생겨난다. "이성의 인도에 따라 사는 우리의 삶에 의해 우리 안에서 생겨난 선한/좋은 것을 하려는 욕망을 나는 도의심이라 부른다"(4부 정리37 주석1). 스피노자가 말하는 의미에서 덕이 있는 사람은 전통적으로 '덕' ― 윤리적 덕과 사회적 덕 ― 이라 간주되는 성격적 특성과 행동 양식 또한 보여 줄 터인데, 그 모든 것은 그의 합리적 자기 이익 추구로부터 자연스럽게 따라 나오는 것이다. '이성에 의해 인도되는 사람'에게는 '인격적 힘'이 있을 것이다. 그는 "아무도 미워하지 않고 아무에게도 화내지 않으며 아무도 시기하지 않고 아무에게도 분개하지 않으며 아무도 멸시하지 않고 결코 자만하지 않는다." 그리고 그는 "그가 문제를 일으키고 악하다/나쁘다고 생각하는 모든 것"을 피할 것이고, 또한 비도덕적이고 끔찍하고 부당하며 불명예스러워 보이는 모든 것을 피할 것이다(4부 정리73 주석).

그러니까 스피노자의 견해는, 이성적 이기주의가 다른 이들의 행복을 거리낌 없이 무시하는 상황으로 이어지지 않고 실제로는 최고의 윤리적 행동으로 이어진다는 것이다. "가능한 한 이 원리 ― 모든 사람은 자신의 이익을 추구해야 한다는 원리 ― 가 덕과 도덕성이 아닌 비도덕성의 기초라고 믿는 이들의 주의를 끌기 위해서 나는 이상의 것을 제시했다"(4부 정리18 주석).[31]

불행하게도, 스피노자가 인정하듯 우리는 보통 이성에 따라 살지 못한다. 그래서 이는 우리가 사회적 문맥에서 살아가는 한, 그리고 사회적 문맥에서 살아야 할 필요가 있는 한 특히 문제가 된다.

사람들이 이성의 인도에 따라 사는 일은 드문 일이다. 대신 그들의 삶은

---

31) 베넷 자신은 『에티카』의 이 정리들이 인상적이라고 생각하지 않는다. "스피노자는 자신의 협력적 도덕성(collaborative morality)을 향한 여정의 모든 단계에서 실패했다"(Bennett, *A Study of Spinoza's Ethics*, p.306).

보통 서로를 시기하고 짐스러워하도록 만들어져 있다. 하지만 사람들은 고독한 삶을 거의 살 수 없다. 그렇기 때문에 대부분의 사람들은 인간을 사회적 동물로 만드는 정의에 아주 만족스러워하는 것이다. 그리고 확실히 우리는 동료 인간들의 사회에서 불이익보다 더 많은 이익을 얻는다. (4부 정리35 주석)

인간은 다른 사람과 연합하는 것이 그들 자신에게 이익이 됨을 안다. 그들은 필요로 하는 것을 훨씬 쉽게 획득할 수 있으며 "도처에서 자신을 위협하는 위험" ─ 자연nature의 힘뿐만 아니라 다른 인간으로부터도 오는 위험 ─ 으로부터 자신을 훨씬 안전하게 보호할 수 있다. 이러한 이유로 보존을 위한 노력은 개인들이 직접 국가를 조직하도록 이끈다.

사회와 국가

사회·정치철학에 대한 스피노자의 중요한 기여는 『신학정치론』과 미완의 『정치론』에서 주로 발견된다. 그런데 『신학정치론』에 공을 들이기 위해 『에티카』를 제쳐 둔 1665년과 1970년대 초 사이 언젠가 다시 『에티카』를 완성하기 위해 돌아왔을 때, 그는 정치와 관련된 홉스의 저작 일부, 특히 『리바이어던』의 네덜란드어 번역(1667)과 라틴어 번역(1668)을 읽을 기회가 있었다. 홉스가 어떻게 전前정치적 '자연상태'에 있던 순전히 이기적인 개인들이 자기 보존이라는 자연권 일부를 자발적으로 포기하고 정치체를 형성하기 위해 협력할 수 있는지를 보여 줄 수 있었다는 점에 스피노자가 감명받았음은 분명하다. 정치 조직에 대한 『에티카』의 간결한 논의에 홉스의 설명은 본이 된다. 비록 두 사람 간에는 출발점 측면에서뿐만 아니라 사회계약으로부터 나온 국가의 본성에 있어서도 중요한 차이가 있지만 말이다.

모든 사람들이 무제약적으로 자기 이익을 추구하는 삶을 살고 자기 보존을 위해 그가 할 수 있는 것은 무엇이든 할 권리를 갖는 이론적 무법 상태인 자연상태에서 삶은 "고독하고, 가난하고, 험악하고, 잔인하고, 그리고 짧다"라고 홉스가 주장했던 것은 주지된 바이다.[32] 자연상태는, 힘으로 얻을 수 있는 무엇이든 그에 대한 권리를 지닌 각각의 사람으로 인해 "횡사의 공포와 위험"으로 가득 찬, "만인이 만인에 대하여 전쟁을 하는 상황"이라는 끊임없는 위협이 도사리는 위험한 상태이다.[33] 오직 자기 이익에 의해서만 움직이는 이성적인 개인은, 다른 사람들 또한 그렇게 하리라는 조건하에서, 보다 확실한 안전을 위해 자연권 일부를 포기하고 이를 군주에게 넘기는 것이 실제로 자신에게 가장 큰 이익이 될 것이라고 기대한다. 그때부터 군주는 그 집단으로부터 시민법을 만들고 집행하는 권한을 부여받고, 다른 이들의 침해에 맞서 시민의 보호를 보장함으로써 평화를 확립한다. (루소 이래) 근대 정치사상가들이 '사회계약'이라고 부른 일종의 협약을 통해, 이렇게 개인들의 권리는 군주에게 이양된다. 그리고 이는 정치 상태의 기원과 그 근거가 무엇인지 보여 준다.

스피노자 또한 본질적으로 국가의 사회계약론이 무엇인지 제시한다. 그 역시 자신의 출발점을 자연상태로 잡는다. 이 자연상태에서

> 모든 사람은 최고의 자연권에 의해 실존하며, 결과적으로 모든 사람은 최

---

32) Hobbes, *Leviathan*, I.13.ix [『리바이어던』 13장, 172쪽].
33) [옮긴이] 『리바이어던』 13장, 172~174쪽. 번역은 수정.

고의 자연권에 의해 자신의 본성의 필연성으로부터 따라 나오는 것을 한다. 그래서 모든 사람은 최고의 자연권에 의해 무엇이 선한/좋은 것이고 무엇이 악한/나쁜 것인지를 판단하고, 자신의 기질에 따라 자신의 이익을 고려하며(4부 정리19와 정리20을 보라), 직접 복수하고(3부 정리40 따름 정리2를 보라), 자신이 사랑하는 것을 보존하고 자신이 싫어하는 것을 없애고자 노력한다. (4부 정리37 주석2)

홉스의 자연상태처럼, 스피노자의 전前정치적 상황도 무제약적으로 자기 이익을 추구하는 상황이다. 만일 모든 개인들이 덕이 있고 이성의 인도에 따라 산다면, 이러한 상황은 문제가 되지 않을 것이다. 각자는 그들 상호 간의 유익을 인식할 것이고 타인의 덕 내지 행복을 최대화하기 위해 행위할 것이다. 그렇다면 강압적 국가에 대한 필요나 바람도 없을 것이다. 스피노자가 『신학정치론』에서 말하는 것처럼,

> 만일 사람들이 본성상 참된 이성에 의해 규정된 것만을 욕망하도록 구성되었다면, 사회에는 어떠한 법도 필요치 않을 것이다. 사람들에게 참된 도덕 학설을 가르치는 것 외에는 그 어떤 것도 필요치 않을 것이며, 그 결과 그들은 스스로, 전심으로, 자유롭게 자신의 진정한 이익을 위해 행동할 것이다.[34]

핵심은 『에티카』에 보다 간명하게 서술되어 있다. "만일 사람들이 이

---

[34] Gebhardt, *Spinoza Opera*, vol.3, p.73; Shirley, *Theological-Political Treatise*, p.63 [『신학정치론』, 5장, 97쪽. 번역은 수정].

성의 인도에 따라 산다면, (4부 정리35 따름정리1에 의해) 모든 사람들은 다른 사람들에게 어떠한 피해도 끼치지 않고 [자기 보존에 대한] 자신의 이러한 권리를 소유할 것이다"(4부 정리37 주석2).

만일 모든 사람들이 이성적이고 덕이 있다면 그들은 보다 높은 정치적 권한을 가진 이의 지배에 복종하지 않았겠지만, 그렇다 하더라도 여전히 사회를 형성했을 것이라는 점에 주목하는 것이 중요하다. 그들은 인간에게 다른 인간, 특히 다른 덕 있는 인간보다 더 유익한 것은 없다는 사실을 인식했을 것이다. 그래서 '자연상태' —— 즉 권한을 부여받은 정치적 군주가 없는 상황 —— 에서조차, 완전히 이성적이고 자유로운 개인들은 그들이 조직한 사회관계를 시작했을 것이다. 국가 없이도, 덕 있는 개인은 은둔자가 아니었을 것이며, 대신 자연스럽게 협력적인 연대를 형성했을 것이다.

스피노자는 "그러나 [사람들은] (4부 정리4 따름정리에 의해) 정서에 종속되어 있고 이 정서는 (4부 정리6에 의해) 인간의 역량과 덕을 훨씬 능가하기 때문에, 그들은 (4부 정리33에 의해) 흔히 다른 방향으로 움직여 (4부 정리35 주석에 의해) 서로의 도움을 필요로 함에도 (4부 정리34에 의해) 서로 반대된다"(4부 정리37 주석2)라고 주석을 이어 나간다. 다시 말해서, 사람들은 보통 이성이 아닌 정념에 지배된다. 앞서 언급된 『신학정치론』의 구절을 이어 가면서 스피노자가 말한 것처럼, "인간 본성은 [참된 이성에 의해 규정된 것만을 욕망하도록] 구성되지 않았다. 사실 모든 사람은 자신의 이익을 추구하지만, 결코 건전한 이성의 명령에 따라 그렇게 하는 것이 아니다".[35] 따라서 국가는 화합과 상호 조력을 보장할 필요가 있다. 그러므로 다시 한번 오직 자기 이익이 원인이 되어, 그리고 특히 자연상태에서 자연스

---

35) Gebhardt, *Ibid.*, vol.3, p.73; Shirley, *Ibid.*, p.63 (『신학정치론』, 5장, 97쪽. 번역은 수정).

럽게 우세한 정서인 해를 당할지 모른다는 두려움이 원인이 되어 움직이는 개인들은 무제약적으로 자기 이익을 추구할 권리를 자발적으로 포기하고 다른 이들과 협약을 맺는다.

그러므로 사람들이 서로 화합하여 살고 서로에게 도움이 될 수 있기 위해서는, 그들이 자신의 자연권을 포기하는 것, 그리고 다른 사람에게 해를 끼칠 수 있는 어떠한 것도 하지 않을 것이라고 서로 확신할 수 있게 만드는 것이 필요하다. …… 그러므로 이 법칙[36]에 의해, 만일 사회가 모든 사람이 가진 복수할 권리와 선/좋음과 악/나쁨에 대해 판단하는 권리를 전유한다면, 사회는 유지될 수 있다. 이런 식으로 사회는 정서를 억제할 수 없는 이성에 의해서가 아니라 위협에 의해서 공동의 생활 규칙을 규정하고 법률을 제정하며 그것을 유지할 권한을 가지고 있다(4부 정리17 주석에 의해). 법과 그 사회가 가진 자기 보존의 역량에 의해 유지되는 이러한 사회는 국가라 불리며, 국가의 법에 의해 보호되는 이들은 시민이라 불린다. (4부 정리37 주석2)

『신학정치론』과 『정치론』에서 명확해지는 것처럼, 스피노자의 경우 이상적 국가는 (홉스가 이상적 국가라 믿는) 군주정이 아니라 민주정인데, 이 정체에서 권력과 특권은 모든 시민들에게 이양된다. 더욱이 스피노자의 경우 자연상태에서 정치 상태로 나아가는 것은 홉스가 묘사하는 이행

---

36) 〔옮긴이〕 인용문의 '이 법칙'은 생략된 앞의 내용과 연관이 있는데, 그것은 4부 정리7에서 증명된 "정서는 억제되어야 할 정서와 반대되고 그것보다 더 강한 정서에 의해서만 억제되거나 제거될 수 있다"는 것이다. 인용문의 사회에 대한 논의는 이러한 '법칙'에 근거하고 있다.

과 달리 기본적인 안전만큼이나 이성적 완전에 대한 요구가 원인이 되는 것처럼 보인다. 국가는 그러한 목표를 현실화하는 환경을 제공해야 한다. 국가는 확실히 시민들을 두려움으로부터 자유롭게 하고 그들의 물질적 소유를 보호하는 것과 관련되어 있지만, 덕의 추구를 가능하게 하고 심지어 장려하는 것과도 관련된다. 스피노자의 경우, 사람들은 전쟁을 피하기 위해서뿐만 아니라 이성적 삶을 살 기회를 포함하여 국가가 제공하는 장점들로부터 이로움을 얻기 위해 국가 상태로 들어간다.

9장
영원성과 지복

9장
영원성과 지복

『에티카』에 더 깊이 들어가면 갈수록, 그리고 초기 정리들의 형이상학과 인식론으로부터 심리학, 사회·정치철학, 도덕철학의 영역으로 나아가면 갈수록, 스피노자의 관념이 놓일 수 있는 지적 문맥의 범위는 더 넓어진다. 1부와 2부는 주로 스피노자가 데카르트의 실체 및 인간 개념에 대한 일종의 비판적 주석을 제공하는 것으로 데카르트적 틀에서 이해되어야 하지만, 3부와 4부는 홉스와 고대 스토아 사상가들에 대한 연구에 빚지고 있다. 곧 보게 되겠지만, 스토아적 요소는 4부에서 훨씬 더 분명한데, 거기에서 스피노자는 마침내 어떻게 이성적 삶을 향해 나아갈 수 있는가에 관한 지침을 제공한다. 하지만 5부는 또한 다른 중요한 전통인 중세 유대교 합리주의와 스피노자의 대화를 보여 준다. 이 관계는 『에티카』와 관련하여 거의 연구되지 않았는데, 이는 스피노자의 개인적 배경과 교육 이력을 고려해 볼 때 아주 놀라운 일이라 하겠다. 생각건대, 사실 5부의 몇몇 주안점들에 대해 학자들이 느끼는 대부분의 좌절감은 스피노자가 선대의 유대교 철학자들과 어느 정도까지 관계를 맺고 있는지 인식하지 못하기 때문이다.

    4부 마지막 무렵에서 우리는 자유로운 사람에 대해, 그가 무엇을 믿고 어떻게 행동하는지에 관한 문제를 포함한 많은 것을 알게 되었다. 그의 욕망은 이성에 의해 감독되며, 그의 행위는 덕의 영향을 받는다. 그러나 스피노자는 사실 자유로운 인간이 되는(또는 적어도 자유로운 인간에 가까워지는) 방법에 대해 지금까지 우리에게 말하지 않았다. 우리는 **무엇이** 자유인지는 알지만, 어떻게 자유를 달성할 것인지에 대해서는 아는 게 거의 없다. 이것이 5부의 주제이다. 철저하달 정도로 상세한 설명을 제시하는 것은 아니지만, 스피노자의 목표는 자유의 길에 들어서는 일반적인 방법에 대한 지침을 일러 주는 것이다. 비결은 이제 알다시피 정념/수동을 약화시키고 자신의 능동성을 증대시키기 위해 어떻게 이성을 사용할 것인가를 배우는 것이다.

여기에서 스피노자의 견해와 관련된 독특한 점이 무엇인지, 그리고 특히 그의 견해가 데카르트 및 고대 스토아학파의 견해와 어떻게 다른지를 이해하는 데 있어 없어서는 안 될 **유의 사항**이 하나 있다. 5부 서문은 이성적 삶을 통해 달성될 수 있는 것과 그럴 수 없는 것에 관해 독자에게 미리 예고하는 역할을 한다. 스피노자는 『에티카』 전체를 통해 어떠한 인간도 자기 삶에서 수동적 정서를 완전히 제거할 수 없다고 아주 강력하게 주장한다. 그가 누차 상기시켰던 것처럼

> 인간이 자연의 일부가 아닐 수 있다는 것, 그리고 인간이 자신의 본성을 통해서만 파악될 수 있는 변화와 자신이 적합한 원인인 변화만 겪을 수 있다는 것은 불가능하다. ……
> 이것으로부터 인간은 필연적으로 항상 정념/수동에 종속되고, 자연의 공통 질서를 따르고 복종하며, 실재의 본성이 요구하는 만큼 자연의 공통 질서에 자신을 맞춘다는 점이 따라 나온다. (4부 정리4와 그 따름정리)

이제 5부 서문이 명료하게 만드는 것처럼, 스피노자는 또한 인간이 정념을 완전히 통제할 수 있다고 결코 믿지 않는다. 정념은 항상 거기 있을 것이고, 뿐만 아니라 항상 어느 정도는 실제적으로 작용하고 있다. 데카르트[1](뿐만 아니라 고대 스토아학파)와 달리, 스피노자는 어떤 실현 불가능한 이상과 관련해서가 아니라 현실적으로 말해서 가장 이성적인 인간 정신조차 정념에 대한 "절대적 지배권이 없다"라고 주장한다(5부 서문). 우리가 현세에서 달성할 수 있는 최대치는 정념을 "억제하고 완화하는" 것이다. 5부의 주제는 우리가 이러한 목표를 달성하는 데 도움을 줄 이성과 덕을 통한 치료이다.[2]

정념 완화

스피노자는 독자들에게 자신의 정신과 신체 형이상학의 중심 학설을 상기시킴으로써 5부를 시작한다. 정신은 신체에 대한 관념이기 때문에, 그리고 사유에 속하는 양태의 질서 및 연관은 연장에 속하는 양태의 질서 및 연관과 동일한 것이기 때문에(2부 정리7), 인간 정신 내 관념의 질서 및 연관은 당연히 그리고 필연적으로 신체 내 변용의 질서 및 연관과 상관관계가 있으며, 그 반대도 마찬가지이다(5부 정리1). 이것으로부터 만일 관념의 질서와 연관에 변화를 가져올 수 있다면, 신체 변용의 질서와 연관에 수반되는 변화가 필연적으로 있을 것이라는 결론이 따라 나온다. 한쪽의 변화가 다

---

1) Descartes, *Les Passions de l'âme*, I.44~50(『정념론』, 55~63쪽)을 보라.
2) 스피노자의 『에티카』가 일종의 '치료법'을 제공한다는 관념은 Garrett, *Meaning in Spinoza's Method*가 잘 보여 준다.

른 쪽 변화의 **원인이 된다**는 것이 아님을 기억하라. 정확히 말하자면 관념을 바꾼다는 것은 바로 그 조건하에서 일정하게 변화하는 신체를 갖는다는 것이다. 스피노자는 우리 자신의 유익을 위해 이러한 근본적인 형이상학적 사실을 어떻게 활용할 수 있는지, 그리고 보다 큰 자제심과 외적 힘에 대한 저항력을 어떻게 획득할 수 있는지 보여 줄 것이다.

보다 이성적인 존재, 정념에 덜 영향받는 존재가 되기 위해 나아가는 과정에서, 치료법의 첫번째 단계는 정념의 원인에 관한 믿음을 변화시킴으로써 정념의 힘을 축소시키는 것이다.[3] 보통 한 개인의 사랑(또는 증오)이 어떤 단일한 대상을 향해 있는 이유는 그 대상이 자신의 상태를 개선시킨(또는 악화시킨) 것이라는 믿음 때문이다. 하지만 단지 그 하나의 대상에 모든 주의를 기울이는 것은 부적합한 인식에 의해 인도된 것인데, 왜냐하면 그 대상은 무한하게 펼쳐진 원인들의 연쇄 중 단 하나에 불과한 유한한 고리이기 때문이다. 따라서 그것은 기껏해야 부분적인 요소일 뿐이다. 스피노자는 다음과 같이 말한다.

> 만일 우리가 외부 원인에 대한 생각으로부터 마음의 동요 또는 정서를 분리하고 그것들을 다른 생각과 결합시킨다면, 외부 원인을 향한 사랑이나 미움은 이러한 정서들로부터 생겨난 마음의 동요와 마찬가지로 소멸될 것이다. (5부 정리2)

여기서 스피노자는 **어떤** 외적 원인이든 간에 그것으로부터 나온 정서

---

[3] 이 첫번째 전략이 믿음의 변화 문제라는 생각은 컬리가 제안한 것이다. Curley, *Behind the Geometric Method*, pp.128~131.

의 관념을 그 외적 원인과 완전히 분리하고, 그것을 단지 정신의 다른 관념과 연관시켜 생각해 보라고 권고하는 것처럼 보인다. 이는 그렇게 변형된 사유와 욕망이 전혀 외부로 향하지 않는 결과를 낳는 것으로 보일 것이다. 그리고 사랑(과 미움)은 항상 외부 실재들 —— 기쁨(과 슬픔)의 원인이라고 가정된 것 —— 을 향해 있기 때문에, 결과적으로 그것들은 사라질 것이다. 그렇게 함으로써 정념은 인식으로 대체될 것이다. 이 변형된 독해는 종종 스피노자에 의해 제안된다. 즉 그는 가끔 정념의 '제거'(5부 정리20 주석), 즉 "정념이기를 그친" 정서에 대해 말한다(5부 정리3). 하지만 스피노자가 말하는 바는 간혹 정서를 어떤 **단일한** 외적 원인에 대한 관념으로부터 분리해야 하고 그것을 실재들의 보다 광대한 인과 도식에서 보아야 한다는 것으로 보인다. 이렇게 해서 하나의 실재를 향한 극심한 사랑이나 증오는 많은 것들에 퍼져 있을수록 좀더 분산되고 약해진다. 만일 어떤 정서가 정신이 그 정서 자체와 함께 고려하는 다양하고 상이한 원인들과 관련된다면, 그 정서는 단 하나의 원인이나 보다 적은 원인들과 연결되어 있는 동일한 크기를 지닌 다른 정서의 경우보다 덜 해롭고, 우리는 그 정서에 의해 덜 수동적이게 되며, 우리는 각각의 원인에 대해 덜 변용된다(5부 정리9). 이 경우 정서는 여전히 정념/수동이지만 소멸되거나 약해진 것이다.

좀더 일반적으로 말하자면, 스피노자가 제시하는 강한 정념에 대한 치료법은 그러한 정서를 적합하게 인식하도록 노력하라는 것이다. 그는 5부 정리3에서 "정념인 정서는 우리가 그 정서에 대한 명석 판명한 관념을 형성하자마자 정념이기를 그친다"라고 주장한다. 어떤 정서의 원인이 무엇이며 왜 그것을 경험하는지를 적합하고 정확하게 지각할 때, 자신의 상태에 대한 부분적이고 우연적이며 수동적인 인지는 보다 완전한 통찰로 대체되고 느낌은 이해로 대체된다. 한때는 정념/수동을 겪었지만, 이제는 능동적인데, 왜냐하면 인식(적합한 관념)은 능동적 상태를 나타내기 때문이다. "정서가 우리에게 더 많이 알려질수록, 그것은 더 많이 우리의 역량 안에 있게 되고, 정신은 그것에 덜 수동적이게 된다"(5부 정리3 따름정리). 우리 상태의 이러한 변형은 우리의 정념이 어떤 것이든 간에 우리가 할 수 있는 것이다. "우리가 명석 판명한 관념을 형성할 수 없는 신체의 변용은 없다"(5부 정리4). 여기서 스피노자가 권고하는 것은 우리 자신을 실재에 의해 수동적으로 변용되도록 놔둘 것이 아니라, 우리가 주도권을 쥐고 우리 자신에 대한, 특히 우리 신체가(그리고 상관적으로 우리 정신이) 실재에 반응하고 실재에 의해 변용되는 방식에 대한 인식을 얻고자 노력함으로써 우리 자신을 능동적 존재로 탈바꿈시켜야 한다는 것이다.

그러한 과정의 결과는 우리 관념의 재배치이다. 우리의 관념은 더 이상 무작위적 경험의 순서에 따라 연결되지 않고 대신 실재의 참된 인과 질서를 반영한다.

따라서 우리는 각각의 정서를 (가능한 한) 명석 판명하게 인식하는 데 특별한 주의를 기울여야 한다. 이렇게 함으로써 정신은 정서로부터 벗어나서 정신이 명석 판명하게 지각하고 매우 만족하는 것들을 사고하도록 규정될 수 있게 되고, 또한 정서 자체가 외부 원인에 대한 생각과 분리되어 참된 생각들과 결합될 수 있게 된다. 그 결과 (5부 정리2에 의해) 사랑, 미움 등이 소멸될 것임은 물론 (5부 정리61에 의해) 보통 그러한 정서들에서 생겨나는 욕구나 욕망도 과도할 수 없을 것이다. (5부 정리4 주석)

'자연의 공통 질서'에 따라 생겨난 관념들로 채워진 정신 대신, 관념들에 이성의 질서, 곧 (앞서 본 것처럼) 스피노자가 '지성의 질서'라 부른 것이 있는 정신이 있다.

그런데 신체에 속하는 변용의 질서와 연관은 정신에 속하는 관념의 질서와 연관의 반영임에 틀림없기 때문에, 수동성에서 능동성으로, 감정적 반응에서 이해로 이행하는 이러한 정신의 탈바꿈은 그것과 상관적인 우리의 물리적 조건의 탈바꿈과 평행하다. "우리가 우리 본성과 상반된 정서들에 의해 갈등을 겪지 않는 한, 우리는 지성의 질서에 따라 신체의 변용들에 질서를 부여하고 그것들을 연관시킬 수 있는 능력을 갖게 된다"(5부 정리10). 그로 인해 신체는 외부 실재의 영향에 보다 큰 저항력을 갖게 되고 — 특히 역량의 감소인 슬픔에 더 저항력을 갖게 된다 — 정신 자체에 의해 더 지배되는데, 이는 그 정서가 단지 우발적으로 생겨나지 않고 이제는 (이성의 질서에 따라) 체계적으로 생겨나기 때문이다. "신체의 변용에 올바른 질서를 부여하고 그것들을 연관시킬 수 있는 이러한 능력에 의해, 우리는 우리를 나쁜 정서에 쉽게 변용되지 않도록 만들 수 있다. 지성의 질서에 따라 질서가 부여되고 연관된 정서를 억제하는 것은 일정하지 않고 무작위적인 정념을 억제하는 것보다 더 큰 힘이 필요하기 때문이다"(5부 정리10 주석). 스피노자의 말속은 우리가 우리 자신과 실재에 대한 우리의 반응(정서)에 대해 더 많이 알수록, 우리는 그러한 반응을 더 많이 통제할 수 있다는 것이다. 여기서 반응은 사실상 반응이기를 멈추고, 이제 그러한 것처럼 적합한 관념에 닻을 내린 작용이 된다.

그러나 5부 정리1~4는 관념과 정서의 이러한 재배치와 그것을 그 적합한 원인과 관련시키는 것이 어떻게 정념의 약화와 저항의 강화로 이어진다는 것인지 좀더 알고 싶어 하는 독자들을 그대로 놔둔다. 스피노자는 다음과 같이 말한다. "우리는, 우리의 역량에 달려 있고 정서에 대한 참된 인식에 근거하는 이 치료법보다 더 탁월한 다른 치료법을 고안할 수 없다. 앞서 밝힌 것처럼(3부 정리3에 의해), 정신은 사하고 적합한 관념을 형성하는 역량 외에 다른 역량을 가지고 있지 않기 때문이다"(5부 정리4 주석). 인식, 덕, 역량, 그리고 수동성을 대체하는 능동성과 감각과 상상에 의해 인도되는 삶의 특징인 '예속'이라는 일반적 용어로 말하는 것까지는 좋다. 여하튼 실재에 대한 명석 판명한 인식은 우리가 감정을 더 많이 통제할 수 있게 해주는 것이라고 여겨지니까 말이다. 그러나 정서에 대해 모르는 사람은 이해하지 못하지만 정서에 대한 적합한 관념을 가진 사람이 이해하는 것은 정확하게 무엇인가? 그리고 그것은 그에게 무엇을 해주는가? 5부 정리10은 단지 정념과 대비하여 인식의 힘을 조금 명료화할 뿐이다. 지금 우리에게 정말 필요한 것은, 스피노자가 자신의 전문 용어를 놔두고 우리가 아는 것은 **무엇인지** 그리고 그것이 **어떻게** 우리가 바라는 변화를 가져오는지 보다 명확하게 설명하기 위해 경험을 통해 친숙한 것에 호소하는 유용한 주석이다.

다행히 그는 실망시키지 않는다. 그는 5부 정리6에서, 적합한 인식이 제공하는 것은 실재의 필연성에 대한, 신체적이거나 정신적인 어떠한 사건이든 간에 "원인의 무한한 연쇄에 의해 실존하고 결과를 산출하도록 규정된다"(5부 정리6 증명)는 사실에 대한 파악임을 상기시킨다. 그래서 그는 "정신이 모든 실재를 필연적인 것으로 파악하는 한, 정신은 정서에 대해 더 큰 역량을 지니거나 정서에 의해 덜 수동적이게 된다"라고 주장한다(5부 정리6). 이는 어떤 것의 필연성을 이해할 때 그것에 의해 덜 영향을 받거나 덜 괴로움당하기 때문이다. 욕망이나 불안, 희망이나 두려움은 그 대상을 갖거나 잃게 되는 일이 그의 의지의 지배를 받는 것이 아니라 무한한 인과 요소에 의해 필연적으로 일어나는 일임을 인식함으로써 약화된다.

스피노자는, 인간의 모든 감정은 그것이 정념인 한 우리를 어떤 식으로든 변용시키는 바깥쪽의 실재들과 그 성향들을 향해 늘 고정되어 있다는 것을 보여 주었다. 그리고 정념과 욕망에 의해 자극된 우리는 기쁨의 원인이 된다고 믿는 것은 좇고, 아니면 슬픔의 원인이 된다고 믿는 것들로부터 달아난다. 예속의 삶이 그러하다. 알다시피 그것은 문제가 많은 생활이다. 쉽게 변하는 것이면서, 우리가 잠시나마 그것을 소유할 때조차 결코 우리의 역량 아래 있지 않은 것에 대한 과도한 사랑으로 고통당하는 것은 일종의 병이라고 스피노자는 말한다.

> 마음의 고통과 불행은 변하기 쉽고 결코 완전히 소유할 수 없는 어떤 실재에 대한 지나친 사랑에서 기원한다. 왜냐하면 누구도 자신이 사랑하지 않는 것에 대해 불안해하거나 근심하지 않으며, 누구도 완전히 소유할 수 없는 것에 대한 사랑이 아니라면 잘못을 저지르고 의심하며 적의를 품는 일을 하지는 않기 때문이다. (5부 정리20 주석)

하지만 모든 것의 필연성을 이해할 때, 특히 그가 소중하게 생각하는 대상의 오고 감이 내 통제하에 있지 않다는 사실을 이해할 때, 그것의 이름과 떠남에서 생겨나는 감정에 덜 압도된다. 우리는 모든 물체들과 그 물체들의 상태 및 관계 — 우리 자신의 신체 상태를 포함하여 — 가 물질의 본질과 물리학의 보편적 법칙으로부터 필연적으로 따라 나온다는 것을 안다. 그리고 우리는 정신의 모든 특성을 포함하는 모든 관념이 사유의 본질과 그것의 보편적 법칙으로부터 필연적으로 따라 나온다는 것을 안다. 이러한 수준의 이해에 이를 때, 우리는 우리가 가는 길에 자연이 제공해 주거나 빼앗는 것을 통제할 수 없음을 깨닫고, 그 결과 일어날지 모르는 일을 두고 더 이상 근심하지 않으며, 소유를 잃은 것에 더 이상 집착하거나 낙담하지 않는다. 여기 우리가 기다렸던 주석이 있다.

실재들이 필연적이라는 인식이 우리가 보다 판명하고 생생하게 상상하는 독특한 실재들에 더 많이 관련될수록 정서들에 대한 정신의 역량은 더 커지는데, 이는 또한 경험 자체가 입증하는 바이다. 왜냐하면 우리는 사라져 버린 어떤 좋은 것에 대한 슬픔이 그것을 잃은 사람이 그것을 어떤 식으로도 지킬 수 없었다는 것을 깨닫자마자 완화된다는 것을 알기 때문이다. 마찬가지로 우리는 [유아를 자연적이고 필연적인 실재라 여기기 때문에] 아무도 유아가 말하지 못하고 걷지 못하고 사고하지 못한다고 해서, 또는 그들이 여러 해 동안 이를테면 자신에 대해 의식하지 못한 채 산다고 해서 불쌍해하지 않는다는 것을 안다. (5부 정리6 주석)

실재의 필연성을 이해하는 사람은 실재를 평정심을 가지고 볼 것이며, 과도하게 그리고 비이성적으로 과거, 현재, 미래 사건에 의해 상이한 방식으로 변용되지 않는다. 그는 자제심을 가지고 차분한 마음으로 "난폭한 운명의 돌팔매와 화살"[4]을 참아낼 것이다. 결과적으로 삶은 보다 평온하며 정념이 일으키는 갑작스러운 교란에 방해받지 않는다. 이 주석으로 스피노자는 2부 말미에서 했던 약속을 이행한다. 그곳에서 그는 자신의 학설이 다음과 같은 것을 가르쳐 준다고 주장한다.

운의 문제, 즉 우리의 역량 안에 있지 않은 것에 대해, 곧 우리의 본성으로부터 따라 나오지 않는 것들에 대해 우리가 어떻게 견뎌 내야 하는지를

---

[4] [옮긴이] 어쩐 일인지 원문에는 인용부호가 빠져 있지만, 셰익스피어 『햄릿』의 저 유명한 독백, 흔히 "죽느냐, 사느냐"로 널리 알려진 "To be, or not to be"에 이어지는 대사이다. 윌리엄 셰익스피어, 『햄릿』, 최종철 옮김, 민음사, 1998, 94쪽 참고(이 번역본의 번역은 "있음이냐, 없음이냐"이다).

가르쳐 준다. 즉 우리는 좋은 운명뿐만 아니라 나쁜 운명도 차분하게 기다리고 견뎌 내야 한다. 왜냐하면 삼각형의 본질에서 세 각의 합이 두 직각과 같다는 결론이 따라 나오는 것과 동일한 필연성을 가지고 모든 것은 신의 영원한 결단으로부터 따라 나오기 때문이다. (2부 정리49 주석)[5]

감정의 힘과 그것이 일으키는 곤경에 대해 스피노자가 제시한 해결책은 고대적인 것, 즉 "내면에 집중하라"는 것이다. 우리는 우리가 가치 있게 생각하는 경향이 있어 우리의 행복에 영향을 미치도록 내버려 두는 외부 대상을 통제할 수 없기 때문에, 대신에 외부 대상에 대한 우리의 평가와 반응을 통제하고, 그렇게 함으로써 외부 대상과 정념이 우리에게 행사하는 영향력을 최소화하기 위해 노력해야 한다. 방금 보았듯, 우리는 이러한 문제를 우리의 관념들을 재배치함으로써 해결한다. 우리는 결코 수동적 정서를 완전히 제거할 수 없다. 그러나 근본적으로 우리는 수동적 정서들에 대응할 수 있고 그것을 이해하고 통제할 수 있으며, 그렇게 함으로써 그것이 일으키는 혼란을 어느 정도 완화시킬 수 있다. 현자는 완전히 정념의 주인이 될 수 있다는 스토아학파의 믿음을 스피노자는 비판하지만, 그럼에도 그의 설명은 세네카나 에픽테토스 같은 사상가의 학설을 떠오르게 한다.

인간의 역량은 아주 제한적이며, 외부 원인의 힘에 의해 무한히 능가된다. 따라서 우리는 우리 용도에 맞게 외부에 있는 것들을 조정할 절대적 권능이 없다. 그럼에도 만일 우리가 의무를 다했다는 것, 우리가 가진 역량이 그러한 일들을 피할 수 있는 데까지 미칠 수 없었다는 것, 그리고 우

---

5) Gebhardt, *Spinoza Opera*, vol.2, p.136; Curley, *The Collected Works of Spinoza*, p.490.

리가 자연 전체의 한 부분이며 그 질서를 따르고 있다는 것 등을 의식한다면, 우리는 차분하게 우리의 이익추구 원리가 요구하는 것과 상충되지만 우리에게 일어나고 만 일들을 견뎌 낼 것이다. 만일 우리가 이를 명석 판명하게 파악한다면, 지성에 의해 정의된 우리의 부분, 즉 우리의 더 좋은 부분은 이것에 전적으로 만족할 것이고, 그 만족을 보존하려고 노력할 것이다. (4부 부록)[6]

일정 수준의 이해에 이른 사람은 실재의 필연성을 인식하고 그에 맞춰 그의 욕망을 조정하기 때문에 "[그의] 대부분의 노력은 자연의 전 질서와 일치한다"고 스피노자가 주장할 때, 그는 통상적인 스토아학파의 관념 — 현자는 '자연에 따라' 산다는 것 — 을 받아들이는 것이다.

자연nature 안에 있는 나 자신의 자리와 모든 자연적 실재를 지배하는 결정론에 대한 명석 판명한 지각은 숙명론적 체념 같은 것으로 이어지지 않고, 진정으로 나에게 가장 이익이 되는 것인 나의 인식적 성취에 대한 만족으로 이어질 것이다. 그것은 또한 욕망 — 자유를 그리고 실재의 우연성을 믿는 잘못된 믿음에 근거하고 있으며 외부 대상을 향하고 있는 — 이 일으키는 불안에서 해방감을 경험할 때의 그러한 평정심을 가지고 실재를 참아 내는 능력으로 이어질 것이다. 다시 말해서, 앞서 보았던 것처럼 스피노자가 덕과 동일시하는 인식과 이해는 평온과 자제심으로 이어진다. 덕 있는 사람, 곧 "자연의 질서"를 따르는 사람은 "참된 마음의 평화"(5부 정리42 주석)를 경험할 것이다. 대조적으로 무지한 사람은 "외부 원인에 의해 여러모로 괴로움을 당한다".

---

[6] Gebhardt, *Ibid.*, vol.2, p.276; Curley, *Ibid.*, pp.593~594.

그건 그렇고, 인식을 정념에 대한 치료법이라고 보는 이러한 논의를 통해, 이제 스피노자의 많은 용어들이 동연적co-extensive이고 동일한 이상적 인간 상태와 관련된다는 점이 명확해졌을 것이다. 우리는 스피노자 철학에 대해 아래와 같은 등식을 세울 수 있다.

덕 = 인식 = 능동성 = 자유 = 역량 = 완전성

필연적으로, 어떤 사람이 보다 덕이 있고, 더 많이 인식하며, 더 자유롭고 능동적이며 역량이 있을수록, 그는 더욱더 인간의 완전성을 성취한 것이다.

신에 대한 사랑

또한 정념을 '억제하고 완화하는' 길은 덕을 거쳐 가는 길이다. 감정을 통제하는 것이 덕을 갖기 위한 단계가 아니라, 정확히 말하자면 그것이 덕이 있음의 결과 중 하나인 것이다. 그러나 스피노자에게 '정서에 대한 치료법'과 행복의 원인이라는 덕의 유익한 결과가, 덕이 지닌 가치의 전부는 아니다. 그는 단지 덕과 이성이라는 삶의 실용적 방어책만 제시하는 것이 아니다. (실제로 5부 정리20의 주석 서두에서 스피노자는 "이것으로 나는 정서에 대한 모든 치료법을 밝혔다"고 말한다. 이후 내용은 인식과 덕의 이러한 단순한 도구적 가치 이상이 될 것임을 암시하면서 말이다.) 스피노자는 덕의 보상이 덕 그 자체라고, 즉 덕은 '지복 자체'이며 그 자체로 추구되어야 한다고 믿었다. 덕과 인식은 정념의 혼란을 완화시켜 줄 뿐만 아니라 그 자체로 절대적 선인 것이다.

우리는 『에티카』 전반부를 통해, 덕의 핵심에 있고, 그렇기 때문에 스피노자가 정념에 대한 치료법이라 생각한 인식의 종류가, 그가 2종의 인식과 특히 3종의 인식과 동일시한 자연에 대한 깊은 이해라는 것을 안다. 그는 5부 정리25에서 이 점을 되풀이해 강조한다. "정신 최고의 노력과 최고의 덕은 3종의 인식에 따라 실재들을 인식하는 것이다." 또한 스피노자는 "우리가 독특한 실재들을 더 많이 파악하면 할수록, 우리는 신을 더 많이 파악하게 된다"는 것을 독자들에게 상기시킨다(5부 정리24). 적합한 인식은 실재를 궁극적으로 그 최고의 원인인 신 또는 자연의 속성에 연관시키고, 그것을 영원의 관점에서, 곧 무작위적 경험 가운데 그것이 점유한 지속의 질서와 연관되지 않는 영원한 관점 내지 무시간적인 관점에서 고려한다. 따라서 우리가 우리 자신을 더 많이 파악할수록, 우리가 신체와 그 변용들을 더 많이 인식할수록, 정념에 대한 스피노자의 치료법이 요구하는 것처럼 우리는 이러한 양태들을 신과 더 많이 연관시키게 된다. "정신은 모든 신체의 변용 내지 실재의 이미지가 신의 관념과 관련되도록 만들 수 있다"(5부 정리14). 그 결과, 정신 내에는 관념들의 논리적 질서가 세계 내 실재들의 인과적 질서를 반영하는 다량의 관념들이 있게 되는바, 이 관념들은 그러한 질서에 기반을 둔 신(의 관념)과 일치한다.

게다가 신과 관련된 이 실재에 대한 지각은 인간 안에 신에 대한 사랑 amor Dei을 일으킨다. 지성 안에 있는 관념이 적절한 질서를 갖게 될 때, 신 관념은 다른 모든 관념의 궁극적 토대, 즉 우리의 인식 그 자체의 원인이다. 그리고 이러한 인식은 모든 참된 인식이 그러한 것처럼 역량의 증대를 나타낸다. 따라서 그것은 기쁨이다. 그러므로 사람들은 신을 기쁨의 원인으로 파악한다. 그런데 기쁨이 기쁨의 원인인 대상에 대한 의식을 포함할 경우, 그 기쁨은 그 대상에 대한 사랑이다. 따라서 신에 대한 인식으로 이끄는 우리 자신에 대한 인식은 신에 대한 사랑을 일으킨다.

5부 정리15 자기 자신과 자신의 정서를 명석 판명하게 파악하는 사람은 신을 사랑하고, 그가 신을 사랑하면 할수록 그는 자기 자신과 자신의 정서를 더 많이 파악한다.
증명 자기 자신과 자신의 정서를 명석 판명하게 파악하는 사람은 (3부 정리53에 의해) 기쁨을 느끼고, 이러한 기쁨은 (5부 정리14에 의해) 신의 관념을 수반한다. 그러므로 (3부 '정서들에 대한 정의' 6에 의해) 그는 신을 사랑하고, (동일한 추론 과정에 의해) 그가 신을 사랑하면 할수록 자기 자신과 자신의 정서를 더 많이 파악한다. q.e.d.

나아가 — 이는, 우리가 인식하는 것이 우리 자신의 신체든 아니면 어떤 다른 특수한 실재든 간에 사실이기 때문에 — 3종의 인식은 그 대상이 무엇이든 간에 언제나 인식의 가장 높은 대상인 신(또는 자연)에 대한 지각으로 끝나며, 결국 신에 대한 사랑으로 귀결된다.

나중에 스피노자는 5부에서 정신의 영원성 학설에 대해 논할 때 이 주제로 돌아간다(427~446쪽을 보라). 그리고 이 경우 신에 대한 사랑이라는 지극히 중요한 관념에 더 많은 내용을 덧붙이기 위해 정리의 형식적 질서를 깨뜨릴 만하다. 그는 5부 정리30에서 "우리의 정신은 자기 자신과 신체를 영원의 관점에서 인식하는 한, 필연적으로 신에 대한 인식을 가지며, 자신이 신 안에 있고 신에 의해 인식된다는 것을 알게 된다"라고 말한다. 3종의 인식은 '최고의 인간 완전성'을 나타내며, 따라서 그것에 도달한 사람은 '최고의 기쁨'을 경험한다고 스피노자는 주장한다(5부 정리27). 또한 3종의 인식에 도달한 사람은 필연적으로 신이 이러한 기쁨의 원인이라는 것을 안다. "우리는 3종의 인식에 의해 파악하는 모든 것에 즐거움을 느끼며, 이는 원인으로서의 신 관념에 수반되는 것이다"(5부 정리32).

하지만 만약 신이 이러한 기쁨의 원인이라면, 신에 대한 사랑이 단지 또 다른 정념에 불과한 것이 아닌 이유는 무엇인가? 신에 대한 사랑이 정념이라는 것을 인정한다 해도, 신에 대한 사랑은 대부분의 수동 정서를 괴롭히는 난점을 갖지는 않을 것이다. 『소론』에서 스피노자는 "[부패하기 쉬운] 실재들에 대한 사랑에 감춰진 독과 폐해"를 웅변적으로 묘사한다(『소론』, 2부 5장).[7] 하지만 신은 영원하고 불변하는 존재이기 때문에, 신에 대한 사랑이라는 이 정념은 현재 덧없는 것들을 향한 아주 많은 감정이 그런 것처럼 동요하지 않을 것이다. 스피노자는 신에 대한 사랑이 그 사랑을 만들어 내는 인식처럼 완전히 우리의 통제 아래 있는 것이라고 주장한다. 그러므로 신에 대한 사랑은 그 (영원한) 대상 자체가 견고하고 변함없는 것이기 때문에 견고하고 변함없는 사랑일 것이다. "이 사랑은 모든 정서들 중 가장 변함없는 것이다. …… [그것은] 변함없고 영원한 것을 향한, 우리가 진정으로 온전히 소유하고 있으며(2부 정리45를 보라), 그러므로 평범한 사랑에 있는 어떠한 악덕에 의해서도 훼손될 수 없는…… 사랑(5부 정리15를 보라)"이다(5부 정리20 주석). 그러나 스피노자는 단지 하나의 정념을 (비록 좀더 통제 가능하고 신뢰할 만한 것이라 하더라도) 다른 정념으로 대체한 것 아닌가?

사실 스피노자는 신에 대한 사랑이 전혀 정념이 아니라고 주장한다. 그것은 우리가 '평범한 사랑'이라 부르는 것과 다르다. 사실 신에 대한 사랑은 역량의 증대와 묶여 있으므로 정서적이다. 하지만 그것은 인식과 관

---

[7] Gebhardt, *Spinoza Opera*, vol.1, p.63; Curley, *The Collected Works of Spinoza*, p.106.

련되기 때문에 수동 정서가 아닌 능동 정서를 구성한다. 확실히 신은 3종의 인식을 수반하는 기쁨의 원인이다. 그러나 인간 정신과 관련하여 신은 외부 대상이 아님을 기억하라. 인간 정신은, 절대적으로 인식된 신은 아니나 (사유 속성에 속하는) 신의 유한 양태 중 하나를 통해 인식된 신**이다**. 따라서 3종의 인식을 지닌 개인은 신을 참으로 3종의 인식의 원인으로 지각하겠지만, 그로 인해 신을 정신 바깥에 있는 것으로 지각하는 것이 아니라, 정신이 그 신의 유한한 표현이라는 그러한 것으로 지각할 것이다. "우리의 정신은 자기 자신과 신체를 영원의 관점에서 인식하는 한, 필연적으로 신에 대한 인식을 가지며, 자신이 신 안에 있고 신에 의해 인식된다는 것을 안다"(5부 정리30). 3종의 인식이 보여 주는 행위 역량(또는 코나투스)의 증대는 정신 그 자체 안에 그 적합한 원인이 있다.

그래서 신에 대한 사랑은 정념적 사랑이 아니다. 그리고 그것은 확실히, 두려움이나 경외감과 뒤섞인 종파적 신앙이 부추겨서 생겨난 종교적 사랑과 같은 것이 아니다. 신에 대한 사랑은 amor dei intellectualis(신에 대한 지적 사랑)라는 중요한 중세적 관념을 활용한다. 확실히 이 사랑에는 즐거움이 포함되긴 하지만(5부 정리32), 그것은 인식과 지성에 근거한 것이지 감각에 근거한 것이 아니다.[8] 신에 대한 사랑에는 수동성이 아닌 능동성과 우리 역량에 대한 이해가 포함되며, 그 사랑은 덕에 수반되는 고유한 것이다. 무엇보다 신에 대한 지적 사랑은 —— 우리를 물질적 실재나 다른 사람과 결속시키는 변하기 쉬운 사랑과 달리 —— 영원한데, 왜냐하면 그

---

8) 이 문제에 대해서는 특히 Maimonides, *Guide of the Perplexed*, III.51을 보라. 신에 대한 지적 사랑이라는 중세적 전통과 스피노자의 관계에 대해서는 Wolfson, *The Philosophy of Spinoza*, vol.2, p.20을 보라.

것은 그 자체로 영원한 인식으로부터, 그리고 영원한 대상을 향한 인식으로부터 나온 것이기 때문이다. "3종의 인식으로부터 나온 신에 대한 지적 사랑은 영원하다"(5부 정리33). 그래서 스피노자는 정신 자체의 영원성 문제를 처리하고 난 후 신에 대한 지적 사랑을 충분히 다룬다.

그리고 이는 『에티카』의 가장 불가사의하고 문제가 되는 몇몇 구절로 우리를 데려간다.

정신의 영원성

스피노자는 5부 정리20의 긴 주석을 이상한 서술로, 많은 독자들을 아주 어리둥절하게 만든 서술로 마감한다.

> 이것으로 나는 이 현세의 삶과 관련된 모든 것을 작성했다. 이 주석에서 우리가 말한 것에, 그리고 동시에 정신과 그 정서들에 대한 정의에, 그리고 마지막으로 3부 정리1과 정리3에 주목하는 사람은 누구든지, 내가 이 주석의 서두에서 말한 것, 즉 정서에 대한 모든 치료법에 대해 간단하게 밝힌 것을 쉽게 이해할 수 있을 것이다. **그러므로 이제 신체와 무관한 정신의 지속에 속한 문제로 넘어갈 때이다.** (강조는 인용자)

이러한 언급을 읽는 자연스러운 방법은, 현세에서 행복을 이루는 문제에 관해 자신이 원했던 것을 증명한 스피노자가 이제는 영혼의 사후 존립, 보다 중요하게는 자아의 사후 존립이라는, 전통적인 유대 기독교적 의미에서 이해된 불멸성과 내세에 대한 논의를 하고자 한다고 보는 것이다. 하지만 스피노자가 영혼의 사후와 불멸성을 막 논의하려는 참이라는 생각은 곧바로 어떤 무시하기 힘든 일관성 문제를 일으킨다. 첫째로, 만일 스피노자가 2부에서 증명한 것처럼 정신이 단지 현행적으로 실존하는 신체에 대한 관념일 뿐이라면, 우리는 어떻게 인간 정신이 신체의 죽음에도 존립한다는 의미에서 불멸한다고 **할 수** 있는지 궁금하지 않을 수 없다. 사람들은 형이상학적 평행론이 '신체와 무관한 정신의 지속'을 원리상 배제한다고 생각할지도 모른다. 신체가 사라지면, 정신도 사라진다. 아니면 사라지는 것처럼 보일 것이다. 둘째로, 그리고 보다 일반적인 문제로, 영혼 불멸성처럼 신의 보상과 형벌이 있다고 암시하는 종교적 혐의를 지닌 학설은, 신을 도덕적이고 섭리를 가진 존재로 신인동형화하는 위험에 대해 스피노자가 말했던 모든 것에 위배되지 않겠는가? 그렇다면 『에티카』의 마지막 스무 개 정리에서 '정신의 영원성'에 대해 말할 때, 스피노자는 도대체 무엇에 대해 논의하는 것인가?

불멸성에 관한 스피노자의 견해는 ─ 다른 많은 문제들에 대한 그의 견해처럼 ─ 해득하기 쉽지 않다. 저명한 학자 한 사람은 『에티카』 5부의 관련 정리들과 씨름한 후 불만이 가득 차 외쳤던 것으로 보이는 구절에서, 5부를 "완전 실패작이자 외견상으로는 왜 썼는지 이유를 알 수 없는 실패작 …… 다른 사람들도 쓰레기 같은 글을 쓰게 만드는 쓰레기"라고 주장한다.[9] 상기한 학자보다는 냉정한 다른 학자는 "수년간 연구했음에도, 나는 여전히 『에티카』 5부를 전혀 이해하지 못했다는 느낌이 든다"라고 주장한

---

9) Bennett, *A Study of Spinoza's Ethics*, pp.357, 372. 그는 여기에 다음과 같은 주장을 덧붙인다. "나는 [5부의] 마지막 세 학설이 구제될 수 있다고 생각하지 않는다. 내가 접한 기존의 구조 시도들은 이해할 수 없는 것들뿐이었고 스피노자가 실제로 쓴 것과 별로 관련도 없었다. 3세기 동안 그 학설로부터 무언가 얻어 내는 데 실패했으니, 『에티카』 5부가 우리에게 가르쳐 주는 것은 아무것도 없으며 쓸모없음이 아주 확실하다는 것을 인정할 때가 되었다. …… 이 자료는 무가치하다."

다. 그는 다음과 같이 덧붙인다. "물론 나는 또한 다른 어떤 사람도 5부를 충분히 이해하지 못했다고 믿기 때문에, 그렇게 고백해도 괜찮다는 생각이 든다."[10] 정신의 영원성에 대한 스피노자의 설명 — 여기에는 『에티카』의 가장 어렵고 곤혹스러운 정리들이 포함되어 있다 — 은 복잡하고 불투명하기 때문에, 사후에 그의 저작이 출판된 이래로 그가 인격적 불멸성을 믿었는지 아니면 거부했는지에 관한 많은 논쟁이 있었고, 오늘날조차 어떠한 합의도 도출되지 않았다.[11]

데카르트는 이미 보았다시피 자신의 형이상학적 심신 이원론이 강한 불멸성 학설을 만드는 데 도움이 된다는 사실을 자랑하는데(256~257쪽), 이와 대조적으로 스피노자는 『에티카』 어디에서도 영혼이 불멸함을 규명할 것이라고 명시적으로 말하지 않는다.[12] 사실 '불멸성'immortalitas이라는 단어는 『에티카』에 단 한 번만 나타날 뿐이다. 이 단어는 스피노자가 다중의 어리석은 믿음을 묘사하는 문맥에서 등장하는데, 그들이 종종 도덕적으로 행위하는 이유는 단지 영원한 보상에 대한 희망과 영원한 형벌에 대한 두려움 때문이다. 만일 그들이 영혼은 신체가 죽은 이후에도 계속 존재

---

10) Curley, *Behind the Geometric Method*, p.84.
11) 다수의 학자들이, 적어도 『에티카』에서 스피노자가 할 수 있었던 것은 인격적 불멸성에 대한 거부였다고 생각했다. 그가 어떻게 이를 완수했는지에 대한 일치된 의견은 거의 없지만 말이다. Stuart Hampshire, *Spinoza*, Harmondsworth: Penguin, 1951; Curley, *Behind the Geometric Method*; James Morrison, "Spinoza on the Self, Personal Identity and Immortality", ed. Graeme Hunter, *Spinoza: The Enduring Questions*, Toronto: University of Toronto Press, 1994; Yovel, *Spinoza and Other Heretics*를 보라. 반면에, 많은 학자들이 스피노자는 인격적 불멸성을 단언한다고 주장한다. 예를 들어 Alan Donagan, "Spinoza's Proof of Immortality"; Wolfson, *The Philosophy of Spinoza*를 보라.
12) 그러나 '영혼 불멸성에 대하여'(Van des Ziels Onsterfelijkheid)라는 제목이 붙은 『소론』 2부 23장을 보라. 스피노자는 이 저작에서 영혼을 묘사하는 데 '불멸하는'(onsterfelijk)이라는 용어를 사용하는 데 전혀 거리낌이 없는 것처럼 보인다.

한다는 것을 확신하지 않는다면, 그들이 보기에 도덕성 — 그 자체로 어려운 — 은 짊어질 가치가 있는 짐이 아닐 것이다. 스피노자는 그런 생각이 다음과 같아 보인다고 지적한다.

> 어떤 사람이 언제까지나 신체에 좋은 음식으로 영양분을 공급할 수 있다는 것을 믿지 않으니 차라리 독약이나 다른 치명적인 것을 먹는 게 낫다고 생각하는 일 못지않게, 또는 정신이 영원하지 않다는 것을, 즉 불멸하지 않는다는 것을 알기에 차라리 아무 생각 없이 지내고 이유 없이 사는 게 낫겠다고 생각하는 일 못지않게, [그런 생각은] 나에게 불합리해 보인다. (5부 정리41 주석)

여기 이 논의의 요점은 **현**세에서 덕의 중요성과 가치이다. 본질적으로 덕의 보상은 덕 그 자체이다. 하지만 이 구절은 불멸성과 관련된 스피노자의 견해가 가진 문제점과 관련해서도 역시 중요해 보일지도 모르겠다. 이 구절은 마치 그의 견해가 정신의 영원성 논제(그가 주장하는 것)와 영혼의 불멸성 논제를 기꺼이 동일시하는 것처럼 보이도록 만들기 때문이다. 하지만 여기에서 그는, 덕 있는 삶이 허구적 내세 — 사람들을 교묘하게 조종하는 데 능한 설교자들에 의해 묘사되는 — 에서 소위 영원한 보상으로 이어지는 경우에만 가치 있는 삶이라고 느끼는 우중愚衆의 순진하면서도 잠재적으로는 자기 파괴적인 견해를 약간 비웃듯 묘사할 뿐이다. 이는 분명 스피노자가 아주 경멸했던 견해이다.

『에티카』가 인간의 죽음 이후 정신 내지 영혼의 운명이라는 문제까지 논의할 때, 스피노자는 독자들 — 개인의 불멸성을 찾아다니는 — 이 자신이 말한 도덕에 관한 모든 이야기를 오해하지 않도록 **불멸성** 이야기는 어떤 것이든 피하고자 분명 매우 조심한다. 스피노자는 신체의 죽음 이후에 계속될 정신의 부분이 있다는 것을 인정하지만, 이를 어떠한 유의 실재적 불멸성으로든 오해해서는 절대 안 된다.

스피노자는 '영원성'을 모든 지속 내지 시간 외부에 있는 것으로 정의한다. "영원성은 시간에 의해 정의될 수도 없고, 시간과 어떤 관련을 가질 수도 없다"(5부 정리23 주석). 어떤 것의 지속이 단지 시작도 끝도 없다고 해서 그것이 영원한 것은 아니다. 이것은 그저 시간 속에서 영구적임 sempiternity, 즉 영속적임everlastingness을 뜻할 뿐이다. 참된 영원성은 스피노자가 (1부 정의8에서) 영구적인 것과 명쾌하게 대비시키는 것으로 어떠한 시간 범주든 간에 그 모든 것 외부에 있다. '이전', '이후', '지금', '나중', 그리고 시간에 부여된 모든 것은 영원한 것에 전혀 적용될 수 없다.[13] 신 또는 실체는 영원하다. 그리고 사유 속성과 연장 속성도 영원하다. 어떤 측면에서는, 특수한 유한 실재들 또한 영원하다. 특수한 유한 실재들을 다른 유한 실재와 시간적으로 그리고 (물체의 경우에는) 공간적으로 묶인 관계에서 고려하지 않고, 즉 문제의 특수한 실재들을 그것들의 현행적이고 지속을 갖는 실존에서 고려하지 않고, 무시간적인 본질이라는 보다 추상적 관

---

[13] 일부 주석가는 여기 이 위태로운 영원성이 단지 영구적임을 뜻하는 것이거나 도너건이 '전시간적임'(omnitemporality)이라고 부른 것을 뜻할 뿐이라고 주장한다. Martha Kneale, "Eternity and Sempiternity", ed. Marjorie Grene, *Spinoza: A Collection of Critical Essays*, Notre Dame, IN: University of Notre Dame Press, 1973; Donagan, "Spinoza's Proof of Immortality"를 보라. 하지만 대부분의 주석가들은 — 나는 이 주장이 올바르다고 믿는데 — 스피노자가 논의하는 것은 완전한 무시간성 내지 비시간성이라고 본다. Errol Harris, "Spinoza's Theory of Human Immortality", eds. Maurice Mandelbaum and Eugene Freeman, *Spinoza: Essays in Interpretation*, La Salle: Open Court, 1975; Hampshire, *Spinoza*; Diane Steinberg, "Spinoza's Theory of the Eternity of the Human Mind", *Canadian Journal of Philosophy* 11, 1981, pp.35~68; Joachim, *A Study of Spinoza's Ethics*를 보라.

점으로부터, 즉 영원의 관점에서 고려한다면 말이다.

그런데 인간 정신 자체는 구분되지만 관련 있는 두 가지 방식으로 영원성을 나누어 갖는다. 곧 보게 될 것처럼, 둘 중 어떤 방식도 사람이 죽었을 때 그의 정신에 있는 인식 — 영원히 참이며 적합한 일련의 관념과 같은 — 이 계속될 것이라는 사실 이상의 어떤 것에도 해당되지 않는다.

첫째로, 정신이 인간 신체의 (연장 속성에 속하는) 물질적 본질에 대한 관념(또는 사유 속성에 속하는 표현)이기 때문에 정신에 속하는 영원성이 있다.

5부 정리22 그럼에도, 신 안에는 필연적으로 영원의 관점에서 이 또는 저 인간 신체의 본질을 표현하는 관념이 있다.

증명 신은 (1부 정리25에 의해) 이 또는 저 인간 신체의 실존뿐만 아니라 그 본질의 원인이기도 하다. 그러므로 (1부 공리4에 의해) 인간 신체의 본질은 신의 본질 바로 그것을 통해서, 즉 (1부 정리16에 의해) 어떤 영원한 필연성에 의해 인식되어야 한다. 그리고 (2부 정리3에 의해) 이 개념은 신 안에 있어야 한다. q.e.d.

현행적으로 실존하는 모든 인간 신체는, 시간 안에서 그리고 그것을 변용시키고 규정하는 다른 유한 실재들의 인과적 결합 내에서, 지속하는 방식으로durationally 존속한다. 탁자에 발가락을 찧고, 손으로 공을 던지고, 눈을 쌓아 만든 진지가 우리 위로 무너져 내린다. 이러한 일련의 일들은 시간 안에서 시작되고, 시간 안에서 그 과정이 진행되며, 시간 안에서 끝난다. 현행적으로 실존하는 신체의 지속은 한계가 있다. 다른 연장적 유한 양태와 상호작용함으로써 생겨나는 신체의 수많은 변양도 모두 마찬가지다. 하지만 모든 인간 신체 — 사실 어떤 유형이든 모든 실존하는 물체 — 에는 또한 'sub specie aeternitatis', 즉 '영원의 관점 아래'에 있는 어떤 측면이 있다. 연장 영역 내에는 그 연장적 존재 안에 있는 그 물체/신체의 본질, 곧 그것의 시간적 지속으로부터 추상된 연장적 본성이 있다. 탁자든 야구공이든 눈을 쌓아 만든 진지든 인간 신체든 간에, 그 본질은 정식에 따라 쓴 수학적이거나 수치적인 그 물체의 사상寫像 같은 것일 터인데, 이 사상은 그 물체의 정체가 그 물체가 표현하는 연장된 것의 특수하고 가능한 방식인, 지금 존재하는 것과 같은 연장의 특수한 일부임을 보여 준다.14) 모든 물체/신체는 단지 물질적 부분들의 집합 사이에 존재하는 운동과 정지의 특정 비율에 다름 아니다. 그것의 통일성과 개체성은 단지 극미한 물체들의 상관적이고 구조화된 안정성에 있을 뿐이다. 그리고 이것이 바로 그 물체/신체의 영원한 존재인 그것의 본질에 반영되는 것이다. 이 수준에서는, 그 극미한 물체가 자연nature 안에 실제로 실존하는지 실존하지 않는지에 관한 어떠한 의문도 제기될 수 없다. 그 물체는 모든 지속 외부에 있으며 시간과 관련이 없기 때문에, 물체/신체의 본질은 영원하다.

그런데 연장된 양태로서 물체/신체의 본질은 연장 속성하의 신(또는 실체) 안에 있다. 물체의 본질은 연장 속성의 무한한 가능태들 또는 생성 가능한 것들 중 하나로서 그 속성 내에 '탁월하게'eminently15) 포함된다. 다

---

14) 〔옮긴이〕 '사상'(mapping)은 거울이나 렌즈 등에 맺힌 물체의 상(像)이나 그 대응, 또는 어떤 집합의 데이터가 다른 집합의 데이터에 대응할 때 그 두 집합 간에 성립하는 대응 관계 등을 일컫는 말이다. 예컨대 2차원의 종이에 3차원인 지형을 표현한 것(지도 그리기, mapping)이나 3차원의 사물이 2차원의 평면인 모니터상에 구현된 것도 사상이다. 본문에서 내들러는 물체와 본질의 관계를 물체와 그 사상 간의 관계에 빗대어 설명하고 있는 것이다.
15) 〔옮긴이〕 '탁월하게'(eminenter)는 중세 스콜라 철학에서 유래한 용어로, 신이 갖는 완전성이나 본질이 피조물의 그것에 비해 더 탁월하다는 것을 가리킬 때 사용된다. 보통 "신의 선함은 피조물의 선함을 '탁월하게' 갖고 있다"는 식으로 쓰이는데(이 책 198~199쪽에 나오는 56번째 편지에 그러한 의미로 사용된 '탁월하게'라는 용어가 등장한다), 주의할 것은 이 '탁

시 말해서, 물체의 본질은 단지 연장됨의 무한하게 많은 방식들 중 한 가지 방식일 뿐이며, 따라서 영원한 유한 양태로서 연장의 직접적 무한 양태에 귀속된다. 스피노자의 연장 속성과 사유 속성 간에 성립하는 보편 평행론을 고려할 때, 그리고 그 보편 평행론에 기인하며 보다 특수한, 신체에 대해 참인 것과 정신에 대해 참인 것 간에 성립하는 인간 내 특수 평행론을 고려할 때, 인간 정신, 곧 신체**에 대한** 관념에 지나지 않는 인간 정신에는 마찬가지로 ─ 그리고 필연적으로 ─ 두 측면이 있다. 첫째로, 정신에는 신체의 지속을 갖는 실존에 상응하는 측면이 있다. 정신의 이 부분은 신체가 시간과 공간 안에서 자신을 둘러싼 다른 신체/물체와 맺는 규정된 관계를 반영한다. 감각과 느낌 ─ 고통, 즐거움, 욕망, 혐오감, 슬픔, 두려움, 그리고 다른 많은 심적 상태들 ─ 은 모두 신체가 세계와 시간적으로 상호작용하는 가운데 신체 내에서 일어나는 것에 대한 정신의 표현으로 이 둘은 동시에 일어난다. 발가락을 찧었을 때 나는 고통을 느낀다. 이러한 정념은 인간이 '자연의 질서'의 일부인 한, 그리고 자신의 신체를 통해 자신을 둘러싼 세계에 의해 변용될 수 있는 한, 정신에 속한다.

월성'(eminentia)에 신과 피조물 간 형상(forma)의 차이와 전자가 후자의 원리이자 원천이라는 관념이 반영되어 있다는 점이다. 그 결과 신과 피조물에 적용되는 이름들(선, 지혜, 사랑 등)은 신을 어느 정도 표상하긴 하지만, 양자에 적용되는 이름들의 의미는 "일의적(一義的, univoco)이지도 다의적(多義的, aequivoco)이지도 않고 오직 '유비적'(類比的, analogico)"이다. 본문에서 내들러는 신이 피조물의 어떤 본질을 '탁월하게' 갖고 있듯이, "물체의 본질은...... 그[연장] 속성 내에 '탁월하게' 포함되어 있다"고 말하는 것 같다. 스피노자가 실체(신)와 양태(피조물) 간에 본질의 차이는 인정하지만 형상의 차이는 부정한다는 점에서, 형상의 차이가 전제된 '탁월하게'라는 용어 사용이 정당한지 의문이긴 하지만 말이다. 토마스 아퀴나스, G. 달 사쏘·R. 꼬지 꿈엮, 『신학대전 요약』, 개정판, 이재룡 옮김, 가톨릭대학교 출판부, 1995, 제1부 4문, 13문; 피에르 마슈레, 『헤겔 또는 스피노자』, 진태원 옮김, 그린비, 2010의 용어 해설 '탁월하게-형상적으로' 항목 참고.

하지만 평행론에 의해 신체의 지속이 끝날 때, 즉 사람이 사망할 때, 이 정신의 일부도 끝난다는 것 또한 요구된다. 신체가 사라지면, 더 이상 즐거움도 고통도 없으며 더 이상 감각하는 상태도 없다. 신체의 모든 변용 ── 이러한 감각, 이미지, 감각질은 이 신체의 변용에 대한 정신의 표현이다 ── 은 죽음에서 중단된다. 세계의 규정에 반응하는 신체는 '세계 안에' 더 이상 존재하지 않는다. 따라서 정신 안에 있는 그 상관적 표현 또한 중단된다. 하지만 정신에는 다른 부분, 즉 신체의 영원한 측면에 상응하는 정신의 측면도 있다. 이는 신체의 연장적 본질에 대한, 사유 속성에 속하는 관념 내지 표현이다. 그리고 신체의 본질이 연장 속성의 직접적 무한 양태에 속하는 영원한 유한 양태인 것과 마찬가지로, 그 신체의 본질에 대한 관념은 사유 속성의 직접적 무한 양태, 즉 무한 지성에 속하는 영원한 유한 양태이다. 신체의 지속을 갖는 실존이 끝나자마자, 신체의 본질이 그저 연장에 속하는 가능하지만 실존하지 않는 물질적 실재라면, 정신의 영원한 부분도 단지 그러한 실존하지 않는 물질적 실재에 대한 관념일 뿐이다. 연장에 속하는 정신의 상관물처럼, 정신의 이러한 측면은 영원하다. 그러므로 그것이 인간 사후에 남아 있는 정신의 일부이다.

5부 정리23 인간 정신은 신체와 함께 완전히 파괴될 수 없고, 정신 중에 영원한 어떤 것은 계속 남아 있다.

증명 신 안에는, (5부 정리22에 의해) 인간 신체의 본질을 표현하는 개념, 즉 관념이, 그러므로 (2부 정리13에 의해) 필연적으로 인간 정신의 본질에 속하는 것인 관념이 필연적으로 있다. 하지만 우리는 정신이 지속에 의해 설명되고 시간에 의해 정의될 수 있는 신체의 현행적 실존을 표현하는 한에서만, 인간 정신에 시간에 의해 정의될 수 있는 어떤 지속을 귀속시킨다. 즉 (2부 정리8 따름정리에 의해) 우리는 신체가 존속하는 동안에만 정신에 지속을 귀속시킨다. 하지만 그럼에도 생각 중인 것(인간 정신의 본질에 속하는 것)은 (5부 정리22에 의해) 신의 본질 자체를 통해, 어떤 영원한 필연성과 함께 인식된 것이기 때문에, 정신의 본질에 속하는 이러한 것은 필연적으로 영원할 것이다.[16]

주석 앞서 본 것처럼 이 관념은 영원의 관점에서 신체의 본질을 표현하는 것으로, 정신의 본질에 속하고 필연적으로 영원한 특정한 사유의 양태이다.

따라서 정신은 그 본성의 본질적 요소로서, 연장에 속하는 신체의 본질에 대한 사유에 속하는 관념 상관물을 포함한다. 이 관념 상관물은 영원한데, 왜냐하면 그것은 그것에 상응하는 신체의 본질처럼 신/자연의 영원한 속성 중 하나에 비지속적인 방식으로 자리 잡고 있기 때문이다. 신체(의 영원한 본질)에 대한 관념인 한에서 정신은 그 자체로 영원하다. 환언하자면, 인간 정신의 본질적 구성 요소는 신체의 본질에 대한 인식이다. 그리고 이러한 인식은 그 대상인 본질처럼 영원하고 한 사람의 사후에도 존속한다.

하지만 이것은 별로 특별하달 것 없는 유의 영원성이라는 점에 주목하라. 이 영원성은 인간이 조금도 자랑하거나 위안을 얻을 수 있는 것이 아니다. 이 영원성은 **모든** 실재에, 즉 인간과 그 밖의 모든 것에 속하는 영원성이기 때문이다. 스피노자의 형이상학, 특히 연장과 사유, 즉 물체와 관념 간

---

16) 〔옮긴이〕 5부 정리23에 대한 증명은 사실 여기서 끝난다. 아래는 '주석'의 시작 부분이지만 '증명'에 포함되어 있어 고쳤다. 또한 인용된 주석의 컬리 번역과 내들러의 인용 간에 내용상 중요한 차이는 아니지만 어쩐 일인지 약간의 차이가 있다. 게브하르트판을 기준으로 번역했다.

에 성립하는 평행론의 보편적 범위를 고려할 때, 정신의 영원성에는 인간을 다른 모든 유한한 존재와 구별시켜 주는 것이 아무것도 없다. 또는 보다 적절하게 말하자면, 인간 정신에 속하는 이 영원성을 다른 모든 유한한 물체의 관념에 속하는 영원성과 구별시켜 주는 것은 아무것도 없다. 나무가 죽은 후에도 나무의 연장된 본질 또한 연장 속성에 영원히 남아 있으며, 나무의 '정신'(나무의 본질에 대한 관념) 또한 사유 속성에 영원히 남아 있다. 연장의 양태와 사유의 양태 간에 성립하는 보편 평행론과 관련하여 스피노자가 주장한 것은 필연적으로 이러한 특수한 사례에도 적용된다. "우리가 보여 주었던 것들은 …… 완전히 일반적이고 인간뿐만 아니라 다른 개체들에도 적용된다. …… 그래서 우리가 인간 신체의 관념에 대해 말한 모든 것은 모든 것의 관념에 대해서도 이야기될 수 있음에 틀림없다"(2부 정리13 주석). 물론 인간 정신은 다른 것, 곧 인간이 아닌 물체에 해당되는 사유 양태 내지 관념과 상당히 다르다. 인간 정신은 (기억과 의식을 포함한) 더 많은 기능과 더 큰 능력을 가지고 있는데, 이는 인간 자신이 그 관념인 현행적으로 실존하는 신체 자체가 (나무와 같은) 다른 물체보다 더 복잡하고 더 많은 능력을 타고 났기 때문이다. 그러나 이는 단지, 한 사람의 사후에 사유 속성에 남아 있는 것이 그것이 표현하는 신체의 본질처럼, 말하자면 어떤 다른 종류의 물체가 소멸된 후 남아 있는 관념이나 본질보다, 내면적으로 더 복잡하다는 것을 의미할 뿐이다.

  그것이 다른 것보다 더 '인간적인' 것도 아니다. 그것은 단지 연장에 속하는 특정한 운동과 정지의 비율에 대한, 사유에 속하는 상관물(관념)일 뿐이다. 그것은 확실히 특별히 복잡한 비율을 표현하지만, 유적으로는 다른 어떤 물체의 본질에 대한 관념과도 다르지 않다. 그리고 신체에 대한 이 영원한 관념에는 명백히 인격적이라 할 아무것도 없다. 즉 내가 그것을, 현세에 지금 존재하는 내 자아와 동일한 '자아'라고 여기게 만들 아무것도 없는 것이다.

하지만 정신의 영원성에 대한 스피노자의 학설에는 신체의 (영원한) 본질에 대한 (영원한) 관념이 단지 이렇게 지속한다는 것 이상의 무엇인가가 있다. 이는 우리를 정신이 영원성을 나누어 갖는 두번째 방식으로 이끈다.[17] 이 두번째 방식에 접근하는 한 가지 좋은 방법은, 만약 정신의 영원성이 신체의 본질에 대한 관념이라는 사실에만 제한된다면 (정신의 영원성을) 이해하기 어려울 것이라고 스피노자가 말한 것을 고려하는 것이다. 5부 정리38과 정리39에서 스피노자는, 정신이 영원한 정도를 **증대**시킬 수 있다고, 즉 보다 많은 정신이 영원성을 나누어 갖는 것을 보장하기 위한 수단을 강구할 수 있다고 시사한다.[18] 하지만 어떻게 그럴 수 있는가? 만일 정신의 영원성이 단지 신체의 영원한 본질에 대한 관념의 영원성일 뿐이라면, 즉 다소 정태적으로 보이며 여러 수준이라는 게 있을 여지가 없는 것으로 보이는 무언가에 불과하다면 말이다.

정신의 영원성이 갖는 첫번째 요소처럼, 두번째 요소 또한 본질 관념의 비시간적 특징 같은 것을 포함한다. 하지만 이 두번째 요소는 **오직** 인간

---

17) 정신의 영원성을 이해하는 두 방식에 어떠한 차이가 있는지에 대한 훌륭한 논의로는 Daniel Gabrer, "A Free Man Thinks of Nothing Less Than of Death", eds. Christia Mercer and Eileen O'Neill, *Early Modern Philosophy: Mind, Matter, and Metaphysics*, Oxford: Oxford University Press, 2005, pp.103~118을 보라.
18) 예를 들어 베넷은 영원한 정신이 신체의 영원한 본질에 대한 (불변하는) 관념에 다름 아니라는 것과 **또한** "내 정신이 얼마나 영원한가는 내 행동과 내 상태에 관한 어떤 사실에 달려 있다"는 것, 다시 말해 우리는 우리의 영원성의 몫을 **증대**시킬 수 있다는 것, 둘 다를 스피노자가 믿었다는 사실에 곤혹스러워한다(Bennett, *A Study of Spinoza's Ethics*, pp.361~362). 컬리 또한 정신의 영원성 학설이 갖는 이러한 차원을 "전혀 이해할 수 없는" 것이라 생각한다고 주장한다(Curley, *Spinoza's Metaphysics*, p.143).

정신에만 유효한 영원성의 양상을 보여 준다. 그것은 오직 지성을 발휘할 수 있는 이성적 행위자에 의해서만 획득되는 것이기 때문이다. 더욱이 이 두번째 요소로, 정신의 영원성은 이 생애를 살아가는 한 사람의 능동성과 밀접하게 연관된다. 사람들은 심지어 여기 불멸성에 대한 스피노자의 학설과 전통적 학설 간에 적어도 하나의 유사점이 있다고 말할지도 모른다. 정신의 영원성이 갖는 이러한 측면이 한 사람의 덕에 의해 규정되는 한 말이다.

우리는 앞서 2종의 인식을, 특히 3종의 인식을 추구하는 일이 이성적 존재라는 점에서 볼 때 인간에게 가장 큰 자기 이익에 해당하는 인간의 덕과 목표가 된다는 것을 보았다. "정신의 최고의 노력과 그 최고의 덕은 3종의 인식에 따라 실재를 인식하는 것이다"(5부 정리25). 그리고 3종의 인식을 통해 실재를 지각할 때, 우리는 영원의 관점에서, 곧 때나 장소와는 아무 관련도 없고 그것을 조금도 암시하지 않는 신의 무한하고 영원한 관점으로부터 실재를 이해하는 것이다.

실재들은 두 가지 방식으로 우리에게 현행적인 것으로 인식된다. 곧 실재를 특정 시점이나 장소와 관련하여 실존한다고 인식하는 한에서, 또는 신 안에 포함되어 있고 신의 본성의 필연성으로부터 따라 나오는 한에서 현행적인 것으로 인식한다. 그리고 우리는 이 두번째 방식에서 참된 것이라고 또는 실재적인 것이라고 인식된 것들을 영원의 관점에서 인식하는 것이며, 그것들의 관념들은 신의 영원하고 무한한 본질을 함축한다. (5부 정리29 주석)

우리가 시간 속에서 '무작위적 경험'에 따라 실재를 지각할 때, 실재는 변화하고 생성하는 연속적 상태로 보인다. 그러나 우리가 지성에 따라 우리 관념을 재정리하고 실재를 '영원의 관점에서' 지각할 때, 우리가 포착한 것은 영속적으로 남는다. 이러한 종류의 인식은 무시간적이고 근본적으로 신의 인식(이는 무한 지성 안에 있는 관념에 해당된다)이기 때문에 영원하다. 그것은 무엇보다 어떤 유한하고 특수한 실재의 현행적 실존과 연관되지 않는다. 특히 시간 속에 있는 인간 신체의 실존과는 더더욱 연관되지 않는다.

그런데 앞서 보았던 것처럼, 스피노자는 우선 참이자 적합한 관념 — 즉 만물의 필연성을 인식하는 것 — 의 획득이 변치 않는 행복과 정신의 참된 평화의 원천으로서 지금 이 생애를 살아가는 사람에게 이롭다고 주장한다. 하지만 정신의 영원성 학설로 스피노자는 왜 우리가 적합한 관념의 저장고를 획득하고 유지하기 위해 노력해야 하는지에 대한 추가적 이유를 내놓는다. 적합한 관념은 실재에 대한 영원한 인식, 곧 유한한 이성적 존재가 지금 이 생애에서 소유하고 활용할 수 있는 무한 지성 내 영원한 진리 모음에 다름 아니기 때문에, 사람들이 현세에서 자신의 정신 구조의 부분으로서 적합한 관념을 더 많이 획득할수록, 곧 그가 지금 영원성에 더 많이 '참여'할수록, 신체의 죽음 이후에 그리고 그의 지속을 갖는 측면이 종료된 이후에 그의 더 많은 것이 남는다는 사실이 따라 나온다. 우리가 소유하는 적합한 관념은 영원하기 때문에, 그것은 신체의 죽음과 우리의(또는 어떤 것의) 시간적이고 지속을 갖는 실존의 종말에 변용되지 않는다. 다시 말해서, 우리가 적합한 인식을 더 많이 가질수록, 정신의 영원성의 정도는 더 커진다.

5부 정리38 정신이 2종의 인식과 3종의 인식에 의해 더 많은 것을 파악하면 할수록, 그만큼 나쁜/악한 정서의 작용을 덜 겪게 되며 죽음에 대한 공포를 덜 갖게 된다.

증명 정신의 본질은 (2부 정리11에 의해) 인식에 있다. 그러므로 정신이 2종의 인식과 3종의 인식에 따라 실재를 인식하면 할수록 (5부 정리23과 정리29에 의해) 남아 있는 정신의 부분은 더 커지고, 결과적으로 (5부 정리37에 의해) 우리의 본성과 반대되는, 즉 (4부 정리30에 의해) 나쁜/악한 정서에 영향받지 않는 정신의 부분은 더 커진다.

앞으로 보게 될 것처럼, 이 영원한 인식이 위에서 말한 것처럼 사후에 남아 있는 **나의** 부분이라고 말하는 것은 다소 오해의 소지가 있다. 보다 정확히 말하자면, 남아 있는 것은 내가 살아 있던 동안 그리고 내가 나의 이성을 사용했던 동안 나에게 속했었고 내 정신의 내용 일부 ― 영원한 부분 ― 를 구성했던 어떤 것이다. 이러한 방식으로 내 적합한 관념의 저장고를 증대시키기 위한 노력은 내 영원성의 몫을 증대시키기 위한 노력이다. 따라서 스피노자는 적합한 관념의 획득과 관련하여 정신의 지적 성취가 더 커지면 커질수록 "죽음은 우리에게 덜 해롭게 된다"라고 주장한다. 실제로 "인간 정신은 앞서 신체와 함께 소멸한다는 것을 보여 주었던(5부 정리21을 보라) [정신의] 부분이 [신체가 소멸한 후] 남아 있는 [정신의] 부분에 비해 조금도 중요하지 않은 그러한 본성을 가질 수 있다"라고 그는 주장한다(5부 정리38 주석).

스피노자는 (5부 정리40의 따름정리에서) [사후에] "남아 있는 정신의 부분은······ 그렇지 못한 부분보다 더 완전하다"라고 결론 내린다. 이는 "정신의 영원한 부분이······ 지성"(하나의 능력이 아니라 단지 적합한 관념의 집합으로 이해된 '지성')이기 때문이다. 이러한 진술을 통해, 스피노자는 정신의 영원성에 대한 자신의 설명으로 합리주의자였던 자신의 몇몇 유대인 선조들과 함께한 매혹적인 대화 내용 ―『에티카』에 대한 학문적 논의에서 흔히 무시되었던 — 이 얼마나 잘 표현될 수 있는지 보여 준다.[19] 실제로 우리는 스피노자의 학설을 불멸성에 대한 유대교 철학의 이전 접근법이 쌓아 온 일종의 자연스럽고 논리적인 정점으로 간주할 수 있다. 사후에도 존속하는 적합한 관념의 모음인 스피노자의 3종의 인식은, 사실상 마이모니데스나 다른 이들이 상정한 '획득된 지성'acquired intellect — 그들은 이 '획득된 지성'을 '불멸성'이라 부르던 것을 설명하기 위해 사용한다 — 이다. 그러한 중세 사상가들과 마찬가지로, 스피노자에게 정신의 영원한(또는 '불멸하는') 요소는 단지 현세에서 한 사람이 이룩한 지적 성취의 총합에 있다. 그리고 이들 철학자들에게는 그러한 인식의 추구가 곧 덕 있는 삶이기 때문에, 죽음 이후에 그러한 인식 추구의 결과로서 뒤따르는 영원성은 어떤 의미에서 덕의 보상이다. 스피노자는 "하지만 만일 불멸성이라는 말로 당신이 말하고자 하는 모든 것이 단지 지성적 인식의 존속하는 모음이라는 것일 뿐이라면, 당신이 궁극적으로 내려야 할 결론은 영혼 불멸성에 대한 전통적이고 아주 인격적인 학설은 미신에 기초한 신화라는 것이오"라고 말하는 것처럼 보인다.

사람들이 이 일시적 실존 이후에 찾는 것이 내세의 인격적 불멸성 — 사후에 천국에서 사는, 의식이 있는(하지만 신체 없는) 진짜 삶 — 이라면, 스피노자가 주장하는 정신의 불멸성은 훌륭한 삶을 살았던 것에 대한 매우 하찮고 실망스러운 보상으로 보일 것이다. 정신의 영원한 부분은 단지

---

19) 이는 울프슨에 의해 상당히 피상적인 — 그리고 오해의 소지가 있다고 주장하고 싶은 — 방식으로 언급되었다(Wolfson, *The Philosophy of Spinoza*, vol.2, p.20). 정신의 영원성에 대한 스피노자의 설명과 그것이 중세의 유대교 합리주의적 사상과 맺고 있는 관계에 대한 연구로는 Steven Nadler, *Spinoza's Heresy: Immortality and the Jewish Mind*, Oxford: Oxford University Press, 2002를 보라.

진리의 객관적 모음일 뿐이다. 스피노자는 **인격**이 불멸한다거나 영원하다고 말하는 것을 절대 받아들이지 **않을** 것이다. 스피노자에게 나의 인격이나 자아는 신체의 표현인 정신을 수반하는, 현행적으로 실존하는 신체이다. 또는 보다 정확히 말해서, 사람은 연장에 속하는 현행적으로 실존하는 신체로, 그리고 사유에 속하는 [신체에] 상응하는 정신(또는 관념)으로, 시간 안에서 자기 자신을 표현하는 양태이다. 플라톤 이래로 많은 철학자들이 계속해서 제시했던 것처럼, 사람은 단지 신체를 얻게 되는 영혼이나 정신이 아니다. 그가 단지 신체 하나만인 것도 아니다. 그는 그 둘의 통일체이다. "인간은 정신과 신체로 이루어져 있다"(2부 정리13 따름정리).[20] 스피노자가 명확하게 만든 것처럼, 어떤 개인의 물질적 구성 요소는 현행적으로 실존하는 어떤 인간의 신체임에 틀림없기 때문에(2부 정리13), 그가 죽은 후에 **인격**이 존속하는 일은 있을 수 없다. 지속을 갖는 실존의 끝은 곧 그 사람의 끝이다.

    게다가 스피노자는, 정신의 영원한 부분과 지속을 갖는 현세의 특수한 의식이 사후에도 **의식 안에서** 연관됨을 주장하려는 시도, 따라서 정신의 영원한 부분에 정말로 **인격적** 차원을 부여하려는 시도를 불가능한 것으로 만들었던 것 같다. 한 사람이 살아 있는 동안, 그의 정신에 속한 영원한 요소 — 그의 인식 내지 적합한 관념 — 는 그 사람의 의식에 속한 일부이다. 하지만 죽음의 순간에 인식의 모음과 그것이 속했던 의식 간 연결은 필연적으로 깨지는 것처럼 보인다. 스피노자에게 의식과 기억(기억은 의식에 통일성을 부여한다)은 (완전한) 인간에 긴밀하게 결합되어 있는 것처럼 보

---

20) 모리슨이 이 점에 대한 훌륭한 논변을 제시한다. Morrison, "Spinoza on the Self, Personal Identity and Immortality".

인다. 『에티카』의 한 부분에서, 스피노자는 의식의 근본적인 변화를 겪은 어떤 이가 **그 사실로 인해** 개인적 특질의 근본적인 변화를 겪게 되었다고 말한다.

> 이따금 인간은 동일인이었다고 거의 말할 수 없을 정도로 변화를 겪기도 한다. 예를 들어 나는 어떤 질병에 시달리던 스페인 시인의 이야기를 들은 적 있는데, 그는 병이 나았지만 자신이 쓴 이야기와 비극이 자기 것임을 믿지 않았을 정도로 지난 삶을 기억하지 못하는 상태였다고 한다. (4부 정리39 주석)

신체의 극단적 변화나 파괴에 의한 개인적 특질의 근본적 변화가 정신과 신체의 평행론에 의해 의식의 근본적 변화나 심지어 의식의 상실까지 수반할 수 있다는 것 또한 사실인 것처럼 보인다.

이제 스피노자는 자기의식을 그 신체의 현행적 실존에, 특히 그 신체와 실존하는 다른 신체 간 상호작용에 분명하게 연결한다. "정신은 신체의 변용에 대한 관념을 지각하는 한에서만 자기 자신을 인식한다"(2부 정리23). 이것만으로도 사후에 한 사람의 특수하고 개인적인 의식은 끝난다는 것을 보여 주기에 충분하다. 하지만 게다가 만약 의식과 개인적 특질이 아주 긴밀하게 연관되어 있다면, 개인적 특질이 종결되는 것과 마찬가지로 의식도 종결되는 것으로 보인다. 따라서 사후의 정신은 더 이상 그것이 살아 있을 때의 의식을 지니고 있지 않을 것이다. 비록 정신이 사후에 정말로 **어떤** 의식을 갖는다 — 그럴 수 있다는 생각의 근거가 무엇인지 모르겠지만 — 할지라도, 정신에는 확실히 지속을 갖는 기간 동안 살았을 의식적 삶에 대한 기억이 없을 것이다. 기억 그 자체도 현행적으로 실존하는 신체에 의존하기 때문이다. "정신은 신체가 존속하는 동안에만 어떤 것을 상상하고 과거의 것을 회상할 수 있다"(5부 정리21). 사실 스피노자는, 지속을 갖는(살아 있는) 의식과 기억을 통해 연결된, 의식을 가진 불멸하는 영혼〔현세의 의식과 연결된 내세의 의식〕을 믿는 것이, 한 사람의 죽음 이후에도 영속되는 것에 대한 통속적 오해의 포로가 되는 것임을, 곧 사실 단지 살아 있고 몸에 구현된 의식의 특징인 특성들을 영원한 정신에 투사하는 것을 포함한 오해의 포로가 되는 것임을 보여 준다.

> 만일 우리가 인간들의 통속적 의견에 주목한다면, 그들이 사실 자기 정신의 영원성을 알고 있긴 하지만, 영원성을 지속과 혼동하고, 상상, 즉 기억에 영원성을 부여하며, 그것들이 사후에도 남는다고 믿고 있음을 알게 될 것이다. (5부 정리34 주석)

영원한 정신은 어떤 종류의 의식이든 그것과 사후에 영속적으로 끊어진(이전 의식에 접근하는 것을 포함하여) 인식의 모음에 다름 아닌 것처럼 보인다. 따라서 지속 안에 있는 정신과 영원의 관점 아래에 있는 사후 정신이 의식 **안에서** 연결될 일은 없을 것이고, 따라서 개인적 특질이 남아 있다는 느낌도 없을 것이다. 스피노자에게 죽음을 견뎌 내는 것은 자아가 아니다.

영혼 불멸에 대한 믿음을 제거하는 일은 정념을 지배하고 이성적이고 자유로운 삶으로 나아갈 수 있는 방법을 보여 주려는 스피노자 계획의 중요 부분이다. 불멸하는 영혼을 믿는 이들의 특징인 영원한 보상에 대한 기대와 영원한 형벌에 대한 두려움보다 더 크고 강한 감정을 무엇이라고 상상할 수 있겠는가? 이 두 정념은 편협한 교권敎權에 대한 우리의 숱한 복종,

곧 우리가 일차적으로 그 정념들에 예속된 결과 우리 스스로 이차적으로 예속되는 것의 원인이 된다. 정신의 영원성에 관한 진리 인식의 결과는 특수하고 매우 강한 이 두 정서가 갖는 힘의 직접적 감소라고 생각된다. 스피노자의 정리들은 그 정서들이 아주 강한 힘을 얻는 기초적인 믿음 — 인격적 불멸성에 대한 믿음 — 을 약화시키기 때문이다.

이는 정신을 통한 영원성 획득이 인간에게 진정한 현실적 가치가 없음을 의미하지 않는다. 반대로 스피노자의 목표는 바로 어떤 사후 세계가 아니라 우리가 사는 이 지속을 갖는 세계에서 그것이 얼마나 중요한지 우리에게 보여 주는 것이다. 그가 주장하는 것처럼, 우리는 현세에서 영원성을 경험할 수 있다. "우리는 경험에 의해 우리가 영원하다는 것을 느끼고 안다"(5부 정리23 주석). 이 동일한 사항을 다른 용어로 말해 보자면, 덕은 내세의 보상에 대한 희망이나 내세의 형벌에 대한 두려움으로부터 추구되는 것이 아니다. 그런 것은 없기 때문이다. 보다 정확히 말하자면 그것은 지금 여기에서 그것이 우리에게 주는 이익 때문에 추구되는 것이다. 실로 덕은 그 자체로 추구되어야 한다.

지복

앞서 본 것처럼, 스피노자는 덕을 어떤 초자연적 목표를 위해 짊어진 짐처럼 여기는 이들을 그저 경멸했을 뿐이다. 그리고 그는 확실히 덕이 본디 이 현세의 사람에게 제공하는 이점을 인식하지만, 그가 제시한 모든 것이 덕 있는 삶에 대한 일종의 결과론적 논변이라는 인상을 남기지 않으려고 한다. 최고의 인식 획득인 덕은 **바로** 역량, 능동성, 자유, 인간의 완전성이다.

우리는 그들이 덕의 진정한 가치에서 얼마나 멀리 벗어나 있는지 명확히 인식한다. 그들은 자신들의 덕과 가장 훌륭한 행위에 대한 최고의 보상으로 신에 의해 영예롭게 되기를 기대한다. 마치 덕 그 자체와 신에 대한 예배가 행복felicitas 그 자체와 최고의 자유가 아닌 것처럼 말이다. (2부 정리 49 주석4)[21]

스피노자가 『에티카』의 마지막 정리에서 말하듯, 덕 그 자체가 우리의 가장 큰 기쁨이자 지복인 참된 선이다.

5부 정리42 지복beatitudo은 덕에 대한 보상이 아니라 덕 자체이다. 우리는 욕정을 억누르기 때문에 지복을 향유하는 것이 아니라, 반대로 지복을 향유하기 때문에 욕정을 절제할 수 있는 것이다.
증명 지복은 (5부 정리32 따름정리에 의해) 3종의 인식에서 생겨나는 사랑인 신에 대한 사랑에 있다(5부 정리36과 그 주석에 의해). 따라서 이 사랑은 (3부 정리59와 5부 정리3에 의해) 정신이 능동적인 한에서 정신과 관련되어 있음에 틀림없다. 그러므로 (4부 정의8에 의해) 그것은 덕 그 자체이다.

덕 있는 사람은 안녕과 행복에 대한 최고의 자연적 조건을 달성한 사람이다. 덕 있는 사람은 한 인간으로서 고대 그리스인들이 **에우다이모니아**eudaimonia라 불렀던 행복이나 번영을 경험한다. 스피노자는 또한 덕 있는 사람이나 '현자'는 '구원'salus을 향유한다고 말한다(5부 정리36 주석).
이 시점에서 그러한 전통적인 종교적 언어로 돌아가는 스피노자를 보

---

21) Gebhardt, *Spinoza Opera*, vol.2, p.136; Curley, *The Collected Works of Spinoza*, p.490.

는 일이 이상해 보일지도 모르겠다. 무엇보다 지복과 구원은 단지 축복하고 구원하는 어떤 존재 — 아마도 신적이고 섭리를 가진 존재 — 가 있을 때에만 가능한 것처럼 보일 것이다. 스피노자는 마지막 순간에 자신을 감추고, 『에티카』 말미에 몇 가지 경건한 감상을 덧붙이기로 결심했던 것인가? 아니면 이미 '신'이나 '기적'과 같은 관념에 자연주의적 의미를 제시했던 것처럼 그는 이러한 관념에 자연주의적 의미를 제시할 수 있을까?

비슷한 방식으로, 스피노자가 신에 대한 사랑을 실재에 대한 인식이 현자에게 불러일으킨 사랑이라고 묘사한 것을 고려해 볼 때, 신에 대한 사랑이 반응 없는 사랑으로 남을 것임에 틀림없다는 점은 분명하다. 스피노자의 이해에 따르면, 신은 어떤 종류의 정서도 가질 수 없다. "신은 정념이 없으며, 기쁨이나 슬픔의 어떤 정서로도 변용되지 않는다"(5부 정리17). 이는 신의 역량이나 완전성의 상태가 더 크거나 작아질 수 없기 때문이다. 그래서 스피노자는 "정확히 말하면, 신은 누구도 사랑하지 않는다"라고 주장한다(5부 정리17 주석). 하지만 5부 정리35의 주석에서 "우리의 구원이나 지복"을 논의할 때, 스피노자는 "인간에 대한 신의 사랑"을 이 구원과 지복의 근원이라고 말한다. 여기에는 어떤 비일관성이 있는 것 아닌가?

반드시 그런 것만은 아니다. 왜냐하면 스피노자는, 극히 어려운 또 하나의 정리에서, 인간에 대한 신의 사랑이 신에 대한 인간의 지적 사랑과 동일하다고 말하기 때문이다.

5부 정리36 신에 대한 정신의 지적 사랑은, 신이 무한한 한에서가 아니라 영원의 관점에서 고찰된 인간 정신에 의해 설명될 수 있는 한에서, 신이 자기 자신을 사랑하는 신의 사랑 자체다. 즉 신에 대한 정신의 지적 사랑은 신이 자기 자신을 사랑하는 무한한 사랑의 일부이다.

왜냐하면 인간 정신이 곧 신 — 비록 그 절대적 본질에 있어 신이 아니라 사유의 특수한 유한 양태로 변용된 신일지라도 — 이기 때문에, 결국 신에 대한 인간 정신의 사랑은 곧 자기 자신에 대한 신의 사랑이라는 것이 따라 나온다. 따라서 "인간에 대한 신의 사랑과 신에 대한 정신의 지적 사랑은 하나이자 동일한 것이다"(5부 정리36 따름정리). 그러므로 지복과 구원은 그것이 인간에 대한 신의 사랑과 상관적인 한, 신에 대한 인간의 지적 사랑으로 환원될 수 있다. 여기에서 심리적이거나 도덕적인 어떤 특징이든 신에게 있다고 볼 필요가 전혀 없다. 종교적인 모든 것에 대한 스피노자의 자연주의적 환원은 이 지점에서 완결되는 것으로 보인다.

물론 덕·행복·지복을 우리의 자연적 인식 역량과 상관적인 것으로 만드는 것과, 그것에 쉽게 이를 수 있다고 말하는 것은 완전히 다른 것이다. 『에티카』에 관한 책을 마무리하는 데, 이 저작의 마지막 주석 말미에서 스피노자 자신이 말한 것을 간단히 제시하는 것보다 더 나은 방법은 없겠다.

이러한 것들로 안내하기 위해 내가 보여 준 길이 당장은 아주 힘들어 보일 수 있겠으나, 그래도 발견될 수 있는 길이다. 물론 그처럼 드물게 발견된 길은 필시 험준한 길일 것이다. 실로 구원이 가까이 있고 큰 노력 없이 발견할 수 있는 것이라면, 어떻게 거의 모든 사람들이 구원을 등한시할 수 있겠는가? 모든 고귀한 것은 어려울 뿐만 아니라 드물다 omnia praeclara tam difficilia quam rara sunt.

참고문헌

영어, 프랑스어, 네덜란드어, 독일어, 이탈리아어, 스페인어, 그리고 다른 언어로 된, 스피노자에 관한 수많은 문헌이 있다. 이 책에서는 참고문헌 대부분을 영어로 된 2차 문헌으로 제한했다. 그 문헌들이 스피노자에 처음 접근하는 학문적 배경지식이 적은 이들에게 가장 용이할 것이기 때문이다. 유일한 예외는 2부로 구성된 마르시알 게루(Gueroult, 1968)의 권위 있으며 피할 수 없는 저작이다(그 중요성과 영향력 때문이다).

각주에서 독자들은 다른 저작들보다 자주 인용된 여러 단행본을 보게 될 것이다. 특히 헨리 앨리슨(Allison, 1987), 조너선 베넷(Bennett, 1984), 에드윈 컬리(Curley, 1969; 1988), 그리고 해리 울프슨(Wolfson, 1934)의 저작이 그러하다. 내 생각에 이 저작들은 『에티카』를 이해하려는 시도에 특히 유용하거나 최근 연구에 상당한 영향을 준, 스피노자 철학 전반에 대한 훌륭한 연구들이다. 그래서 종종 관련 주제들에 대한 이 저작들의 논의로 독자들을 안내할 가치가 있을 것이라고 생각했다.

Aaron Garrett, *Meaning in Spinoza's Method*, Cambridge: Cambridge University Press, 2003.
Alan Donagan, *Spinoza*, Chicago: University of Chicago Press, 1988.
_____, "Spinoza's Proof of Immortality", ed. Marjorie Grene, *Spinoza: A Collection of Critical Essays*, Notre Dame, IN: University of Notre Dame Press, 1979, pp.241~258.

Antonio Damasio, *Looking for Spinoza: Joy, Sorrow, and the Feeling Brain*, New York: Harcourt, 2003 (안토니오 다마지오, 『스피노자의 뇌: 기쁨, 슬픔, 느낌의 뇌과학』, 임지원 옮김, 사이언스북스, 2007).

Christiaan Huygens, *Oeuvres complètes*, 22 vols., The Hague: Martinus Nijhoff, 1893.

Daisie Radner, "Spinoza's Theory of Ideas", *The Philosophical Review* 80, 1971, pp.338~359.

Daniel Garber, "A Free Man Thinks of Nothing Less Than of Death", eds. Christia Mercer and Eileen O'Neill, *Early Modern Philosophy: Mind, Matter, and Metaphysics*, Oxford: Oxford University Press, 2005, pp.103~118.

_____, "Dr. Fischelson's Dilemma: Spinoza on Freedom and Sociability", eds. Yirmiyahu Yovel and Gideon Segal, *Spinoza on Reason and the Free Man*, New York: Little Room Press, 2004, pp.183~208.

David Franco Mendes, *Memorias do estabelecimento e progresso dos Judeos Portuguezes e Espanhoes nesta famosa citade de Amsterdam*, Studia Rosenthaliana 9, 1975.

Diane Steinberg, "Spinoza's Theory of the Eternity of the Human Mind", *Canadian Journal of Philosophy* 11, 1981, pp.35~68.

Don Garrett, "Spinoza's Conatus Argument", eds. Olli Koistinen and John Biro, *Spinoza: Metaphysical Themes*, Oxford: Oxford University Press, 2002, pp.127~158.

_____, "Spinoza's Ethical Theory", ed. Don Garrett, *The Cambridge Companion to Spinoza*, Cambridge: Cambridge University Press, 1996, pp.267~314.

_____, "Spinoza's Necessitarianism", ed. Yirmiyahu Yovel, *God and Nature: Spinoza's Metaphysics*, Leiden: E. J. Brill, 1991, pp.79~96.

_____, "Teleology in Spinoza and Early Modern Rationalism", eds. Rocco Gennaro and Charles Huenemann, *New Essays on the Rationalists*, Oxford: Oxford University Press, 1999, pp.310~335.

Edwin Curley, *Behind the Geometric Method*, Princeton: Princeton University Press, 1988.

_____, "On Bennett's Interpretation of Spinoza's Monism", ed. Yirmiyahu Yovel,

God and Nature: Spinoza's Metaphysics, Leiden: E. J. Brill, 1991, pp.35~51.

_____, "On Bennett's Spinoza: The Issue of Teleology", ed. Edwin Curley, *Spinoza: Issues and Directions*, Leiden: E. J. Brill, 1990, pp.39~52.

_____, *Spinoza's Metaphysics*, Cambridge, MA: Harvard University Press, 1969.

_____, "Spinoza's Moral Philosophy", ed. Marjorie Grene, *Spinoza: A Collection of Critical Essays*, Notre Dame, IN: University of Notre Dame Press, 1973, pp.354~376.

Edwin Curley and Gregory Walski, "Spinoza's Necessitarianism Reconsidered", eds. Rocco Gennaro and Charles Huenemann, *New Essays on the Rationalists*, Oxford: Oxford University Press, 1999, pp.224~240.

Emilia Giancotti, "On the Problem of Infinite Modes", ed. Yirmiyahu Yovel, *God and Nature: Spinoza's Metaphysics*, Leiden: E. J. Brill, 1991, pp.97~118.

Errol Harris, "Spinoza's Theory of Human Immortality", eds. Maurice Mandelbaum and Eugene Freeman, *Spinoza: Essays in Interpretation*, La Salle: Open Court, 1975.

Genevieve Lloyd, "Spinoza's Version of the Eternity of the Mind", eds. Marjorie Grene and Debra Nails, *Spinoza and the Sciences*, Dordrecht: D. Reidel, 1986, pp.216~230.

Gottfried Wilhelm Leibniz, *Sämtliche Schriften und Briefe*, Berlin: Akademie-Verlag, 1999.

Harold H. Joachim, *A Study of Spinoza's Ethics*, Oxford: Clarendon Press, 1901.

Harry Wolfson, *The Philosophy of Spinoza*, 2 vols., Cambridge, MA: Harvard University Press, 1934.

Henri Bergson, *La Penseé et le mouvant: essais et conférences*, 5th ed., Paris: Alcan, 1934〔앙리 베르그송, 『사유와 운동』, 이광래 옮김, 문예출판사, 1993〕.

Henry Allison, *Benedict de Spinoza: An Introduction*, Revised ed., New Haven: Yale University Press, 1987.

Israël Salvator Révah, *Spinoza et Juan de Prado*, Paris: Mouton & Co, 1959.

Jacob Freudenthal, *Die Lebensgeschichte Spinoza's in Quellenschriften, Urkunden und Nichtamtlichen Nachrichten*, Leipzig: Verlag Von Veit, 1899.

James Morrison, "Spinoza on the Self, Personal Identity and Immortality", ed. Graeme Hunter, *Spinoza: The Enduring Questions*, Toronto: University of

Toronto Press, 1994.

John Aubrey, *Brief Lives*, ed. Andrew Clark, Oxford: Clarendon Press, 1898.

John Yolton, "Ideas and Knowledge in Seventeenth-Century Philosophy", *Journal of the History of Philosophy* 13, 1975, pp.145~166.

Jonathan Bennett, *A Study of Spinoza's Ethics*, Indianapolis: Hackett Publishing, 1984.

_____, "Spinoza's Metaphysics", ed. Don Garrett, *The Cambridge Companion to Spinoza*, Cambridge: Cambridge University Press, 1996, pp.61~88.

_____, "Spinoza's Monism: A Reply to Curley", ed. Yirmiyahu Yovel, *God and Nature: Spinoza's Metaphysics*, Leiden: E. J. Brill, 1991, pp.53~60.

Lee Rice, "Action in Spinoza's Account of Affectivity", eds. Yirmiyahu Yovel and Gideon Segal, *Spinoza on Reason and the Free Man*, New York: Little Room Press, 1999, pp.155~168.

Leszek Kolakowski, *Chrétiens sans église*, Paris: NRF/Gallimard, 1969.

Margaret Wilson, "Infinite Understanding, Scientia Intuitiva, and Ethics I.16", *Ideas and Mechanism*, Princeton: Princeton University Press, 1999, pp.166~177.

_____, "Objects, Ideas, and 'Minds': Comments on Spinoza's Theory of Mind", *Ideas and Mechanism*, pp.126~140.

Martha Kneale, "Eternity and Sempiternity", ed. Marjorie Grene, *Spinoza: A Collection of Critical Essays*, Notre Dame, IN: University of Notre Dame Press, 1973.

Martial Gueroult, *Spinoza*, 2 vols., Hildesheim: Georg Olms Verlag, 1968; reprint 1975.

Michael Della Rocca, "Egoism and the Imitation of Affects in Spinoza", eds. Yirmiyahu Yovel and Gideon Segal, *Spinoza on Reason and the Free Man*, New York: Little Room Press, 2004, pp.123~148.

_____, *Representation and the Mind-Body Problem in Spinoza*, Oxford: Oxford University Press, 1996.

_____, "Spinoza's Metaphysical Psychology", ed. Don Garrett, *The Cambridge Companion to Spinoza*, Cambridge: Cambridge University Press, 1996, pp.192~266.

Odette Vlessing, "The Jewish Community in Transition: From Acceptance to

Emancipation", *Studia Rosenthaliana* 30, 1996, pp.195~211.

Pierre Bayle, *Historical and Critical Dictionary*, trans. Richard Popkin, Indianapolis: Bobbs-Merrill, 1965.

Richard A. Watson, *The Breakdown of Cartesian Metaphysics*, Highlands, NJ: Humanities Press, 1987.

Richard Mason, *The God of Spinoza*, Cambridge: Cambridge University Press, 1997.

Richard N. Manning, "Spinoza, Thoughtful Teleology, and the Causal Significance of Content", eds. Olli Koistinen and John Biro, *Spinoza: Metaphysical Themes*, Oxford: Oxford University Press, 2002, pp.182~209.

Robert McRae, "Idea' as a Philosophical Term in the Seventeenth Century", *Journal of the History of Ideas* 26, 1965, pp.175~184.

Steven B. Smith, *Spinoza's Book of Life: Freedom and Redemption in the Ethics*, New Haven: Yale University Press, 2003.

Steven Nadler, *Arnauld and the Cartesian Philosophy of Ideas*, Princeton: Princeton University Press, 1989.

_____, *Spinoza: A Life*, Cambridge: Cambridge University Press, 1999 [스티븐 내들러, 『스피노자: 철학을 도발한 철학자』, 김호경 옮김, 텍스트, 2011].

_____, *Spinoza's Heresy: Immortality and the Jewish Mind*, Oxford: Oxford University Press, 2002.

Stuart Hampshire, *Spinoza*, Harmondsworth: Penguin, 1951.

Sylvain Zac, "On the Idea of Creation in Spinoza's Philosophy", ed. Yirmiyahu Yovel, *God and Nature: Spinoza's Metaphysics*, Leiden: E. J. Brill, 1991, pp.231~242.

Vere Chappell, "Descartes's Compatibilism", ed. John Cottingham, *Reason, Will and Sensation: Studies in Descartes's Metaphysics*, Oxford: Clarendon Press, 1994, pp.177~190.

Vincent Carraud, *Causa sive Ratio: La raison de la cause, de Suarez à Leibniz*, Paris: Presses Universitaires de France, 2002.

Yirmiyahu Yovel, *Spinoza and Other Heretics, vol.I: The Marrano of Reason*, Princeton: Princeton University Press, 1989 [이르미야후 요벨, 『스피노자와 또 다른 이단자들』, 김상운 옮김, 그린비, 근간].

_____, "The Infinite Mode and Natural Laws in Spinoza", ed. Yirmiyahu Yovel,

God and Nature: Spinoza's Metaphysics, Leiden: E. J. Brill, 1991, pp.79~96.

Yirmiyahu Yovel ed., *Spinoza on Knowledge and the Human Mind*, Leiden: E. J. Brill, 1994.

_____, *Desire and Affect: Spinoza as Psychologist*, New York: Little Room Press, 1999.

Yirmiyahu Yovel and Gideon Segal eds., *Spinoza on Reason and the Free Man*, New York: Little Room Press, 2004.

■ 스피노자와 데카르트의 1차 문헌 목록

〔원서에서는 권두의 약어표로 처리했지만, 이 번역서에서는 각주로 처리했던 스피노자와 데카르트의 1차 문헌들의 서지정보를 여기에 모았다.〕

스피노자

Carl Gebhardt ed., *Spinoza Opera*, 5 vols., Heidelberg: Carl Winters Verlag, 1972[1925].

Edwin Curley trans., *The Collected Works of Spinoza*, Princeton: Princeton University Press, 1984. (두 권으로 계획되었으나 2권은 미출간)

Samuel Shirley trans., *Spinoza: The Letters*, Indianapolis: Hackett Publishing, 1995.

Samuel Shirley trans., *Theological-Political Treatise*, 2nd ed., Indianapolis: Hackett Publishing, 1998.

데카르트

Charles Adam and Paul Tannery eds., *Oeuvres de Descartes*, 11 vols., Paris: J. Vrin, 1964~1975.

John Cottingham, Robert Stoothoff and Dugald Murdoch trans., *The Philosophical Writings of Descartes*, 2 vols., Cambridge: Cambridge University Press, 1985.

John Cottingham, Robert Stoothoff, Dugald Murdoch and Anthony Kenny trans., *The Philosophical Writings of Descartes, vol.3: Correspondence*, Cambridge: Cambridge University Press, 1991.

■ 옮긴이가 옮긴이 주에 추가한 참고문헌

김용환, 『홉스의 사회·정치사상』, 철학과현실사, 2001.
＿＿＿＿, 『리바이어던: 국가라는 이름의 괴물』, 살림, 2005.
르네 데카르트, 『성찰 외』, 이현복 옮김, 문예출판사, 1996.
＿＿＿＿, 『성찰 1: 〈성찰〉에 대한 학자들의 반론과 데카르트의 답변』, 원석영 옮김, 나남, 2012.
＿＿＿＿, 『정념론』, 김선영 옮김, 문예출판사, 2013.
＿＿＿＿, 「정신 지도를 위한 규칙들」, 이현복 옮김, 『방법서설·정신 지도를 위한 규칙들』, 문예출판사, 1996.
＿＿＿＿, 『철학의 원리』, 원석영 옮김, 아카넷, 2002.
마르쿠스 툴리우스 키케로, 『키케로의 최고선악론』, 김창성 옮김, 서광사, 1999.
베네딕투스 데 스피노자, 『데카르트 철학의 원리』, 양진호 옮김, 책세상, 2010.
＿＿＿＿, 『신학정치론』, 황태연 옮김, 신아출판사, 2010.
＿＿＿＿, 『에티카』, 황태연 옮김, 피앤비, 2011. [『지성교정론』이 포함되어 있음]
아리스토텔레스, 『니코마코스 윤리학』, 김재홍·김상진·이창우 옮김, 이제이북스, 2006.
＿＿＿＿, 「범주론」, 김진성 역주, 『범주론·명제론』, 이제이북스, 2005.
양선이, 「정념: 경험론에서 정념의 문제」, 서양근대철학회 엮음, 『서양 근대철학의 열 가지 쟁점』, 창작과비평사, 2004.
오비디우스, 『원전으로 읽는 변신이야기』, 천병희 옮김, 숲, 2005.
윌리엄 셰익스피어, 『햄릿』, 최종철 옮김, 민음사, 1998.
유클리드, 『기하학 원론』 (가)~(라), 이무현 옮김, 교우사, 1997~2003.
유클리드·토마스 히드, 『기하학 원론 (아) 무리수 해설서』, 이무현 옮김, 교우사, 1999.
이안 라벤스크로프트, 『심리철학』, 박준호 옮김, 서광사, 2012.
주경철, 『네덜란드: 튤립의 땅, 모든 자유가 당당한 나라』, 산처럼, 2003.
진태원, 「스피노자 철학에 대한 관계론적 해석」, 미간행 박사학위논문, 서울대학교, 2006.
크세노폰, 『소크라테스 회상』, 최혁순 옮김, 범우사, 1998.
토마스 아퀴나스, 『신학대전』 14권, 이상섭 옮김, 정의채 감수, 바오로딸, 2009.
토마스 아퀴나스, G. 달 사쏘·R. 꼬지 엮음, 『신학대전 요약』, 개정판, 이재룡 옮김, 가톨릭대학교 출판부, 1995.
토마스 홉스, 『리바이어던: 교회국가 및 시민국가의 재료와 형태 및 권력』 1권, 진석용 옮김, 나남출판, 2008.

Edwin Curley, "Spinoza's exchange with Albert Burgh", eds. Yitzhak Y. Melamed and Michael A. Rosenthal, *Spinoza's Theological-Political Treatise: A Critical Guide*, Cambridge University Press, 2010.

Leen Spruit and Pina Totaro, *The Vatican Manuscript of Spinoza's Ethica*, Leiden-Boston: Brill, 2011.

Marie Boas Hall, "Henry Oldenburg", *Oxford Dictionary of National Biography*, http://www.oxforddnb.com/templates/article.jsp?articleid=20676.

_____, *Henry Oldenburg: Shaping the Royal Society*, Oxford: Oxford University Press, 2002.

Pina Totaro, "Notes and Discussions On the Recently Discovered Vatican Manuscript of Spinoza's Ethics", *Journal of the History of Philosophy* 51(3), 2013.

Thomas Hobbes, *Leviathan*, ed. Richard Tuck, Cambridge: Cambridge University Press, 1996.

_____, *Leviathan: With Selected Variants from the Latin Edition of 1668*, ed. Edwin Curley, Hackett Publishing Company, 1994.

■ 국내 출간된 스피노자 관련 저작 및 번역서 (옮긴이 추가)

로저 스크러튼, 『스피노자』, 조현진 옮김, 궁리, 2002.

매튜 스튜어트, 『스피노자는 왜 라이프니츠를 몰래 만났나: 철학의 진로를 바꾼 17세기 두 천재의 위험한 만남』, 석기용 옮김, 교양인, 2011.

박삼열, 『스피노자와 후계자들』, 북코리아(선학사), 2010.

_____, 『스피노자의 윤리학 연구』, 북코리아(선학사), 2002.

발타자르 토마스, 『비참할 땐 스피노자』, 이지영 옮김, 자음과모음, 2013.

빅토르 델보스, 『스피노자와 도덕의 문제』, 이근세 옮김, 북코리아(선학사), 2003.

성회경, 『스피노자와 붓다: 해탈의 텍스트 에티카』, 한국학술정보, 2010.

손기태, 『고요한 폭풍, 스피노자: 자유를 향한 철학적 여정』, 글항아리, 2016.

스티븐 내들러, 『스피노자: 철학을 도발한 철학자』, 김호경 옮김, 텍스트, 2011.

신승철, 『눈물 닦고 스피노자: 마음을 위로하는 에티카 새로 읽기』, 동녘, 2012.

심강현, 『욕망하는 힘, 스피노자 인문학: 처음 만나는 에티카의 감정 수업』, 을유문화사, 2016.

아리엘 수아미, 『스피노자의 동물 우화: 해학으로 가득 찬 스피노자의 철학 동물원』, 알리아 다발 그림, 강희경 옮김, 열린책들, 2010.
안토니오 네그리, 『야만적 별종: 스피노자에 있어서 권력과 역능에 관한 연구』, 윤수종 옮김, 푸른숲, 1997.
_____, 『전복적 스피노자』, 이기웅 옮김, 그린비, 2005.
안토니오 다마지오, 『스피노자의 뇌: 기쁨, 슬픔, 느낌의 뇌과학』, 임지원 옮김, 사이언스북스, 2007.
알렉산더 리페브르, 『스피노자, 베르그송, 들뢰즈: 법-이미지』, 한병준·허유선 옮김, 치우, 2012.
알렉상드르 마트롱, 『스피노자 철학에서 개인과 공동체』, 김문수·김은주 옮김, 그린비, 2008.
에티엔 발리바르, 『스피노자와 정치』, 진태원 옮김, 이제이북스, 2005.
이경석, 『스피노자의 인식과 자유』, 한국학술정보, 2005.
이수영, 『에티카, 자유와 긍정의 철학: 스피노자 철학 읽기』, 오월의봄, 2013.
질 들뢰즈, 『스피노자와 표현의 문제』, 이진경 옮김, 인간사랑, 2003.
_____, 『스피노자의 철학』, 박기순 옮김, 민음사, 2001.
최민자, 『스피노자의 사상과 그 현대적 부활』, 모시는사람들, 2015.
프리드리히 야코비, 『스피노자 학설』, 최신한 옮김, 지만지, 2014.
피에르 마슈레, 『헤겔 또는 스피노자』, 진태원 옮김, 그린비, 2010.

스피노자 저작 국역본 소개

『지성교정론』

황태연 선생과 강영계 선생의 번역이 있다. 황태연 선생의 번역본(『에티카』, 피앤비, 2011에는 『에티카』뿐만 아니라 『지성교정론』 번역도 수록되어 있다. 동일한 번역이 동역자의 『스피노자 선집』, 비홍, 2016에도 들어 있다)은 셜리, 컬리, 엘위스(R.H.M.Elwes)의 영역을 중역했다고 밝히고 있으며, 강영계 선생님의 번역본(『지성개선론』, 서광사, 2015)은 지금은 라독 대역판과 셜리를 참고했다고 한다. 두 번역본 모두 번역 용어 등에 문제가 적지 않다.

『신, 인간, 인간의 행복에 관한 소론』

강영계 선생의 번역본(『신과 인간과 인간의 행복에 대한 짧은 논문』, 서광사, 2016)이 있다. 국내 초역이며, 블로텐(J. van Vloten)의 라틴어 번역본과 지크바르트(Christoph Sigwart)의 독역본, 셜리의 영역 등을 참고했다고 밝히고 있다. 결과물을 볼 때 셜리가 주 대본임이 확실해 보이며, 번역 용어의 문제나 오역이 적지 않아 학문적으로 신뢰하기는 어려운 번역이다.

『데카르트 『철학의 원리』』

강영계 선생의 완역(『데카르트의 철학의 원리』, 서광사, 2016)이 있으며, 1부와 부록 일부를 번역한 양진호 선생의 번역본(『데카르트 철학의 원리』, 책세상, 2010)이 있다. 강영계 선생의 번역은 라틴어 원전과 아우어바흐(Berthold Auerbach)의 독역, 셜리의 영역을 참고했다고 하며, 양진호 선생의 번역은 게브하르트판을 대본으로 불역, 영역, 독역 등을 참고한 번역이다.

『신학정치론』

완역으로는 황태연 선생의 번역(『신학정치론』, 신아출판사, 2010; 『스피노자 선집』, 비홍, 2016)과 최형익 선생의 번역(『신학정치론·정치학논고』, 비르투, 2011) 2종이 있다. 전자는 셜리의 영역을 주 번역 텍스트로 한 번역이고, 후자는 엘위스의 영역을 옮긴 것이다. 두 번역 모두 중역이고 아쉬운 감이 없지 않으나, 가독성 측면에서는 상대적으로 최형익 선생의 번역이 낫다. 황태연 선생의 번역은 원문에 지나치게 충실하여 읽기가 수월치 않은 편이나 셜리 영역과 함께 읽을 수 있다면 도움이 된다. 김호경 선생이 부분적으로(서문과 7, 12, 15장만) 번역한 역본도 있다(『신학-정치론』, 책세상, 2002). 라틴어 원전과 독역을 참고한 번역이라고 한다.

『정치론』

현재 유통되는 『정치론』 번역은 총 5종이 있다. 김호경 선생의 번역(『정치론』, 갈무리, 2009), 최형익 선생의 번역(『신학정치론·정치학논고』, 비르투, 2011), 추영현 선생의 번역(『에티카·정치론』, 동서문화사, 2008), 김성근 선생의 번역(『국가론』, 서문문고, 2001), 황태연 선생의 번역(『정치론』, 비홍출판사, 2013; 『스피노자 선집』, 비홍, 2016)이 그것이다. 김호경 선생의 번역은 베른햄(A. G. Wernham)의 영역을, 최형익 선생의 번역은 엘위스의 영역을 옮긴 것이고, 추영현 선생의 번역은 번역 대본에 대한 언급이 없으며(『에티카』의 번역 대본만 스테른Jakob Stern의 독역이라고 되어 있다), 김성근 선생의 번역은 게브하르트판의 완역이라고 밝히고 있고(추영현, 김성근 선생의 번역은 두 사람이 동일 인물이 아닐까 싶을 정도로 비슷하다), 황태연 선생의 번역은 셜리와 고셋(A. H. Gosset)의 영역을 대본으로 한 번역이다. 김성근 선생의 번역을 제외하고는(게브하르트판을 번역한 것이 맞다면), 모두 중역이다.

『윤리학』

완역으로는 강영계 선생의 번역(『에티카』, 서광사, 1990, 2007. 2007년 개정판이 출간되었으나 번역은 거의 동일하다)과 추영현 선생의 번역(『에티카·정치론』, 동서문화사, 2008), 그리고 황태연 선생의 번역(『에티카』, 피앤비, 2011; 『스피노자 선집』, 비홍, 2016), 이렇게 3종이 있다. 강영계 선생의 번역은 스테른의 라독 대역판을 비교하며 번역했다고 하며, 추영현 선생은 스테른의 독역판이 번역 대본이고, 황태연 선생의 번역은 영역(컬리, 셜리, 화이트William Hale White의 영역을 모두 참고했다고 밝히고 있다. 셜리가 주 대본인 듯하다)의 중역이다. 대부분 스피노자의 다른 저작 국역본들처럼 기존 연구 성과 반영에 미흡하고, 특히 용어 번역 등에 문제가 있다. 아쉬운 대로 하나를 고르자면 황태연 선생의 번역을 추천하고 싶고, 영역본과 같이 읽을 수 있다면 특히 그렇다. 부분 번역으로는 조현진 선생의 역본이 있다(『에티카』, 책세상, 2006). 극히 일부(1부 부록과 2부 정리49의 따름정리와 증명 및 주석, 3부 서문, 4부 서문과 부록, 5부 서문)만 번역되어 아쉽지만, 게브하르트판을 대본으로 한 원전 번역이고, 역주, 용어 해설, 국내 스피노자 연구 문헌 소개 등은 간단하나마 도움이 된다.

옮긴이 후기

이 책은 본래 제목 'Spinoza's Ethics: An Introduction'이 보여 주듯 스피노자의 주저 『에티카』에 대한 '개론서'임을 표방하지만, 두 가지 점에서 그 이상이라 할 만하다.

먼저, 『에티카』를 해설하는 책이니만큼 『에티카』 인용이 중심이긴 하나 적소에서 스피노자의 다른 저작을 폭넓게 인용한다는 점에서 그렇다. 인용 범위는 『지성교정론』, 『신학정치론』, 『정치론』, 데카르트 『철학의 원리』』, 『신, 인간, 그리고 인간의 행복에 관한 소론』뿐만 아니라 당시 일종의 학문적 소통 창구였던 '편지'에 이르기까지 스피노자의 전 저작에 이른다. 이로써 『에티카』와 다른 저작 간의 주제 연관성을 보여 주며, 스피노자의 다른 저작들에 대한 관심을 불러일으키고 추가적 독서로 이어질 수 있는 계기를 마련한다.

또한, 단순히 『에티카』의 주요 내용을 해설하는 데 그치지 않고 최근의 연구 성과를 토대로 관련 쟁점을 소개하며 나름의 해결책을 제시한다는 점에서 그렇다. '스피노자의 생애와 저작'을 다루는 1장의 제법 소상한 소개를 시작으로, 예컨대 2장은 이른바 '기하학적 방법'과 관련된 문제들에 대해, 3·4장은 『에티카』 1부의 여러 쟁점들에 대해 논의한다. 몇 가지

예를 들어 보자면, 3장은 『에티카』 1부의 핵심 내용 소개 외에도 속성에 대한 주관주의적 해석과 객관주의적 해석 문제, 실체의 유일성 논변과 관련된 쟁점, 신과 실재들 간의 관계, 특히 "존재하는 모든 것은 신 안에 있다"라는 테제와 관련된 논의들을 톺아본다. 역시 『에티카』 1부를 대상으로 하는 4장도 스피노자의 '필연성'과 관련된 쟁점과 '무한 양태'와 '유한 양태'를 둘러싼 논의, 스피노자를 결정론자로 보아야 할 것인지 필연론자로 보아야 할 것인지 하는 문제, 또한 '범신론자인가, 무신론자인가' 하는 현안 등을 다룬다. 이런 식으로 5·6장은 『에티카』 2부와 관련된 쟁점을, 7·8·9장은 각각 『에티카』 3·4·5부와 관련된 쟁론들을 톺아본다(독자들은 이 책의 목차에서 각 장이 어떤 문제를 다루는지 얼추 짐작 가능할 것이다). 이때 중요 2차 문헌이 등장하는데, 거의 영미권 문헌이고 최소한으로 선별된 것이긴 하지만 다음 단계의 연구로 나아가기 위한 작은 댓돌은 될 것이다.

그럼에도 이 책은 『에티카』를 처음 접한 독자들이 느낄 법한 많은 의문들을 세심하게 선별해 살뜰하게 설명한다는 점에서 원제와 부합한다. 개론 이상의 전문적인 논의를 포함하고 있음에도 본제가 그러한 것은 쉬운 것을 찾는 시류와 무관하지 않은 듯 보이나, 어쨌든 스피노자라는 철학자에게 호기심과 매혹을 느끼면서도 『에티카』라는 난서에 좌절하는 이들에게 충분히 도움이 될 수 있을 만큼 친절한 것이다. 내들러의 문장과 어휘는 수준 높지만 글이나 논리는 명료하며, 『에티카』의 전체를 대상으로 하는 만큼 여러 분야를 다루지만 고른 이해 수준을 보여 준다. 근기 있게 따라가다 보면 『에티카』의 난맥이 조금은 걷힐 것이다.

* * *

책 소개는 이쯤에서 마치고, 번역에 대해 몇 가지 이야기하도록 하자. 먼저 개념이나 용어 번역 문제다. 개념이나 용어 번역이 어려움은 주지의 사실이다. 그중에서도 철학서가 으뜸임은 두말할 나위 없다. 다행인 것은 스피노자 철학의 경우 몇몇 걸출한 연구자들 덕택에 어느 정도 가리사니가 서 있다는 점이다. 하여 이 문제로 인한 고민은 상대적으로 적었다. 참고할 수 있는 자료들이 꽤 많다.

먼저 진태원 선생이 번역한 피에르 마슈레의 『헤겔 또는 스피노자』(그린비, 2010)의 용어 해설에서 '구분', '신의 지적 사랑', '연관', '탁월하게-형상적으로', '표상적-형상적' 등의 항목과 옮긴이 해제에 등장하는 '독특성'과 '적합성'에 관한 논의, 군데군데 번역 관련 역주(31쪽의 '본질', '특성', '정의'에 관한 역주, 32쪽의 『지성교정론』 제목 번역에 관한 역주) 등이 큰 도움이 되었다. 역시 진태원 선생이 옮긴 에티엔 발리바르의 『스피노자와 정치』(이제이북스, 2005)에 수록된 용어 해설 중 '마음-정신', '실재', '야심/암비시오ambitio', '역량-권능/권력/권한', '인식의 종류', '통념' 항목 또한 마찬가지이다. 박기순 선생이 번역한 질 들뢰즈의 『스피노자의 철학』(민음사, 2001) 중 4장 「『윤리학』의 주요 개념 색인」에도 개념 번역의 이론적 토대를 제공하는 주요 개념 해설이 있으며 옮긴이 해제에서 'potentia'와 'potestas' 개념 고찰 역시 그러하다. 발리바르의 『대중들의 공포』(도서출판b, 2007) 공역자 최원·서관모 선생은 「용어 번역에 대하여」에서 'notion' 개념의 번역 문제를 논하는데, 그것으로 촉발된 'notio'와 'puissance', 그리고 'intelligere'와 'percipere' 개념 번역에 대한 최원·진태원 선생 간의 긴 토론 또한 계발적이다(진태원 선생의 알라딘 서재http://blog.aladin.co.kr/balmas에서 전문을 찾아볼 수 있다). 김문수·김은주 선생이 번역한 마트롱의 『스피노자 철학에서 개인과 공동체』(그린비, 2008) 또한 개념이나 용어 번역에 대한 논의가 풍부하다. 먼저 1장의 첫 페이지에 등장하는 quantum in se est(자신의 존재 역량에 따라), in suo esse perservare conatur(자신의 존재를 유지하다) 같은 표현이나 res(사물), conatus(코나투스)와 같은 용어, 그리고 notio(기초개념/관념/통념)(26쪽), idea corporis(신체에 대한 관념)(95쪽), corps(신체)(96쪽), affectus(정서)와 affectio(변용)(167쪽), honestas(고결함 등)(232쪽), ingenium(기질)(522쪽) 개념 등이 그러하다. 이 책 『에티카를 읽는다』는 개념이나 용어 자체에 대한 이들 선행 연구에 힘입은 바 크며, 기타 다른 용어들의 경우에도 위 연구자들의 번역이 많이 도움이 됐다. 독자들은 옮긴이의 번역에서 그 흔적을 찾아볼 수 있을 것이다.

수없이 인용되는 『에티카』 번역에 대해서도 첨언이 필요하겠다. 현재 우리말로 번역·유통되는 『에티카』 완역본은 3종이 있다. 강영계 선생, 추영현 선생, 황태연 선생의 번역이 그것이다. 아랍어로 번역된 그리스 고전의 중역으로 '12세기 르네상스' 12th Century Renaissance가 촉발되었음을 상기해 볼 때, 중역이라고 모짝 타매할 필요는 없을 것이다. 그러나 중역임은 차치하더라도 개념이나 용어 번역 문제 등, 축적된 기존 논의와 연구 성과 반영이 미흡하다는 점은 유감이다. 조금 부족한 부분이 있더라도 어느 정도 학문적으로 신뢰할 수 있는 국역이 있다면 그것을 인용하는 것이 상례常例일 터이나, 사정이 이러하기에 인용된 『에티카』 부분의 새로운 번역이 불가피했다. 네들러는 표준 영역본인 컬리Edwin Curley역을 인용하고 있는데, 이 컬리의 영역과 게브하르트Carl Gebhardt의 라틴어판을 중심으로, 셜리Samuel Shirley와 파킨슨G. H. R. Parkinson의 영역과 포트라Bernard Pautrat, 미즈라이Robert Misrahi의 불역을 참고하여 번역했다.[1] 세간에 스피노자 전문

---

[1] 또한 원서에 『에티카』나 기타 다른 문헌의 출처가 잘못된 부분이 적잖았다. 바로잡았으나 교정한 부분을 일일이 밝히지는 않았다.

가가 원전 번역을 준비 중이라고 하니 표준 번역본으로 사용될 수 있는 원전 번역이 속히 나오길 바라 마지않는다.

마지막으로 번역에 대한 옮긴이의 평소 생각과 함께 이 책의 번역 원칙이 무엇이었는지 밝히고 번역 이야기는 마무리하도록 하겠다. 흔히 학술서적 번역에서 '좋은 번역'은 '정확하고 엄밀한 번역'과 등치되곤 한다. 그리고 정확하고 엄밀한 번역은 다시 원문의 표현 및 구조와 형식적으로 일치하는 직역과 동일시되곤 한다. 이러한 경향은 전문 번역가보다는 관련 분야 전문가가 번역할 때 두드러지는데, 이는 "원문에 충실하고자 했다"거나 "직역을 원칙으로 했다"는 등의 역자의 변에서 흔히 노정된다. 그런데 정말 '원문'에 '충실'하면 좋은 번역이 되는 것일까? 굳이 학술서적이 아니더라도 번역은 정확하고 엄밀해야겠지만, 번역문의 표현과 구조를 원문의 그것에 일치시키면 '정확하고 엄밀한' 번역이 되는 것일까?

상기한 원칙하에 번역된 역서들을 살펴보았을 때 이 의문에 대한 답은 대략 회의적이었다. 역자의 변은 대개 '알리바이'이거나 '자백'이었다. "원문에 충실하고자 했다"거나 "직역을 원칙으로 했다"는 등의 변은 결국 도착어의 논리에 충실하지 않았다는 사실을 감추는 것이거나, 그러한 사실에 대한 우회적 실토인 경우가 적잖았던 것이다. 출발어를 도착어로 '길들이기'domestication하지 않고 출발어의 표현과 구조를 도착어에 '들이밀기' foreignization한 결과, 번역문은 역자의 의도나 외국어 실력과는 무관하게 딱딱하고 어색하며 급기야 모호하고 이해 불가능한 경우가 허다했다.[2] 그렇다면 다시 어떻게 해야 이른바 '좋은 번역'이 되는 것일까. 혹 원문에 '충

---

2) 이희재 선생의 'domestication'과 'foreignization' 번역을 빌린 것이다. 이희재, 『번역의 탄생』, 교양인, 2009, 21쪽 참고.

실한' 번역을 좋은 번역과 등치시키는 행태는 번역에 대한 게으른 성찰에서 비롯된 것 아닐까. 정확함과 엄밀함 운운하는 번역은 어쩌면 번역에 대한 메타적 반성의 부재를 방증하는 것 아닐까.

물론 번역 평가 문제는 출발어와 도착어, 저자와 독자 중 어느 쪽을 더 중시할 것인가 하는 아포리아와 결부되어 있다. 무엇에 방점을 찍느냐에 따라 좋은 번역에 대한 판단은 달라질 수 있는 것이다. 그렇다면 번역 평가는 단순히 평가자의 관점이나 의취 문제로 환원되는 상대적 문제에 불과한 것일까? 그렇지 않을 것이다. 사실 이 문제는 번역 그 자체를 문제 상황으로 만드는 문제, 곧 출발어와 도착어의 상위相違라는 보다 근본적인 문제와 관련되어 있다. 즉, 두 언어 자체의 차이, 각 언어의 파롤과 그 랑그 간의 차이, 이를 둘러싼 역사·문화의 차이, 그리고 양자 간에 엄연히 존재하는 '힘'의 차이에 이르기까지, 출발어와 도착어를 에워싼 크고 작은 차이와 어긋남이 있기 때문에 번역은 그 자체로 '문제'가 되는 것이다.

그렇다면 이 차이를 무시하고 원문에 특권적 지위를 부여하여, 원문과의 형식적 일치를 기준으로 번역의 정확성을 가늠하는 평가 방식은 지양되어야 하지 않을까? 간혹 직역이 원서를 공부하는 데 도움이 된다는 학인들도 있다. 맞는 말이다. 특히 이미 대상 언어와 해당 분야에 일정 수준의 이해를 가진 (준)전문가들에게 그런 번역서가 도움 되는 건 사실이다. 번역이 근근이 말이 되긴 하다면 말이다. 그러나 이는 번역서를 원서 독해를 위한 도구로 만들어 버리는 안이한 생각이다. 번역서의 역할이 그런 것이어도 된다면 차라리 원서의 단어·숙어를 나열하고 문법이나 구문을 해설하는 책이 공부에 더 도움이 되지 않겠는가. 번역서는 그들만을 위한 책이 아니다. 아니 번역은 일차적으로 출발어를 모르는 이들을 위한 작업이어야 한다. 옮긴이의 번역 원칙 중 하나는 '들이밀기'식 번역의 지양이었는데,

그 이유는 번역에 대한 상술한 인식 때문이었다.

그러나 앞서 언급했던 것처럼, 번역 자체가 출발어와 도착어의 차이에 기인하는 문제 상황임을 고려한다면, 원문과 그것을 둘러싼 모든 것에 교착되지 않은 번역문도 문제가 있기는 마찬가지일 것이다. 출발어를 도착어에 지나치게 들이밀어 도착어의 고유한 구조와 표현 방식이 훼손되는 것이 문제라면, 매끄러운 번역을 위해 원문의 불편한 부분을 눈감아 버리거나 기존 지식에 기대어 안이하게 원문을 살피는 것도 문제다.[3] 이는 번역을 제약하는 두 요소를 생각해 볼 때 분명하다고 생각된다. 나는 이를 번역의 '물질적 제약 요소'와 '목적론적 제약 요소'라 부르고 싶은데, 번역의 물질적 제약 요소가 원문 그 자체를 말한다면 목적론적 제약 요소는 도착어를 사용하는 독자들이 읽을 수 있어야 한다는 점을 이른다.

번역을 물질적으로 제약하는 요소가 번역 대상이 되는 원문 그 자체라면 번역은 가능 여부를 떠나 원문과 그를 둘러싼 모든 것에 충실해야 한다. 한편 번역을 목적론적으로 규제하는 이념이 출발어를 모르는 사람에게 그 책을 읽을 수 있도록 하는 것이라면 번역은 당연히 도착어와 그를 둘러싼 모든 것에 충실해야 한다. 번역 자체에 대해 무사독학無師獨學하며 마침내 상도한 지점은, 번역은 기계적 환원 작업도 아니고 그렇다고 자유로운 창작도 아니라는 평범한 깨달음이었다. 독자를 무시하는 번역은 번역의 목적을 망각한 것이며, 저자를 무시하는 번역은 번역 대상을 망실한 것이라 할 만하다. 번역문은 원문에 의거해서 정련될 수밖에 없고 원문은 결국 번

---

3) 사실 번역 출판물의 질적 제고를 위해 긴절한 것은 무엇보다 구조적인 문제 개선이다. 이에 대해서는 유재건, "무엇이 한국의 번역출판 활성화를 가로막는가?", http://greenbee.co.kr/blog/254 참고.

역문으로 환치되어야 하는 것이니, 원문과 번역문 둘 다를 놓치지 않으려는 번역자의 태도는 어찌 보면 당연한 운신 아니겠는가?

사실 출발어나 도착어 어느 한쪽으로 조금만 중심을 이동시켜도 번역은 훨씬 수월해진다. 물론 가장 안이한 번역은 도착어가 '암호'가 되어도 괘념치 않는 극단적 '원천중심론자'sourciers의 직역이거나 번역문이 '소설'이 되어도 개의치 않는 급진적 '목표중심론자'ciblistes의 의역일 것이다. 출발어와 도착어 둘 다에 유의하고자 할 때 번역자는 도처가 '번역 불가능성'에 가로막혀 있는 갑갑한 길에 놓이게 된다. 결국 번역에서 "얼추 2천 년도 더 지난 지금 고개를 쳐드는 것은 여전히 동일한 문제"임을 확인하며, 직역이냐 의역이냐, 형식적 등가équivalence formelle를 추구할 것인가 역동적 등가équivalence dynamique를 추구할 것인가 고심하게 되는 것이다.[4]

힘의 균형을 찾고 싶었다. 그 '사잇길'을 가고 싶었다. 정확성이니 엄밀함이니 요설하며 도착어를 백안시하는 번역이나, 등가성이니 의미 일치니 운운하며 출발어를 도외시하는 번역 모두를 지양하고자 했다. 조금 거창하게 말하자면 '형식적 일치'와 '내용의 동등성' 추구를 견합牽合하고 그것을 넘어서고 싶었다. 마주치면 시새우고 자그락거리는 두 아들 녀석을 화해시키는 일처럼(아들이 둘이라는 얘기는 아니다) 실로 쉽지 않은 과제였다. 큰 놈을 위하자니 작은 놈이 징징대고 작은 놈을 감싸자니 큰 놈이 짜증 낸다. 둘 다에게 앙금을 남기지 않고 두 놈 다 만족시키는 일이 쉽지 않듯, 번역은 도무지 같은 것이 없는 '동무/同無'와의 이웃함 같은 것이었다.

더는 못하겠다 싶을 정도로 경주하였으나 노력이 결과를 정당화하지

---

[4] Jean-René Ladmiral, "Sourciers et ciblistes"(1986), 정혜용, 『번역 논쟁』, 열린책들, 2012, 27쪽에서 재인용.

는 못하는 법, 노력이나마 독자들에게 잘 전달되기를 바랄 뿐이다. 동의할 순 없다 하더라도 수긍할 수는 있는 번역이라면, 나 같으면 다르게 했겠다 싶더라도 이래서 이렇게 했구나라고 이해될 수 있는 번역이라면 다행이겠다 싶다.

* * *

책의 제목에 대해서도 몇 가지 덧붙일 말이 있다. 이 책의 번역 대상인 스피노자의 주저 *Ethica*는 라틴어로 '윤리학'이라는 뜻이다. 영미인, 프랑스인, 독일인들은 보통 이 책의 제목을 각각 'Ethics', 'L'Ethique', 'Die Ethik'라는 자기네 말로 번역한다(모두 '윤리학'이라는 뜻이다). 반면 우리의 번역서 3종은 모두 '에티카'라 음역한다. 사실 그네들은 모두, 거의 동일한 알파벳을 쓰고 상당한 어원을 공유하기 때문에 'Ethica'라 음역해도 무슨 의미인지 얼추 짐작 가능할 것이다. 그러나 우리의 사정은 전혀 그렇지 않다. 그럼에도 그들은 뜻을 옮기는데, 우리가 얼마나 라틴어에 익숙하다고 중뿔나게 '에티카'라 음역하는 것일까. 아마도 일역판(초판 1950년, 개정판 1974년)이 'エチカ'라고 소리를 옮긴 사정과 무관하지 않을 듯한데, 질정되어야 할 관행이라고 본다. 요컨대 'Justice: What's The Right Thing To Do?'를 '저스티스: 왓츠 더 라잇 씽 투 두?'로 옮기는 게 이상하다면 'Ethica'도 '에티카'가 아니라 '윤리학'으로 옮기는 게 마땅하지 않겠는가.

그러나 이미 '에티카'가 스피노자의 주저를 이르는 고유명사처럼 사용되는 터라 편집부의 고민이 깊었던 듯하다. 책의 성격상 제목에 스피노자의 『윤리학』에 관한 책임을 밝히지 않을 수 없는데, 그러자니 철학의 한 분과인 윤리학을 일컫는 것인지 스피노자의 주저를 이르는 것인지 애매해진다는 것이었다. 이를 해결하려면 책 제목에 등장하는 '윤리학'이 스피노자의 책 제목임을 어떻게든 표현해 주거나(원제처럼 '스피노자의 윤리학'과 같은 식으로) 아니면 책 제목임을 나타낼 수 있게 겹낫표(『』)를 넣어야 할 텐데('스피노자의 『윤리학』'이나 '『윤리학』을 읽는다'라는 식으로), 전자의 경우 제목이 딱딱해지기도 하거니와 여전히 애매함이 남게 되고 후자는 겹낫표 때문에 전산화나 검색 등에 어려움이 있을 수 있다는 지적이 있었다. 옮긴이의 고집만 부릴 수는 없는 상황이라 『에티카를 읽는다』로 세상에 내보낸다. 하지만 표준 번역본으로 사용될 수 있는 훌륭한 번역서가 『윤리학』이라는 이름으로 나오고 양화가 악화를 구축하는 상황이 온다면, 이 책의 제목도 『윤리학을 읽는다』가 되는 게 바람직하지 않을까 싶다.

* * *

마지막으로 옮긴이 주에 대한 이야기이다. 보통 역주는 본문에 등장하는 ① 생소한 인물과 직업, 직책, 기관, 사건, 사조, 기타 유사한 항목 등을 설명하거나, ② 주요 개념의 내포와 이를 특정하게 번역한 사정을 밝히거나, ③ 번역된 문장으로 다 표현할 수 없었던 원문의 함의를 첨언하는 등의 다양한 목적에 소용된다. 순전히 역자의 품이 드는 일이고, 따라서 역자의 성실성을 보여 주는 지표가 되기도 한다.

②, ③은 꼭 필요한 경우도 적지 않은 듯하다. 그러나 ①도 그럴까? 그렇다면 애초에 원저자가 부연하지 않은 이유는 무엇일까? 영미권 독자들에게는 상식일 내용이기 때문일까? 1장에 등장하는 스피노자 주변 인물이나 당시 사건 등 ①과 관련된 항목을 생각해 보았을 때, 아마도 그래서는 아닐 것 같다. 그렇다면 무슨 까닭이었을까? 친절하지 않아서일까? 혹시 그냥 넘어가도 될 만한 문제라고 생각했기 때문은 아닐까. 아니, 그런 내용을 일일이 확인하다 보면 글의 맥리를 놓치게 되고 정작 중요한 내용 파악에는 방해가 된다고 생각했기 때문은 아닐까. 혹은, 어느 정도 필요한 부분

일지라도 그 정도는 독자가 직접 찾아보는 게 바람직하다고 생각했기 때문일까.

어쩌면 ①에 대한 역주는 상당수 과잉일 수도 있겠다는 생각이 들었다. ②, ③의 경우도 일부는 그럴 수 있겠다. 물론 원저자의 침묵이 역주의 불필요성을 정당화하는 것은 아니겠지만, 안 그래도 번역과 번역자가 홀대받는 상황에서 역주를 일종의 '재능 기부'처럼 부담 지우고 그것으로 번역서의 질이나 번역자의 성실성을 판단하는 것은 좀 가혹한 처사가 아닐까 하는 생각도 든다. 이런저런 고민이 많았지만, ①의 경우 불친절과 과잉 친절을 경계하는 선에서 역주를 달아 주려고 했고, ②와 ③의 경우 친절이 미덕이겠거니 생각했다. 다행히(?) 그린비의 편집자는 역자의 과잉 친절을 견제하는 입장이었다. 아무튼 이 책의 역주는 옮긴이의 이러한 고민과 출판사와의 조율에 따른 결과물이다. 도움이 되길 바랄 뿐이다.

* * *

많은 이들의 도움이 있었다. 먼저 아내 수진에게 깊은 감사와 존경의 마음을 전한다. 번역이 상이한 출발어와 도착어, 그리고 이를 둘러싼 문화·역학 간 섭동攝動 과정이라면, 결혼은 도무지 같은 것이 없는 '동무/同無' 둘과 이를 둘러싼 가족·관습·역학 간 섭동 과정인 듯하다. 그 과정에서 사랑과 상처를 교환하며 이인삼각하듯 10년을 건너왔다. '同無'인 이상 상처를 주고받지 않을 순 없겠으나 '동무'로서 동일화의 욕망을 이겨 내고 교학상장敎學相長하며 나아갈 수 있기를 바랄 뿐이다. 아들 진혁. "결혼은 자신들보다 나은 자식을 창조하겠다는 의지를 굳히는 거"(니체)라고 했는데, 그런 의지도 없이 자식 하나를 얻었다(물론 니체의 그 자식이 이 자식은 아니다). 아빠가 한참 필요할 때 아들은 번역으로 하동대는 나를 한없이 그리워하면서도 너그러이 인내해 주었는데, 그 품을 보니 나보다 나은 것 같긴 하다. 좋은 아빠는커녕 아직 '아빠 됨'의 의미조차 깨닫지 못하였다. 하지만 내 모든 실천이 그의 삶과 무관하지 않으리라는 믿음으로 시간을 벼린다. 그리고 양가 부모님……. 그 사랑과 희생을 어찌 형용할 수 있겠는가. 늘 늦되고 부족했지만 기다리고 또 기다려 주셨다. 할 수 있는 게 감사밖에 없어 송구스러울 뿐이다. 좋은 자식과 남편이 되기에는 돈이 부족하고 좋은 아빠가 되기에는 시간이 부족하다는 딜레마(?)를 안고 살았는데, 사랑은 허다한 허물을 덮어 주었다(「베드로전서」, 4장 8절).

선생님, 선후배, 동료들의 도움도 헤아릴 수 없을 정도다. 연세대 문창옥·이승종 선생님은 부족한 영어 실력에 막혀 캄캄했던 많은 문장들에 '진리의 빛'Lumen Veritatis을 비추어 주셨다. 헬라어와 라틴어 번역에 친절하게 도움 주셨던 조대호·이재경 선생님께도 감사드린다. 이 책의 번역과 관련된 문제는 물론 스피노자 철학 전반에 대해 늘 살뜰하게 도움 주셨던 진태원 선배께도 감사드린다. 초고 전체를 원문과 대조하면서 잘못된 부분을 바로잡아 주고 숱한 조언으로 번역의 완성도 제고에 크게 기여한 후배 김지홍의 수고는 잊지 못할 것이다. 초고 5·6장을 교정봐 준 후배 최필립과 더운 여름 수 주에 걸쳐 최종 원고 전체를 검토해 준 송현종, 그리고 원고 정리를 도와준 이이백, 이주은, 이지환에게도 고마움을 표하고 싶다. 그린비 박태하 차장님, 그린비와 첫 인연을 그분을 통해 맺었고 이 책도 함께 작업했다. 많은 오역을 바로잡아 주셨고 전문적 식견으로 번역문을 보다 우리말답게 만드는 데 큰 도움을 주셨으며, 색인 작업을 해주셨고 수없이 등장하는 인명·지명 등의 음역도 일일이 외래어표기법에 의거, 손보아 주셨다. 스피노자의 포르투갈어 이름을 어떻게 읽어야 할지 알려주신 외대 포르투갈어과 조교분의 후의와 히브리어 이름의 음역이 무엇인지 알려준

김경희 목사에게도 감사드린다. 한신의 김경재·이준모 선생님, 김희헌(히브리어 해석과 음역에도 도움을 주셨다)·김성호 선배, 예가교회 조익표·장영진 목사님, 연세대의 박상태·한형식 선배, '장주'의 동무 김형준 형, 나의 친절한 프랑스어 선생님이신 박혜선 샘, 먼 곳에서 유학 중인 후배 정종명과 대구의 시민운동가이자 시인인 지민겸, '무을'이라는 시골교회 목사 친구 최희돈, 이들 선생님과 선후배, 동기의 삶과 존재 자체는 내 공부길의 든든한 지주들이다. 그리고 장주의 김영민 선생님. 곤고한 날, 그분을 통해 숨쉴 수 있었다. 그를 아는 이들은 이 책 곳곳에서 그분에 대한 오마주를 찾을 수 있을 것이다. 그분은 알려져야 한다. 그것은 우리 사회의 과제 중 하나일 것이다.

* * *

만 2년의 시간이 흘러갔다. 지치고 힘들었으나 교정이 마무리될 무렵 문득 이 언어들을 떠나보내기 싫다는 생각이 들었다. 내 손을 떠나고 나면 더 이상 이 문장들을 어루만질 수 없겠지 하는 생각……. 조금 더 보듬고 싶었다. 품 안에 두면 어떻게든 더 낫게 만들 수 있을 것 같았다. 그러나 부족하면 부족한 대로 이제 때가 된 듯하다. 누군가의 형안炯眼에 옮긴이의 무능력과 부주의함이 드러나는 일을 피할 순 없겠지만, 겸허히 수용하고 또 개선하리라는 약속과 함께 세상에 내보낸다.

마지막으로 먼저 간 후배 고 조세영 학우의 영전에 이 책을 헌정하고 싶다. 자본제적 세속은 가혹했고 그는 섬세하고 성실하며 순수했을 뿐이다.

2013년 8월 어느 무더운 날

옮긴이

찾아보기

【ㄱ, ㄴ】

가능세계 184
가상디, 피에르(Pierre Gassendi) 252, 254~257
갈릴레이, 갈릴레오(Galileo Galilei) 13
개념 269
게르소니데스(Gersonides) 13
고통 337, 418
공통 통념 291~294, 299
관념(idea) 262~263, 268~271
　~에 대한 관념 286~287
　~의 참 271~274
　적합한/부적합한 ~ 275~282, 322, 439
관성 325~326
국가 405~407
권고 윤리 392
기쁨 337~339, 423~426
기적 190~192
『기하학 원론』(Elements) 75~76, 302
『기하학적 방식에 따라 증명된 르네 데카르트의 『철학의 원리』 1, 2부』(Renati Des Cartes Principiorum Philosophiae Pars I & II) 41~42
기회원인론자 245
네덜란드
　~ 개혁교회 44~45
　~ 연합주 21
　17세기 ~ 정치 44
　영국과의 전쟁 43, 56
　'참혹한 해' 56
노발리스(annus horribilis) 102
능동(action) 321~323, 348~352, 380
능력(capacity) 246~247

【ㄷ, ㄹ】

다중 386
더빗, 얀(Johan de Witt) 50~51, 57
더프리스, 시몬 요스턴(Simon Joosten de Vries) 36~37, 87~88
덕(virtue) 373~374, 380, 422, 445~446
데카르트, 르네(René Descartes) 13, 42, 76~78, 91, 104, 107, 133, 163, 166, 178, 186~187, 225~228, 245, 252, 254, 262~263, 272~273, 310, 318
도덕심리학 370
도덕철학 392
두려움 340~342
라이프니츠, 고트프리트 빌헬름(Gottfried Wilhelm Leibniz) 66~68, 113~114, 159, 187~188, 228, 246, 263
레이든대학 36, 40
레이키우스, 테오도러(Theodore

Rijckius) 65
레인스뷔르흐 39~40
로크, 존(John Locke) 263
루이 14세 56~57
루트비히, 카를(Karl Ludwig) 59
뤼카, 장 막시밀리앙(Jean-Maximilian Lucas) 29, 35, 54~55
『리바이어던』(*Leviathan*) 55, 346, 402
리우어르스, 얀(Jan Rieuwertsz) 37

【ㅁ, ㅂ】

마아마드(ma'amad) 22, 28
마이모니데스(Maimonides) 13, 441
말브랑슈, 니콜라(Nicolas Malebranche) 228, 245, 263, 268
메르센, 마랭(Marin Mersenne) 77
메이어르, 로데베이크(Lodewijk Meyer) 36~37, 59, 69, 124
멘델스존, 모제스(Moses Mendelssohn) 206
모르테라, 사울 레비(Saul Levi Mortera) 23, 26, 28
무신론 193
물체/신체 → 신체/물체
므나세 벤 이스라엘(Menasseh ben Israel) 23
민주정 406
바우메이스터르, 요한네스(Johannes Bouwmeester) 37
발링, 피터르(Pieter Balling) 36, 42
버클리, 조지(George Berkeley) 228, 263
범신론 201~206

베르그송, 앙리(Henri Bergson) 72~73
베이컨, 프랜시스(Francis Bacon) 13, 47
벨, 피에르(Pierre Bayle) 54, 134~136, 139, 192~193
변용 118, 132
　　~과 정서 337
보르뷔르흐 41, 46
보에티우스, 기스베르투스(Gisbertus Voetius) 58
보일, 로버트(Robert Boyle) 13
보존 원리 166
보편자 293
복셀, 휘고(Hugo Boxel) 198
복합 물체 235
본유 관념 292
부수현상론 250
불멸성(immortalitas) 428~430, 442
빌럼 3세 46, 57

【ㅅ】

사물 양상(de re modality) 369
사유
　　~ 속성 138, 213~216, 431
　　~와 연장 212
　　~의 양태 213~217, 286
사회계약 49, 403
상대주의 347
선/좋음(good)과 악/나쁨(bad) 345, 348, 357~366
『성찰』→『제일철학에 대한 성찰』
센호레스 퀸즈(Senhores Quinze) 22
『소론』→『신, 인간, 그리고 인간의 행복

에 관한 소론』
소크라테스(Socrates) 6~7, 370
속성 106~109, 118, 221
　　~의 무한성 125~126
　　~의 인식 239
　　사유~ 112, 138, 160~161, 164, 213~220, 223~224, 324, 431~434
　　연장~ 138, 162~164, 169~170, 178, 220, 223~224, 239~241, 252, 291, 324, 430~432
수동/정념 → 정념/수동
슈톨레, 고틀리프(Gottlieb Stolle) 75
슐러, 게오르크 헤르만(Georg Hermann Shculler) 167
스타트하우더(Stadhouder) 44
스토아학파 420
스피노자, 바뤼흐(Baruch Spinoza)
　　~에게 붙은 무신론자 딱지 192~193
　　~의 가족관계 20~23
　　~의 검소함 54
　　~의 생계유지 40
　　~의 성경에 관한 관점 47~48
　　~의 이름 뜻 20
　　~의 인장 반지 66
　　~의 죽음 68~69
　　~의 헤렘 26~35
　　사업가로서의~ 24
　　친우회 37, 88
슬픔 337~339
신(God) 101~102, 111~112, 137~143, 152~153, 172, 176, 194~201, 221, 276, 280, 305

　　~에 대한 사랑 422~427
　　~의 물질성 31
　　~의 자유 186~190
　　~ 존재 증명 128~130
　　~ 즉 자연 101, 143~144, 180, 359
『신, 인간, 그리고 인간의 행복에 관한 소론』(Korte Verhandeling van God, de Mensch en des Zelfs Welstand) 39, 42, 73~74, 132, 143, 156~157
신기독교도(New Christian) 21
신체/물체(body) 93, 229, 237~238, 244, 250~251, 260, 298, 335, 416, 432~434
『신학정치론』(Tractatus Theologico-Politicus) 47~51, 150~151, 402
　　~에 대한 공격 64~65
실재(things) 133, 174~175, 182
　　~의 필연성 299, 385
실체 103~106, 117~118
　　~ 사이의 구별 113~116
　　~와 속성의 구분 107
　　~와 양태의 관계 134, 137~139
　　~의 무한성 122~127
　　~의 실존 119~122
　　~의 영원성 121
　　데카르트에게~ 104
　　제일~ 103

【ㅇ】
아곤(agon) 367
아레테(areté) 373
아르노, 앙투안(Antoine Arnauld) 263, 268

아르미니우스, 야코뷔스(Jacobus
Arminius)　45
아리스토텔레스(Aristotle)　103, 133,
196, 232, 370~371
아보압 다 폰세카, 이삭(Issac Aboab da
Fonseca)　23
아우구스티누스(Augustinus)　262
아크라시아(akrasia)　370~371
암스테르담　21~22
암스트롱, 데이비드 맬럿(David Malet
Armstrong)　249
야곱의 집(Beth Ya'acov)　22
야코비, 프리드리히(Friedrich Jacobi)
206
양태　109~110, 116, 132, 137
　　무한 ~　156~171, 173, 223
　　사유의 ~　213~217, 286
　　유한 ~　171~179
　　이차 ~　286
에우다이모니아(eudaimonia)　447
『에티카』(Ethica)　8~13
　　공리　92~95
　　구성　9~12
　　기하학적 질서/방법　78~85
　　목표　9
　　사후 출간　66
　　요소들　85~97
　　정리　95~96
　　정의　86~92
　　출간 보류　63~64
　　형식과 내용의 관계　81~83
역량　334, 373~374, 380, 420
연역 논증　97

영원성　431
영혼　232
예속　355~356
예정조화설　246
옐러스, 야러흐(Jarig Jellesz)　36~37
오라녀파　44~45
오비디우스(Ovidius)　372
오스텐스, 야코프(Jacob Ostens)　138
올덴부르크, 헨리(Henry Oldenburg)
41, 74, 150~151
욕구　321
욕망　338, 346, 350
우연적(contingent)　181
우주　167~168, 181, 243
운동　179
　　~과 정지의 비율 164, 166, 168, 179,
　　236~237, 326, 332~333, 437
유물론　247
　　설명적 ~　249~250
　　제거(주의)적 ~　225, 248
　　중추 상태 ~　249
유클리드(Euclid)　75~76
윤리학　393
의지　332
이기주의　345~348, 400~401
이행　333
인간 본성의 모범(naturae humanae
exemplar)　364, 366, 381
인과성　141~142
인과적 필연성　110, 152~156, 186
인과적 합리성/합리주의　111, 118
인식
　　1종의 인식　295

2종의 인식   295~299, 303~304,
　　379, 423
3종의 인식   295~297, 300~303,
　　379, 423~427, 441
일원론   241~246

【ㅈ, ㅊ】

자부심   385~386
자살   328
자연(Nature/nature)   101, 143~147,
227, 319, 379~380, 421
　　~의 공통 질서   288~289
　　~의 단일성   132
　　능산적 ~   145~147, 159
　　소산적 ~   145~147, 159, 190
자연법칙   153, 155, 191
자연상태   403~405
자연학 소론   162~163, 167, 225, 234,
326
자유   308~313, 411
　　~로운 사람   381~389
　　~와 능동   390
전국의회(파)   44~45
정념/수동(passion)   321~323,
335~344, 352, 368, 414~418
　　~의 완화   412~422
　　인식과 ~의 충돌   370
『정념론』(Les Passions de l'âme)   318
정서   333~336, 368~369, 414~415
정신   229~233, 237~239, 244,
252~253, 261~262, 264, 276~277, 285,
317~319, 435~437
　　~의 관념   266~267

　　~의 영원성   436~446
『정신 지도를 위한 규칙』(Regulae ad
directionem ingenii)   300
『정치론』(Tractatus Politicus)   68, 402
『제일철학에 대한 성찰』(Meditationes
de prima philosophia)   72, 77, 226
주관주의   347
지각   269
지복   446~449
지성   160, 221
　　무한 ~   160~161, 216, 219, 230,
　　261, 264, 281
『지성교정론』(Tractatus de intellectus
emendatione)   38~39, 100
지속   171
직관   300~301
진리대응설   271
초개체   169
최고선   378~379
치른하우스, 에렌프리트 발터 폰
(Ehrenfried Walther von Tschirnhaus)
66

【ㅋ, ㅌ】

카발라(kabbalah)   23
카세아리위스, 요한네스(Johannes
Casearius)   41
카슈루트(kashrut)   30
칸트, 이마누엘(Immanuel Kant)   376
케테르 토라(Keter Torah)   26
코나투스(conatus)   321, 324, 349,
366~367, 374
코세이우스, 요한네스   58

콘베르소(converso) 21
콜레루스, 요한네스(Johannes Cocceius) 52, 54, 61, 68
콜레지언파(Collegiants) 37, 39, 49
콩데 공(Prince of Condé) 60~61
쾌락 337
쿠르바흐, 아드리안(Adriaen Koerbagh) 37, 50~51
키케로, 마르쿠스 툴리우스(Marcus Tullius Cicero) 326~327, 388
탈무드 토라(Talmud Torah) 22
토마스 수사(Tomas Solano y Robles) 32~34

【ㅍ, ㅎ】

파브리시우스, 요한(Johann Fabricius) 60
판 데르 스픽, 헨드릭(Hendrik van der Spyck) 52~53
판 덴 엔던, 프란키스쿠스(Franciscus Van den Enden) 26
판 블리엔부르흐, 빌럼(Willem van Blijenburgh) 198
펠트하위선, 람버르트 판(Lambert Van Velthuysen) 138, 193

평행론 212, 218~219, 243, 245~246, 265
   보편 ~ 240, 331, 433
프라도, 위안 드(Juan de Prado) 33~34
프랑코 멘데스, 다비드(David Franco Mendes) 34
플라톤(Plato) 370
하우트흐라흐트 22~23
하위헌스, 크리스티안(Christian Huygens) 40~41
할라카(halakhah) 30
항변파 45, 49
헤이그 52
현자(sapiens) 381, 388, 420~421, 447
「형이상학적 사유」(Cogitata Metaphysica) 42, 156, 186
홉스, 토머스(Thomas Hobbes) 13, 50, 263, 324, 346, 402~404
활기/활성 231, 235
흄, 데이비드(David Hume) 153~154, 263
희망 340~342
『히브리어 문법 개요』(Compendium grammatices linguae Hebraeae) 55